舰艇损管与潜水技术

刘 辉 李志辉 吴向君 官 东 编著

科学出版社

北 京

内 容 简 介

本书全面介绍舰艇损管和潜水的相关技术，系统阐述舰艇破损灌水后进行损管的基本原则和抗沉措施、舰艇消防灭火和防火防爆措施、舰艇损管的组织与训练方法，以及舰艇潜水作业相关的潜水物理知识、潜水疾病发病原因和治疗预防方法、自携式潜水装具工作原理和操作使用方法、舰艇潜水作业组织实施等内容，用以规范舰员科学使用损管训练装备器材、提高损管装备器材操作使用技能、自主提升舰艇损管保障作业能力。

本书可作为高等院校船舶相关专业的教材，也可作为水面舰艇部队、海军院校和训练机构及从事舰艇损管潜水相关技术研究的科研人员的参考用书。

图书在版编目（CIP）数据

舰艇损管与潜水技术 / 刘辉等编著. —北京：科学出版社，2022.5
ISBN 978-7-03-071979-9

I. ①舰… II. ①刘… III. ①军用船－损伤－管理 ②军用船－潜水
IV. ①U674.7

中国版本图书馆 CIP 数据核字（2022）第 048368 号

责任编辑：杜 权 / 责任校对：胡小洁
责任印制：吴兆东 / 封面设计：苏 波

科学出版社 出版
北京东黄城根北街 16 号
邮政编码：100717
http://www.sciencep.com

北京厚诚则铭印刷科技有限公司印刷
科学出版社发行 各地新华书店经销
＊

开本：787×1092 1/16
2022 年 5 月第 一 版 印张：19 1/4
2025 年 3 月第二次印刷 字数：460 000

定价：118.00 元
（如有印装质量问题，我社负责调换）

前　言

舰艇损害管制是保障舰艇生命力一切活动的总称，简称舰艇损管。舰艇在航行或作战过程中一旦发生损害，全体舰员必须全力以赴共同消除损害，保障舰艇生命力，恢复舰艇战斗力。随着舰艇武器装备的发展，现代海战往往是空中、海面及水下"三位一体"，这对舰艇损管提出了更高的要求。

随着海军舰艇损管实战化训练的持续推进，各级指挥员和舰艇人员对舰艇损管理论和训练组织的需求愈加强烈。近年来，我国海军在损管理念、损管器材配备、损管组织指挥体系、损管训练组织实施，以及与损管紧密相关的自携式装具潜水技术方面有了快速发展。为了更好地满足舰艇损管训练需求，分享教学团队近年来在损管训练组织方面积累的经验，有必要重新组织教材内容，更好地适应舰艇损管技术的发展。

为加强损管课程教学的针对性，提高学员损管技能，本书从舰艇损管作业和舰艇潜水作业两大部分阐述目前舰艇部队损管装备器材和操作使用方法、损管训练和组织实施、自携式潜水装具的工作原理和使用方法及潜水作业组织实施等内容，使学员熟练掌握损管和潜水基本技能，突出指挥管理和实践能力培养，强化学员海军职业技能，为岗位任职打下坚实基础。

全书共分为九章。第一章介绍舰艇损管和潜水技术发展概况；第二章主要介绍舰艇抗沉的基本原则和主要措施，包括当前舰艇上配备的损管器材及操作使用方法；第三章主要介绍舰艇技术装备损管，重点介绍技术装备受损后快速修理方法；第四章主要介绍舰艇防火防爆的方法和措施，系统介绍舰艇火灾类型及其特性、灭火材料及消防、防护器材的使用方法、灭火基本原则和灭火战术；第五章主要介绍舰艇损管组织体系、损管作业组织指挥及损管训练的组织实施；第六章主要介绍与潜水作业相关的物理知识和高气压作业环境对潜水员机体的影响规律；第七章主要介绍潜水作业中可能出现的潜水疾病发病原因和治疗预防措施；第八章主要介绍自携式潜水装具的组成、工作原理和使用方法；第九章重点介绍舰艇潜水作业的组织实施方法和潜水作业的注意事项。

本书由刘辉、李志辉、吴向君、官东编著。刘辉负责第一至第四章内容的编撰和全书的修订与校审；李志辉负责第八章和第九章内容的编撰；吴向君负责第五至第七章内容的编撰；官东参与内容校对和统稿整理。全书由邱金水教授审阅。海军工程大学动力工程学院的其他同志为本书资料整理、资料收集付出了辛勤工作，此外，本书在编撰过程中还参阅了军队和地方业内同行专家的相关论著和资料，也得到了海军机关和有关部队的大力支持和帮助，在此一并表示衷心的感谢。

由于作者水平有限，疏漏之处在所难免，敬请读者批评指正。

作　者

二〇二一年十一月

目 录

第一章　绪论 1
第一节　舰艇损管概述 1
第二节　潜水技术发展概况 3
思考题 7

第二章　舰艇抗沉 8
第一节　舰艇抗沉基本原则和措施 8
一、抗沉的基本原则 8
二、抗沉的主要措施 9
第二节　舰艇堵漏 10
一、破口的分类 10
二、堵漏的基本原则 11
三、堵漏的基本方法 12
第三节　舰艇支撑 26
一、木支柱支撑的基本方法 26
二、木支柱的锯割 31
三、用金属伸缩支柱支撑的方法 33
四、支撑加固基本原则 34
第四节　舰艇排水 35
一、舰艇固定排水吸干系统 35
二、排水泵 36
三、空气法排水及充填法排水 40
四、排水器材和工具 40
五、排水时的注意事项 41
第五节　舰艇平衡 42
一、平衡舰体的基本方法和基本原则 42
二、平衡步骤与注意事项 43
思考题 43

· iii ·

第三章　舰艇技术装备损管 ·· 44

第一节　舰艇技术装备的战斗使用 ··· 44
一、动力装置的战斗使用 ·· 44
二、动力装置破损时的使用 ··· 47
三、典型破损处理 ·· 49

第二节　舰艇技术装备破损的处理方法 ··································· 53
一、技术装备破损后的处理与修复 ····································· 54
二、防蒸气的基本方法 ··· 54
三、油、水管路破损后的处理要点 ····································· 54
四、电路（缆）破损后的处理要点 ···································· 54

第三节　管路破损的修复 ··· 55
一、管路用材料包扎 ·· 55
二、管路用工具修理 ·· 55
三、管路包扎器材修理 ··· 55
四、破损管路修理方法举例 ··· 62

第四节　电缆破损的修复 ··· 68
一、修理电缆常用的工具 ·· 68
二、修理电缆用的器材 ··· 69
三、修理破损电路（缆）的方法 ······································· 70

第五节　技术装备损管抢修器材 ·· 73
一、舰船损管工具包的配置要求 ······································· 73
二、舰艇技术装备损管快速抢修包 ···································· 73

思考题 ··· 76

第四章　舰艇防火防爆与消防灭火 ··· 77

第一节　舰艇火灾 ··· 78
一、火灾的种类 ··· 78
二、燃烧的类型 ··· 79
三、燃烧的条件 ··· 80
四、灭火原理 ·· 81
五、火灾的蔓延 ··· 82
六、燃烧所产生的有害物质 ·· 83

第二节　舰艇灭火剂 ··· 83
一、水 ·· 83
二、泡沫灭火剂 ··· 84
三、二氧化碳灭火剂 ··· 85
四、卤代烷灭火剂 ·· 86
五、干粉灭火剂 ··· 88

  六、蒸气及惰性气体·············88
  七、灭火剂性能试验及标注方法·············90
 第三节 舰艇消防器材·············92
  一、消防水枪·············92
  二、消防水龙带·············96
  三、手提式灭火器的性能及型号·············98
  四、手提式灭火器的配备·············108
 第四节 舰艇防护器材·············109
  一、消防呼吸器·············110
  二、舰艇消防防护服·············120
  三、舰艇其他防护器材和工具·············125
  四、火源及危险气体探测器·············129
  五、消防呼救器·············133
 第五节 舰艇灭火基本原则和灭火战术·············134
  一、舰艇灭火的基本原则·············134
  二、舰艇的灭火战术·············135
 思考题·············138

第五章 舰艇损管组织与训练·············139

 第一节 舰艇损管组织·············139
  一、原则·············139
  二、组织形式·············139
 第二节 损管器材的配置·············141
  一、器材的配置原则·············141
  二、器材的布置位置·············142
  三、器材的系列配备·············142
 第三节 损管指挥·············147
  一、损管指挥所·············147
  二、损管指挥原则·············148
  三、全舰损管指挥关系·············149
  四、损管中的报告与指挥·············149
 第四节 损管训练·············150
  一、损管训练内容·············150
  二、损管训练方法·············150
  三、损管训练组织实施·············151
  四、损管训练基本做法·············155
  五、损管训练要求·············156
  六、军官损管指挥训练·············157

七、舰员损管训练技术器材·················160
　思考题·····························162

第六章　潜水物理知识·························163

第一节　气体物理知识························163
　　一、气体特性·····························163
　　二、静水压及高气压·······················164
　　三、绝对压和附加压·······················166
　　四、静水压对潜水呼吸气体体积和压强的影响······166
　　五、气体定律·····························167

第二节　水下环境对机体的影响·················171
　　一、高压·································171
　　二、水温·································174
　　三、阻力·································176
　　四、浮力·································176
　　五、稳度·································176
　　六、视觉·································177
　　七、听觉·································179
　　八、其他·································180
　思考题·····························180

第七章　潜水疾病治疗及预防·····················181

第一节　潜水减压病··························181
　　一、原因·································181
　　二、症状·································182
　　三、临床分类·····························183
　　四、治疗·································184
　　五、预防·································186

第二节　气压伤······························187
　　一、肺气压伤·····························187
　　二、中耳气压伤···························191
　　三、鼻窦气压伤···························194
　　四、面部挤压伤···························195

第三节　缺氧症······························196
　　一、原因·································196
　　二、症状·································196
　　三、治疗·································197
　　四、预防·································197

第四节 氧中毒 · 198
一、原因 · 198
二、症状 · 198
三、治疗 · 198
四、预防 · 199

第五节 CO_2 中毒 · 199
一、原因 · 199
二、症状与体征 · 199
三、治疗 · 200
四、预防 · 200

第六节 氮麻醉 · 201
一、原因 · 201
二、症状 · 201
三、治疗 · 202
四、预防 · 202

第七节 放漂 · 202
一、原因 · 202
二、放漂可能引起的疾病和外伤 · 202
三、放漂后的处理 · 203
四、预防 · 203

第八节 淹溺 · 203
一、原因 · 203
二、发病机制 · 204
三、临床表现 · 205
四、治疗 · 206
五、预防 · 206

第九节 水下动物伤 · 207
一、鲨鱼袭击 · 207
二、水母蜇伤 · 210
三、海蛇咬伤 · 211
四、有毒鱼类致伤 · 213
五、珊瑚类、海葵类致伤中毒 · 214
六、棘皮动物致伤中毒 · 215

思考题 · 215

第八章 自携式潜水装具 · 216
第一节 69-4型潜水装具 · 216
一、压缩空气瓶 · 217

二、潜水服···218
　　三、供气调节器···219
　　四、面罩···222
　　五、压铅···223
　　六、脚蹼···223
　　七、信号绳···224
　　八、附属器材··224
　第二节　自携式水下呼吸器··225
　　一、性能参数··225
　　二、结构组成··225
　　三、使用方法··233
　第三节　潜水装具使用方法··235
　　一、着装前的准备和检查···235
　　二、着装···238
　　三、入水···238
　　四、潜水···240
　第四节　潜水装具维护保养··243
　　一、空气瓶···243
　　二、供气调节器···244
　　三、面罩···244
　　四、潜水服···244
　　五、脚蹼···244
　　六、常见故障及排除方法···244
　思考题···245

第九章　舰艇潜水作业的组织实施··246
　第一节　潜水技术基础训练··246
　　一、中耳腔室调压训练···246
　　二、加压锻炼··247
　　三、呼吸管潜水训练··247
　　四、水下呼吸训练···248
　　五、信号传递训练···249
　　六、结伴潜水技术训练··251
　　七、自救互救技术训练··253
　　八、水下着卸装训练··254
　　九、水下行动训练···254
　第二节　不同环境条件下的潜水作业···255
　　一、舰船水下装置检查和故障排除··255
　　二、搜索打捞作业···256

  三、舰底或船舷作业 ………………………………………………………………………… 261
  四、低温潜水 ……………………………………………………………………………… 262
  五、夜间潜水 ……………………………………………………………………………… 263
  六、污染水域潜水 ………………………………………………………………………… 263
  七、急流条件下作业 ……………………………………………………………………… 264
  八、水下钳工 ……………………………………………………………………………… 264
 第三节 潜水作业实施 ……………………………………………………………………… 265
  一、作业条件 ……………………………………………………………………………… 265
  二、潜水前的准备 ………………………………………………………………………… 267
  三、潜水作业 ……………………………………………………………………………… 270
  四、潜水后的恢复整理 …………………………………………………………………… 270
 第四节 潜水作业安全管理 ………………………………………………………………… 270
  一、潜水事故发生原因 …………………………………………………………………… 271
  二、安全潜水措施 ………………………………………………………………………… 272
  三、应急情况处理 ………………………………………………………………………… 273
  四、抢救技术训练 ………………………………………………………………………… 274
 第五节 潜水作业计划制订 ………………………………………………………………… 277
  一、任务目的明确 ………………………………………………………………………… 277
  二、现场资料收集 ………………………………………………………………………… 277
  三、组织机构成立 ………………………………………………………………………… 277
  四、装备器材确定 ………………………………………………………………………… 278
  五、安全风险评估 ………………………………………………………………………… 278
  六、应急预案制订 ………………………………………………………………………… 278
 思考题 ………………………………………………………………………………………… 278

参考文献 ……………………………………………………………………………………… 279

附录 …………………………………………………………………………………………… 280
 附录一 潜水员水下信号表 …………………………………………………………………… 280
 附录二 自携式空气潜水减压表 ………………………………………………………………… 281
 附录三 我国 60 m 空气潜水水下阶段减压表及其使用说明 ……………………………………… 282
  一、使用说明 ……………………………………………………………………………… 282
  二、60 m 空气潜水水下阶段减压表 ……………………………………………………… 283
 附录四 我国水面减压潜水减压表及其使用说明 …………………………………………… 287
  一、使用说明 ……………………………………………………………………………… 287
  二、我国水面减压潜水减压表 …………………………………………………………… 290
 附录五 度量衡换算表 …………………………………………………………………………… 295

第一章 绪 论

从海战和海损的实例来看，舰艇的损害主要表现在 4 个方面：一是舰艇破损进水，甚至倾覆或沉没；二是舰艇起火或爆炸；三是舰艇技术装备损坏；四是舰员被杀伤或毒害。

在舰艇上，一切保障舰艇生命力的活动，称为舰艇损害管制，简称舰艇损管。舰艇损管主要是处置舰艇损害活动。《水面舰艇损害管制条例》规定：保障舰艇生命力是全体舰员共同的战斗职责；舰首长对全舰的损管工作实施组织指挥；机电长除领导本部门损管外，还应协助舰首长具体组织领导全舰性损管。因此，保障舰艇生命力的基本原则是全体舰指挥员必须掌握的，以便在平时能正确运用生命力观点分析掌握本舰艇的生命力状况，充分发挥其优点，避免和弥补其弱点，使舰艇具有最大的抵抗损害的能力，能正确地向舰员进行保障舰艇生命力方面的教育和组织损管训练。在舰艇发生损害的情况下，能熟练地运用保障舰艇生命力的基本原则和方法，沉着地组织领导舰员与破损灾害作斗争，取得损管的成功和战斗的胜利。例如在发生火灾后，利用构造上的防火防爆设施、灭火装备和器材，限制火灾的蔓延，舰员合理发挥舰上防火防爆设施和灭火装备、器材的作用，快速有效地消灭火灾，或将火灾造成的损失降至最低程度。

同时，舰艇在战时受武器攻击或因海损事故而引起舰体破损进水，当舰体水下部分出现破损或需要进行维护保养时，必须运用潜水技术去完成。日常工作中，对海底门、船舷孔、声呐和测深仪等水下装置进行检查清洁，清除舵、螺旋桨上的障碍物，都将运用潜水技术。《水面舰艇损害管制条例》中规定：掌握潜水技能是海军舰艇部队人员不可缺少的军事技能之一。因此舰员在做好舰艇维护，完成舰艇损害管制的同时，必须掌握一定的潜水作业技能，有计划地开展潜水训练，不断提高舰员的潜水技术和水下作业能力，以便更全面地掌握舰艇损管技能，使舰艇全方位处于良好的备便状态。

第一节 舰艇损管概述

舰艇作为海军的重要武器装备平台，是海军战斗力的主要组成部分，其使命是以战斗的方式消灭敌方人员或削弱装备。因此，舰艇作为海上作战的人-机综合武备系统，具有三种性能：航海性能、进攻性能和防御性能。

舰艇战斗力的两个最大特性是战斗特性和使用特性。战斗特性又分为打击特性（打击力）和战斗稳定性（防护性）。打击特性是指舰艇消灭或削弱敌方力量的能力。战斗稳定性是指在敌方攻击下舰艇保持战斗力的能力。舰艇战斗稳定性主要由隐蔽性、抗击性、坚固性（耐损性）、抗损性和恢复能力来保证。在作战环境和日常使用条件下，为保障舰艇生命力，提高舰艇的战斗稳定性和使用特性，必须采取一系列措施和开展一系列工作，这就是舰艇损管。

舰艇损管既是保障舰艇安全、提高舰艇战斗力的必要措施，同时也是舰艇战斗力的重要组成部分，全舰指战员都必须高度重视舰艇的损管工作。在舰艇发生损害时，每名舰员应能熟练地运用保障舰艇生命力的基本原则和方法，沉着冷静地与损害做斗争，取得损管的成功和战斗的胜利。

舰艇损管的目的是保障舰艇生命力。舰艇生命力是指舰艇抵抗各种损害，最大限度地保持和恢复其航行与作战的能力。舰艇损管一是要设法防止和避免损害的发生，或者使破损灾害发生的可能性降到最低；二是在损害发生后，极力限制破损灾害的扩散蔓延；三是在限制的基础上，尽快消除损害所产生的不良影响。

舰艇上发生损害具有一定的随机性，任何部位都有可能发生。损害形式具有多样性：既可能发生单一类型的损害，如舱室破损进水、舱室火灾、技术装备损坏；也可能发生多种类型的损害，如舱室破损进水造成电器设备短路而引发火灾、舱室破损进水被淹没而导致舱室内技术装备损坏失效、舱室火灾导致舱内技术装备的损坏失效等。而且舰艇损害的程度也呈随机性，可能是舰体局部性破损、大面积破损或全舰性破损，单舱破损进水、多舱破损进水、严重破损进水，舱内部分技术装备损坏失效、全部技术装备损坏失效、多个舱室内技术装备同时损坏失效，舱室局部发生火灾、多个舱室同时发生火灾或全舰性大火等。

战时有些舱室有人，有些舱室无人，不管舱室内有无人员，发生损害后都需要抢救，而且损害形式多种多样，需要各种专业人员去抢救，及时正确、迅速有效地处置和消除损害是建立舰艇损管组织的主要出发点。对舰艇可能发生的损害情况进行分析，如果能使损管组织达到"处处损害有人管，样样损害有人干"，就有可能准确及时、迅速有效地实施舰艇损管，达到限制、消除各种损害的目的。

舰艇损管的成效主要由人员的训练水平和损管指挥的完善程度保证，损管指挥的完善本身又由舰艇现行损管组织体系和指挥员完成损管职责的训练水平决定。舰艇上损管的最高指挥员是舰首长，各指挥员正确及时的指挥可以拯救舰艇和全体舰员，而笨拙和不果断的损管指挥可能导致舰员们正确果断的损管措施化为乌有。全体舰员动作的成效很大程度上正是取决于各指挥员的损管指挥水平。

长期以来，世界各国对舰艇损管都给予了高度的重视。现代战争中，装备的自动化程度日益提高，舰艇遭受损害的方式及类型与以前也有了一定的差异。部分国家在损管人员、器材、通信及组织与训练上已有了较为成熟的经验。战时实施损管应首先考虑有利于保障舰艇的生命力，并以限制损害扩散蔓延为第一任务。快速灵活地处置损害，限制损害造成的影响，保持舰艇不沉性是根本目的。目前很多舰艇已经装备了损管自动化系统，建立与之相适应的损管组织与训练管理机制对成功地完成损管将有重大意义。

舰艇损管与其他的作战单元不同，作为完成损管任务的核心因素应该被充分重视，这也是舰艇损管不同于其他作战科目的关键所在。因此，在舰艇上设置一支快捷高效的损管机构要以人为本，完善损管组织，加强损管训练，提高损管指挥水平，熟练灵活地使用各种损管器材。

第二节　潜水技术发展概况

潜水是指采取一定的方式，按照一定的方法和步骤，主动地从水面没入水面以下，下潜到达水底或目的深度后逗留一段时程，从事一定的活动，又从水底或目的深度离开，经过一定的规程，最后返回水面。

舰艇潜水作业是水面舰员或兼职潜水员利用潜水装具在舰艇范围内进行水下作业的总称，其主要任务是正确熟练地使用潜水装具和设备，及时完成舰艇水下所有装置设备的维护保养、修理工作和损害管制等任务，以保障舰艇生命力，恢复战斗力。具体潜水作业内容包括五方面。一是检查水下设备。在日常勤务工作中，对舰艇推进器、舵、减摇鳍、海底门等水下设备进行日常检查和维护保养。二是搜救落水人员。在潜水装具允许的深度范围，对落水人员失事区域展开搜索援救。三是清除水下障碍。及时清除缠绕在舰艇水下设备上的渔网、缆绳及其他障碍物。四是完成水下抢修。当舰艇受损后，及时进行管路包扎、水下堵漏及保障舰艇生命力的所有水下损管工作。五是打捞水下沉物。主要是在港口、浅海等潜水装具允许下潜深度范围内，打捞从舰艇上不慎落入水中的仪器、设备及其他重要物品。

潜水是人类从事开采、救捞或军事等活动，以及通过探索研究开拓知识领域的需要而必然产生的。潜水技术发展的历史，就是围绕着解决潜水员在水下各种医学、生理学问题而发明、创造和改进不同的潜水装具和设备，使潜水深度、时间不断增加，提高水下工作效率。潜水技术的发展过程中，形成了不同的潜水方式。

（一）屏气潜水

屏气潜水（图 1-1）是一种原始的潜水方式，下潜者主动暂时停止自主呼吸而潜入水中，在耐受极限前返回水面恢复正常呼吸动作。我国最早记载潜水的文字，见于《诗经》中"汉之广矣，不可泳思"，"就其浅兮，泳之游之"。当时由于防护条件较差，官府为了避免人们在急流中溺水，还曾颁布"禁川游"的法令。

屏气潜水最明显的限制是潜水员吸入的气体太少，潜水时间太短。且屏气潜水一般都是裸潜，不穿保暖服装，因此不可能在水温低的水域进行。有利因素是屏气潜水简单方便、可动性较好，在一定的条件下仍不失为一种有用的潜水方式。日本等地潜水采珠女，采用屏气潜水方式入海采拾珠贝可达 40 m 深。屏气潜水也曾被用于军事作业，在西班牙战舰上，很长时期都设有不使用潜水呼吸装置的潜水-游泳专职人员。现代屏气潜水的目的大体包括娱乐、作业和竞技三个方面。而作为一项竞技运动，自由潜水（或称竞技潜水）正被越来越多的人所喜欢。

图 1-1　屏气潜水

（二）潜水钟潜水

潜水钟是由倒扣大桶发展而来的"罩器"状潜水装备。潜水员在潜水钟内随钟潜入水底，在钟所能覆盖的范围内作业，钟内的空气供潜水员呼吸（图1-2）。潜水钟潜水方式的最早记载是在公元前300多年，正式使用潜水钟在1535年，使用的都是原始潜水钟。潜水钟潜水原理与当今各类型可潜舱及潜水头盔的发展，都有直接或间接的联系。

古时的潜水钟都无底门，称为开放式潜水钟（开式钟），现代开式钟都有供气管与水面相连接，由水面供气不断更新钟内气体。我国采用的潜水钟主要有移动式救生钟、饱和钟、开式钟等大深度潜水装备。移动式救生钟主要用于援潜救生，饱和钟用于饱和潜水作业，开式钟用于常规潜水并为潜水员提供减压停留等保障。

图1-2　潜水钟潜水

（三）管供式潜水

管供式潜水（图1-3）是指从水面通过供气管向潜水员头盔内输送气体供潜水员呼吸使用的一种潜水方式，也称为水面供气式潜水。头盔内的气体（含呼出气体）可经排气阀直接排出，也可不经排气阀排出，而是通过回收装置吸收二氧化碳、水汽或其他气体成分，供潜水员呼吸使用。

要延长潜水员在水下的停留时间，提升其作业能力，最主要的是要为其提供呼吸气源，使之能在水下进行正常呼吸。最早解决潜水员在水下呼吸的方法是采用一根"芦苇秆"，一端衔于口中，另一端高出水面，这样人在水下通过口衔苇管呼吸水面以上的空气，这种潜水方式称为呼吸管潜水。

使用呼吸管潜水比较简便，但呼吸管不能倾侧，以防水进入管内。虽然这可借呼吸管形状和利用浮阀解决，但仍然会对水下活动方式及姿势有相当大的约束作用。

另外，呼吸管潜水的主要问题是呼吸无效腔增大和静水压对胸廓的压迫作用，虽然可以通过用嘴吸气而用鼻呼气来避免呼吸无效腔增大，但无法克服静水压对胸廓的压迫作用。因此，这种潜水方法只适用于接近水面的活动。现代呼吸管潜水主要应用于潜水和游泳的初期训练中。

图1-3　管供式潜水

现代管供式潜水采用水面提供高压气体，供潜水员呼吸。管供式潜水的特点是稳定性较好，水面供气保障方便，气源充足，水下作业时间长。一般管供式潜水装具都有通信系统，有利于水面与水下的交流沟通，便于水面监护和指挥，是现代商业和军事潜水作业最主要的潜水方式。但受供气管长度限制，潜水员活动范围有限，因此，管供式潜水常用于定点潜水作业。

（四）自携式潜水

潜水员自己携带呼吸气源，通过一定的呼吸装置进入水下进行潜水活动，称为自携式潜水（图1-4）。自携式潜水创始于18世纪80年代，人们用气囊将呼吸气体携带至水下供呼吸使用。此后，铁制的储气瓶、供气调节器、自携式水下呼吸器相继出现，潜水面罩则出现于1924年，提供了管供式潜水所不具备的优越性。20世纪30年代，自携式潜水装备又出现了配套脚蹼，使潜水员不仅可以在水下行走，而且可以在水下自由游动，增加了自携式潜水在实践中的可应用性和灵活性，但此时的呼吸器不能自主呼吸，需要潜水员手动开关送气。1943年发明的按需供气调节器可根据潜水员吸气的需要和深度的改变而自动调节供气量，可利用呼吸器进行自主呼吸，被命名为"水肺"，所包含的技术一直沿用至今。

由于具有轻便、灵活、自由的特点，自携式潜水在军事、商业和科学领域得到了广泛的应用，休闲运动潜水也变得十分流行。但潜水员使用自携式潜水装具时，在水下受气瓶容积、水下深度、作业强度等因素影响，水下作业时间比管供式潜水装具要短。

图1-4 自携式潜水

（五）饱和潜水

潜水员利用水下居住舱或甲板居住舱，长时间地生活于一定的高气压下，轮班进行水下作业，最后做一次相应减压返回常压，这种方式的潜水称为饱和潜水（图1-5）。在此基础上，穿着潜水装具从居住舱外出，到一定范围不同水深处进行作业，称为巡回潜水。

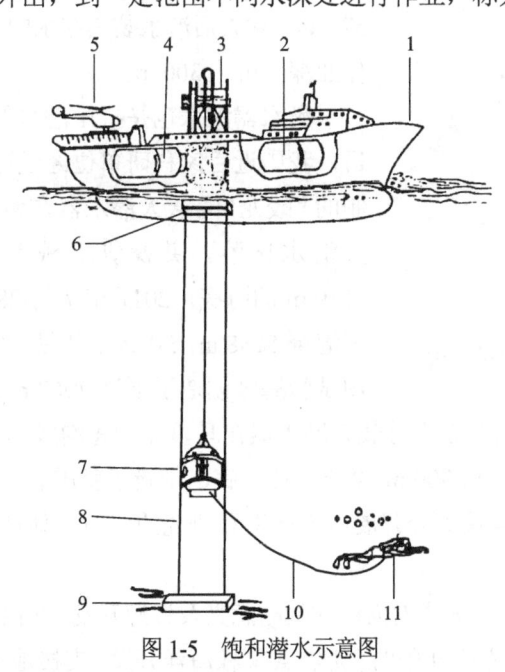

图1-5 饱和潜水示意图

1. 工作母船；2. 医疗加压舱；3. 吊机；4. 居住舱；5. 救护直升机；
6. 船底月池口；7. 潜水钟；8. 导向钢缆；9. 压载锚；10. 脐带；11. 巡潜潜水员

饱和潜水是20世纪60年代发展起来的潜水技术。1957年，美国海军潜水生理学家邦德（Bond）经过多年的研究和探索，提出了饱和潜水的理论。按照这一理论，只要潜水员机体组织内溶解的惰性气体达到饱和状态，则无论潜水员在该深度水下停留多长时间，其减压时间都是相同的。因此，饱和潜水理论，为提高潜水作业效率开辟了新的途径。1988年，法国COMEX公司在地中海成功地进行了一次氢氦氧混合气的饱和-巡回潜水实潜试验，潜水员在水下535 m有效完成了规定的作业任务。1992年，该公司又进行了一次氢氦氧混合气模拟饱和潜水试验，深度达到701 m。

2010年8月18日～9月6日，4名海军潜水员历时19天在上海医学研究所成功地进行了"480 m饱和-493 m巡潜"的模拟饱和潜水训练，饱和潜水试验深度达到493 m。2015年1月4～20日，4名海军潜水员在南海某海域成功完成了300 m饱和潜水专项试验。

（六）抗压潜水

抗压潜水是指使用足以抗水压的耐压装备，使潜水员在水下不受水压的作用而进行的一种潜水方式。抗压装具内保持正常气压，提供呼吸常压空气，故又称常压潜水，潜水作业深度一般为300～600 m。抗压潜水在海洋工程、海洋环境、海底资源勘探开发及打捞救生等方面的作用越来越突出，已经引起各海洋大国的普遍关注，得到越来越广泛的应用。这种潜水方式的优点是无须考虑减压问题，热保护性能好，水下作业时间长，重复潜水能力强，因此抗压潜水将是一种极有前途的潜水方式。

我国研制的QSZ-Ⅱ型常压潜水装具是带推进装置的自航式带缆单人常压潜水装具（图1-6），该潜水装具高度为2.06 m，前宽为1.29 m，侧宽为1.37 m，净重为571 kg，载人后潜水装具在水中的重量约为25 kg，潜水作业深度可达300 m。

潜水器潜水也是抗压潜水的一种。2010年8月26日，我国近百家科研单位经过近10年的共同努力，研制的"蛟龙"号载人潜水器在南海海域成功地进行了载人潜水试验，并操纵机械手将一面五星红旗插在3759 m的海底。2011年7月28日，"蛟龙"号潜水器下潜至5188 m；2012年7月，"蛟龙"号在马里亚纳海沟试验海区创造了下潜7062 m的我国载人深潜纪录。

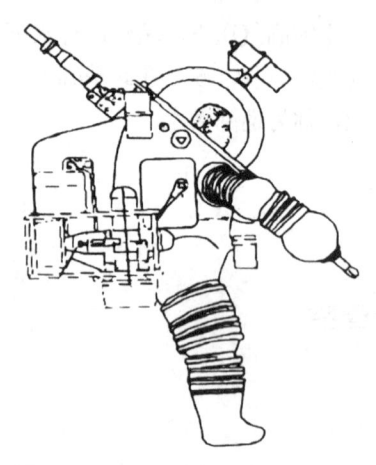

图1-6　QSZ-Ⅱ型常压潜水装具外形

2020年10月27日，"奋斗者"号载人潜水器在马里亚纳海沟成功下潜10 058 m，并于11月10日在马里亚纳海沟10 909 m深处成功坐底，刷新了我国载人深潜的新纪录。这标志着我国具有进入世界海洋最深处开展科学探索和研究的能力，体现了我国在海洋高技术领域的综合实力。

随着科学技术的发展，人类对海洋的战略意义及资源开发、利用认识不断深化，海洋已成为国际间政治、经济和军事斗争的"新焦点"。在海洋开发、支援地方经济建设、抢险救灾、重要活动等非战争军事行动中，许多工作都需要潜水员到水下去进行观测、调查、采样、施工。因此，在海军建设由近海防御型向远海防卫型迈进的转型时期，潜水技术在军事上的应用将产生新的发展和突破。

思考题

1. 舰艇损管的主要内容是什么？
2. 潜水方式可以分为哪几类？说明每种潜水方式的特点。
3. 潜水技术在军事上的应用有哪些？
4. 潜水技术在舰艇损害管制中的主要作用是什么？

第二章 舰艇抗沉

在作战过程中,舰艇可能遭到敌人武器的攻击而破损进水;在平时执行任务过程中,也可能因触礁、碰撞等造成破损进水。破损进水后,舰艇将丧失一部分储备浮力,产生倾斜或降低稳度,直接威胁舰艇生命力,严重时甚至会因完全丧失储备浮力而沉没,或因稳度不足而倾覆。因此,舰艇破损进水后,应采取抗沉措施恢复舰艇生命力。主要采取的措施有以下4项。

(1)堵漏:堵塞破口,阻止海水进入舰内,这是限制水的漫延比较彻底的方法。

(2)支撑:支撑加固被淹舱周界的舱壁、甲板,堵塞周界上的裂缝、孔洞、水密门等,限制水的迅速漫延。

(3)排水:排出积水和邻舱渗水,特别是高舱渗水,减少进水量及其对舰艇的影响,对舰艇储备浮力和稳度都有利。

(4)平衡:平衡舰体,提高稳性,改善武器和技术装备的工作条件。

这4项基本措施的目的就是保证舰艇的储备浮力和稳度,保障舰艇的不沉性和战斗力。

第一节 舰艇抗沉基本原则和措施

一、抗沉的基本原则

(一)摸清情况

要达到抗沉的目的,特别是严重破损情况下做到正确指挥,必须使主观的指导和客观的实际情况相符合,因此,首先必须摸清情况。摸清情况主要有两个方面:一是破损前和破损后不沉性的变化;二是舰艇的破损情况。

舰艇不沉性的变化情况是进行抗沉指挥的基本依据,指挥员随时都应做到心中有数。

舰体的破损情况是指挥员采取具体抗沉措施的依据,应当尽可能了解清楚。舰体破损情况包括破损位置和范围、被淹的舱室、渗水的舱室、舱壁水密性和强度、海水漫延的方向等。

掌握了解舰体破损和不沉性变化的实际情况,抓住主要的问题,再根据舰艇动力情况、排水平衡的能力、堵漏支撑器材的情况及人员的状况等,可以做出抗沉方案。

(二)限制水的漫延

当舰艇破损进水后,指挥过程中必须遵守抗沉基本原则,即集中力量限制水的漫延,这是保证舰艇不沉性的关键。战争和海损的实践经验证明,一两个舱甚至三个舱被灌注,只要限制海水漫延的工作做好了,并不再遭到破损,舰艇一般是不会沉没的。多数舰艇的沉没或失去机动能力都是由进水在舰艇舱室内漫延而造成的。因此限制水的漫延，对于抗沉斗争是全局性的，抗沉指挥中必须把注意力集中在这上面。

（三）以稳度为主

舰艇不沉性的两个基本因素是储备浮力与稳度，两者之中，应以稳度为主。在多舱进水时储备浮力损失比较多、干舷已经很小、稳度很低的情况下，仍要以稳度为主。必要时才以储备浮力换取稳度。这是因为舰艇丧失稳度而倾覆是很快的，因丧失储备浮力而下沉的时间则长得多。这样做可以赢得时间，达到抗沉的目的。

（四）集中力量、逐个解决

舰艇上不但人员有限，抗沉的装备器材也是有限的，要在破损进水的复杂情况下解决问题，必须分清主次，抓住主要问题，集中力量，逐个解决，切忌分兵把守，平均使用力量。如首先应集中主要人力和物力对危险舱壁或威胁最大的舱壁进行加固，然后再逐个解决其他进水舱。又如，首先应集中主要排水器材去排出危险舱的渗水，然后再排出其他舱室的渗水，但应注意排水效果。

（五）随时准备应付最坏的情况

指挥中要从最坏处进行打算，向最好方向努力。抗沉的过程千变万化，破损的情况难以预料，有的破损情况暴露得并不明显，因此，在作战的紧张时刻，很多情况不能全摸清楚，只能有个基本了解。在处置破损情况时，要预想到可能出现更坏的情况，做好准备，一旦出现情况，就能迅速正确地处理。

总的来说，抗沉指挥应在摸清情况的前提下，随时准备应付最坏的情况，以稳度为主，重点防止水的漫延，集中力量，一个一个地解决问题。

二、抗沉的主要措施

（一）限制海水漫延

舰艇抗沉实际上主要是同灌入舰内的海水作斗争的过程。海战经验证明，多数舰艇的沉没或失去航行与战斗的能力是由水在舰艇内部漫延而造成的。虽然有的舰艇破损严重，但由于注意了限制水的漫延，舰艇得以保存并保持了一定的航行与战斗的能力。

例如，某舰艇在一次执行任务中遭遇海损事故。艏尖舱、锚链舱、一兵舱、一号弹药舱、声呐舱及后机舱破损进水，破损范围很大，舰体破口共32处，破口总面积达 0.184 m^2。由于大量进水，储备浮力由 305 t 下降至 210 t，损失了将近 1/3，艉吃水增加 1.6 m，情况十分危急。全体舰员投入抗沉斗争，他们通过加固浸水舱的舱口盖，支撑加固被淹舱的前后舱壁和堵塞被淹舱周围舱壁、甲板上的孔洞、破口，始终把水限制在底层甲板以下，同时，迅速对破损不严重的后机舱等进行堵漏和排水。由于该舰指挥员自始至终抓住了限制水的漫延这个中心问题，把大量的人力和器材用在这方面，防止了水在舰内漫延，使储备浮力提高到 239 t，从而保证了舰艇的稳度和储备浮力不再下降，并使舰艇稳度和储备浮力逐步恢复。

又如，某舰艇在一次海战中，中部住舱和前机舱中弹破损被淹。前机舱进水通过厂修时拆除的暖机管在舱壁上遗留下来的两个洞流入后机舱，因而后机舱海水不断上涨，情况十分危急。如不及时处理，后主机可能因进气管进水而熄火，使舰艇完全丧失动力而瘫痪；另外，由于已有两个舱室被淹，若后机舱再被淹，则舰艇可能沉没。在此紧急关头，主机班长迅速用铁锤打扁两个管孔并进行堵塞，但由于两个管孔周围的管路和机械设备拥挤，地方狭窄，给堵漏工作造成了一些困难，虽然经努力阻止了大股水流，但仍有渗漏。为防止海水升高至主机进气口，甚至淹没机舱，主机副班长利用主机排水，他爬到花钢板上反复开关舱底吸干阀。当吸干头要吸进空气时关阀，待吸干头淹入水中后又开阀，从而限制了水向后机舱漫延，保全了后机舱和舰艇的机动能力，从而保证了舰艇战斗力的发挥，最终重创了敌舰，胜利返航。

试想如果上述两舰当时忽视了限制海水的漫延，不仅会使舰艇丧失动力而严重影响舰艇战斗力的发挥，而且很有可能因水在舰内漫延使稳度和储备浮力急骤下降，从而导致舰艇沉没。

由此看来，集中力量限制水的漫延，是抗沉的主要措施之一，它对于抗沉是全局性的问题，在与破损进水做斗争中有决定性的意义。

（二）平衡舰体

当舰艇破损进水时，限制水的漫延是关系舰船存亡的主要问题。在水的漫延问题解决之后，破损漫延情况基本稳定，沉没的威胁大大减小。但由于某些舱室被水灌注，舰艇产生倾斜和稳度下降，对其航行和作战很不利，严重时也可能因舰艇稳度丧失而倾覆。所以，此时平衡舰体的问题提到了首要地位。

平衡舰体的目的就是消除倾斜、提高稳度，以保障舰艇的不沉性和武备、机器的正常工作。

（三）消除负初稳度

舰艇多舱进水，往往存在大面积自由液面，于是稳度大大降低，甚至初稳度可能出现负值，使舰艇处于危险状态，如果处理不当可能造成翻船事故。因此，在出现破损时，若有大面积自由液面应先按负初稳度对待，这也是抗沉中应采取的主要措施。

第二节 舰艇堵漏

堵塞破洞，阻止海水进入舰内，对抗沉来说是比较彻底的办法，但不是都能实现的。能否实现堵漏，与破口大小、破口在水下深度（即水压）、海水灌入舰内的速度（即破损舱室灌水时间）及舰员堵漏动作的快慢等因素有关。对可能发生的破损情况，平时应做全面的分析了解，一旦发生破损进水，指挥员才能做到正确迅速的处理。

一、破口的分类

破口又称破洞、漏洞，可按破口属性不同进行分类。

（1）按位置可分为水线上的破口和水线下的破口。

（2）按形状可分为破洞和裂缝。一般裂缝是指长而窄的破口，这种破口往往给堵漏带来困难，而且对舰体的局部强度影响也很大。

（3）按钢板翻边形状可分为向里翻边、向外翻边和无翻边三种，不同的翻边应使用不同的堵漏器材。

（4）按破口的直径可分为大、中、小三种破口，当然这一分法有一定好处，但在实战中很难分得准确。小型破口直径为 0～250 mm；中型破口直径为 250～500 mm；大型破口直径大于 500 mm。

小型破口（直径不大于 250 mm）带压堵漏的成功率较高。舰艇上配置的制式堵漏器材大都适用于小型破洞。表 2-1 为某舰艇舱室在不同破口直径时灌水至 1 m 深的时间表。

表 2-1 破口直径与灌水时间表

破口直径/cm	破口面积/m²	潜水至 1 m 时间/s
60	0.283	52
50	0.196	72
40	0.126	117
30	0.071	211
20	0.031	492
10	0.008	1845

二、堵漏的基本原则

不论出现什么破口，舰员都要以最快的速度，利用一切可利用的器材甚至身体，挡住主要水流的流入，减少进水量，推迟舱室被淹时间。如果再能及时排水，则被淹时间更可能推迟，这样就争取了时间并掌握了堵漏的主动权，可以有更多的时间进行抢救。此外，还应用所有可用的方式报告上级，并通知本舱和邻舱人员。这种发现破损立即损管的作风，应在平时损管训练中养成。

从破口灌进舰艇舱内的海水，其流速和作用力随水深和破口面积增大而增大，堵漏时应根据具体情况区别对待。为此，当发现破损进水时，应做到以下几点。

（1）勇敢、迅速、分秒必争，最大限度减少进水量。

（2）首先解决主要水流，争取主动，然后进一步解决水密性问题。

（3）根据需要和可能，不同的破洞不同对待。

（4）同时出现多处破口时，应按照"先下后上，先大后小"的原则实施堵漏。

水线以下的小破洞，凡是力所能及的要立即堵上；水线附近的干舷破洞要及时堵好，不能忽视；战时不能堵的破洞，应在战斗间隙或退出战斗时再堵；非本舰力所能及的破洞，要采取安全措施，回基地解决；在有放射性沾染的情况下堵漏，应穿好防护衣和戴好面具，如缺少防护器材，也应立即堵漏，防止贻误时机造成严重后果。

三、堵漏的基本方法

（一）向外翻边的破口的堵塞方法

向外翻边的破口宜用木塞、木楔、软边堵漏板、帆布堵漏垫加木板等器材实施堵漏，也可用手边器材如毛毯、被子、桌子等堵塞。

1. 用木塞、木楔堵漏

用木塞、木楔（图 2-1）堵塞破洞是一种比较快速、有效的方法。

用木塞堵漏，破口的直径一般不宜大于 20 cm。实践证明当水压达 0.05 MPa 时，木塞堵直径 15 cm 的破洞已十分困难。

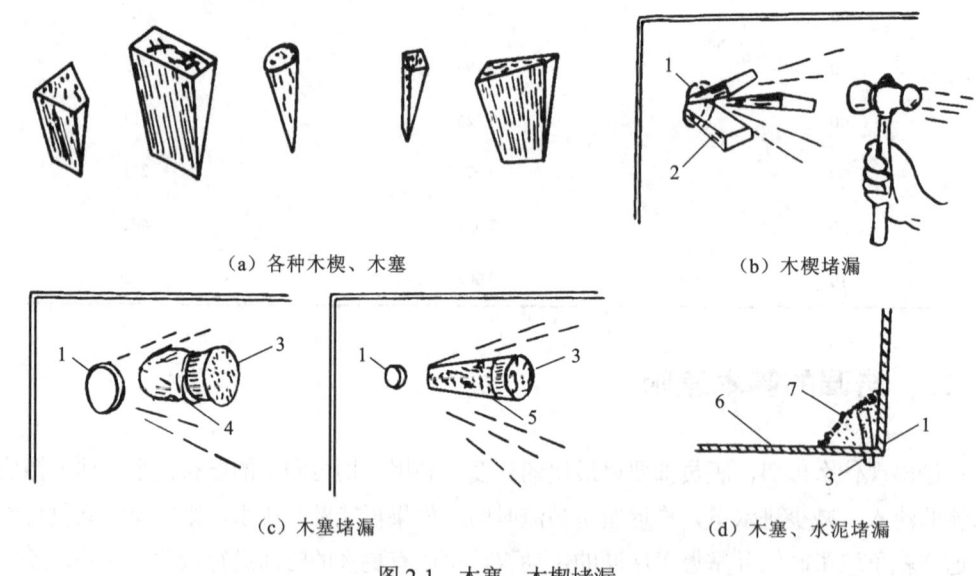

（a）各种木楔、木塞　　（b）木楔堵漏

（c）木塞堵漏　　（d）木塞、水泥堵漏

图 2-1　木塞、木楔堵漏

1. 破洞；2. 木楔；3. 木塞；4. 绒布或棉布；5. 涂以胶泥或兽脂；6. 船壳；7. 水泥

用木塞（木楔）堵漏时，其小端应小于破口直径（或裂缝宽度），否则塞不进去。而破口的直径又应小于木塞（木楔）大端直径的 2/3，否则破口太大，会在打紧时将木塞打出舷外。较大的木塞堵漏，或堵较大水压的破口时，应该在其后加以支撑固定，也可在木塞堵漏后再用堵漏箱、快干水泥等堵漏器材补充堵漏。

用木塞堵较规则的破口时，可在其外边缘先包上一层棉布或麻丝，再塞入破口，这样堵得严密且不易脱落。堵不规则破口可用木塞先堵住破口的主要面积，余下四周的孔缝，可用小木塞补塞，或用棉布、麻丝补塞裂缝。

2. 用软边堵漏板、帆布堵漏垫堵塞较大的向外翻边的破口

软边堵漏板（图 2-2），是用两层木板做底，在其四周为帆布包棕丝、麻丝或不透水的海绵等物品。两层木板的木条应成 90°交错。也有采用多层胶合板代替木板做底的，这样不仅强度更大，且水密性更好。

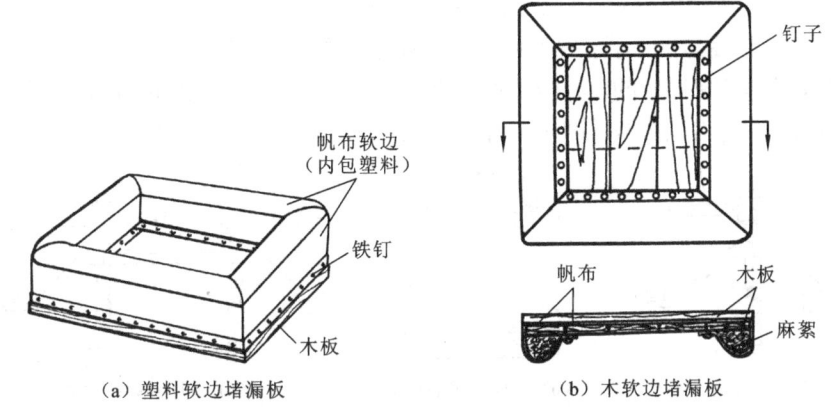

图 2-2 软边堵漏板
（a）塑料软边堵漏板
（b）木软边堵漏板

帆布堵漏垫（图 2-3）与软边堵漏板相似，只是将木板与软边分开了。为制作方便，可将堵漏垫做成中间留一小孔或不留孔两种。帆布堵漏垫有正方形、长方形和圆形几种，使用时必须与木垫板一起使用。

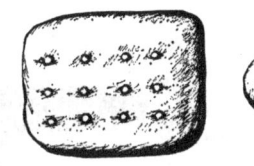

图 2-3 帆布堵漏垫

使用软边堵漏板或帆布堵漏板加木垫板堵漏时，一定要有压紧物将其压紧在破口上。压紧方法有两种：中间有孔的堵漏板（垫）用活动螺丝架压紧；中间无孔的堵漏板（垫）用背压法压紧。

用活动螺丝架（图 2-4）压紧方法堵漏时，先将带把手的螺帽（也称蝶形螺帽）退出，拿好或放在可靠的位置，以防被水冲走或因舰艇摇晃而落入舱底；将回转柄（俗称活动螺杆）转成与螺杆一致的方向；为了避开破口进水正面对堵漏人员的冲力，可斜方向插入破口，如果是水线上的破口或水的冲力不大也可正面塞出舷外；将回转柄转成与螺杆呈"T"字形；将螺杆对准破口中心略偏上位置拉回。之所以要对准中心略偏上位置，是因为在上紧过程中，由于重力的原因，堵漏板往往会略向下移动。最后，将堵漏板或帆布堵漏垫加木垫板套进螺杆，上紧螺帽即可。

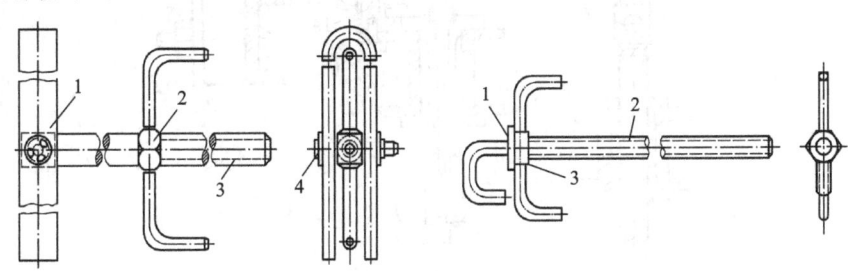

图 2-4 活动螺丝架

1. 折头；2. 压紧螺帽；3. 压紧螺杆；4. 短轴

如果由于水柱影响等原因看不准堵漏板等中间的孔时，可采用一只手抓螺杆头，将食指伸直与螺杆方向一致，另一只手的食指插入堵漏板的孔中，将其推向螺杆，在两只手的食指指引下，能很准确地将堵漏板（垫）套入螺杆上。

用背压法压紧堵漏器材有多种方法。

(1) 支撑法。具体内容将在舰艇支撑这一节中具体讲解。

(2) 肋骨撑架压紧法。肋骨撑架有两种，普通肋骨撑架（图 2-5）和万能肋骨撑架（图 2-6）。普通肋骨撑架的撑钩是固定的。万能肋骨撑架的撑钩（又称爪钩）之间的距离是可变的。万能肋骨撑架的爪钩分为双爪单钩 [图 2-7（a）] 和双爪双钩两种 [图 2-7（b）]。

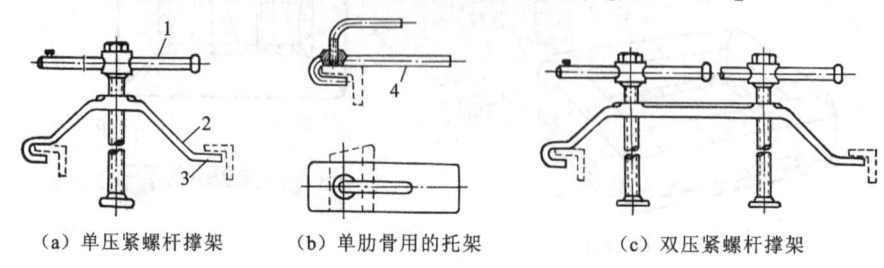

(a) 单压紧螺杆撑架　　(b) 单肋骨用的托架　　(c) 双压紧螺杆撑架

图 2-5　普通肋骨撑架

1. 压紧螺帽；2. 支撑架；3. 肋骨；4. 肋骨托架

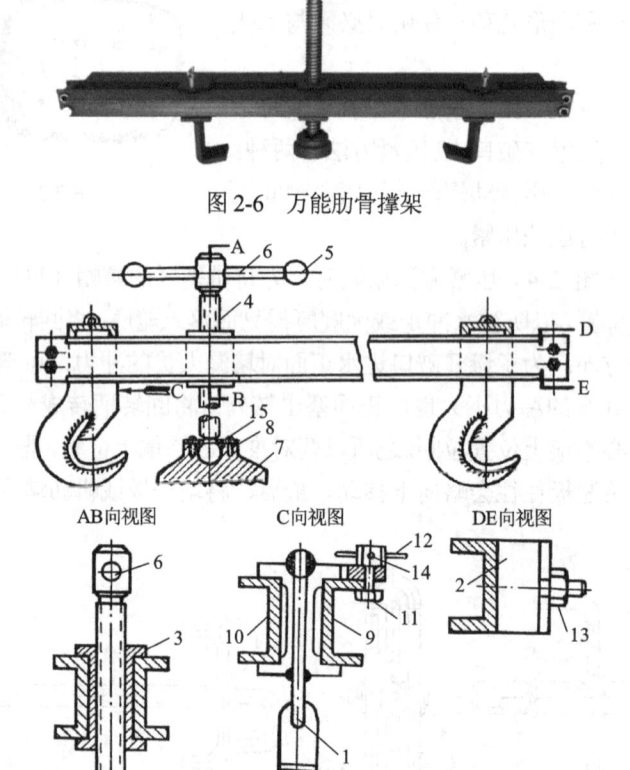

图 2-6　万能肋骨撑架

(a) 双爪单钩

1. 爪钩；2. 腹板；3. 活动螺帽；4. 压紧螺杆；5. 可卸手柄头；6. 手柄；7. 支撑座；8. 开口垫圈；9、10. 支撑楔；11. 止动螺钉；12. 止动手柄；13. 螺帽；14. 销钉；15. $M_5 \times 8$ 螺钉

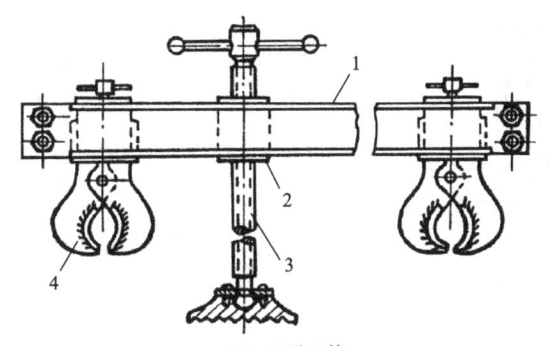

（b）双爪双钩

1.横梁；2.活动螺母；3.压紧螺杆；4.爪钩

图 2-7　万能肋骨撑架爪钩类型

普通的肋骨撑架适用于肋骨或构架间距相等的舱室，万能肋骨撑架可用于肋骨间距不等的舱室。使用时，用不带孔洞的软边堵漏板、帆布堵漏垫加木垫板、堵漏箱或身边的棉被、床垫等堵漏器材先将破口盖住，将肋骨撑架爪钩抓在破口相邻的两根肋骨或构架上，把压紧螺杆移到对正堵漏器材的中央，上紧爪钩止动螺钉，再上紧压紧螺杆（图 2-8）。

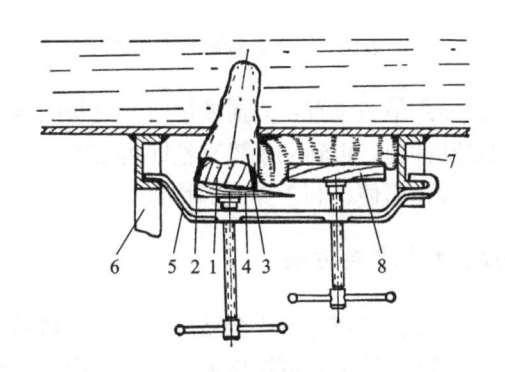

图 2-8　用普通肋骨撑架堵塞破洞

1.木塞；2.油麻屑；3.布袋；4.木楔；5.肋骨撑架；6.肋骨；7.麻絮垫；8.木板

肋骨撑架压紧法有快速、压紧力大、使用方便等特点。在舱底等狭窄位置可以一人操作。但是由于一般舰艇的肋骨等骨架的断面内表面是一斜面，肋骨撑架的爪钩易滑出，所以在上紧单爪钩撑架时，应由一人撑住肋骨撑架，以防滑出。上紧后如有可能，最好用电焊将爪钩焊在肋骨上。

（3）铝合金伸缩支柱支撑法。目前舰艇上配备的金属伸缩支柱主要是铝合金支柱（图 2-9，图 2-10），铝合金支柱按照长度，可分为大号、中号、小号，使用过程中依据被支撑物与依托物之间的距离来确定型号。以中号为例，其具体技术参数如下。

收拢后长度：1280±10 mm；

可支撑长度：1290~2270 mm；

额定载荷：最短时≥3.0 t，最长时≥1.5 t；

螺杆调整长度：0~100 mm。

· 15 ·

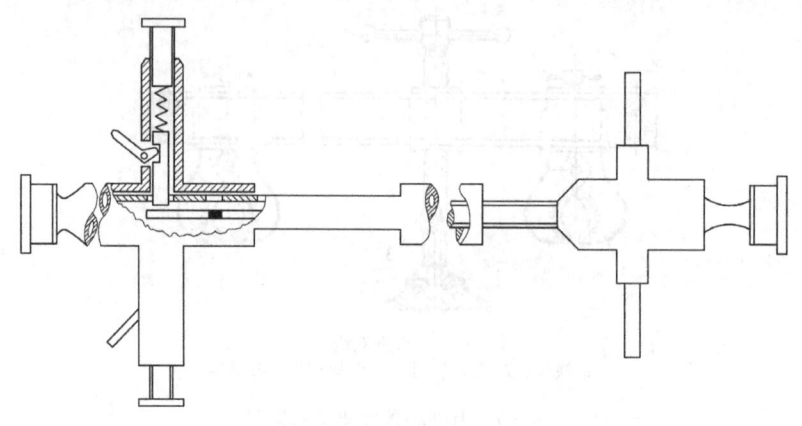

图 2-9 铝合金伸缩支柱结构图

图 2-10 铝合金伸缩支柱实物图

在使用前，将伸缩支柱缩到最短位置。当需要用时，先将底座顶在被支撑物上，拉动内套管到依托物，此时挡块自动伸出，再转动手轮支柱即可上紧。铝合金伸缩支柱属于损管堵漏支撑器材，具有重量轻、操作简便、利于存放等特点。

（二）向里翻边的破口的堵漏方法

向里翻边的破口宜用舷外堵漏器材，如折合堵漏板、椭圆堵漏板、堵漏伞、聚氨酯泡沫堵漏器、麻絮袋、防水袋等，在水线上还可用压缩气体堵漏袋。在肋骨等构架中间的破口可用堵漏箱、软边堵漏板堵漏，在构架上的小破洞还可用木塞、木楔堵漏。

1. 用堵漏箱堵漏

堵漏箱（图 2-11）是一种一面敞开、五面包合、箱式的金属堵漏器材。在其敞开面的边上有橡皮圈，由于其四周边较高（10～25 cm），它能堵内翻边不高于其边高的破洞。堵漏箱的压紧方法与堵漏板一样，可用活动螺丝架、肋骨撑架、支撑等方法压紧。

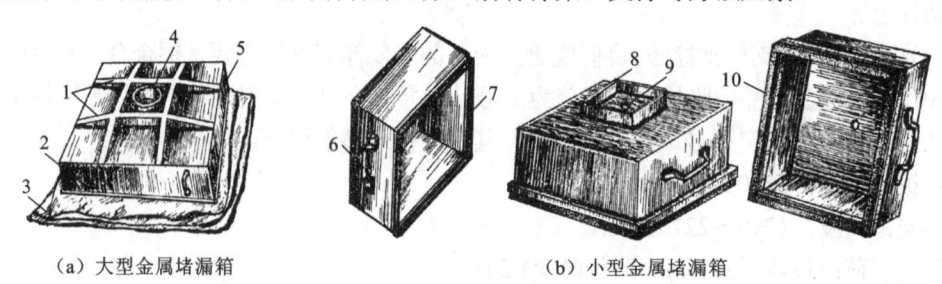

（a）大型金属堵漏箱　　（b）小型金属堵漏箱

图 2-11 堵漏箱

1. 筋条；2. 吊环；3. 帆布；4. 钢框；5. 金属箱；6. 把手；7. 橡皮密封圈；8. 钢框；9. 孔；10. 水密橡胶片

· 16 ·

堵漏箱在使用时应注意：堵漏箱应能全部罩住破口翻边，且箱边高于破口翻边的高度，破口应在舰艇构架之间。

堵漏箱比较重，使用时一般由多人协同操作，操作方法与堵漏板基本相同，但一般应两人拿堵漏箱。特别在堵水下破洞时，在压紧前应人为地将其上边压紧，下面留出一定的缝隙，以减少水压力，避免水从堵漏箱上缘喷出，影响堵漏人员视线。

堵漏箱有带孔和不带孔的两种（图 2-12），带有圆孔的堵漏箱可用活动螺杆压紧，未带圆孔的堵漏箱可用金属伸缩支柱或木支柱压紧。

（a）带孔的堵漏箱　　　（b）不带孔的堵漏箱

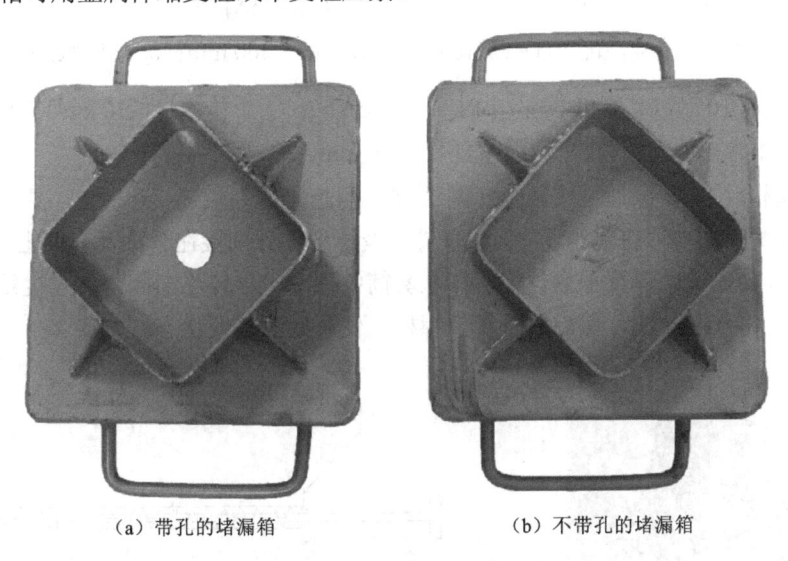

图 2-12　带孔和不带孔的堵漏箱

堵漏釜（图 2-13）用塑料或铝合金制造，边缘上也是用不透水海绵，底形类似于倒扣的锅（釜）。在其一侧有一个可以与水龙带相接的快速接头。这一接头在堵漏完成后接上水龙带可引入水用作舱内灭火，也可作为移动排水器材的出口。这种堵漏釜比金属堵漏箱轻得多，且受压强度也比方形堵漏箱大。但由于没有垂直边，其堵塞内翻边破洞的高度低于堵漏箱高度。

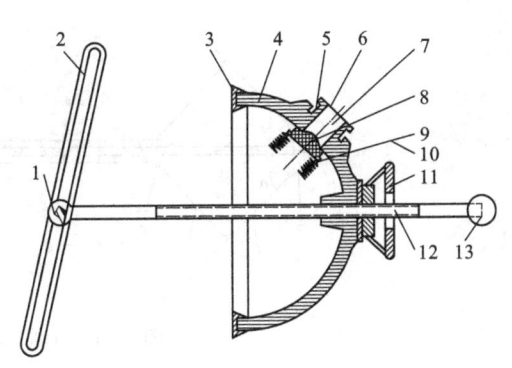

图 2-13　堵漏釜剖面图

1. 固定螺栓；2. 撑杆；3. 圆形密封垫；4. 釜壳体；5、6. 排水阀；7. 釜壳体排水孔；8. 球体密封件；9、10. 弹簧；11. 手轮；12. 拉杆；13. 拉杆手柄

2. 用堵漏伞堵漏

堵漏伞对因战斗或事故造成的舱室破损进水,具有快速、有效和省力的堵漏效果。

快速堵漏伞(图2-14)外形和普通雨伞相似,使用前将主伞骨处于收拢状态。堵漏时将伞面伸出破口,迅速拉动制动开关,使伞面打开,随即被水压贴紧于破口外侧,起到堵塞破口的作用。

堵漏伞开伞省力,开伞时间极快,堵漏后有固定装置使之在破口处定位,不会因风浪及舰体摇摆而挪位,收伞后可置于专用架子上,平时无须特殊保养。

(1)堵漏伞主要技术性能:①舰艇破口直径ϕ1115~300 mm;②破口水深≤3 m;③堵漏时舰艇最大航速10节(1节=1海里/小时=1.852 km/h);④伞体重量≤10 kg;⑤伞面最大直径ϕ1460 mm(不含裙边);⑥收伞后最大直径ϕ110 mm。

(2)堵漏伞结构及原理。堵漏伞(图2-15)的芯棒1左端连接伞顶2,右端与弹簧承盘3相固定,弹簧4左端顶在套筒5上,主伞骨7及撑杆6分别接在伞顶及套筒上。伞收拢时,用复位螺栓8向里顶动弹簧承盘,使芯棒从套筒中顶出,伞体逐渐闭合,收拢结束用一个套环(释放环)将伞面套住,然后取下复位螺杆,使伞处于备便状态。

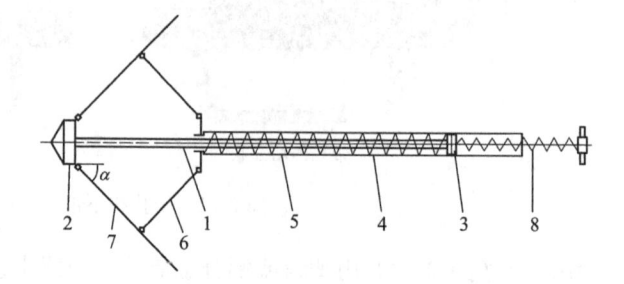

图2-15 堵漏伞结构

1. 芯棒;2. 伞顶;3. 弹簧承盘;4. 弹簧;5. 套筒;
6. 撑杆;7. 主伞骨;8. 复位螺栓

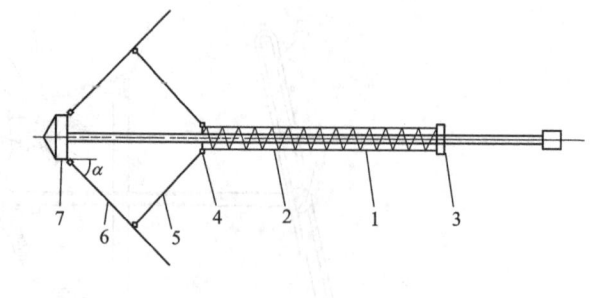

图2-16 普通自动雨伞

1. 芯棒;2. 弹簧;3. 承盘;4. 支座;5. 撑杆;6. 主伞骨;7. 伞顶

图2-14 快速堵漏伞实物图

堵漏时,伞体伸出破口时会因释放环被挡而滑离伞面,弹簧顶动承盘使芯棒缩入套筒,从而拉动伞顶,伞面即迅速打开。

在伞张开的初始阶段,即当图2-15中α角小于某个角度时,水压包围伞面将阻碍其打开,但这一阻力随α角的增大而迅速减小,一旦α角超过某值后,水压将由开伞阻力变为动力,伞面在弹力和水压力的共同作用下,快速张开。弹簧主要是在开伞之初起作用,对弹力的要求也不算高。

与普通自动雨伞(图2-16)对比,弹簧2的一端支承于固定在芯棒上的承盘3上,另一端顶在沿芯棒1滑动的支座4上,伞面上的水压力始终和弹簧弹力相对抗,且随伞面的张大而增大,因而所需的开伞力也将随α的增大而增大,这无疑给开伞增加了困难,必须配以较大的弹簧或辅以人力。

综上所述,堵漏伞与普通伞的结构区别,主要是弹簧的支承方式不同:堵漏伞开伞时使芯棒缩进,造成弹力和水压力方向一致;普通伞则是芯棒不动,弹力经撑杆将伞面顶开,弹力和水压力方向始终相反。堵漏伞利用水压帮助撑开,可以达到快捷而省力的目的。存在的问题是伞骨强度略显不足,尤其是伞骨连接销容易断裂,固定装置不灵活,容易卡滞。

(3)新型堵漏伞。目前舰用新型堵漏伞的型号为HJ-DLS001(图2-17),在锁紧装置和性能方面进行了优化,具体规格:①总长度1000±10 mm;②可堵塞破口直径ϕ1125~420 mm;③堵漏泄漏量满足堵漏完成后泄漏流量小于5%;④开伞后直径ϕ1490±5 mm。

图2-17 新型堵漏伞

3. 用活页堵漏板和椭圆堵漏板堵内翻边破口

活页堵漏板(图2-18)由两块或三块可折合钢板、撑架和蝶形螺帽等组成,钢板之间用铰链连接,其四周有水密橡胶片,中间有压紧螺杆或拉杆。

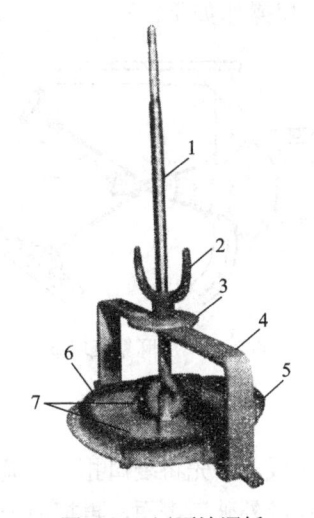

图2-18 活页堵漏板

1. 压紧螺杆;2. 蝶形螺帽;3. 垫圈;4. 撑架;5. 可折合钢板;6. 水密橡胶片;7. 铰链

使用活页堵漏板堵漏时，将可折合钢板折合并与螺杆方向一致，插入破口，将堵漏板推出舷外，展开可折合钢板，与压紧螺杆垂直，将压紧螺杆对正破口中心略偏上，一手在螺杆根部顶住堵漏板，借水压力慢慢拉回，使堵漏板紧贴于舷板，放上撑架，拧紧压紧螺帽。

使用椭圆堵漏板堵漏时，将板的椭圆长轴垂直于舷板，短轴与破口长轴重合，压紧螺杆与板平行，将板推向舷外，再把板转向与舷板平行。转动堵漏板使堵漏板的长短轴与破口的长短轴对应重合，借水压力慢慢拉回，贴合舷板堵住破口，再放上撑架上紧。

这两种堵漏板在堵漏的过程中，一是要防止快速拉回而对不准破口部位，二是要防止把手指挤压在堵漏板和舷板间，压伤手指，所以要拿住螺杆的根部，不可张开手。

活页堵漏板与椭圆堵漏板都是舷外堵漏器材，所以特别适用于内翻边破口，且堵上后在舷外凸出部分小，流水阻力小，是目前舷外堵漏器材中，能使航速保持较高的一种器材。但由于是从舱内操作，所以堵漏板做大了，从破口中塞不出舷外，做小了又不能将洞全部盖住。为此，近年来人们研究出堵漏伞和聚酯泡沫堵漏器，这两种堵漏器材也是从舱内将堵漏器材从破洞推出舷外，使其展开或发泡而从外向内堵住破口，它们的共同特点是：展开的直径和最小可塞出的破口的直径之比大，且一种器材可堵大小不同的破口，这样更能应对破口的不可预测性。

这些从舱内操作的舷外堵漏器材，在操作过程中，都要伸出舷外一段，在这一过程中，舰艇的航行水流对堵漏器材的冲击作用较大，因此应该降速航行，堵好后再慢慢加速。加速过程中要加强对堵漏情况的观察。

对于舰艇舷边布满了电缆、管路、设备的情况，使用这些舱内操作的舷外堵漏器材堵漏是有不可比拟的优点。但是它们在舰艇上进行堵漏训练很困难，只能在训练模拟器中进行。模拟器中舱壁破口的水压，一般都垂直于舷板，很难模拟出航行时的水流方向，所以训练与实际情况仍有差别。

4. 用麻絮袋或压缩空气袋堵漏

麻絮袋是在帆布袋内充满麻絮或棕丝，用其堵翻边向外的破口的方法与堵漏垫相同（图 2-19），用其堵翻边向内的破口操作如下。

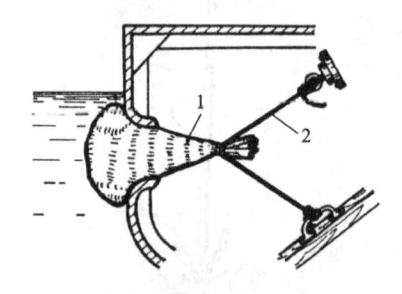

图 2-19　用麻絮袋堵漏

1. 麻絮袋；2. 绳索

（1）堵水上破口。将袋放在甲板上，先将袋口扎一长绳，从舷外把长绳牵引至洞口。舱内人员收紧绳子，使麻絮袋紧靠在舷外破口表面，再把绳子系在舱内构架、管路等物上，不得系于运动机械上。

（2）堵水下破口。在舱内先将长绳的一端系上一木块，另一端系在构架上，舱内人员将带绳的木块从破口推出舷外，木块漂出水面。甲板上的人员将木块一端的绳子捞起，系在麻絮袋上。舱内人员收紧绳子，将麻絮袋拉紧贴靠在舷外破口表面堵住破口。

麻絮袋舷外堵漏时，要量材而行，破口不能太大，否则会使麻絮袋全部拉入舱内。麻絮袋在舷外堵水下破口时，舰艇应停止航行，堵好后也只能以极低速度航行。

舰艇上没有麻絮袋时，可用被褥、床垫等物品进行舷外堵漏（图 2-20），方法同麻絮袋一样。压缩空气袋（图 2-21）只能堵水线以上的破口，可从舱内将其从破洞中推出舷外，充入压缩空气即可。也有的堵漏袋中本身有氮气瓶，当空气袋伸出舷外后，拉开氮气瓶瓶头阀，即可自行充气。这些空气袋的固定方法与麻絮袋的固定方法相同。空气袋是用坚固的橡胶帆布或类似材料做成，不遇到很尖锐的硬物，一般不易破裂。但它还是能被破口的尖角割破，因此目前舰艇上使用较少。

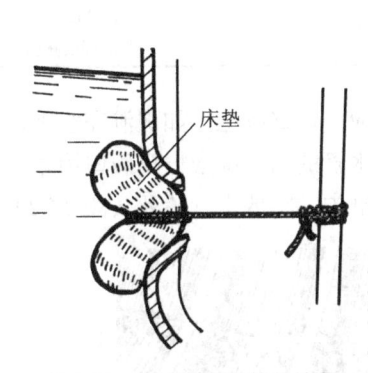

图 2-20 用床垫进行舷外堵漏

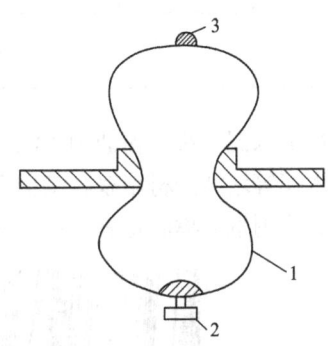

图 2-21 压缩空气袋

1. 空气袋；2. 充气管接头；3. 安全阀

5. 用快干水泥与快干精调制混凝土堵漏

混凝土是由水泥、沙、砾石加水调和而成，凝固后是很好的堵漏材料，用于舰艇内构件、管路系统较多及舱壁间隙较小等处的堵漏，在其他堵漏器材无法使用时使用比较方便，且能永久性地堵漏。舰艇堵漏时要求混凝土凝固要快，所以常用快干水泥与快干精两种混合加快凝固时间。

快干水泥是将快干精与水混合后，同普通水泥拌合快速凝固而成，其快干的时间与混合液中快干精的比例有关（表 2-2）。快干有两种方式：一种是水泥本身有快干性能，稀释调和剂为普通水；另一种水泥是普通水泥，但稀释调和剂有快干性能。

表 2-2 快干精水泥凝固时间及配料比例

分类	凝固时间/min	水泥用量/g	水用量/g	快干精用量/g
甲	1	100	0	50（水泥用量的50%）
乙	5	100	20	30（水泥用量的30%）
丙	30	100	30	15（水泥用量的15%）
丁	60	100	200	14（水泥用量的14%）

注：甲类应慎用，往往还没调好就凝固了

用快干水泥堵裂缝时，应先将裂缝周围清洁干净，将水泥、沙、砾石按比例混合好（表2-3），倒入水，戴上橡皮手套调和捏成团，堵住裂缝，待凝固后松开。用快干精拌普通水泥堵裂缝时，先将裂缝周围清洁干净，戴上橡皮手套将快干精和水按一定比例混合，用其调和水泥捏成团，堵住裂缝。

表 2-3　混凝土调和比例

种类	配料比例 水泥	沙	砾石	凝固时间/min	抗压强度达 2.2 MPa 所需时间
高混凝土	1	1	2	11~12	24 h
	1	2	1		
贫混凝土	1	1	2		
	1	2.5	2.5		
快干混凝土	矾土，水泥，沙			5~10	4 h（抗压强度达 1.7 MPa，三个月内强度增加，三个月后强度减弱）

用快干水泥或快干精调和水泥堵较大的破洞时，应先做好围框，如破洞在水下，应先用木塞、木楔等堵漏器材堵塞。围框下部留放水管，放水管的粗、细应根据破口堵塞后的渗水量而定。将围框支撑固定好。按比例调和好水泥倒入框中，将放水管堵死（图2-22）。

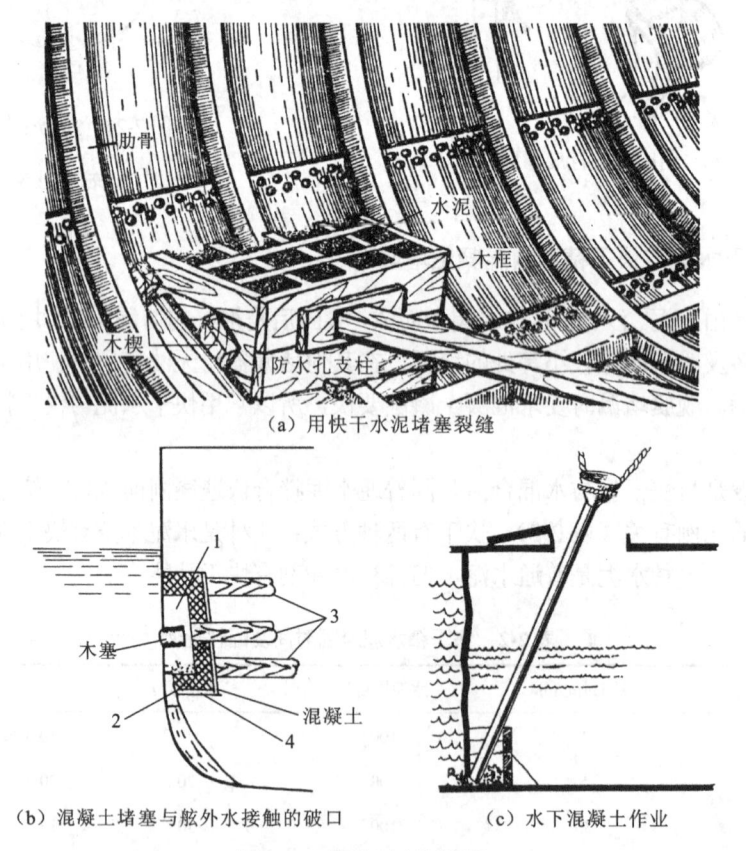

(a) 用快干水泥堵塞裂缝

(b) 混凝土堵塞与舷外水接触的破口

(c) 水下混凝土作业

图 2-22　用快干水泥堵漏

1. 水密箱；2. 放水管；3. 支柱；4. 围框

6. 用防水席堵漏

防水席是由几层帆布缝合,并在最里一层钉上油麻丝而制成。四周用麻绳或钢缆做成,四角上有系索环,大型的防水席在边长的中间也有一个或几个系索环。防水席(图2-23)至少要有4根配套的索具,其中底索应是铁链。有的防水席最外层为木条或钢丝网,这种防水席能承受较大的静水压力。

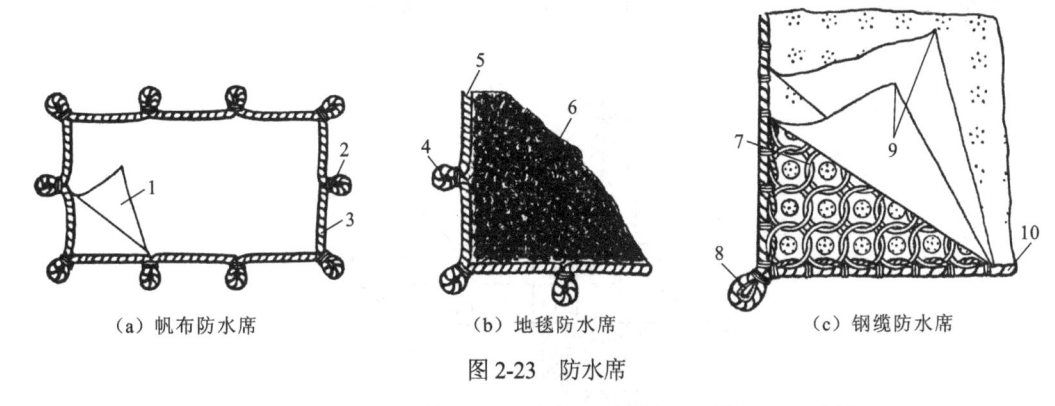

(a) 帆布防水席　　(b) 地毯防水席　　(c) 钢缆防水席

图 2-23　防水席

1、9. 帆布;2、4、8. 缆圈;3、5. 麻缆;6. 麻绳头;7. 钢缆圈;10. 麻绳

防水席是舷外堵漏器材,适用于向里翻边的破口,常用于较大破口或破口集中区。用防水席堵漏时,应停止航行。将防水席展开平放在破口对应处的甲板上,将麻面向下,系好除底索外的所有固定索。把底索从舰首套入舰底,从两舷慢慢移到破口处,系在防水席的底索环中。将其余各索的另一端松松地系在相应的物体(如系柱、栏杆)上。抬起防水席,送到舷外,拉住各索,在另一舷收紧底索,将防水席牵引至破口位置,固定好各索(图2-24)。

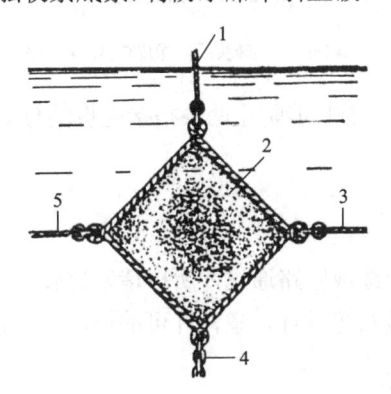

图 2-24　防水席固定法

1. 管制索;2. 防水席正面;3. 后张索;4. 底索;5. 前张索

防水席虽是大型堵漏器材,但由于施放时间较长,往往用于被淹舱室。防水席堵上后,可在该舱排水,使舰艇恢复储备浮力和稳度。防水席仅靠水压使其贴靠在舷板上,所以水密性不高,应不停地排出舱内的渗水,或在舱内补充堵漏。用防水席堵好破洞后,舰艇只能低速航行,航行时要及时注意防水席及舱室进水情况,防止水流将防水席冲走或冲离破口,造成舱室重新被淹。

（三）其他破洞的堵漏方法

1. 用堵漏螺栓堵塞铆钉孔或子弹所穿小孔

使用堵漏螺栓（图2-25）堵漏时，将已松动的铆钉切去，打出铆钉，使回转头与杆身中心线一致，从铆钉孔或弹孔中塞出。转动杆身，当销轴呈水平方向时，回转头因自身的重量，回绕销轴转动落下，与杆身呈"T"字形，上紧压紧螺帽即可。

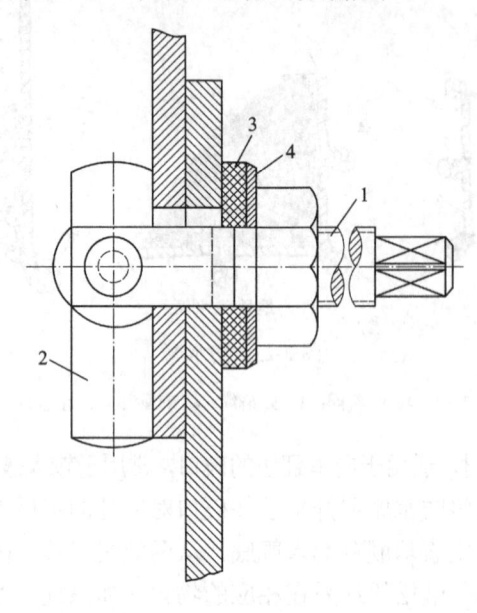

图2-25 堵漏螺栓

1. 螺杆；2. 回转头；3. 橡皮垫料；4. 垫圈

这种堵漏螺杆不仅能堵漏，而且能防止两块搭接壳板的分离。用其堵漏，不需经常检查，因为其不易松动脱落。

2. 舱壁填料函的堵塞

由于舱壁填料函其间有电缆或管路通过，所以堵塞比较困难。舱壁填料函的堵漏主要是用硬杆如螺丝刀塞紧麻絮、破布等进行。条件许可的情况下，也可做成特别的箱，灌入水泥进行堵漏。

（四）灌注舱室堵漏和舷外堵漏

舰艇在战斗破损或事故破损时，由于舱室被灌注或其他原因，舰员无法实施损管，为了保障和恢复舰艇的生命力和战斗力，需要潜水员进入灌注舱室或从舷外潜水至破损处堵塞破口，然后将舱室内积水排出。因此灌注舱室堵漏和舷外堵漏是舰艇部队损管人员必须熟练掌握的基本技能。

1. 灌注舱室堵漏

灌注舱室堵漏是舰艇舱室破损进水后，舱室内水位较高形成了灌注舱室，需要潜水员携带堵漏器材实施堵漏的一种方式。灌注舱室堵漏使用的堵漏器材与常规情况下堵漏器材基本相同，由于灌注舱室内外压力差较小，堵漏伞不宜使用。灌注舱室堵漏的实施要点如下。

（1）潜水员应了解舱室内的机械、管路、器材等物品的分布位置，了解灌注舱的位置、空间及进出口，应尽可能派本舱室人员或有经验人员进行堵漏。

（2）潜水员行进时应有行动绳，便于返回及应急潜水员救助。

（3）舱室内较复杂时，应选用气源充足的装具，防止潜水员气源用尽。必要时可采用接力潜水，确保舱室内与水面联系畅通。

（4）在黑暗的舱室作业时，应根据条件布放水下照明装置，携带损管灯。

（5）搬运大件物品（如堵漏板等）通过灌注舱舱门时，应注意如下顺序：搬运物品进入灌注舱应先将物品送入舱门，人再进入；搬运物品出舱时人应先出舱门后搬运物品，以防大件物品卡滞在舱门上阻断潜水员的退路。

2. 舷外堵漏

舷外堵漏是舰艇舱室出现大破口造成大量进水无法实施堵漏，为防止进水漫延，封闭舱室后到舰艇舷外实施堵漏的方法。由于舷外堵漏时外界无支撑点，通常使用的堵漏器材以金属堵漏箱和防水席为主。舷外堵漏的实施要点如下。

（1）寻找破口的准确位置。根据舰体倾斜方向判断破口在左右舷或舰首尾，用竹篙、拖把或其他工具沿船壳探索。舱内人员可直接寻找，但要防止溺水。

（2）调查破口的大小形状。破口形状一般不规则，向内或向外翻卷，卷刃锋利。潜水员接近破口时，应防止身体被擦伤或潜水服损坏。中小破口估量或测量相对方便些，大破洞可采用潜水员和水面人员配合测量的方法（图2-26）。

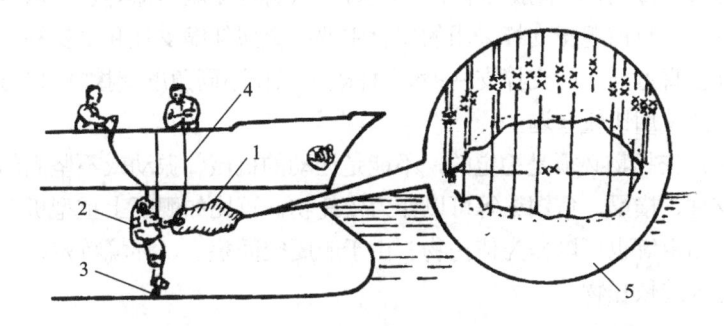

图2-26 船舷破口测量

1. 船旁破口；2. 潜水员；3. 垂重；4. 测量绳；5. 船旁破口尺寸图样

（3）根据破口的大小、形状和位置，选择堵漏器材，制订堵漏方案。

（4）舷外潜水堵漏时，首先要布置好作业现场。

（5）一般情况下两名潜水员配合进行堵漏，为防止器材脱落丢失，选材的直径和厚度要适宜。

（6）若破口仍在往舱室内灌水时，潜水员要防止身体和器材被水吸入舱室。

（7）潜水员应在水下调整好浮力、稳性，注意作业安全。

3. 注意事项

（1）舷外堵漏时，必须待舱室封闭后，破口两侧压力平衡以后再潜水实施堵漏，防止巨大吸力使潜水员受伤。

（2）潜水员在水中是悬空作业，潜水员要注意控制好正负浮力和稳性，使自己处于一个方便作业的位置。

（3）潜水员在水下作业使用堵漏器材时，应防止器材脱落。

（4）信号员应注意两名潜水员的信号绳，防止同时在水下作业出现绞缠。

（5）堵漏作业时应遵守潜水规则，如果出现咬嘴、面罩脱落现象，应运用潜水基础技能训练的方法将积水排干净。

第三节 舰艇支撑

支撑是限制舰艇中水漫延的主要措施。舰艇的水密舱壁、水密门和舱口盖等结构强度相对较弱，在较大水压力特别是武器爆炸作用下，将成为水漫延的主要路径和通道。支撑加固水密舱壁、水密门及舱口盖是限制水漫延、进行有效抗沉的关键性措施。同时，堵塞破口的堵漏器材也需要进行支撑，实施加固。

支撑是利用支撑器材，将被支撑物支撑加固在依托物上。被支撑物、支撑器材和依托物就构成了支撑的"三要素"。

（1）被支撑物：舰艇堵漏过程中通常使用的堵漏器材，如木塞、堵漏板、堵漏垫、堵漏箱等都可以作为被支撑物，还有舰艇的舱壁、水密门、甲板、舱口盖等也可以作为被支撑物。

（2）支撑器材：目前舰艇支撑采用的器材主要有金属伸缩支柱和木支柱。金属伸缩支柱只能作为水平和垂直方向上的支撑支柱；木支柱既可以作不同角度支撑柱，也可作纵向支柱、垫柱和垫板，因此使用比较普遍。

（3）依托物：依托物必须是稳定的，不能是运动的机械、振动或不坚固的物体。如舰艇的舱壁、固定支柱、横梁、角钢梁等可以作为依托物，再比如舰艇上重型机器的机座、大型且坚固的管路、箱柜等也可以作为依托物。由于舰艇空间狭小、环境特殊，很多情况下需要利用木支柱构建人造依托物。

一、木支柱支撑的基本方法

支撑可用于加固舱壁、水密门、舱口盖，也可用于支撑加固堵漏器材，应根据破损舱室的大小、结构、机械布置及破损情况等，综合选择支撑方法。根据木支柱的状态，支撑的方法分为"一"字支撑法、"T"形支撑法、"人"字支撑法、下端无依托斜形支撑法和重叠支撑法等。

（一）"一"字支撑法

"一"字支撑法（图2-27）适用于支撑物中心的对面距离不太远处有依托物时的支撑。

舰艇上的依托物很多，固定支柱、机座、大型且坚固的管路、箱柜、舱壁等都可以作为依托物（图 2-28、图 2-29）。旋转的机器、有振动的物件和不坚固的物件等都不能作为依托物。

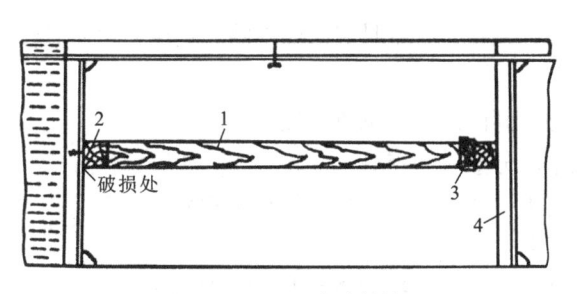

图 2-27 "一"字支撑法
1. 纵向支柱；2. 被支撑物；3. 木楔；4. 依托物

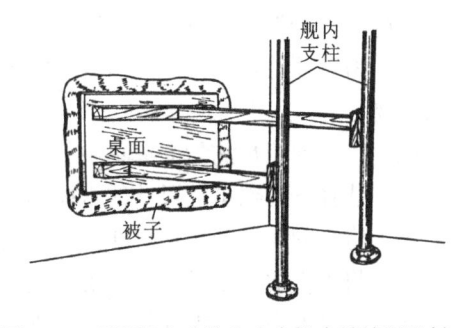

图 2-28 利用舰内支柱和木支柱支撑堵漏器材

图 2-29 用支柱和木楔加固舱壁

建立这种支撑时，首先要量好被支撑物中心到依托物之间的距离，将支柱锯成恰当的长度，再用损管尺测量距离。若被支撑物为舱壁时，应用垫木分散着力点，支撑堵漏器材就不必再加衬垫。将纵向支柱一端紧靠在被支撑物的着力中心，另一端向动木楔稍加倾斜，倾斜太大会造成打木楔时支柱不随木楔前进，甚至跳起。可在该端与依托物之间放入一对支撑木楔，敲打动木楔即可。支撑完成后，使支柱垂直于被支撑物或依托物（图 2-30）。当依托物与被支撑物面有一小夹角时，也可用奇数木楔支撑（图 2-31），被支撑物与依托物夹角太大时，该依托物不能使用。

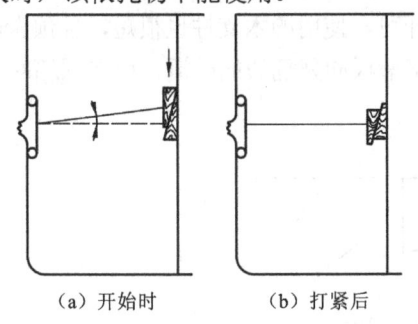

图 2-30 支撑时木支柱和木楔的放置法　　图 2-31 依托物与被支撑面有一个小夹角时的支撑

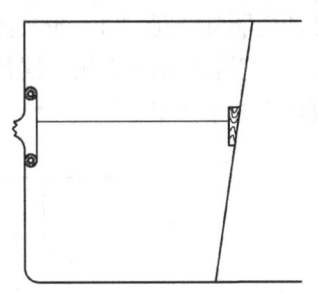

"一"字支撑法，只要求依托物能承受支撑压力，因此是所有支撑中使用支柱最少的一种方法。

在建立"一"字支撑时，按照以下步骤实施。

（1）考察周边环境，选择适合的固定支柱、机座、大型且坚固的管路、箱柜、舱壁等作为依托物。

（2）使用损管尺测量支撑物中心到依托物之间的距离，锯割木支柱。

（3）选择一定数量及尺寸的木楔作为垫木以分散着力点。

（4）将纵向支柱一端紧靠在被支撑物的着力中心点，另一端向衬垫木楔稍加倾斜。

（5）将木楔放至依托物与木支柱之间。

（6）敲打木楔，使支柱随木楔前进，直到支柱垂直于被支撑物及依托物为止。

（二）"T"形支撑法

"一"字支撑法要求被支撑物中心的对面就有依托物。在支撑过程中，有时被支撑物对面有依托物，但不正对被支撑物中心，这时就要用"T"形支撑法（图2-32）。这种支撑法与"一"字支撑法的不同之处是：要先将立柱（或横柱或斜柱）放在两个可靠的着力物（如纵桁、横梁、固定支柱和机座等）上形成一个人造依托物，再用支撑木支柱来支撑加固被支撑物。

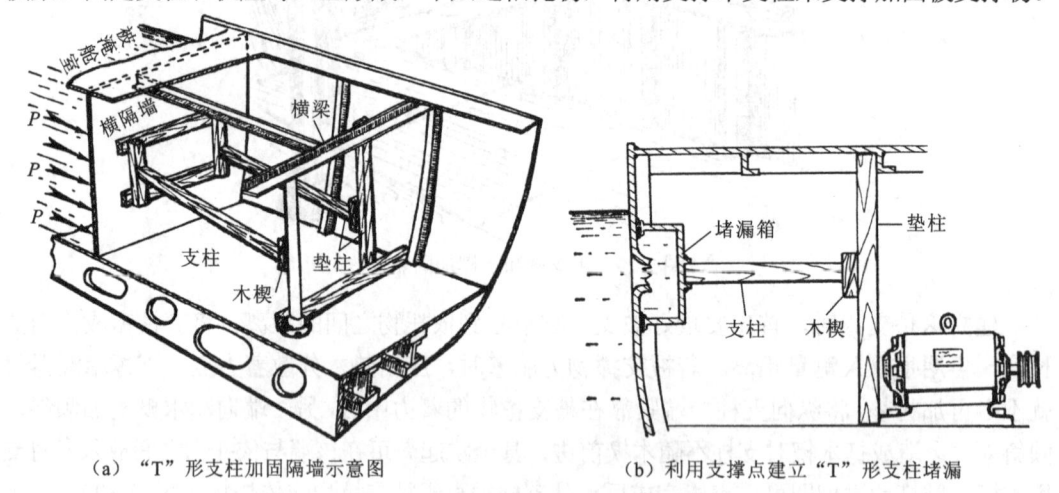

（a）"T"形支柱加固隔墙示意图　　（b）利用支撑点建立"T"形支柱堵漏

图2-32　"T"形支撑法

"T"形支撑法广泛用于舰艇上，由于肋骨较高作为依托物受力大，可以将一根短的横向支柱放在两根肋骨之间。"T"形支撑法由两人操作即可，使用的木支柱也很短，且预先可准备好，但是由于肋骨高度有限，这种支撑只适用于堵漏板向外翻边的破洞，用堵漏箱时往往肋骨高度就不够了（图2-33）。

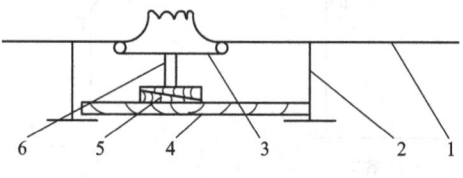

图2-33　"T"形支撑法堵漏

1. 舷板；2. 肋骨；3. 堵漏板；4. 横向木支柱；5. 木楔；6. 纵向木支柱

在建立"T"形支撑时，按照以下步骤实施。
（1）选择两个可靠的着力物。
（2）按照两个着力物的距离锯割木支柱。
（3）将木支柱放在两个着力物上形成人造依托物（横向、纵向或斜向）。
（4）按照"一"字支撑法架设纵向支柱。

（三）下端无依托斜形支撑法

在支撑过程中，一般舱室顶部都有甲板纵桁或角钢梁作为依托物，但舱室底部甲板面往往是光滑的无依托物，这时只需要将"T"形支撑法中的立柱倾斜成斜柱，就构成下端无依托斜形支撑法（图 2-34）。首先将作为立柱的木支柱加长到大于舱室高度，使立柱下端向支撑木支柱方向倾斜成斜柱，然后再用支撑木支柱进行加固。采用这种支撑时，斜柱与铅垂方向的夹角不大于 8°～10°。如舱室高为 2.8 m，则支柱长为 2.83～2.85 m 即可。如果支柱锯割短了，可在支柱下增加一木楔，木楔的小端对准被支撑物。如果支柱略长了一点，给纵向支柱加固的木楔可只用一块。

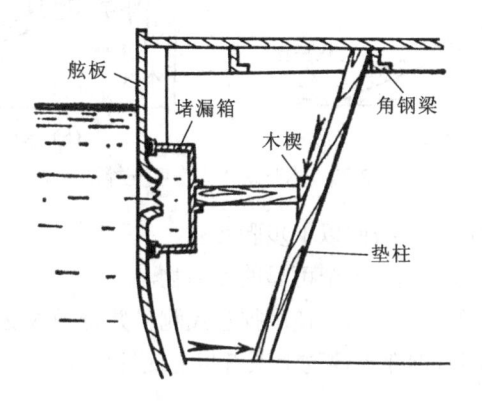

图 2-34 下端无依托斜形支撑

在建立下端无依托斜形支撑时，按照以下步骤实施。
（1）在舱室顶部选择适合的依托物。
（2）按照稍大于舱室高度的长度锯割木支柱。
（3）木支柱上端靠近依托物，下端向纵向支撑物倾斜放在甲板面上。
（4）以木支柱为依托物按照"一"字支撑法架设纵向支柱。
（5）打紧木楔使斜柱在两层甲板之间越撑越紧。

（四）"人"字支撑法

"人"字支撑法（图 2-35）由两根支柱组成"人"字形来支撑，两根支柱可以同时顶在被支撑物上，也可将上支柱压在下支柱上（图 2-36），这种支撑方法一般应先放下支柱。"人"字支撑法比较牢固，但建立比较复杂，受力也比"T"形支撑法要大一些。两根支柱一起支撑在被支撑物上受力更大。

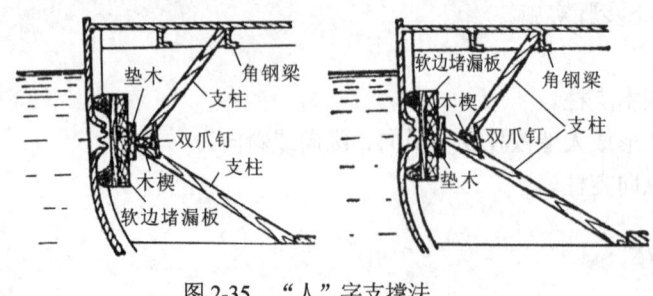

图 2-35 "人"字支撑法

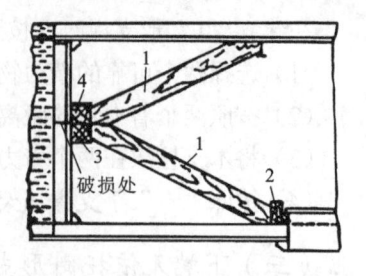

图 2-36 "人"字形支撑法支撑舱壁
1. 木支柱；2. 木楔；3. 垫木；4. 舱壁

"人"字支撑法应随环境条件而变。有时考虑在支柱与被撑物之间增加一块已抠出一定角度的内角木垫块（图 2-37），这样支柱端面不用临时锯割，又增加了接触面，使支撑更坚固。

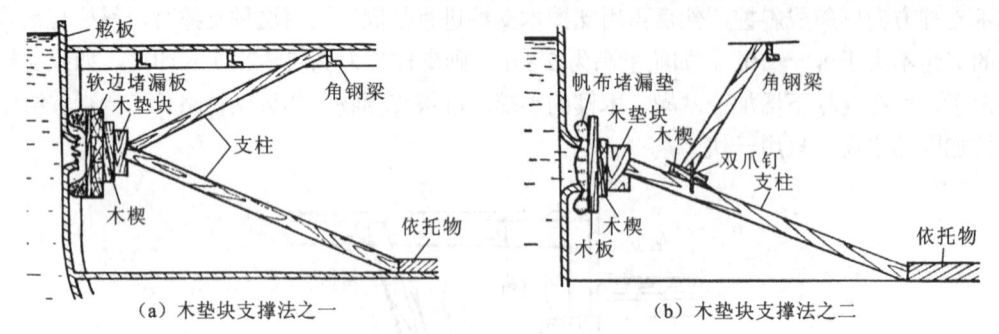

（a）木垫块支撑法之一　　（b）木垫块支撑法之二

图 2-37 木垫块"人"字支撑法

在建立"人"字支撑时，应按照以下步骤实施。
（1）在被支撑物上下方各选择一个可靠的着力物。
（2）分别以上下着力物为依托物，使用损管尺测量并锯割木支柱。
（3）将上下两根支柱同时顶在支撑物上或者将上支柱压在下支柱上，使两根支柱组成"人"字形的支撑。
（4）根据支撑实际情况使用木楔衬垫，若采用两根支柱同时作用在被支撑物上，上下两根支柱交接处应使用双爪钉固定。

（五）重叠支撑法

当支柱长度不够时，在中间建立一根立柱，再在立柱两边建立纵向支柱，使被支撑物的力以接力的方式传到较远的依托物上，这种支撑方法称为重叠支撑法（图 2-38）。

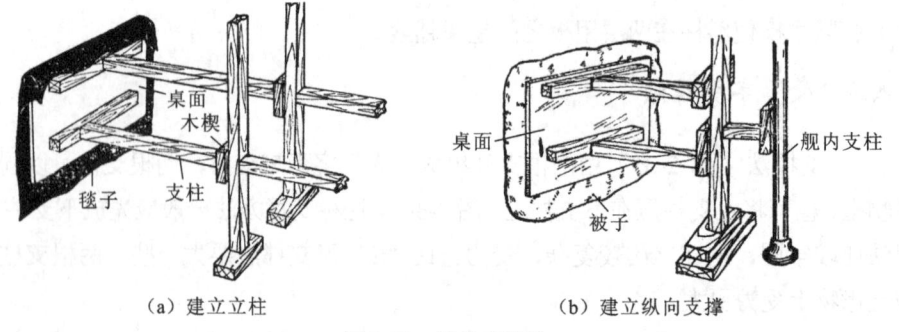

（a）建立立柱　　（b）建立纵向支撑

图 2-38 重叠支撑法

这种支撑方法的关键在于建立中间立柱。立柱建立不好，将使整个支撑倒塌。所以应先建立立柱，再在两面同时建立纵向支柱，并要使两纵向支柱的合作用力点在同一条直线上。

对横舱壁的重叠支撑［图 2-39（a）］，使中间立柱的上端向左移，即靠在横梁上，而不是顶在横梁上，支撑将更牢固。

对甲板的支撑［图 2-39（b）］，因长度有限，往往也采用重叠支撑法，使受力由几层甲板承担。

（a）对横舱壁的重叠支撑　　　　（b）对甲板的重叠支撑

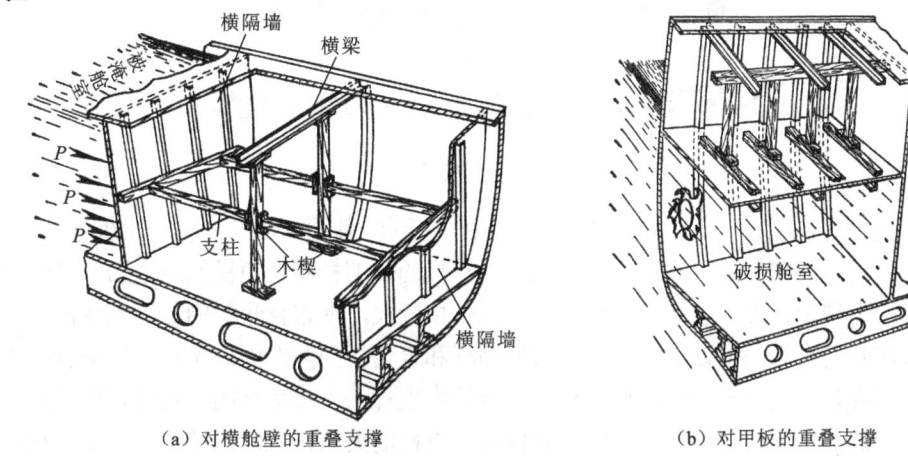

图 2-39　对横舱壁和甲板的重叠支撑

在建立重叠支撑时，应按照以下步骤实施。

（1）根据现场环境建立中间立柱，构建人造依托物。

（2）在中间立柱两侧同时建立支撑木支柱和纵向支柱。

（3）使两面纵向支柱的合作用力点在同一直线上。

在采用木支柱进行支撑加固时，需要注意以下几点。

（1）旋转的机器、有振动的物件、不坚固的物件等不能作为依托物。

（2）依托物与支撑物的夹角太大时，该依托物不能使用。

（3）支撑堵漏器材时不用再加衬垫。

（4）衬垫木楔的数量根据依托物与支撑物的夹角确定，一般使用一对木楔，当夹角较小时可以使用奇数木楔。

（5）木支柱与衬垫木楔应稍加倾斜，但不能倾斜太大，否则会造成敲打木楔时，支柱不随木楔前进甚至跳起。

（6）下端无依托支撑法支撑时应使斜柱与铅垂方向的夹角不大于10°。当下甲板很软时应考虑支撑凹坑的长度，当斜柱锯割短时可在下方加一木楔，木楔小端对支撑物，斜柱略长时纵向支柱加固的木楔可只用一块。

（7）"人"字支撑法比较牢固但建立比较复杂，应随环境条件而变。

二、木支柱的锯割

木支柱在支撑时可作为纵支柱，也可作为斜、横支柱和垫板等使用，加之舰艇的结构复杂，平时不可能将所有支柱都锯割好，因此都要临时对支柱进行锯割。锯割的目的是使支柱达到所需的长度和端面角度。为了锯割准确，锯割前使用损管尺进行测量。

损管尺（图 2-40）有两种：一种是一端带有直角板；另一种是两端带有直角板。直角板在直尺上可以转动，尺杆由内外杆组成，可以伸缩。

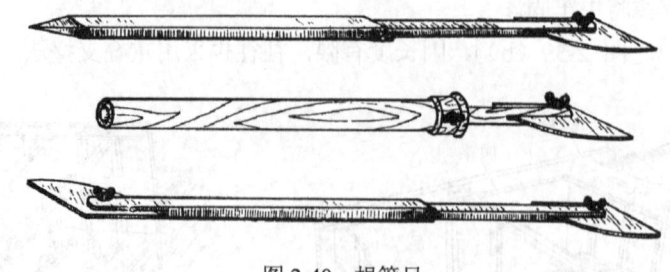

图 2-40　损管尺

使用损管尺，首先应确定木支柱的支撑点和依托点。使用一端有活动直角板的损管尺时，应将支柱的两端的锯割分两次进行。首先将损管尺的伸缩杆和直角板的两个固定螺丝松开，把损管尺的尖端顶住支撑面的着力中心点。拉长损管尺，使带直角板的一端到达依托面，转动直角板使其两直角面紧贴依托面，拧紧伸缩杆和直角板的两个固定螺丝，使损管尺长度及端部角度都固定。取下损管尺，放在相应长度的木支柱上，将木柱的一端按直角板的直角边方向锯割。然后应将损管尺倒过来测量支撑面与支柱的夹角，方法同第一次。第二次锯割时要注意，一般将木支柱放长 1～5 cm，可以将木支柱打得更紧。若使用木楔时，则将木支柱缩短 3～4 cm，便于放入木楔。木支柱锯割完毕后可用来支撑堵漏器材（图 2-41）。

(a) 确定支撑点和依托点

(b) 第一次锯割

(c) 测量支撑面与支柱的夹角

(d) 第二次锯割

(e) 锯割完毕的支柱用来支撑堵漏器材

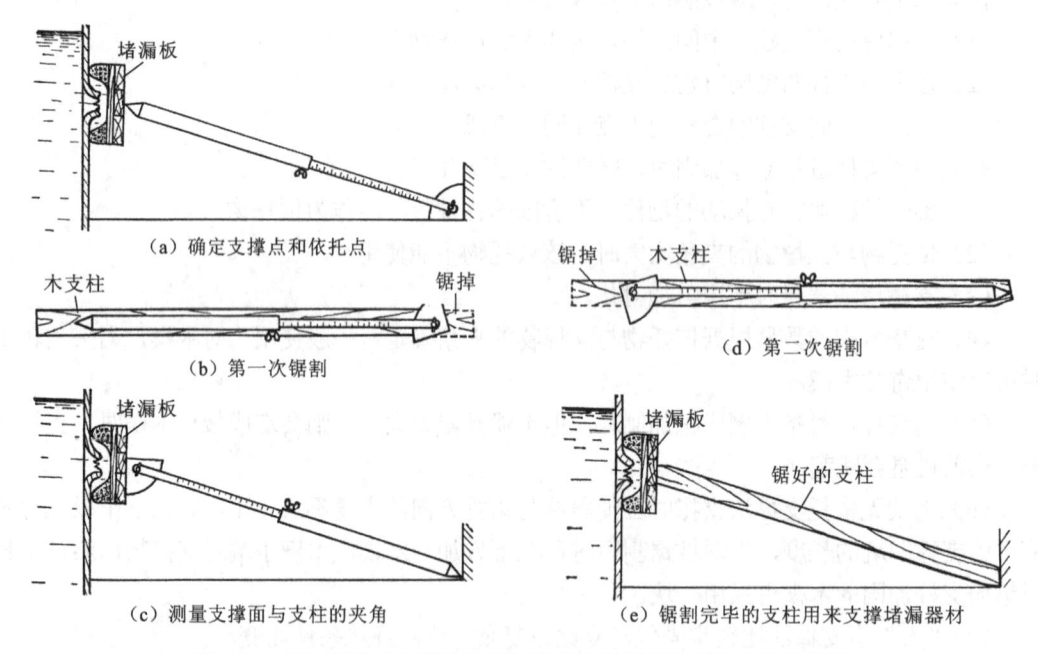

图 2-41　用一端带直角板的损管尺锯木支柱端部角度的方法示意图

一般使用板锯来锯割木支柱，锯割步骤如下。
（1）将已划好标记的木支柱需锯割端架起搁好，用脚踩紧。
（2）用手按住支柱，锯与木支柱成 45°，锯面与支柱面垂直。

（3）来回锯割，回拉锯时要适当加力，往前推锯时则不加力。

三、用金属伸缩支柱支撑的方法

由于木支柱长短很难调整，且属易燃材质，为了减少舰艇易燃物品，现在广泛地使用金属伸缩支柱。金属伸缩支柱有三种，分别为手柄式金属伸缩支柱（图 2-42）、手动棘轮式金属伸缩支柱（图 2-43）、快速铝合金伸缩支柱（图 2-44）。金属伸缩支柱在支撑过程中只能代替纵向支柱，并可不用木楔，但不能代替横向支柱、立柱等。

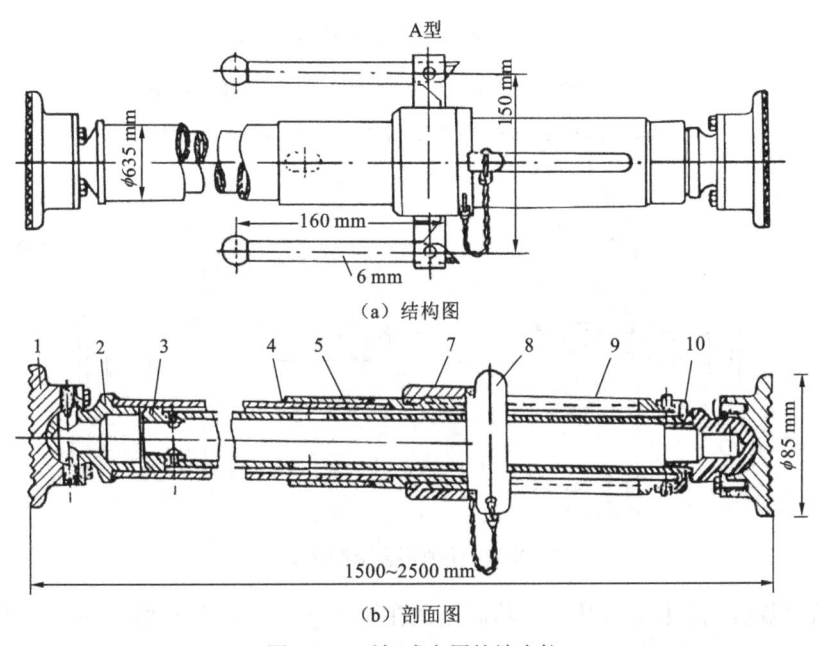

图 2-42 手柄式金属伸缩支柱

1. 带防滑斜纹槽的支撑座；2. 球形枢轴；3. 内导向衬套；4. 外管；5. 内管；6. 手柄；
7. 圆螺母；8. 插销；9. 带螺纹衬套；10. 外导向衬套

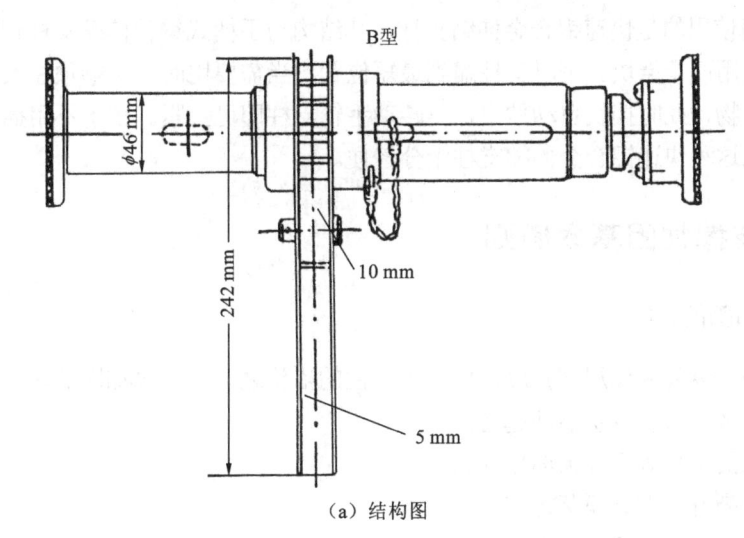

（b）剖面图

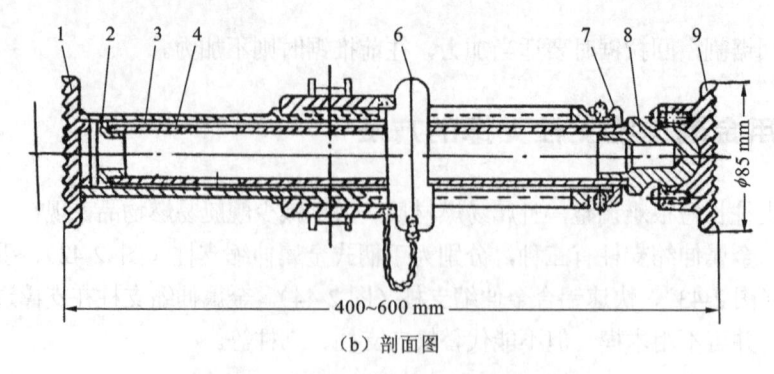

图 2-43　手动棘轮式金属伸缩支柱

1、9. 带防滑斜纹槽的支撑座；2. 内导向衬套；3. 外螺纹管；4. 内管；
5. 手动棘轮柄；6. 插销；7. 外导向衬套；8. 球形枢轴；10. 棘轮爪

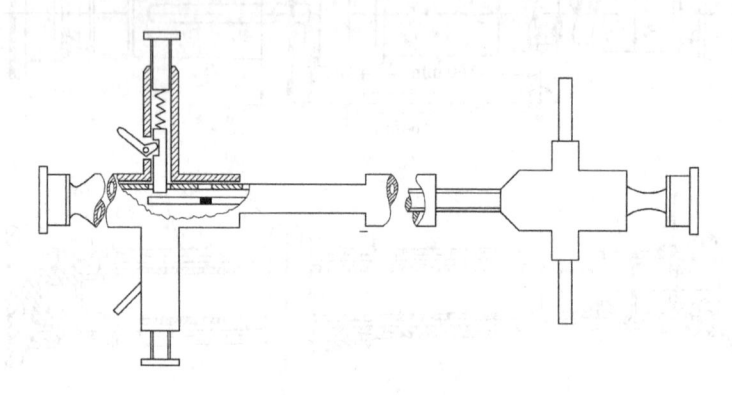

图 2-44　快速铝合金伸缩支柱

手柄式金属伸缩支柱在使用时，将底座顶在被支撑物上，拔下插销，将内导向管拉向依托物，插上插销，转动手柄，使内导向管继续伸长，直至支撑紧固。

使用手动棘轮式金属伸缩支柱支撑时，在插上插销后，还应压下相应的齿，来回摇动棘轮柄即可上紧。

目前普遍使用的是快速铝合金伸缩支柱，其结构与手柄式钢管伸缩支柱相似，但它不用插销，而是使用两个挡块。平时支柱缩到最短位置，当需要用时，一端顶住被支撑物，拉动内套管到依托物，此时挡块自动伸出，再转动手轮支柱即可上紧。由于不用插销，又是铝合金制造，所以这种快速铝合金伸缩支柱十分轻便。

四、支撑加固基本原则

1. 支撑加固的时机

支撑加固是恢复舰体局部强度，保持水密性的措施之一，支撑加固的时机如下。
（1）甲板或平台甲板明显凸起之前。
（2）构架的支柱等组件损坏之前。
（3）焊缝裂开，铆钉脱落之前。
（4）隔墙、甲板出现变形之前。

2. 支撑基本原则

（1）支撑要有重点。着重加固那些关键性的水密舱壁、甲板、舱口盖等，如关系全舰动力的机炉舱舱壁，关系全舰沉浮的危险舱壁、暴露舱壁，对保障舰艇稳度有重大意义的甲板、舱口盖等。

（2）支撑力应均匀分布在较大面积上。被支撑面应有垫木或垫板，使支柱直接支撑在加强构架上，防止顶坏舱壁。

（3）支撑水密门、舱口盖时，不应将支撑力作用在把手、铁链上。若舱口盖发生变形，先将已变形的舱口盖取下，用软垫或木板替代。

（4）支撑着力点应在被支撑物的受力中心。加固堵漏器材时，应支撑在器材中心。加固舱壁时，则应支撑在 2/3 或 1/2～2/3 水深处。

（5）禁止将变形的舱壁顶平到原来状态，支撑时达到支撑牢固即可。

（6）支撑过程中最好采用垂直支撑。垂直支撑时支撑力最大，支柱受力也最好。若有障碍物或距离太大，不宜采用垂直支撑时，也可用倾斜支撑。

（7）航行时，随时加固支撑。尤其是当舰艇在风浪中颠簸、水在舱内来回动荡时，要特别注意检查舱壁的支撑情况。

第四节　舰艇排水

排干破损舱的海水，能彻底消除进水对舰船抗沉性能的影响，是抗沉的一项重要措施。但是由于破口的进水量与舰上排水设备的排水能力之间存在着比较大的差距，所以排水的作用比较有限，必须妥善处理。

排水主要是破口基本堵好后排出舱内积水和邻舱渗水。另外，在破口不大又未堵好的情况下，可延缓舱室淹没时间，也可直接排出力所能及的小破口进水。

将舱室的水排出舷外的方法主要如下。

（1）用固定的排水、吸干系统排水吸干。

（2）用移动器材（如水泵）进行排水。

（3）人工排水（如用桶打、盆舀，拖把吸干等）。

（4）在一定条件下可用气压排水（如潜艇上用高压气排水）。

（5）充填轻质物品（如泡沫塑料、充气气囊）等排水。

一、舰艇固定排水吸干系统

舰艇上都设有排水吸干系统。较大的舰艇是将排水系统和吸干系统分开的。排水系统的主要任务是排出舰艇大量进水，如战斗破损进水。吸干系统主要负责日常排出舱底积水，辅助排出破损进水。

舰艇中往往几个舱室共用一个排水系统，称为组织式排水系统（图 2-45）。这种系统的吸入部分有两个或几个舱底吸入阀，分别吸不同舱室的水，图 2-45 中 9 是隔舱疏水阀，其功能是：将无吸干头的Ⅰ舱的水吸入Ⅱ舱，通过Ⅱ舱的吸干头排水。这样可以缩短排水系统的管路长度，提高排水系统生命力。

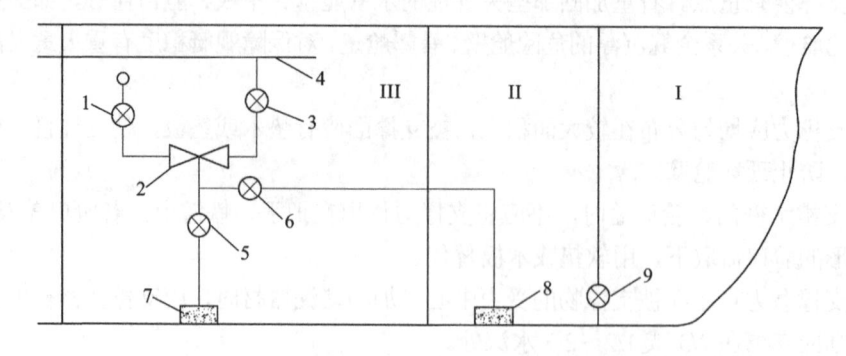

图 2-45 组合式排水系统

1. 舷外排出阀；2. 喷射泵；3. 动力水阀；4. 消防总管；5. 本舱吸入阀；6. 邻舱吸入阀；7、8. 吸入滤网；9. 隔舱疏水阀

如需排Ⅰ舱时，首先开隔舱疏水阀，然后开舷外排出阀，再开动力水阀，最后开邻舱吸入阀。停止排水时应首先关闭隔舱疏水阀，让泵再工作一段时间后，再以相反的步骤关闭相应的阀门。

使用这套排水系统时，应先开舷外排出阀，再开动力水阀，最后开舱底吸入阀。关闭时以相反次序关闭。开关次序一旦颠倒，会使一部分水倒流入舱内。如果系统中无舱底吸入阀，则系统停止使用后，总是会有一部分水倒流入舱底。

系统阀门应该在舱内或甲板上都可以控制。每名舰员都应知道阀门的位置、开关工具及开关时机和方法。

舰艇上除排水系统，还有吸干系统，吸干系统的组成与排水系统基本相同。但吸干系统一定要有舱室吸入阀，有的舱室如机炉舱还要求增加吸入软管，以便使一些死角的小积水潭也能吸尽。吸干系统的泵一般也是用水力喷射泵，但也有用往复泵的，它们的排水量比排水系统的泵要小，一般在 10~50 m³/h，手摇泵的排水量一般为 3~5 m³/h，所以主要用于平时吸干，而破损时则用以辅助排水。

目前国内外对海洋环境，特别是港口锚地环境很重视，许多港口内不得排放带油的舱底水，所以现代化的舰船必须在吸干系统中加油水分离器。先将舱底水通过油水分离器净化，使污水处理后含油量低于 100 ppm[①] 的标准，然后远离港区排放。

有许多舰艇的主机冷却水泵在吸入海底门旁并联一个舱底水吸入阀。当机舱进水时，若打开排水吸干系统已来不及排水时，可将主机冷却水泵海底门关闭，打开舱底水吸入阀，用主机冷却水泵从舱底排水。

二、排水泵

排水过程中，排水机械或器材是必不可少的。排水机械主要有水力喷射泵、电动潜水泵、手摇泵等。

---

① ppm 指用溶质质量占全部溶液质量的百万分比来表示的浓度，也称百万分比浓度

（一）水力喷射泵

水力喷射泵（图 2-46）也叫射流泵，它是利用压力水作为工作流体来抽吸或输送其他流体。其结构简单，无活动部件，工作可靠，具有干吸能力。即使淹没在被吸流体中，也照样能工作，内部几乎不需要保养，因此在舰艇上得到广泛的应用，特别是在固定排水系统中，它的使用更为普遍。但它也有效率较低和阀门开关不当会造成压力水（即动力水）倒流的缺点。水力喷射泵在排水流量要求较大，如要求流量在 200 m³/h 以上的场合不适用。

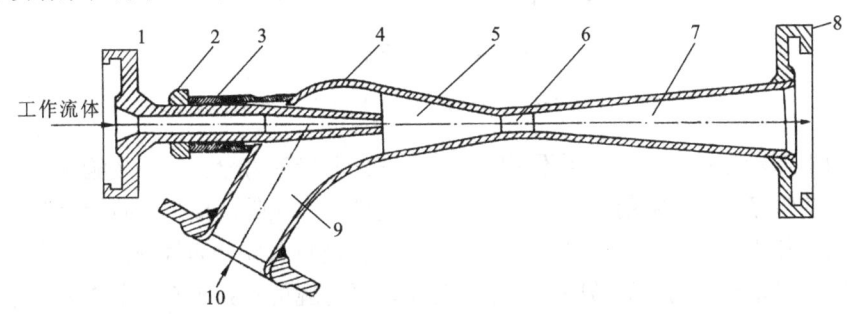

图 2-46　水力喷射泵

1. 喷管接头；2. 固定螺母；3. 套筒；4. 泵体；5. 混合室；6. 喉部；7. 扩压管；8. 快速接头；9. 吸入接管；10. 抽吸流体

水力喷射泵由喷管及喷管接头、泵体、吸入管及吸入管接头、混合室、喉部、扩压管及排出管接头组成，有的喷射泵还有套筒和固定螺帽等构件，以便调整喷口与喉部的距离，使泵达到最佳的工作效率。

喷射泵的工作原理如下。有压力的动力水经过喷管逐渐缩小截面面积，提高流速。当动力水从喷管口喷出时，已达到很高的速度，由于压力能（势能）转化为动能，所以喷口处的压力很低，与喷口处相通的吸入管的压力也随之降低。被吸流体从吸入管流入混合室，在混合室中，动力水与吸入流体混合，使吸入流体动能进一步提高。经过喉部的整流，流体经扩压管进一步提高压力（同时流速降低），从而流向排出管。

舰艇上的水力喷射泵除用于固定排水系统外，还用作移动式排水器材。移动排水喷射泵一般叫作喷射器（图 2-47、图 2-48），它与固定排水系统相似，只是吸入、排出管是用软管。排出管用一般水龙带等软皮管即可，而吸入管必须能在管内成真空状态时不被大气压力所压瘪，所以吸入管一般用带钢丝圈的软管。

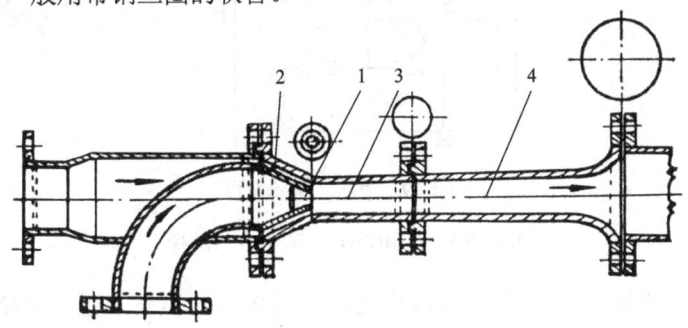

图 2-47　喷射器之一

1. 喷嘴；2. 混合室；3. 喉部；4. 扩压管

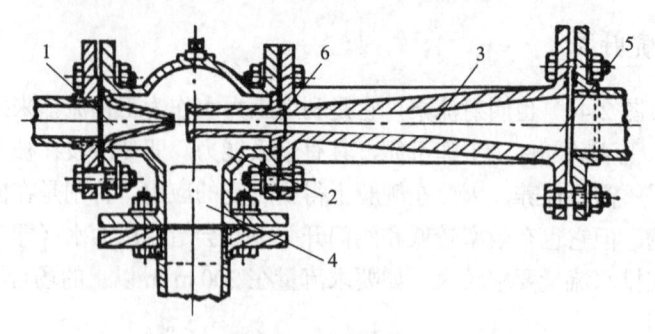

图 2-48 喷射器之二

1. 喷嘴；2. 混合室；3. 扩压管；4. 吸入管；5. 排出管；6. 喉部

当喷射器淹没在水中时，也可不用吸入管。有的舰艇浮力舱有专门从舱底通向甲板的供喷射器吸水的管路。移动喷射器的动力水管是使用消防水龙带，接到消防栓上即可使用。

喷射器等排水器材的效率都依赖管路系统的通畅及吸入部分的气密性。特别是舱底的棉纱等杂物很容易堵塞滤网，导致吸不上水。为此，平时舰员应养成不将杂物丢入舱底和经常清洁舱底的好习惯。待到抽不上水时再潜入水中清洁滤网往往是很困难的事。

（二）电动潜水泵

电动潜水泵是一种常用的移动排水工具。通常设计成消防排水泵，既可用于提供消防水，也可作为排水泵。作为消防工况时（图 2-49），可以从舷外或淹水舱内抽水通过管路送至消防主管。在泵排出阀与泵之间设置消防栓，可以保证该消防栓具有较高的生命力；作为排水工况时，则从淹水舱内吸水，通过舷侧阀排出舷外。

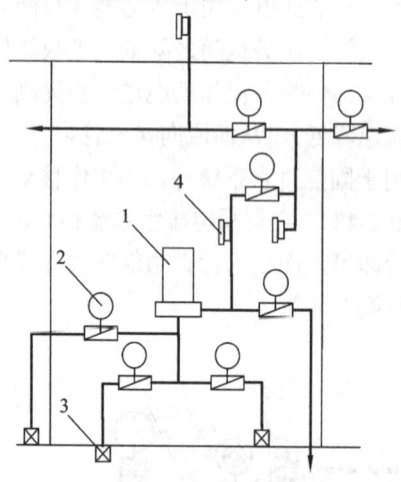

图 2-49 消防工况示意图

1. 潜水泵；2. 遥控阀；3. 底阀；4. 消火栓

舰艇上一般还设置了可以移动的电动潜水泵（图 2-50），其优点是结构简单，工作可靠，使用方便，不受使用地点限制，排水量较大，工作持续时间较长，无废气排出等。但电动潜水泵无吸干能力，不可能将舱室水吸干，绝缘不好时有漏电的危险，所以电动潜水泵通电时，人员不可靠近。电动潜水泵比喷射泵重得多，一个人难以搬运。

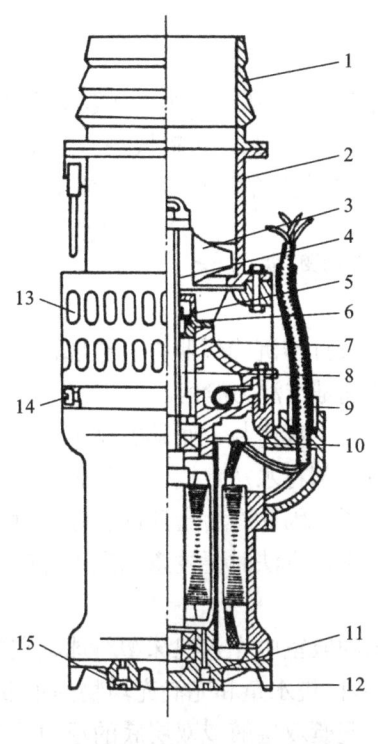

图 2-50 JQB 电动潜水泵

1.管接头；2.导向件；3.叶轮；4.键；5.甩水器；6.轴承套座；7.进水节；8.整体式密封盖；9.电缆；10.上端盖；11.放水封口塞；12.下端盖；13.格栅；14.放油封口塞；15.放气封口塞

电动潜水泵由以下三个基本部分组成。

（1）水泵，位于电动潜水泵上部，有轴流泵、混合泵和离心泵三种。

（2）电机，位于电动潜水泵下部，是一台全封闭外水冷鼠笼式三相异步电动机，电机的绕组可用套封闭。

（3）密封部分，位于中部进水节与电机的上端盖之间，起防水密封作用。

电动潜水泵的使用步骤如下。

（1）首先，绝缘检查大于 0.5 MΩ 才可使用。将绳栓于泵环上，抬至需用场所，接好排出管（舰艇上一般有专用水龙带）；用绳子吊着慢慢放入进水舱室内，吊放过程中禁止用电缆、排出管代替吊绳；接好电源；展开排出管至舷外。

（2）合闸启动泵体，检查有无出水。如无出水，首先检查电源有无电压，相序是否正确。电机在转，不出水，应检查其吸入滤网是否都浸在水中，最好滤网应低于水面 30 cm 以上；如果上述问题排除后仍不出水，应停机吊起检查。不得在水中检查及排除故障，以免触电。

（3）当水排到吸入滤网露出水面时，应停止泵的工作。当泵停止工作后，不得立即再次启动，要待排出管内的水倒流出去后再启动，以免带负荷起动，损坏电机。

电动潜水泵在使用中还应注意以下两点。

（1）电动潜水泵放入水中的深度应视泵的扬程而定，因此，多层舱进水时，应先排上层舱水，再排下舱室的水。

（2）防止舱内杂物堵塞吸入口滤网。

（三）手摇泵

目前有的舰艇配备的手摇泵，具有吸干能力。一般手摇泵使用说明书都规定每分钟的往复次数，这不是严格要求的，有人力更换，可摇快些，无人力更换则可摇慢些。但是太快太慢，吸水效率都有所降低。手摇泵使用的注意事项可参考其保养条例和使用说明书。

三、空气法排水及充填法排水

空气法排水广泛用于潜艇及打捞沉船作业中，在现代水面舰艇上极少使用，在过去的大型水面舰艇上使用较多，特别是在浮力舱内。

空气法排水基本原理是：在上部密封，底部有排出口或破口的舱室内，通入压缩空气使舱内压力提高，空气在舱室上部将水从水线以下的破口或排出口排出。这种方法排水，当水排至破口露出水面就失效了。因此在潜艇顶部有破口时，不能用这种方法排水，以免浪费压缩空气。水面舰艇在使用此方法时要注意舱室上部的气密、水密和舱壁是否能承受空气的压力。

充填法排水即在破损进水的舱室中充入泡沫塑料球、空气球等比重小的物质，将水挤出舱室。这种方法首先要计算舱内进水量和充满充填物的重量，只有后者比前者小得多时，才可使用。据资料显示，有的舰艇双层舷或双层底的浮力舱中会预先做好空气袋，该舱破损后往袋中充入空气，气袋张开即可排水。这种空气袋排水法比空气排水好的地方在于舱壁不受力。

四、排水器材和工具

（一）"T"形方头扳手

"T"形外方头扳手［图 2-51（a）］和"T"形内方头扳手［图 2-51（b）］由一根横杆和一根直杆组成。直杆上部的横杆是作为力臂用，其下部呈外方形或内方形。"T"形方头扳手用于在甲板上开关排水阀、隔离阀等。由于水力喷射器的动力水阀和舷外排出阀开关次序不能颠倒，所以这两种阀方头的大小往往不一样，每个舰员都应熟练区别，哪一把扳手是开动力水阀的，哪一把扳手是开舷外排出阀的。

(a) "T"形外方头扳手　　　(b) "T"形内方头扳手

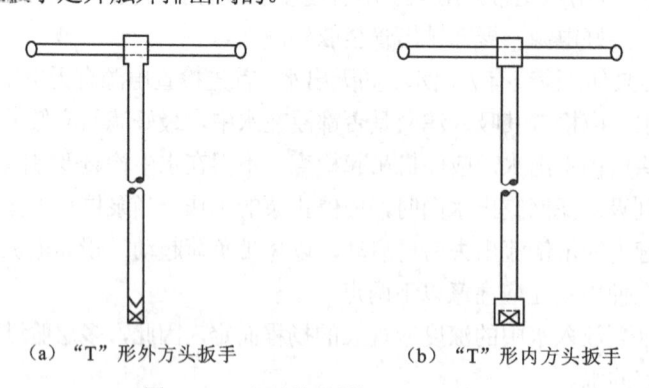

图 2-51　开甲板阀用的"T"形扳手

（二）特型开口扳手和钩型扳手

特型开口扳手和钩型扳手用于装卸移动排水器材、水龙带等物。

（三）特种弯管

舰艇部分舱室无排水吸干头，也无隔舱疏水阀。为了抽吸该舱进水或向该舱送入平衡舰体用水，从上甲板到该舱底有一根固定管子。管子的上端有内螺纹，平时用埋头螺塞盖住，使用时打开螺塞，拧上特种弯管（或"Y"形管接头），接上喷射器即可排水。

（四）舷窗排水接头

一些舰艇用移动排水泵从舱室排水时，排水弯管要通过水密舱到达厕所，而厕所下水管往往来不及排水，这就只有打开通向上甲板的水密门、窗口盖排出，这种情况在大风浪或灯火管制条件下都是不允许的。如果把排水软管从舷窗口伸出，就可以不开水密门窗，这样所需的排出管也可短一些。但是由于风浪等原因，水仍能从排出管伸出的舷窗进入舱内，灯光也能从此舷窗外露。为了解决这一矛盾，设有舷窗排水接头。

舷窗排水接头是一片带固定螺钉的圆片，中间焊有一根管子，管子内端有一快速接头与排水软管快速接头相接。管子外端为一段光管子。

使用时，将舷窗打开，把舷窗排水器上的5个螺钉的蝶形螺帽松到最低，然后将排水器放在舷窗护板座上。注意放置时，首先将螺钉的头正对护板座的缺口，然后将排水接头转动一个角度，上紧蝶形螺帽，舷窗排水接头就紧紧地上在舷窗护板座上了，再接上排水接头，即可使用。

五、排水时的注意事项

（1）排水设备应集中管理，统一使用，把主要力量投入到有决定意义的部位，如积水严重的舱室，影响舰艇稳度的舱室，舱壁有损坏的舱室，有积水的机舱、锅炉舱。

（2）水线以下的舱室完全灌满后对稳度有利，不必急于排干，特别是双层底的油水柜。

（3）上部舱室进水后会形成有害的自由液面，并使重心升高，对稳度极为不利，应尽早排干。

（4）排水时应密切注意效果。若水位下降，表明排水有效，可全力排水；若水位不变，说明排水也有效，但力量不足，可增加排水器材；若水位继续上升，说明排水能力太小，如无排水器材可补充，应停止该舱排水，将设备转入其他舱排水。为了使排水收效快，一般先排离破口最远的舱内积水。

（5）将破损舱的水导到另一舱去排水时，应密切注意水位，防止超过允许高度，如出现危险，应关闭连通阀，停止导水。

（6）通过门、舱口或入孔导水是危险的方法，一般不采用。不得已时，可在甲板、舱壁上钻孔导水，在水导完后应立即堵住。

（7）潜水员应参加排水工作，并观察舱室中水位的变化情况，判断损伤区域的位置。决定吸干某舱室后，潜水员应潜入该舱中寻找并堵漏小破口、裂缝和灌水管道等，同时还应清理排水器材和吸水口，保证排水工作不间断地进行。

损管指挥员必须熟悉舰上的排水能力。舱室的排水能力各有不同，应掌握各主要舱室固定排水系统最大和最小排水能力，以及在全舰范围内能进行机动的活动排水设备能力。在损管指挥所应设有水密隔舱排水设备表，见表2-4。

表 2-4 主水密隔舱排水设备表

主隔舱			排水吸干工具			
编号	名称	容积/m³（到正常水线）	所用工具	工具位置（肋骨号）	排水能力/（m³/min）	排水时间/min
5	锚链舱	7	移动式喷射泵	左舷12~13	20	21
6	帆缆储藏舱	3	移动式喷射泵	舱口	20	9
68	主机舱	125	固定式喷射泵	舱底左110~111	100	62

第五节 舰艇平衡

当舰艇破损进水时，限制水的漫延是关系舰艇存亡的主要问题。在限制水的漫延问题解决之后，破损漫延情况基本稳定，沉没的威胁大大减小。但由于某些舱室被灌注，舰艇产生倾斜，稳度下降，这对舰艇航行和作战非常不利，严重时也可能因舰艇稳度丧失而倾覆。所以，此时平衡舰体的问题被提到了首要位置。

平衡舰体的目的就是消除倾斜，提高稳度，以保障舰艇的不沉性和武备、机器的正常工作。

一、平衡舰体的基本方法和基本原则

（一）平衡舰体的基本方法

平衡舰体的基本方法有如下三种。

（1）对角灌注法：即在破损舱的对角或对端加灌海水。

（2）导移载荷法：即将破损舱附近的载荷移到破损舱的对角舱，通常是导移油水，也可搬动其他重物如粮食、弹药等。

（3）排出载荷法：即排出破损舱附近的载荷，或排出堵好破洞的灌注舱积水。

三种平衡舰体的方法各有优缺点，具体如下。

（1）对角灌注法速度快，如果灌注舱室低，还能提高稳度，但要损失储备浮力。

（2）导移载荷法不损失储备浮力，但速度慢，还有可能引起燃油渗水。

（3）排出载荷法能节约储备浮力，但可排物不多，排出燃油会降低续航力和暴露航迹，排灌注舱的水往往不易奏效。

通常，应根据具体情况，综合三种方法，灵活运用。

（二）基本原则

由于稳度和储备浮力是舰艇不沉性的基本因素，所以在平衡舰体的过程中必须充分注意"节约储备浮力，提高稳度，必要时才以储备浮力换取稳度"。这是平衡舰体所应遵循的原则，也是抗沉的基本原则。

因此，在采用对角灌注法时，应当选远、小、低的对角舱室，且应尽量装满舱室。在采用导移载荷法时，应选对角远的舱，尽量从高处往低处转移，最好能转移并装满。在采用排出载荷法时，应选近而高的舱室，应当排尽，排底舱的载荷时应注意稳度下降，一般不应排底舱。

当舰艇大破损后储备浮力损失已较多，但舰艇倾斜比较严重，并有继续增加的趋势，或者存在大面积自由液面，舰艇软弱无力，摇摆周期特别长，从多方面判断，剩余稳度已很小，有倾覆危险。这时宁愿向底部某舱对称灌满水或压载，损失部分储备浮力，使舰艇获得较足够的稳度并尽量保持正直漂浮，即原则中所谓的"以储备浮力换取稳度"。事实证明，舰艇因稳度丧失而倾覆是突然的，时间很短，而丧失储备浮力、舰艇正直下沉的时间较长，往往在几个小时以上。通过牺牲储备浮力换取稳度，赢得时间，一方面可以继续对敌作战，另一方面可以继续进行抢救工作，甚至转危为安。

二、平衡步骤与注意事项

（1）首先了解情况。指挥员应对本舰破损前的不沉性做到心中有数，包括油水的消耗、漂浮状态和稳度，这是掌握和解决破损进水后抗沉问题的基础。破损进水后，需要掌握限制水漫延后舰艇的变化情况，如舰艇破损情况（部位、范围、进水舱）、漂浮状态和稳度、抗沉装备的变化情况。

（2）分析判断主要问题是什么（倾斜、倾差或稳度下降等）。

（3）针对主要威胁确定抗沉平衡方案。例如采取哪些抗沉措施（堵、支、排）及选定平衡舱，实施平衡。

（4）在平衡过程中，应密切注意浮态和稳度的变化，分析比较方案预计的情况和实际情况，使不沉性向好的方向发展，防止意外发生。

思考题

1. 舰艇破损进水后，各级指挥员应该如何开展抗沉作业，可采取的抗沉主要措施有哪些？

2. 依据舰艇破口形式不同，舰艇破损堵漏的方法有哪些？堵漏过程中应遵循的堵漏原则是什么？

3. 根据舰艇支撑加固过程中木支柱的状态，支撑加固的方法有哪些？支撑加固过程中应遵循的基本原则是什么？

4. 舰艇破损进水后，可采用的排水方式有哪些？需要注意的事项有哪些？

5. 舰艇平衡的基本方法和基本原则是什么？

第三章 舰艇技术装备损管

舰艇技术装备损管是指技术装备遭到武器攻击和破损条件下，通过损管措施快速恢复技术装备性能，使其能持续工作。

舰艇技术装备包括动力装置（主动力装置、电能装置）及为其服务的各种管系和辅助机械，包括航海、观通、武备、电子对抗等技术装备，防沉防火技术装备等。本章主要研究动力装置及为其服务的管系、辅助机械的损害管制。

要保障动力装置损伤条件下持续工作，首先要找出导致动力装置不能持续工作的原因。具体原因是多方面的，如技术故障、海损事故的影响及战斗破损等，对军舰而言，主要是战斗破损。从战斗实例看，战斗破损导致动力装置停止工作的原因主要包括以下几点。

（1）武器直接命中，使动力装置自身损伤。

（2）舱室破损进水或火灾迫使动力装置停止工作。

（3）为动力装置服务的辅助机械损伤导致其停止工作。

（4）非接触爆炸冲击震动导致动力装置停止工作。

从上述原因来看，要保证动力装置在损伤情况下仍能持续工作，应满足下述基本要求。

（1）动力装置破损的可能性要小。

（2）装置一旦破损，功率损失要小。

（3）破损后，修复要快。

具体地说：动力装置在遭到一定的武器攻击下，自身要可靠；若损伤不可避免，损伤效应及损伤范围要小；损伤停止工作后，修复要快。这三方面就是保障和恢复舰艇生命力的基本规律，它贯穿在动力装置设计、建造、服役使用的整个过程中。

第一节 舰艇技术装备的战斗使用

舰艇技术装备的战斗使用是否正确，将直接影响舰艇技术装备战斗力的发挥，也会直接影响舰艇技术装备的生命力。动力装置是舰艇上一种极为重要的技术装备，本节以动力装置为例进行相关内容的阐述。

战斗中对动力装置正确使用及破损后的正确处理，是保障动力装置生命力的一个重要因素。

一、动力装置的战斗使用

（一）动力装置战斗使用原则

从保障动力装置生命力出发，战斗中正确使用装置的基本原则如下。

(1) 发挥装置的最大效能，减少破损可能性。

(2) 遭破损后影响要小。

(3) 便于转换、隔离和修复。

总之，就是要维持和保障动力装置不间断工作，最大限度地保证舰艇战斗的需求。

（二）战斗使用的具体要求

平时，为了续航力和经济性、节省人力和工作方便，动力装置的使用通常不是处于最大功率（甚至有的舰艇很少考虑独立组的独立性），而是经济航速。在投入战斗巡航或战斗前，为提高舰艇和装置的生命力，必须对装置的使用进行重新调整，以确保各独立组的独立性，使装置既能发挥最大效能，又具有最大抵抗破损的能力，这就是动力装置的战斗使用要求。至于如何具体使用，要根据动力装置的特点来决定，但有着共同的要求，具体如下。

(1) 一切战斗中使用的机械、设备要全速或全负荷准备。

(2) 尽量保证工作中机械、管路、电力干线的独立性，并有彼此支援的可能。管路电力干线要尽量短。

(3) 备用机械、管路系统应保持暖热和立即可用状态，但一般不宜启动运转。

(4) 与战斗无直接关系的机械、管系、电缆等应停止使用，并切断它们同战斗机械和电站的联系。

(5) 应急照明、应急通信设备要保证随时可用。

（三）战斗使用计划

为了备战迅速，免出差错，必须按上述原则和要求对动力装置的战斗使用作出最合理的方案，这就是动力装置的战斗使用计划。该计划是以图表的形式来说明战斗时装置的使用情况，其内容包括以下三点。

(1) 根据战斗需要，哪些装置正在使用，哪些是备用，哪些停止不用，一一给予记录。

(2) 使用的装置是怎样取得油、水、电，向何处输出动力，向何处排出水、烟或废气。

(3) 动力管路上哪些阀是开的，哪些是关的，电力系统上哪些开关是合上的，哪些是打开的。

记录的表格形式可不相同，只要简明易懂、不易出错即可，具体示例见表 3-1～表 3-4。

表 3-1 某舰主辅机的战斗使用计划

序号	机械名称	战斗时所处状态			备注
		在运转的	备用的	停用的	
1	主锅炉	1, 2, 3	无	无	—
2	辅锅炉	无	无	停用	—
3	主锅炉上水泵	1, 3, 5	2, 4, 6	无	备用的处于暖机状态
4	燃油预热泵	1, 2, 3	无	无	—
5	消防泵	1, 2	内燃消防泵	无	备便状态

表 3-2　某舰发电机和配电板的战斗使用计划

序号	机械和装置名称	状况	怎样接通	附注
1	1号透平发电机	工作	与1号主配电板接通	—
2	1号柴油发电机	备用	—	备便状态
3	1号主配电板	有电	与所属发电机接通	—

表 3-3　某舰主管战斗使用计划

序号	名称	战斗使用	附注
1	主汽管	按战用接通图	
2	暖气管	关闭	
⋮	⋮	⋮	⋮
9	辅机冷却管	照日常情况使用	

表 3-4　某舰主副机战斗使用计划

序号	机械名称	状态
1	左右主机	工作
2	1号、2号发电机	工作
3	3号发电机	低速运转
4	1号消防泵	工作，并保证系统中水压为 0.8 MPa
5	2号消防泵	备便

（四）装置战斗使用计划的作用

（1）能发挥装置的最大效能。装置战斗使用计划是根据装置设计特点经过周密分析而制订的，目的是发挥装置的最大效能。

（2）备战迅速，不易出错。对于复杂的装置有明确的使用计划，可在平时训练中反复操演，故一旦备战，转换动作迅速、准确。

（3）破损后影响小。图 3-1 所示为主辅气管战用接通示意图，其中主汽阀③战斗中关闭，使装置的使用成为独立互不影响的部分。否则，一旦管路某段破损，在没有隔离转换前必将影响到整个动力装置的工作效能。

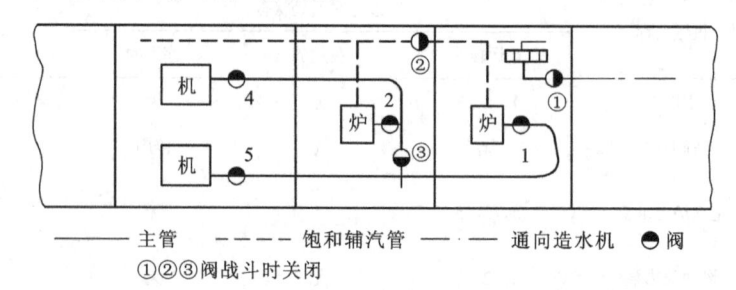

——— 主管　- - - - 饱和辅汽管　——— 通向造水机　● 阀
①②③阀战斗时关闭

图 3-1　主辅气管战用接通示意图

（4）减少破损后的处理工作。辅锅炉中的暖气管等战斗中不必要的装置和系统停用和隔离，使在战斗中这些部分破损时，无蒸气溢出，不需要进行及时修理，简化了破损后的处理工作。

（5）能提高破损后隔离转换的速度。因装置战斗使用计划中规定了某些装置的备用状态，这为装置破损后的迅速转换工作提供了可能性。

（6）能减小破损可能性。如备用机械不启动运转，则其抗损性提高。

二、动力装置破损时的使用

（一）动力装置破损时的使用原则

（1）要尽最大可能满足战斗需要。
（2）要不使破损影响扩大到其他部分。

（二）动力装置破损时的处理

1. 隔离与转换

首先应断开破损的管路段或电缆段，以限制破损影响，保障其他未破损部分的正常工作，并立即停止破损机械，接通备用器材（包括机械、管段和电缆段），发挥装置在破损条件下的最大作用。为了在破损发生时能正确迅速而有效地采取隔离阀转换，应事先做出各种破损处理方案，并制成文件，即动力装置损害管制计划。

动力装置损害管制计划，一般是以图表形式来表示装置、管系及电力系统在某些典型破损情况下的处理和转换指示，其内容应包括以下几部分。

（1）装置、系统可能破损性质及规模。
（2）消除破损的基本措施。
（3）转换备用装置或管路、电缆的程序，如阀门、电闸的开关、转换等。
（4）转换后管路上阀门的状况（打开或关闭）和电能系统上各种开关的状况。

某驱逐舰蒸气主管和某舰燃油系统示例见图 3-2、表 3-5、图 3-3、表 3-6。

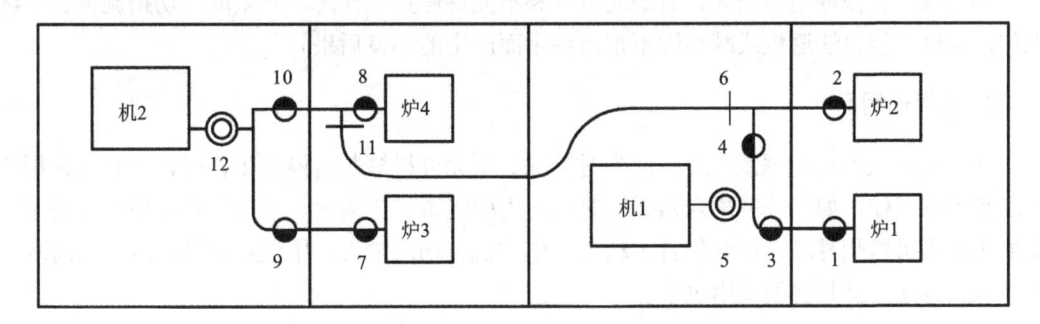

图 3-2 某驱逐舰蒸气主管接通图

表 3-5 某驱逐舰蒸气主管损管计划表（参见图 3-2）

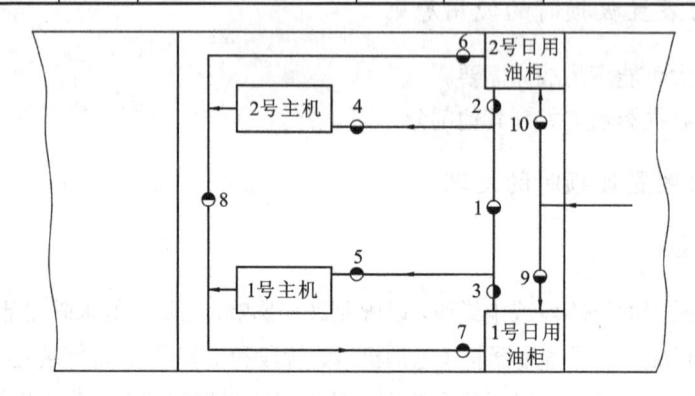

方案序号	损伤	备用	消除损伤的措施	阀门的转换 开	阀门的转换 关	转换后阀门的位置 开	转换后阀门的位置 关
1	炉1或阀1、阀3阀间管段	2号炉	将炉1与主管断开，停炉1	—	1, 3	2, 4, 5, 7, 8, 9, 10, 12	1, 3, 6, 11
2	炉1和炉2或1, 3阀间管段和2号炉	4号炉	将炉1、炉2与主管断开，停炉1、炉2，将炉4与前主机接通	6, 11	1, 2, 3, 10	4, 5, 6, 7, 8, 9, 11, 12	1, 2, 3, 10

图 3-3 某舰燃油系统接通图

表 3-6 某舰燃油系统损管计划表（参见图 3-3）

方案序号	损坏	代替措施	阀门转换 关	阀门转换 开
1	1号日用油柜	2号日用油柜	3, 7	1, 8
2	2号日用油柜	1号日用油柜	2, 6	1, 8

2. 强制工作，并设法避免产生严重后果

当机械、管段或电路损坏，且缺乏备件和不允许停止工作时，应采取一切措施使其继续工作，并尽可能设法避免或减小因不正常使用而产生的不良后果。

3. 采用代用品

在无转换或不可能强制工作，而当时情况又不允许机械装备停止工作时，有时可采用代用品来维持工作。如当气闸离合器损坏时，可用固定销将主动轮、被动轮作刚性连接使用。又如用双推进器代替舵、用帆代替主动力、用主机带动发电机、用淡水代替海水、用海水代替淡水等办法，都是曾经采用过的。

4. 抢修破损

在抢修程序上，应先急后缓，先易后难，即尽量先修复在当时保证战斗急需的、有重大影响的装备，有余力时再考虑次要的装备。一般首先修复损伤较轻的装备，然后才修复严重破损、修复困难的装备，不应把时间和精力花在那些当时不可能修复的装备上。当几个系统破损，而抢修力量不足时，应集中力量一个系统一个系统地解决。如两部主机损坏，当力量不够时，应集中力量先抢修好一部主机，然后再修另一部主机。

在抢修方法上，要广开思路。在配件或部件缺乏时，可以拼凑使用，即利用备件或完全失去作用的机械和装置上的完好零件，甚至专用器具（如弓形夹钳，应急挎接电缆等），去修复破损的机械和装备，或者是将几部严重损坏不能工作的同型机械装配成完好能用的机械。

抢修时要注意人员安全，要做好水、火、毒气、放射性沾染及蒸气的防护。例如某型舰在热锅炉条件下，在水筒内维修水管的人员穿上石棉衣，脸上涂抹凡士林，部分脸部用纱布包扎起来，腰带上扎一根信号绳，经约 5 min 安全完成了抢修任务。

在舱室充满蒸气时，应迅速查明并隔离破损部分，必要时要停止锅炉和机械工作，减少蒸气冲出。舰员立即转到舱室底部或经有喷淋装置的升降道撤出舱室，在未打开出口处的喷淋装置之前，禁止跑动，以免烫伤。当舰员不能阻止蒸气直接喷射时，应注意：使用器材阻挡直射的蒸气；开动喷淋装置或固定喷水系统和可以使用的水枪喷淋掩护；加强通风，向底部输入新鲜空气，使蒸气从舱室上部排出，舱室内上下部分之间形成一定的压力差，避免蒸气很快冲至下部；迅速抢修破损部分（在已隔离的条件下）。

有的舰艇在舱壁上安装了舱壁软管接头，一旦消防主管破损后可以利用这些接头用软管水龙带将各舱消防管路串联起来，接通破损的消防管路（图 3-4）。平时这些接头则以闷盖关闭，以保证隔墙水密性。

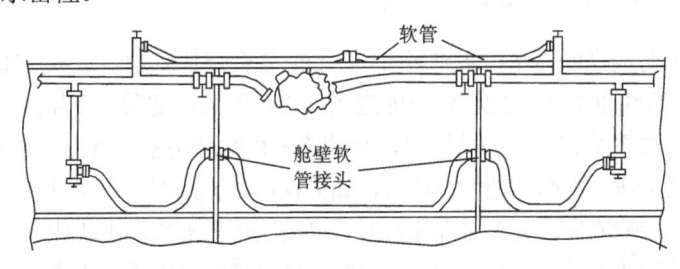

图 3-4 利用软管接通消防管路

如未安装舱壁软管接头，也可用软管或水龙带将破损消防管路附近的两主隔离阀以外的消火栓连接起来，以接通破损管路，保证部分重要装置供水及灭火用水。为此通常在消防泵排出截止阀前设置一个消火栓，以最大限度地减少管路的破损可能。

（三）动力装置损害管制计划的作用

动力装置损害管制计划的作用是当实际破损情况与计划假设方案相符时，能使破损动力装置迅速而正确地进行隔离转换与处理，保证装置不间断地工作。

三、典型破损处理

为了进一步说明动力装置破损时的使用原则和处理措施，下面举例探讨若干典型破损的处理实例。

（一）部分主机和轴系损坏时对舰艇运动的保证

部分主机和轴系损坏时，可由完好的或遭受轻伤的主机及相应的轴和推进器来保证舰艇的航行。这时可采用下列措施。

（1）将损坏的机组与一切供应动力的主管断开。

（2）将损坏机组使用的油水柜作为备用，并加以适当的转换，以便能迅速投入使用。

（3）制动损坏机组的主机，即加制动器，将轴分开并将推进器转到辅推力轴上，使该推进器能自由旋转而不致引起对舰艇运动的显著阻力，但必须防止大轴前后移动而导致轴与尾管间的间隙增大，使海水从间隙流入舱内。

（4）注意单机航行时主机强化工作下的安全。单机航行或在已损坏机组的轴自由旋转条件下，可以达到相当大的航速，但主机有可能会强化工作。轴上的负荷过大，轴可能会扭转，主机也可能难以承受过大的扭转力矩。

（二）在舵装置损坏条件下舰艇运动的保证

舵装置损坏时，可转用人力舵。如果全部舵装置都损坏了或舵卡住了，那么唯一办法是用双推进器操纵舰艇。在小型舰艇上，可采用临时性的木质舵，用手牵索或通过绞盘来操纵。但要注意将损坏的舵固定在舰艇的对称面上，如果是两个舵，应使其位置平行对称面。

（三）滑油系统损坏时主机的使用

主机缺乏滑油时应立即停车，否则经 1~2 min 就会烧坏轴承，造成严重破损事故。在遭受武器攻击下，不仅滑油系统中的管路可能遭到破损，而且过滤器、冷却器、循环油柜和泵都有可能损坏。若滑油系统有备用辅助管路，则管路破损时转用备用管路。滑油泵发生故障时，可使用备用滑油泵工作。在循环油柜损坏时，如果损坏处无法严封，就只能用一个清洁油柜代替循环油柜。如果滑油流失，又不允许停机时，可设法用重油来润滑机组，只要用软管将油泵的进油部分与重油管路或重油柜接通即可。战时，最好预先将用重油润滑机组的专用装置作为应急备用器材，也可在设计时就做这方面的考虑。在万不得已，必须用水润滑时，舰速应尽可能地降低，且要用泵的最大压力向轴承输水。如泵不能保持足够压力，应用消防主管中的水来供应。总之，如果润滑问题不能解决，主机是不能工作的，应立即停止其他相关工作。

轴系轴承应实行独立润滑。若轴系轴承与主机润滑系统相连，则当轴系轴承的滑油管路受损而不能迅速修复时，为了防止系统中的滑油大量漏出，送往轴系轴承的滑油泵应减少到最低限度，甚至完全停止。可用在轴承外壳上大量浇灌冷水的方法以防轴承变热，也可用冷水送入轴承的工作部分来维持轴承的工作，但只有万不得已时才这样做。当轴承或装有轴系轴承舱室被灌注时，系统中的滑油通过回油管有充水危险。这时应关闭回油管，同时减少向轴系轴承的输油量，或者终止供油。当舰艇上有足够的备用滑油时，不能不中断送油，只能减少送油量和关闭回油管，以预防整个系统中的滑油充水。

（四）有固定倾斜和倾差时装置工作的保证

舰艇和技术装备在设计和建造时，都应考虑舰艇可能在较长时间内在一定的固定倾斜和倾差下航行。一般从技术装备的使用上来讲，当固定倾斜在 15° 以下、倾差在 1.5° 以下时不应有严重的影响。在管理中，还是应采取一系列的措施以防事故的发生。对于锅炉，应防止水管露出水面而被烧坏，要适当调整水位，必要时可以手动控制水位。若把锅炉中水位提得过高，特别是在负荷较大时，则水可能会流入蒸气过热器中。

防止油、水流至倾斜舷，从而加大倾斜，所以应关闭两舷油水柜的连通阀，且只能使用倾斜舷的油水柜。

舰尾倾差很大时，轴系轴承滑油很难流回日用油柜，这时要防止滑油流失，可将全部轴系轴承的润滑转由后主机承担（当轴系轴承与主机同一滑油系统时），以免发生两部主机的滑油都有流失的情况，对自轴承中流出的滑油可用手泵通过固定的排油管或临时加的软管抽出，也可用桶收集再倒入日用油柜或备用油柜中。在不得已情况下，可停止供油，并在轴承上大量浇洒水。

循环水泵（海水泵）、燃油泵、滑油泵等吸入口易露出液面，应特别注意。油柜的油量应保持在其容积的75%以上。

（五）机炉舱被灌注后的工作保证

当机炉舱被灌注后应关闭全部通过被灌注舱室的管路，防止舷外水和燃油可能通过已破损的管路进入锅炉上水系统和燃油系统。关闭管路时要注意那些容易被疏忽的疏水管、暖气管等。

（六）部分锅炉损坏时的工作保证

部分锅炉损坏时，应将损坏锅炉与主管断开，将其负荷转到别的锅炉中去，但应尽量保持机炉组的独立性，防止装置第二次遭到破损时所有功率失效。

主汽管破损时，可利用辅汽主管供气。过热器损坏时，应断开过热器，改用饱和蒸气。但应考虑过热器会因此全部烧坏，且此时锅炉负荷不得超过其全部负荷的70%~80%，送入主机的饱和蒸气不得超过通往主机的过热蒸气的20%~25%。

（七）锅炉用空气和燃料的输送系统被破坏时的工作保证

一部锅炉通风机损坏时，可使用其他通风机，要注意通风机的轴承负荷。

舱室破损或空气通道破损造成风压下降时，应立即堵塞。

燃油预热器损坏时可用冷重油，但会由于冒黑烟而暴露舰艇位置，所以事先应得到舰长的同意。日用油柜破损充水时，应转换油柜。如果水已通过燃油系统流入未遭损伤的油柜中，应待水沉底与油分离后，将水抽出。

内燃机燃油管破损时，应停止使用破损管段，转用备用油路。日用燃油箱破损时，应直接从燃油柜给机器供油。低压油泵发生故障时，应转用备用泵或燃油输送泵。

（八）凝汽柜破损后的工作保证

主凝汽柜严重损坏时，应立即停止主机。排汽于此凝汽柜的辅机应停止工作或转到别的凝汽柜去，或者将蒸气排入大气。

如凝汽柜是两个独立部分的装置，则当一部分破损时，可用完好的另一部分。为此，主机的负荷应低至全速负荷的50%或稍多一点。

（九）发电机和电站损坏时的工作保证

发电机和电站损坏时，应首先恢复最重要的战斗负荷供电，如武备、武备指挥仪、无线电台、舵装置、消磁装置、电子对抗装置和电动消防泵等。

断开损伤电缆，进行修复或架设临时电缆，最好在设计时就设置许多应急接线孔（图3-5）。只有在迫不得已时，例如电缆、配电板、发电机起火或者当汇流排和发电机被水淹没有可能发生短路时，才允许关断配电板上的电源。

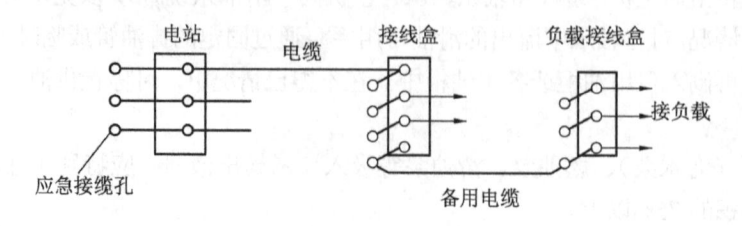

图 3-5 电缆破损后跨接图

（十）上水系统损坏时的工作保证

上水系统损坏时，锅炉由应急水柜或备用水柜上水。但要明确，如果全部凝水损失，上水的全部储量最多只能维持锅炉满负荷运行几十分钟。造水装置每小时造水量则只能维持锅炉全负荷几分钟的上水。

当只有一个独立组内的上水系统破损时，则可由其他舱内的水泵上水。如无此种导管，可以用临时设置的管路输送上水。

在预热器损坏的条件下，锅炉可用冷水。但这会增加燃料消耗，降低锅炉效率，提高蒸气过热温度。蒸气温度过高，还可能引起锅炉、机械和管路的材料强度发生变化。

要注意上水盐渍的问题。上水盐渍可能是由上水系统发生破损时海水进入系统造成的，应及时查明情况，迅速处理。

上水储备完全损失时，如果战斗的胜负和舰艇的命运只取决于锅炉中有无蒸气的话，可用舷外水供锅炉，同时应想尽一切办法来避免因此而造成的严重后果。譬如，为避免炉水盐分过多，可不间断地将炉水疏放到舷外，而锅炉的负荷应尽可能减少，主机一般应停止。此时还要注意，这种措施对使用高参数蒸气的装置来说是比较危险的。

（十一）海水冷却系统损坏时的工作保证

在内燃机海水冷却系统中，可广泛利用全舰的海水泵来部分或全部代替内燃机所属的海水泵。在绝大多数情况下，冷却系统虽已失效，但动力装置的正常工作仍能得到保障，只有在破损极其严重时，动力装置的功率才会有所降低。滑油冷却器和淡水冷却器的破损水腔的修复最为复杂，当出现这种破损而又来不及查明破损部位时，则应进行相应的转换，以保证冷却器水向内燃机和破损冷却器供应。而破损冷却器中的水，可先让其流入舱底，随后立即排出舷外。

图 3-6 所示为某舰的海水冷却系统，在水下爆炸试验时，其主机海水过滤器损坏（图3-6）后，可利用另一机组或消防系统的海水来进行冷却，但要把海水泵处堵住。

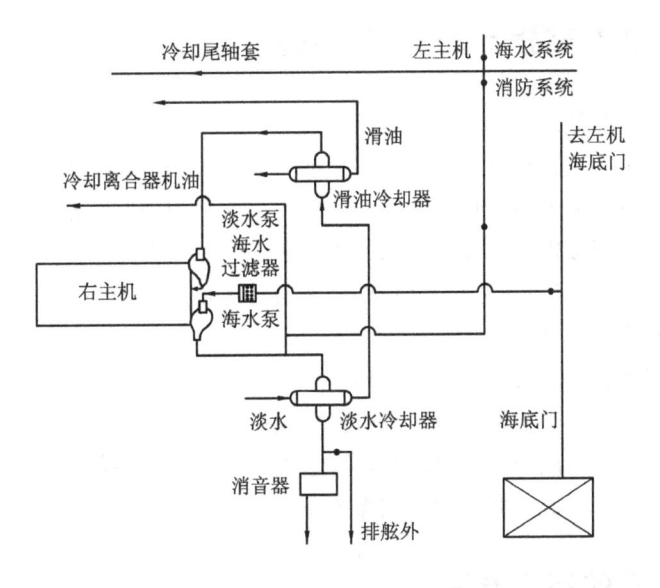

图 3-6 某舰海水冷却系统

（十二）淡水系统损坏时的工作保证

淡水系统损坏，可用其他主机淡水泵供给淡水，并及时对管路破损部分进行堵塞包扎。若淡水外漏不能堵塞且又没有大量淡水供给使用时，可用海水代替。用海水代替淡水，温度应控制在 50 ℃以下，以防过多的盐渍。为此，必要时可降低主机负荷。进入气缸水套的海水温度不能过低，最好是利用从滑油或淡水冷却器出来的海水，且用过的海水要排出舷外。水路系统使用过海水后，要做清洁处理。

应该指出，舰艇在处于一级战备时或发生破损的情况下，往往来不及或不可能翻阅这些战斗使用计划和损害管制计划。因此，这些使用方案和破损处理方案，舰员必须事先制订和训练，以便在备战或发生类似破损时能迅速准确地给予处理。这些方案，有的是在设计动力装置时就已制订，但不可能完全准确地反映出舰上可能发生的实际情况，所以舰员就需要不断摸索、总结经验，对计划方案进行修订与完善；同时要加强操练，只有对各种问题的处理都熟练了，才有可能创造出新的方案和办法，正确而迅速地处理战斗破损时的各种可能发生的情况，保障动力装置不间断工作，保证完成舰艇的使命。

第二节 舰艇技术装备破损的处理方法

在舰艇技术装备破损后，如果能积极、迅速地采用正确的处理方法，将有利于保持和恢复技术装备的生命力。破损形式、种类的不同，采用的方法也会各有不同，但其处理方法也有共同之处。本节就舰艇技术装备破损后一般处理方法做一些介绍。

一、技术装备破损后的处理与修复

技术装备破损后的处理与修复措施如下。

（1）根据技术装备损管计划，停用破损机械，并立即转换备用机械。

（2）当机械损坏而又无备用机械转换时，应尽最大努力采取措施，保持其持续工作。确定无法进行工作时，应报告舰指挥所或部门指挥所，要求停机。

（3）切断动力系统的破损部分，并设法修复或转用备用系统。

（4）装设临时管路、电缆。

（5）抢修破损装备，使其尽快恢复工作。

（6）可将多部同型破损机械拼成一部或几部使用。

除上面介绍的一些措施外，各类型舰艇可根据本类型舰艇装备的特点，研究制订具体的转换、代替的基本操作项目，并经常组织操练。

二、防蒸气的基本方法

锅炉、蒸气机械及其管系等损坏时，应立即转换装备，迅速关闭相应的隔离阀，以隔断蒸气源，并迅速利用适当的包扎器材进行抢修。如一时无法发现破损或无法隔断蒸气源，舱内会迅速充满蒸气，这时必须采取以下措施。

（1）人员可退到舱室下部，并设法用身边器材遮挡直射蒸气，以免烫伤。

（2）打开舱室喷淋或用水枪喷射水花，以减缓舰员所处的困难处境。

（3）蒸气冲入舱室时，不应停止通风。相反，开始时，无论是压入通风或抽引通风均应加强，在舱内的上下空间造成一定压差，使蒸气不能很快充满下部。因此，压入通风应尽可能将空气送到舱室的下部，而排气应由舱室的上部进行，以保证舰员所需的新鲜空气。

（4）人员撤离舱室时，应从升降通道下口退出，同时必须打开出口处的喷淋。出口处无喷淋设备时，舱外舰员可使用水花喷射，避免烫伤。

三、油、水管路破损后的处理要点

当油水管路破损后，一般应立即按本舰的技术装备损管计划转换系统，以保证机械正常工作，同时进行修复。在转换和修复的同时还必须注意以下两点。

（1）限制油水漫延的程度和范围。应采取相应的措施（如隔断油路、水路，排除积油、积水）降低和消除油水等自由液面对舰艇稳度的影响。

（2）防止起火。应采取相应的措施（如准备好灭火器材）防止和扑灭因油水漫延而引起的火灾。

四、电路（缆）破损后的处理要点

舰艇电气设备和电路（缆）破损会造成短路漏电，既容易引起火灾，又会使一些重要仪器设备失去电源。为保证舰艇战斗力，要求舰员发现本战位电源发生故障时，迅速按技术装备损管计划要求转换系统并修复破损电路（缆），同时还必须注意以下三点。

（1）修复中必须注意安全。在未经修理的破损电缆裸露部分下面要垫绝缘物；在金属甲板上安装应急电缆时，下面要垫上绝缘物或用绳子将电缆夹吊起，防止漏电。

（2）在应急电缆通过门、舱口和其他地方时应采用防护措施，并且将应急电缆固定好，以免妨碍人员的战斗行动。

（3）防止因短路等原因而起火。应准备好相应的灭火器材随时扑灭突起的电火，同时拉断电源。

第三节　管路破损的修复

一、管路用材料包扎

（1）缠扎材料：用以缠扎破损管路，如铁丝、浸油麻绳、橡皮带（或帆布带）等。

（2）涂料：一般涂在管子破口附近或堵塞用的麻絮、破口上，如油漆、油灰、石墨、铅粉等。

（3）垫料（片）：一般垫在管子破口或管路接头处，如石棉橡胶板、石棉布（板、绳和带）、油纸板、橡胶板等。

（4）金属盖板：一般盖在垫料外层用以压紧垫料，如铁皮、钢皮、铅皮、铝皮、半钢管和管口盖等。

二、管路用工具修理

（1）管子扳手（管钳）：转动金属管或其他圆柱形工件，是管路的安装和修理工作中常用的拆装工具。

（2）管子割刀、钢锯：用来切割管子等。

（3）剪刀：用来剪切各种垫料。

（4）手锯、凿子、锉刀、扳手：用来拆装、修正管路破损。

（5）电焊、气焊、喷灯、C形夹及消防铁锭等。

三、管路包扎器材修理

在战斗中修理破损管子的办法是：用涂料、垫料、盖板等将破损的管路包住或盖住后，再用包扎器材固紧，防止泄漏。包扎器材种类很多，有各种类型的管箍、管口盖。包扎器材的基本要求是：包扎可靠，固紧结实，而且安装固定迅速，使用方便。

1. 普通管箍

普通管箍用于修理高压管路，一般用来箍紧较小直径（$\phi 25 \sim 37$ mm）的高压管路较好。

普通管箍（图3-7）是由两块半圆形瓦状的铁片组成，根据管箍的宽度，在两端有1～3

个螺孔。它的优点是构造简单，紧密性相当好，特别适用于修理较小直径的高压管路的破损；缺点是每只管箍只能用于一定直径的管子。舰艇上管路直径种类很多，因此，所需不同大小的管箍数就多，保管使用和放置都不方便。

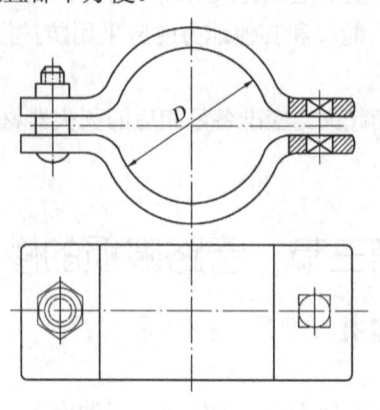

图 3-7 普通管箍

2. 带铰链管箍

（1）单铰链管箍，可用于包扎 50～150 mm 的低压蒸气和油水管。单铰链管箍（图 3-8），只有一个（一排）铰链，它的上部和下部用铰链连接着，螺栓用来固紧管箍。这种管箍只需在一边拧紧螺栓，因此安装铰链管箍比普通管箍的速度快，但只有当管子直径相差很小时，方能使用。

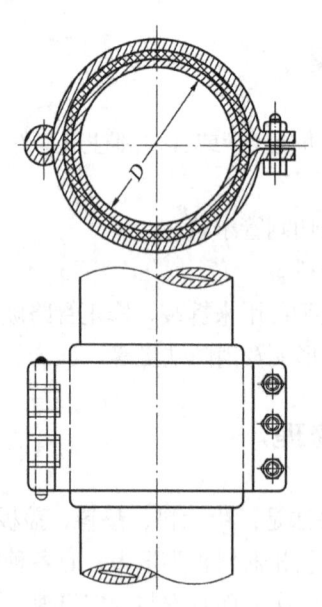

图 3-8 单铰链管箍

（2）双铰链管箍，又称高压管子卡箍，适用于包扎 75～150 mm 的破损的高压蒸气管路。其构造特点是：在下半部的半圆瓦形钢管内装有一圈石棉绳或橡胶条，且凸出圆弧一定的高度（5～10 mm）；上半部由并排的两块带铰链和元宝螺栓的瓦状钢管（两个铰链）组成。使用时，用下半部圆形钢管包住管子破口，上紧双铰链元宝螺栓即可。

3. 带尾伸缩管箍

带尾伸缩管箍（图 3-9）适用于包扎破损的低压管路。这种类型的管箍比带铰链管箍有了改进，它的直径可以由尾端调节，因此，其适用的管径范围可伸可缩。

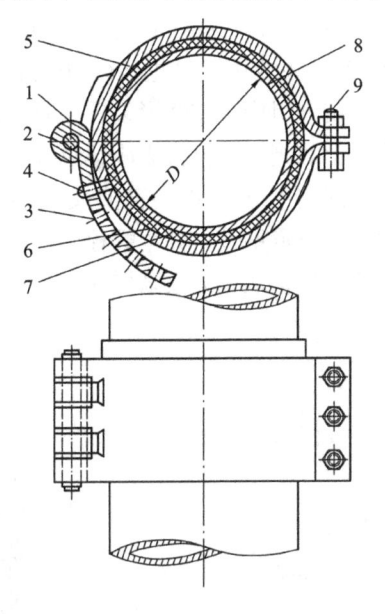

图 3-9 带尾伸缩管箍

1. 长尾条；2. 铰链；3. 插孔；4. 插销；5. 上半部；6. 下半部；7. 垫料；8. 管道；9. 螺栓

带尾伸缩管箍的直径伸缩性比较大。它主要由上半部和下半部所组成。上半部用铰链连着一个长尾条，这个尾巴上开了几排插孔；下半部有插销，用螺栓固紧管箍。

4. 低压伸缩管箍

低压伸缩管箍（图 3-10）主要用于包扎低压油水管路，其直径可在一定范围内伸缩。

低压伸缩管箍有多种规格。它主要由内外两部分组成：外层部分的一端开有几个方孔；内层部分的一端是一个钩子，可以根据管径的不同，钩在外层部分的任意一孔中，另一端的凸缘用螺钉紧固。

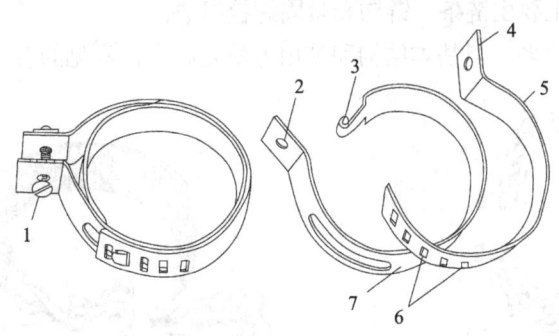

图 3-10 低压伸缩管箍

1. 固定螺丝；2. 螺孔；3. 钩；4. 凸缘；5. 外部；6. 方钩孔；7. 内部

5. 带形管箍

（1）固定带形管箍（图 3-11），又称固定撑架管箍，适用于包扎高压蒸气管和油水管，主要由薄钢带、螺杆和弧形活动压板组成。旋转螺杆，可使弧形活动压板压紧管子或凸缘接头。这种带形管箍制造简单、使用方便，可在一定管径范围内包扎管路。

（2）活动带形管箍（图3-12），主要用于包扎直径 50 mm 以上的高压蒸气管和油水管。活动带形管箍主要由钢带和锁紧装置组成。在锁紧装置上有棱体、夹板、压板和螺栓等。具体使用方法是：先关闭破损管路上的阀门，再拆去隔热物并修平破口，将涂有石墨和油灰的石棉板和半圆钢管盖板铺在破损部位上；然后准备管箍，迅速松开钢带将压紧螺栓松到尽头，将管箍钢带绕过管子，穿进箍内，拉紧钢带，并用螺栓固定；只有当盖板在破损位置上固定好之后，才能重新缓慢打开阀门，使管道压力逐渐增高。

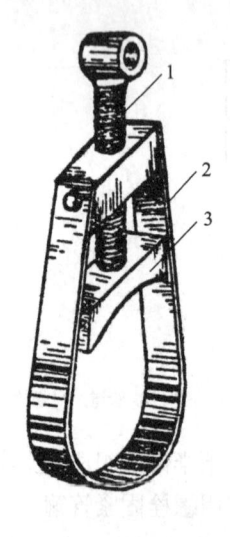

图 3-11　固定带形管箍

1. 螺杆；2. 薄钢带；3. 弧形活动压板

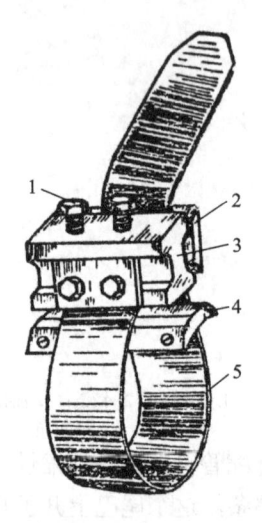

图 3-12　活动带形管箍

1. 螺栓；2. 夹板；3. 棱体；4. 压板；5. 钢带

6. 链条管箍

链条管箍（图 3-13）适用于包扎大型管径（ϕ100～200 mm 或 ϕ200～400 mm）的低压破损管路。链条管箍主要由链条、链钩和紧固螺栓组成。

链条管箍的类型较多，但基本结构和使用方法是相同的，常见的有 4 种类型（图 3-13）。

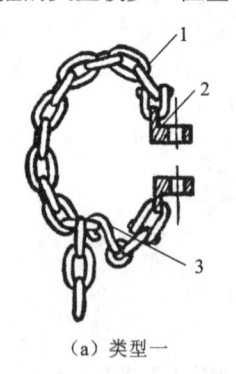

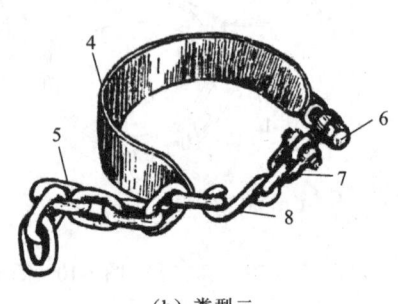

（a）类型一　　　　　　（b）类型二

（c）类型三　　　　　　　　　（d）类型四

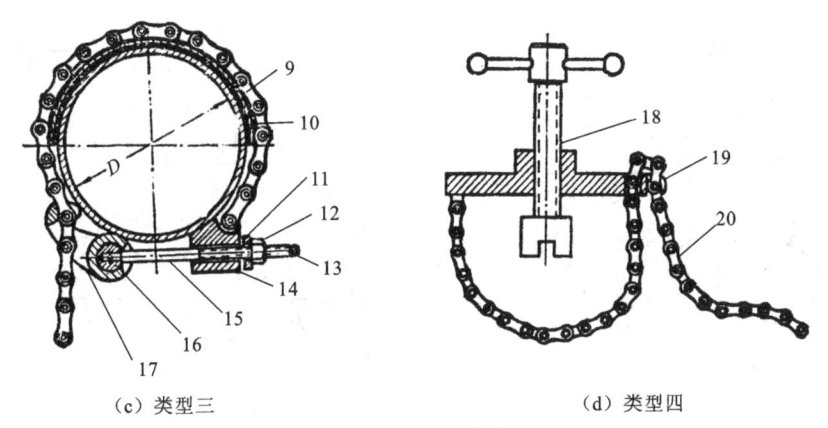

图 3-13　链条管箍

1、5、9、20. 链条；2. 凸缘；3、8、17. 链构；4. 钢带；6. 螺栓；7. 活链环；10. 垫片；11. 垫圈；12. 螺帽；13. 销子；14. 活动螺杆套；15. 螺杆；16. 短轴；18. 压紧螺栓；19. 钩头

7. 管口盖

（1）螺栓管口盖（图3-14）适用于堵住已断开的高压管路，以保证管路能部分或全部恢复战斗使用状态。

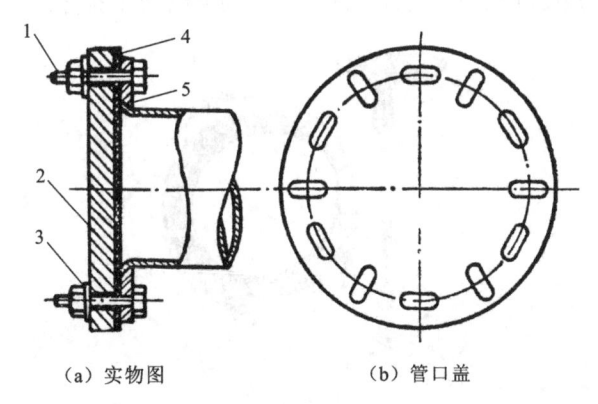

（a）实物图　　　　　　（b）管口盖

图 3-14　螺栓管口盖

1. 螺栓；2. 管口盖；3. 垫圈；4. 垫片；5. 法兰盘

由于螺栓管口盖适用于堵住已断开的多种工质和多种管径的管路，所以又被称为螺栓万能管口盖。这种管口盖的边沿有8～12个椭圆形螺栓孔。一半孔的位置是径向成对排列；另一半孔的位置是周向成对排列。这样便可以顺利地将管口盖装到具有各种管径的不同孔位的法兰盘上。

（2）撑架管口盖（图3-15）适用于堵住已断开的高压管路，以保证管路能部分或全部恢复战斗使用状态。

由于撑架管口盖适用于堵住被打断的多种工质和多种管径的管路，所以又被称为撑架万能管口盖。它主要由活动抓钩、撑架和焊有压承座的管口盖组成。撑架管口盖的三个活动抓钩间距120°，便于抓住不同直径的法兰边沿，使用方便，但不如螺栓管口盖牢靠，且尺寸较大，重量较重。

· 59 ·

(a) 实物图　　　　　　　　　(b) 剖面图

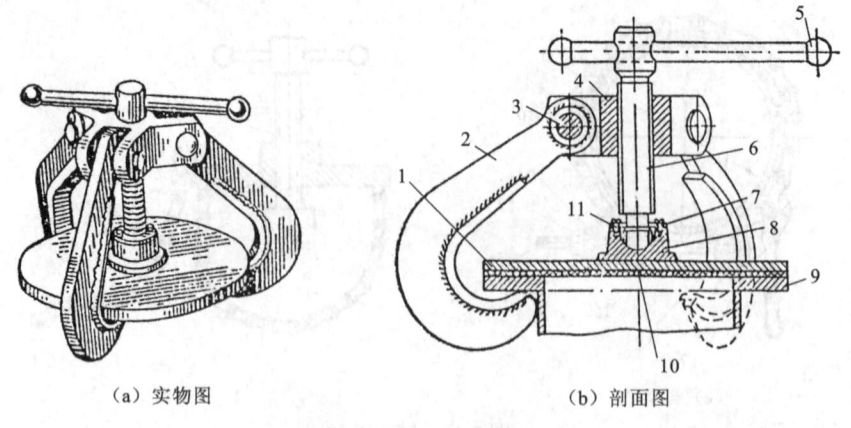

图 3-15　撑架管口盖

1. 管口盖；2. 钩子；3. 轴；4. 梁架；5. 手柄；6. 压紧螺栓；7. 垫圈；8. 压承座；9. 法兰盘；10. 垫片；11. 螺钉

8. 不锈钢管道堵漏器

不锈钢管道堵漏器（图 3-16），也称带波纹衬套的快速管箍，主要用于管路破损后的堵漏。其特点是：随管箍配置了橡胶波纹衬套，无须另加垫片；在螺栓的连接方式上快速方便；管箍采用不锈钢材料强度高且不易锈蚀，还可以作为管路跨接器材。

图 3-16　不锈钢管道堵漏器和配套工具

管道堵漏器属于制式管路包扎器材，在各型舰艇上均有配备。它有带活页和不带活页两种，可用于管路带压包扎，尺寸规格基本满足舰艇内部各种管路需求，适用燃油、滑油、淡水、海水、气体等管道介质，可耐压 3.2 MPa，工作温度在 350℃以内。

9. 链条管钳和半圆钢管

链条管钳［图 3-17（a）］，俗称链钳，包含钳柄和一端与钳柄铰接的链条，钳柄的前段设有与链条连接的卡槽。链条管钳主要由手柄、钳头、链条等主要部件组成，管钳尾部设有调节螺母，链条采用全包式，可绕过管子卡在锁紧部位。链条管钳采用高碳钢精工锻造，镀铬防锈，钳头热处理，硬度高，夹持力强，链条长度不少于 450 mm。链条管钳一般与半圆钢管［图 3-17（b）］配合使用，用于管路包扎，操作使用便捷，包扎效果好。半圆钢管内有橡胶垫片，具有不同型号规格，以满足舰艇内部不同管路使用需求。

(a) 链条管钳　　　　　　　　　　　　(b) 半圆钢管

图 3-17　链条管钳和半圆钢管

整套包扎装置包括链条管钳、半圆钢管、不锈钢带［图 3-18（a）］、钢带存放器、钢带带扣等部件，属于制式管路包扎器材，一般放置在舰艇内部管路包扎器材组合包中［图 3-18（b）］，可用于燃油、滑油、淡水、海水、气体等管道介质的包扎。

(a) 不锈钢带　　　　　　　　　　　　(b) 管路包扎器材组合包

图 3-18　管路包扎器材组合包和不锈钢带

10. 管路快速包扎装置

管路快速包扎装置（图 3-19），由弧形的半圆钢管本体、紧固链条和紧固带组成，半圆钢管本体内设有耐腐蚀抗高温橡胶垫，两端设有螺栓固定端和链条卡槽，螺栓松紧度可调。管路快速包扎装置采用耐热不锈钢精工锻造，镀铬防锈，硬度高，操作使用方便快捷，包扎效果好，可用于带压管路包扎。管路快速包扎装置一般有两种规格，一种可用管路直径为 30～80 mm，另外一种可用管路直径为 60～160 mm。

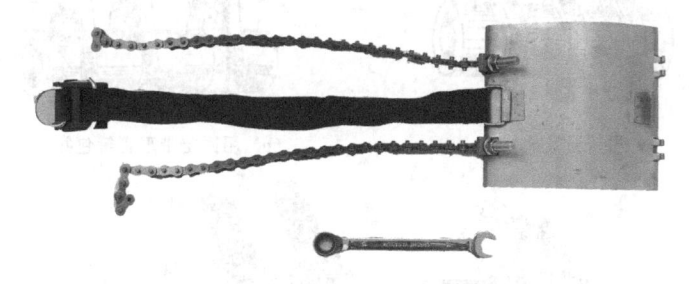

图 3-19　管路快速包扎装置

管路快速包扎装置属于制式管路包扎器材，一般放置在舰艇内部管路包扎器材组合包中，可用于燃油、滑油、淡水、海水等管道介质的包扎。管路快速包扎装置可与不锈钢管道堵漏器配合使用，主要用于管道堵漏器不适合使用，且须快速包扎完成的中低压管路的临时性修理，如管路相隔较近或管路密集的区域。

四、破损管路修理方法举例

(一) 修理蒸气管路破损

1. 低压蒸气管小破损的缠扎法

处理压力小于 1 MPa 的低压气管的裂口、裂缝和小破损,应先关隔离阀,在破损处清理隔热物,涂上石墨或油灰,再用石棉板盖住破口,放上直径相似的半圆钢管形盖板,其长度比裂缝长 100～200 mm,然后用铁丝或浸油麻绳一圈一圈密密地缠紧(图 3-20),第一圈和最后一圈离盖板边缘 20～30 mm 的距离,最后几圈要固定结实。

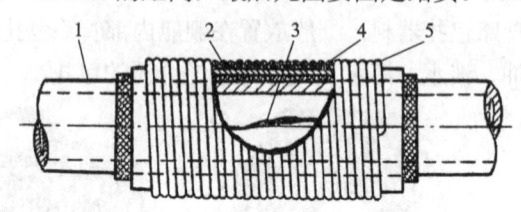

图 3-20 用缠扎法包扎蒸气管裂缝

1. 管子;2. 垫片;3. 裂缝;4. 金属盖板;5. 铁丝

使用缠扎法比安装管箍需要的时间长,但缠扎法能够包扎管箍所不能包扎的管路弯曲部分的破损。

2. 中、高压蒸气管小破损的管箍法

当蒸气管发生破损后,首先暂时关闭隔离阀,然后清除破损部位的隔热物,修理并打平卷边,在石棉板上涂上涂料,铺在破口上,放上适当的金属板后,最后选择适当尺寸的普通管箍、带形管箍等箍紧(图 3-21)。当破口较长时,应并排安装几个管箍。对包扎好的管路进行认真检查后,才能缓慢打开阀门,少量供气;确定包扎牢固无泄漏时,才能适当增压恢复工作。

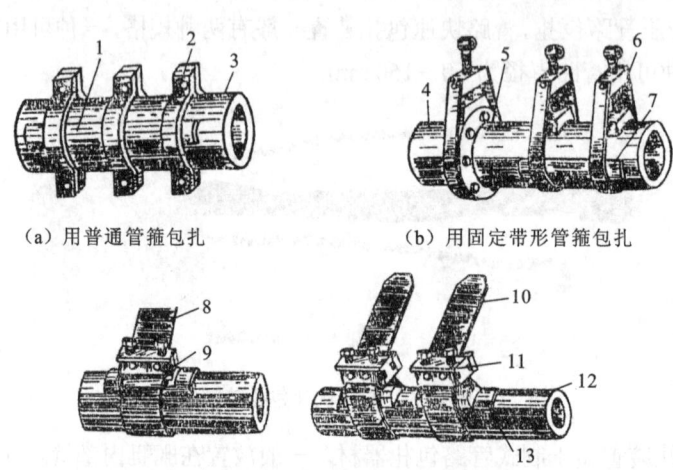

(a) 用普通管箍包扎 (b) 用固定带形管箍包扎

(c) 用一个或两个以上活动带形管箍包扎

图 3-21 用管箍包扎中、高压气管

1. 盖板;2. 管箍;3、4、12. 管子;5. 法兰盘;6. 和箍;7. 盖板;8、10. 薄钢片;9、11. 销紧装置;13. 软铅皮

3. 高压蒸气管严重破损的管口盖堵塞法

高压蒸气管严重破损时，管路压力高，包扎维修比较困难，为了继续使用该部分的支管，应将破损部分在法兰盘处拆掉，然后清理法兰盘，并装上涂石墨或油灰的石棉衬垫，最后用管口盖将管路堵死，其方法有以下几种。

（1）简易管口盖堵塞法（图 3-22）。简易管口盖和一般法兰盘相似，为了能很快地装上管口盖，它上面的螺栓孔一般都做成椭圆形，其直径要比螺栓（或螺钉）的直径大一些。

（2）管口盖和"C"形夹堵塞法（图 3-23）。"C"形夹的数量不少于 4 个，在安装时，要均匀地拧紧"C"形夹。

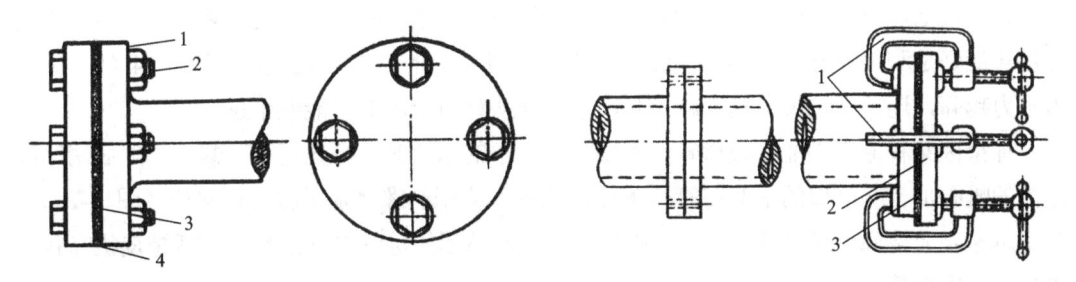

图 3-22　简易管口盖堵塞法

1. 法兰盘；2. 螺栓；3. 垫片；4. 管口盖

图 3-23　管口盖和"C"形夹堵塞法

1. "C"形夹；2. 管口盖；3. 垫片

（3）螺栓管口盖堵塞法。将螺栓管口盖（图 3-14）的螺栓孔对准法兰盘上的螺栓孔，插入螺栓后用扳手上紧螺帽即可。

（4）撑架管口盖堵塞法。将撑架管口盖（图 3-15）对准法兰盘安放好，只需将抓钩抓住管子法盖边缘后，上紧撑架螺栓即可。

4. 破损蒸气管焊补法

当蒸气管路上发生小的破损，如小眼、裂缝和不大的破洞时，可用电焊或气焊的方法快速、牢固地修补好破洞。在焊补时，管路上的破损部位应仔细清刷并进行整理。

5. 更换法兰盘垫料的方法

由于法兰盘垫料破坏而造成漏气时，更换垫料的方法和程序是：首先关闭破损部分的气源阀门；接着卸下法兰盘螺栓，拆去破损垫料，并清刷法兰盘；然后用石棉板制成的新垫料安在法兰盘位置上（如时间允许，应先用石墨油脂将新垫料浸滑一下）；随即均匀地拧紧螺栓，固定好法兰盘；最后慢慢打开修理好管路阀门，并缓慢地将管中的压力增大到工作压力。

（二）修理油水管路破损

油水管路破损抢修方法与蒸气管路基本相同，区别在于油水管内一般压力不大，温度不太高。因此，抢修人员可根据当时的战斗情况和管路破损情况，决定带压或不带压（不关闭或关闭管路阀门）进行抢修包扎。

1. 接管法

为了维修各系统（注水系统、燃油系统、滑油系统、低压空气系统）管路破损部分，可以临时使用直径和所承受压力同原来管路相当、形似的胶皮管和夹布橡皮软管代替软接管。

临时软接管的安装步骤如下：清理和整平管子的破损端，准备好比拆下来的管段长 200～220 mm 的软接管（或水龙带、吸水管、空气软管、塑料软管和金属软管等）；将软接管端头套在涂上厚厚一层红丹的管端上，通过缠扎或带箍和衬板固定住。连接管可用来连接直径不大、压力不超过 1.7 MPa 的管路。连接前要从强度和直径方面考虑选择合适的连接软管。内径与待修管道的外径越接近，就越容易达到所要求的连接紧密性。

在连接前应将管道破口部分切断、修平，然后将连接管套在管子的两端加以固定。固定连接管最好是利用管箍［图 3-24（a）］。如果压力不大，也可利用缠扎法［图 3-24（b）］。管内压力越高，连接管越长、直径越大时，连接管从管道滑脱的可能性也越大。

如果因某种原因不能安装软管，而要止住管中的水流时，可先把管口修平，然后用涂红丹油的帆布加上缠麻屑的木塞将管口盖住，或者用特制的螺丝塞子将管口塞死（图 3-25）。为了迅速完成堵塞，最好首先用锤子把管口打平，然后用涂红丹油的帆布或者橡皮帆布包住管口，再用管箍将其箍紧。

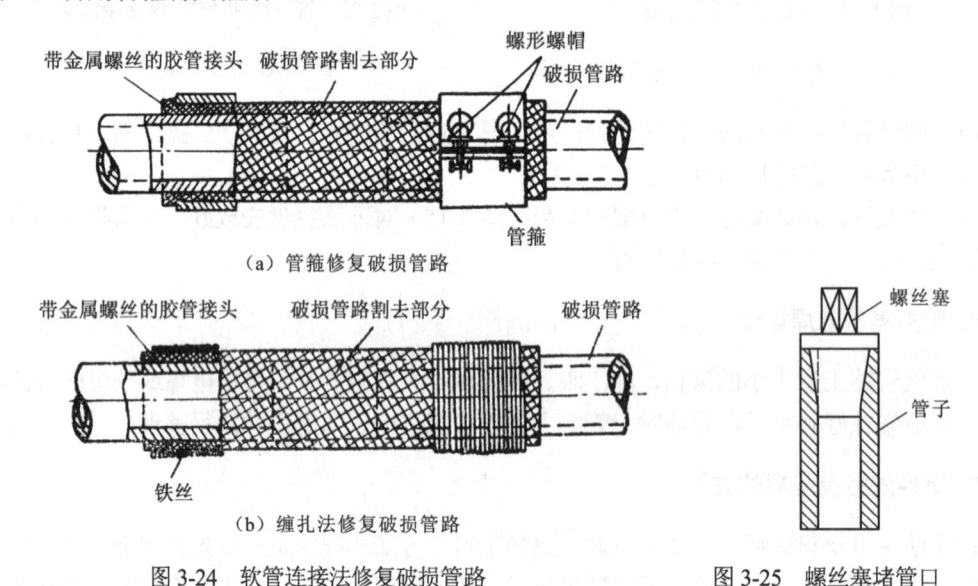

（a）管箍修复破损管路

（b）缠扎法修复破损管路

图 3-24 软管连接法修复破损管路

图 3-25 螺丝塞堵管口

2. 用木塞、木楔、管箍和铁丝等修理低压管路小破口

如果弹片在管路上所造成的破口是圆形或近似圆形，可用木塞堵漏。如果是裂口，则用木楔堵漏。

木塞或木楔用浸油的布包好后，再用木槌轻轻打入破口，木塞或木楔打入后，应割去其凸出部分，用橡皮板或涂油的帆布盖在破损处，然后再用管箍或者钢丝把它固定紧（图 3-26）。

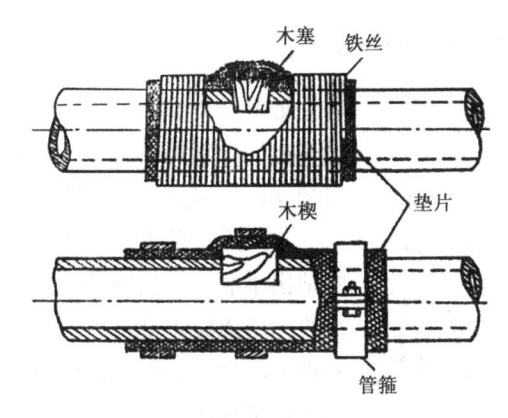

图 3-26 木塞、木楔修理低压管路小破口

3. 破损管路焊补法

水管、机油管和其他管道的小破损可用电焊或气焊修补。

对燃油管和机油管使用焊接方法修补时，应将破损处清刷干净。为确保安全，在焊接前，油管应用蒸气或热水清刷干净。在焊接时，必须设法防止焊渣掉入管内，以免损坏机械。

在破损位置焊上形似箍圈的补丁，能可靠地堵塞管上的破口、裂缝、砂眼和凹痕。通过堆焊填充材料（电焊条），能够堵塞细小裂缝和砂眼（不用打补丁）。

焊箍圈补丁的方法如下：用钢丝刷将破损处的管子清扫干净，直到漏出纯金属，再涂上红丹；将用类似管材的板材做成的箍圈补丁放到破损位置，放的时候要做到便于实施圈焊（周边焊），尽量避免仰焊；用螺栓将箍圈补丁牢牢地压在管道上，再从中间到边缘的方向上实施圈焊，反之，实施分段逐步堆焊（图3-27）。

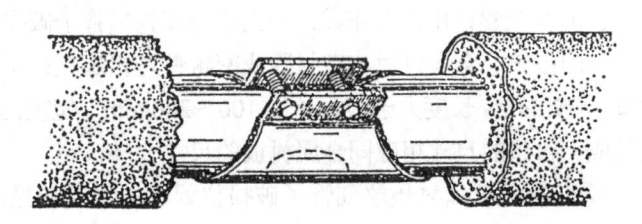

图 3-27 用焊箍圈补丁的方法堵塞管路的破口

用堆焊法补焊细小裂缝和砂眼时，也要将破损位置清理干净，直到露出纯金属。在裂缝两端钻直径等于1～2倍管厚的穿透孔，以60°～80°角在管的整个厚度上钻孔，用凿刀或扁凿以35°角切去裂缝边丝，再从中间到两边的方向上补焊裂缝（图3-28）。

图 3-28 用堆焊法补焊细小裂缝

为了用焊接法排除管道破损，在潜艇上应将一些艇员培养成非编潜艇电焊工和气焊工。

4. 用螺丝铆钉堵塞窄的裂缝的方法

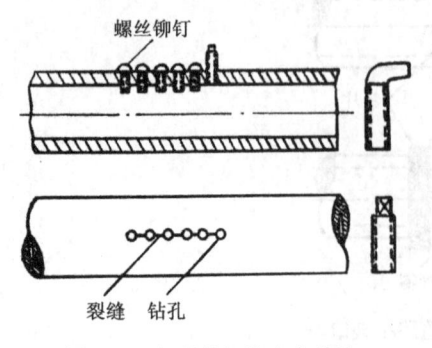

图 3-29 螺丝铆钉堵窄缝法

通常一些窄的裂缝可以用电焊和气焊修补。但当没有电焊、气焊设备而又缺少其他包扎器材时，也可用螺丝铆钉堵塞窄的裂缝（图 3-29）。

首先应将破损管路油漆清除干净，然后沿裂缝方向钻出小洞，一般洞的间距为两倍小洞直径，并攻出螺纹。旋入螺丝铆钉后，可把凸出的方块或弯曲的部分锯掉，再打扁铆住，这样的堵塞比较牢固。但是，为了更可靠起见，仍需盖上浸红丹油的帆布或者橡皮板，然后用铁丝、油麻绳或管箍将其固定。

这种修理方法能用在所有低压管路上，例如上水管、机油管、废气管、排泄管、燃油管及其他压力比较低的管道。

5. 缠扎法

在一些小型舰艇的低压油水管路发生小破损时，还可以用橡皮带（或帆布带）直接缠住破口。包扎时应当用力将橡皮带拉紧，从距离破口 3～5 cm 的位置开始缠绕，沿着油水原来在管内流动的方向，一层层包扎，每层橡皮带应压住前一层的一半以上，直到完全包住破口，并继续包扎 3～5 cm。包扎完毕后，再用铁丝或油麻绳扎紧。为缠扎方便，这些橡皮带、帆布带最好预先截割卷好（宽 8 cm 左右，长 1 m 左右），铁丝、麻绳也应按需要长度卷好放在战位上。

用缠扎法堵塞破口的作业建议由两人完成：一人清洁和整平管子破损位置；另一人准备堵漏材料（钢丝、相应的衬垫、金属衬板、密封胶或密封膏）和缠扎钢丝用的金属片。

金属衬板用厚度 1～2 mm、长度大于破损长度 100～200 mm、宽度约为 1/2 管子截面周长的软钢板或钢板制成。衬垫的尺寸相应同金属衬板的尺寸一样。

缠扎过程：一人将金属衬板和衬垫放到管子破损位置，并用手扶稳，另一人用金属片将钢丝缠到其上垫有衬垫和衬板的管子上，将钢丝线匝一圈紧挨一圈地缠在整个衬板上（图 3-30），最后用制索结将线匝固定住。

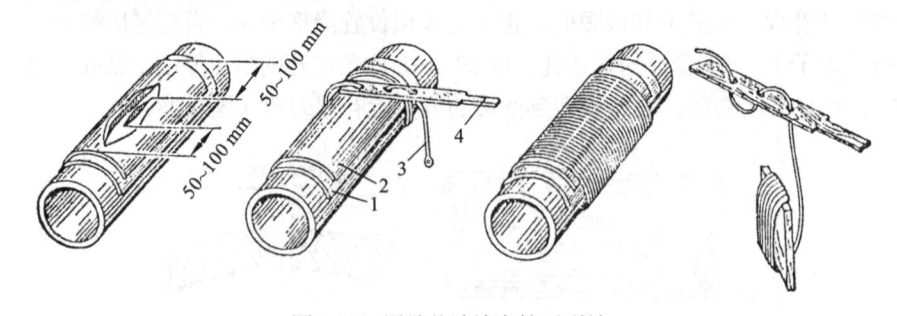

图 3-30 用缠扎法堵塞管子裂缝

1. 衬垫；2. 金属衬板；3. 钢丝；4. 金属片

6. 更换法兰盘垫料的方法

更换水、机油、燃油管法兰盘垫料的方法与更换蒸气管法兰盘垫料的方法相同，只是不用黑色石棉板作垫料，而是用橡胶、纸板、铅或退火的红铜作垫料。

7. 利用环氧树脂修复管道破损

环氧树脂的环氧剂具有使金属与大多数非金属材料（橡胶、皮革、玻璃、陶瓷、磨料）、某些塑料（硬橡胶、夹布胶木、有机玻璃）、木料、瓷料黏附的能力。环氧剂被广泛应用于堵塞管壁上的各种表面气孔、穿通孔和裂缝。环氧剂的主要成分包括环氧树脂、凝固剂、增塑剂和添加剂（磨得很细的金属粉、水泥、石英粉、石墨等）。

为了制备环氧剂，必须在环氧树脂中加凝固剂并充分搅拌，使环氧树脂具有凝固和变成不流/不熔硬块的能力，同时，视情况在树脂中加入其他成分。

增塑剂的作用是降低环氧剂的黏度，提高硬块的抗冲击强度和弹性。添加剂用于将环氧剂的黏度提高到需要的程度，改善其凝固时的强度和与金属的相互黏附能力。

环氧剂应在直接使用前制备，因为在 20 ℃温度下，加凝固剂的环氧树脂成分适于在规定时间内使用（视凝固剂而定）。超过这个时间，环氧树脂成分迅速变稠，其黏附能力降低。环氧剂各种配料应分别装在不同密封的容器内，置于干燥凉爽的舱室保管。

用环氧树脂堵塞损坏的管段之前，必须将管段上的锈蚀、氧化铁皮、污渍清除干净，用浸过溶剂（生物凝胶 P-4 溶剂、白节油或碱溶液）的棉纱头为管段去脂，对于贯穿裂缝和穿通孔，要全部深度去脂，让破损位置晾干，直到残余溶剂全部消失。

用环氧树脂堵塞裂缝时，为防止管道裂缝继续扩大，可在管道裂缝两端钻孔。用环氧树脂堵塞细小孔眼时，为便于环氧树脂流入孔眼，可加大孔径至 1～2 mm，或在环氧树脂中加增塑剂。

环氧剂凝固时，为了加快环氧剂与金属的黏合速度，建议用红外线灯为堵好的管段加热，前 15 min 温度应不超过 70 ℃，然后可将温度提高到 100 ℃。尤其用环氧剂堵塞水管、燃油管和滑油管上的贯穿破损时，必须采用加热的方法。

根据凝固剂的种类和温度，环氧剂完全凝固的时间可从 6～8 h 到 4～7 d 不等。

8. 制作木楔和木塞堵塞管上的细小破损

按照管壁上贯穿裂缝的大小，调整木楔（木塞），用稠红丹涂抹木楔（木塞），或用涂过红丹的糙麻屑裹住木楔（木塞），再用铁锤或木槌将它们轻轻打入裂缝中。然后，切削木楔（木塞）的突出部分，在上面放好涂过红丹的帆布或橡胶，用钢丝从上面缠扎。

用木塞和木楔堵好的管道能承受大约 1.5 MPa 的液体压力。

9. 用螺塞堵塞厚壁管上的裂缝

在无法焊接和采用其他方法的情况下，可用螺塞修堵裂缝（图 3-31），沿裂缝全长为窄缝钻孔。切割孔，将有供固定扳手的方头或供拧紧螺塞的弯曲尾端的双头螺栓拧入孔中。拧到孔中后锯掉露出来的方头和尾端，将头部铆死。然后，在上面放好涂过红丹或密封油灰（石墨润滑脂）的衬垫，用带箍或通过缠孔将衬垫扎紧。在这种情况下，对蒸气管使用石棉橡胶衬垫，对其他管使用铅衬垫和压制纸板衬垫。

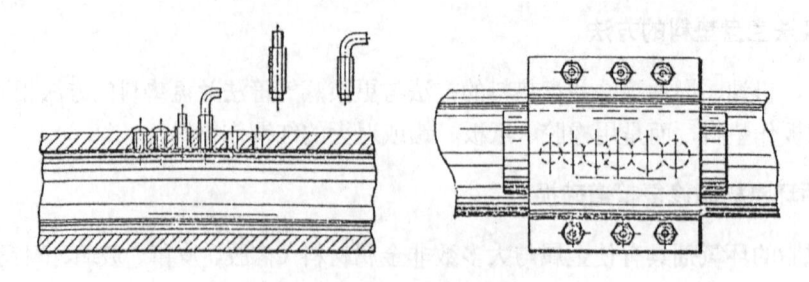

图 3-31　用螺塞堵缝

用螺塞堵好的管子能承受大约 1.5 MPa 的蒸气、空气、液体压力。这种方法的缺点是劳动量大、费时间。

第四节　电缆破损的修复

由电缆构成的舰艇配电网络，在遭到敌武器攻击时最易受到损伤。常见的电缆损伤包括以下三种。

（1）电缆断裂和爆炸时电缆绝缘受到破坏。

（2）由于舱内起火，电缆的防护包皮和橡皮绝缘受到破坏。

（3）由于水、燃油、滑油的蒸气和液体落到损伤的防护包和橡胶包上，致使电缆绝缘受到破坏。

修复破损电缆的主要方法是：通过钎焊，连接电缆芯线；通过扭绞电缆接头和借助通用电缆夹夹紧电缆接头来连接细电缆。

修复破损电缆时，所采取的行动步骤如下。

（1）断开破损线段。

（2）用上述其中一种方法修复或连接电缆。

（3）测量修好的电路线段的绝缘电阻，绝缘电阻应不小于 5 MΩ。

（4）如果绝缘电阻正常，给修好的电缆线段供电，逐渐将负载增至额定负载。

（5）检查修好（接好）电缆线段的受热情况，如果该线段受热超过允许温度，经战斗部门长许可，将线段断开，查明过热原因并予以排除。

一、修理电缆常用的工具

（1）手锤、凿子：用来拆卸固定电缆的缆卡。拆卸缆卡时，不得用凿子从中间凿开缆卡。为了使凿子不损坏电缆的铝皮和装甲（编织套），应从固定螺钉或焊缝处凿开缆卡。

（2）手锯：用来锯断破损电缆和割电缆的铅皮。使用时，应将要割去的电缆和其他电缆之间放一块木板，来防止损坏其他电缆。

（3）铁剪：用来剪断电缆的装甲等。

（4）尖嘴钳、扁嘴钳、斜口钳和断线钳：用来剪断电缆心线和金属丝。

（5）电工刀：用来割削电线和电缆心线的胶皮绝缘等。其刀片长度大号为 112 mm，小号为 88 mm。

除上面介绍的一些排除电缆破损的常用工具外，常用的修理电缆的工具还包括螺丝刀、活扳手、电烙铁、锉刀、检查灯、绝缘带、焊膏、焊锡及保险丝等。

二、修理电缆用的器材

（一）应急电缆

应急电缆用来连接被炸坏或炸断的线路，以保证舰艇的机动能力和武器装备不间断工作。

应急电缆两端露出 40 mm 左右并将镀锡的电缆卷成单捆，每捆应系有标明该电缆断面和长度的标签。

为了使应急电缆保持备用状态，必须定期检查绝缘的状况，其绝缘电阻应不小于 5 MΩ，应急电缆上绝缘破损的地方必须修理好。

（二）带接线盒的应急电缆

与上述应急电缆基本相同，但带接线盒的应急电缆两端带有接线盒，平时应按需要长度捆好放在战位上保持备用状态，并定期检查绝缘电阻应不小于 5 MΩ。

（三）电缆夹

电缆夹（图 3-32）又称万能接线器，是用来连接破损电缆和应急电缆的缆头。这种电缆夹有两种：一种是能连接断面为 10~300 mm^2、电流为 500 A 的电缆；另一种是能连接断面为 300~800 mm^2、电流为 700 A 的电缆。电缆夹的优点是结构简单，外壳有很好的绝缘性，使用方便迅速。

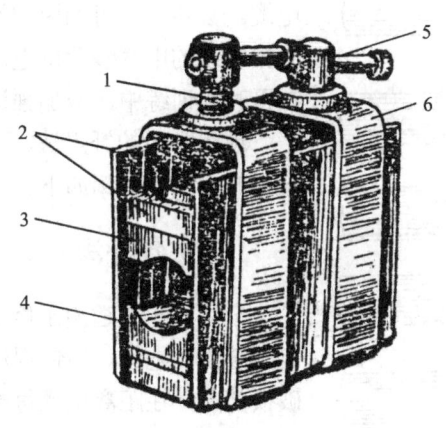

图 3-32　电缆夹

1. 压紧螺栓；2. 绝缘衬垫；3. 活动钢座；4. 固定铜座；5. 手柄；6. 钢框

电缆夹平时应与（不带接线盒的）应急电缆放在一起。

电缆夹与台虎钳的作用基本相同，用手柄转动压紧螺栓，能使活动钢座在框内移动，并夹住电缆。电缆夹的钢制零件均应镀锌，其内部零件与外部钢框和螺栓等之间应垫绝缘衬垫。

电缆夹平时应保持备用状态，并应定期测量与夹体的绝缘电阻，不得低于 5 MΩ。

各类舰艇可根据自身的情况自制方便使用的应急电缆和电缆夹。

（四）接线管套

接线管套（图 3-33）是最简单的接线器，用来连接被炸断的线路。

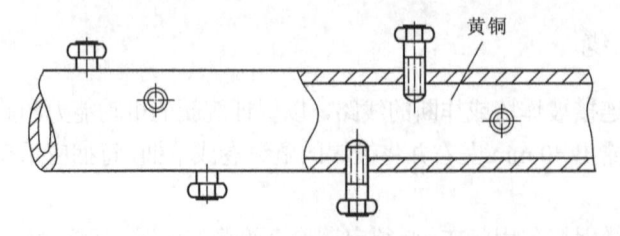

图 3-33 接线管套

使用时将打断的电缆插入管内上紧螺丝即可。管套的主要缺点是：当电缆的直径比管套的内径大时，不易将电缆插进管套；此外，管套没有绝缘，因此电缆接好后必须用绝缘材料进行可靠的包贴捆扎使其绝缘。

三、修理破损电路（缆）的方法

舰艇电路（缆）发生破损时，须迅速判明破损性质，必要时，切断破损电缆的电源，接通备用电路，以便继续给机械供电，同时进行排除破损的工作。当电缆被炸坏或炸断时，应迅速关闭电源，并安装应急电缆。必要时，可利用次要分电箱和电缆向被炸坏的破损电缆的电气装置供电，以保证舰艇的机动能力。在平时的训练中，应加强这方面的操练。

现将常用的钎焊法、连接法和缠绞法等修理电缆破损的方法，举例如下。

（一）钎焊法

钎焊法一般适用于修复断面在 50 mm² 以下及小范围破损的电缆。用钎焊法修复电缆，先切割电缆的破损部分，在距离电缆每端切口 50~60 mm 的地方，剥削电缆芯线覆面层，让橡皮绝缘从编织外皮或铅包皮下面漏出 10 mm，将芯线裸露端上的氧化物清除干净。在电缆的每一端上，将芯线的绳股分开，从中间切断。对接电缆，用平口钳将电缆芯线扭紧。在这之后，用松香和焊料焊接芯线连接位置，用 2~3 层天然橡胶使其绝缘，再用绝缘带包住编织套解开的电缆部分。在电缆连接的地方装上从两边夹住电缆金属编织套或铅包皮的铅皮套，先沿纵缝，然后沿横缝焊住铅皮套（图 3-34）。

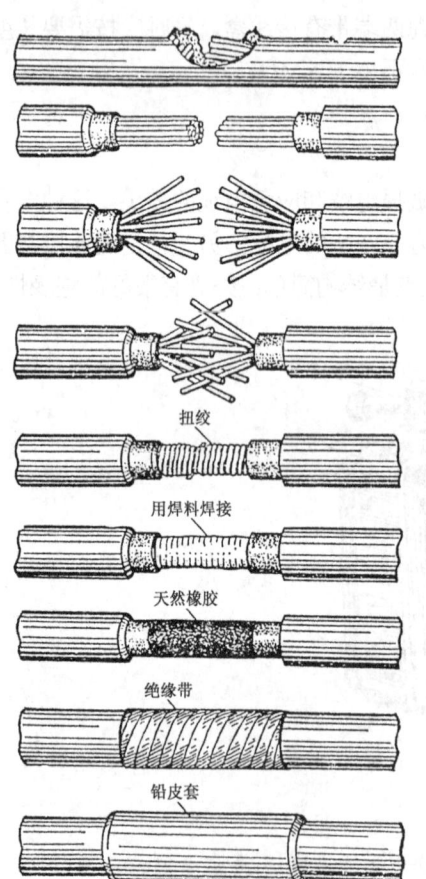

图 3-34 用钎焊法连接电缆芯线的步骤

如果切割电缆破损线段后发现电缆端头的自由长度不足以让端头同拆开的芯线对接起来，那么选用一段相应的电缆，用它做成嵌接线，但这时已不是一个接头而是两个接头，其中每个电缆接头（修整、扭绞、钎焊、绝缘）制作的方法与上述相同。

（二）连接法

连接法适用于修理较大断面破损的动力电缆和照明电缆。连接法所用的器材是应急电缆和电缆夹，其连接方法如下。

（1）切断破损电缆的电源。

（2）准备好与破损电缆断面相适应的应急电缆和电缆夹。

（3）将应急电缆两端分别放入电缆夹内，用电缆夹上的一个活动钢座将其压紧。

（4）用钢锯锯掉或用凿子凿掉电缆的破损部分。当从缆卡上取下电缆时，应防止电缆严重弯折，损坏铅皮、芯线等。

（5）修整破损电缆，应在距电缆切断处末端 60 mm 左右将电缆铅皮或装甲割一圆割线，从圆割线到电缆末端割两条纵向平行割线，然后用刀拔起割破的铅皮，并将其撕去。割线时应小心，勿损坏电缆芯线的绝缘。从距离割掉铅皮处 20 mm 的地方，用刀子割去电缆芯线的绝缘橡胶（图 3-35）。

（6）将整修好的破损电缆头放入已固定好应急电缆的电缆夹内，用第二个活动钢座将其压紧（图 3-36）。应急电缆通常由两名舰员安装。每人修理破损电缆一个头，并各自将修整好的电缆头接在电缆夹上。

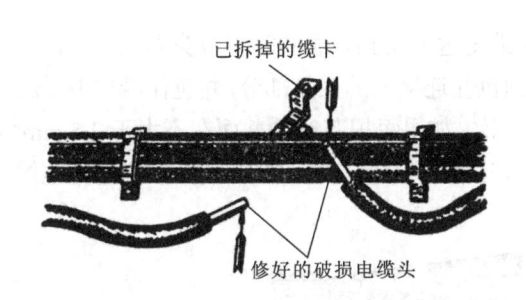

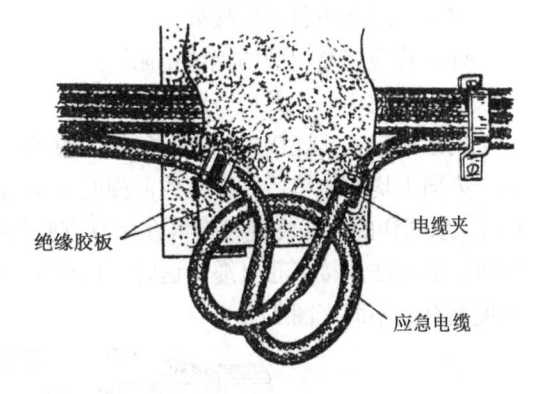

图 3-35　整修好的破损电缆　　　　图 3-36　应急电缆和电缆夹修复电缆

安装好应急电缆后应注意下述事项。

（1）在电缆的裸露部分缠扎绝缘胶带。

（2）挂起或固定好接好的电缆。

（3）用橡胶板将电缆夹与舰体隔开。

（4）检查修复电缆的绝缘电阻。

（5）接通电流并检查接合处的温度。

如果是带接线盒的应急电缆，则应直接把破损电缆的线和接线盒接在一起。接线时正负线不能接错，交流电三相不要接错。

· 71 ·

（三）缠绞法

断面 6 mm² 以下的破损照明电缆的方法修复，可不用电缆夹，而用简单的缠绞法连接（图 3-37），方法如下。

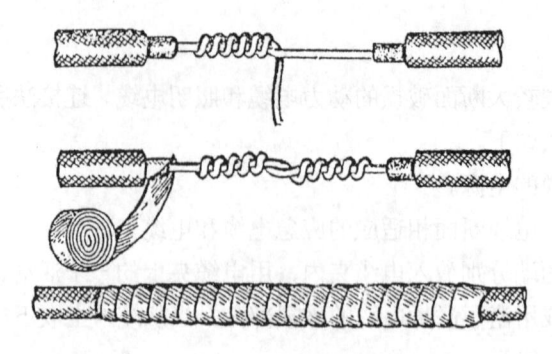

图 3-37　缠绞法连接电缆芯线

（1）关掉破损电缆的电源。

（2）用连接法中介绍的方法切割和修理破损电缆的末端，应在距切割末端 50 mm 处剥去电缆芯线的绝缘，使橡胶绝缘突出装甲或铝皮 10 mm，并刮去电缆芯绕头的氧化层。

（3）清理应急电缆的两端。

（4）将刷净的应急电缆末端与破损电缆末端交叠，约成 120°，并缠卷 5～6 次，各圈应尽量靠紧。

（5）用绝缘带包扎连接处。

（6）检查修复电缆的绝缘电阻。

（7）接通电路，并检查连接处的温度。

用绝缘带包扎连接处时，应包住电缆丝套或铅皮达 10 mm。缠卷时将带头卷在里面，在同一方向上均匀地将后一圈压住前圈的一半，直到包住连接入的裸露部分，并包住沿皮 10 mm 以上。以同样的方法将绝缘带再在相反方向包扎一次。如果每根芯线的截面在不大于 2.5 mm²，也可用缠绞法连接多芯电缆。这时，可仍用上述方法修整电缆芯线，但芯线连接位置随电缆长度而有所不同（图 3-38）。

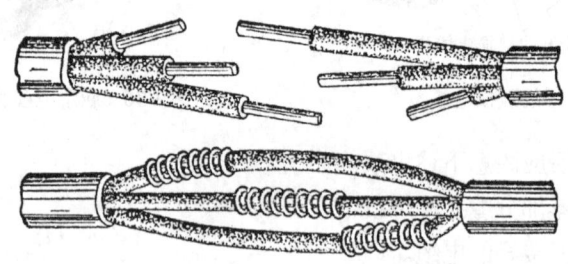

图 3-38　用缠绞法连接多芯电缆

（四）电站直接供电法

在距配电站（板）较近的舱室电缆破损之后，为了加快修复速度，可直接由电源供给处把应急电缆拉到用电地点接好，并切断原来的电源，使用新电源。

第五节 技术装备损管抢修器材

一、舰船损管工具包的配置要求

舰船损管工具包（图 3-39）的配置应弥补损管器材配置的不足，将一些体积较小、容易丢失损坏、较为贵重的损管工具或材料以箱包的方式存放，便于保管和使用。舰船损管工具包配置的基本要求主要有以下几点。

（1）应配置快速剪切、钻孔、铲凿、填塞封堵等钳工基本工具和材料，如剪刀、手锯、电钻、铆钉枪、扁铲、榔头、铆钉枪、管子钳、活动扳手、铁钉、铁丝等。

（2）应配置电工维修基本工具和材料，如万用表、电烙铁、焊锡丝、焊锡膏、验电笔、黑胶布、橡皮手套、保险丝管、胶柄螺丝刀。

（3）应选择停电、潮湿淹水等紧急情况下也能正常工作的工具，如充电电钻、铆钉枪、充电防水手电等。

图 3-39 舰艇损管工具包

二、舰艇技术装备损管快速抢修包

当机械系统及各种管路运行时，常出现机械损伤、各种管路破裂及因制造工艺等原因造成的漏水漏油。为了不影响系统的正常运行，常需要在现场对其进行紧急抢修。舰艇技术装备损管快速抢修包提供了常用的各种工况部件、不同使用场合和不同材质的紧急修补材料及相应设备，能对各类铁质、钢质及化工品的制造缺陷、裂纹、磨损划伤、腐蚀等进行现场紧急抢修，可实现零部件耐磨损、耐腐蚀、耐压、密封、锁固、连接及绝缘、保温等多种用途，目前广泛应用于民用机械设备的快速抢修，也可应用于军事特别是舰船的损管快速抢修。

舰艇技术装备损管快速抢修包主要指的是用于切割、焊接、堵漏、清洗、修补等损管快速抢修所需的材料和工具包。舰艇技术装备损管快速抢修包中材料选型的基本要求主要有以下几点。

（1）满足损管抢修的快速性，所选用的黏结剂、密封剂、修补剂等凝固时间要短，有的要求几分钟内、有的要求半小时内达到修补黏结的基本强度。

（2）满足损管抢修的方便性，对使用环境和前提条件不苛刻，如对黏结修补表面的清洁度和条件要求不高，可以带油、带水、高温、低温黏结，无需外界电源供给即可完成焊接、切割、钻孔。使用方法要简便易学，各种黏结剂、密封剂、修补剂的配置要简单。

（3）保存期应当较长，保存期至少在2年以上，产品品质应稳定，便于存放，减少更换频率。

（4）应立足于国产，便于采购和储备。

目前已有舰艇技术装备损管快速抢修包（图3-40）在海军部分推广，其中的快速修补材料和损管工具配置（表3-7）很有新意，可供借鉴。

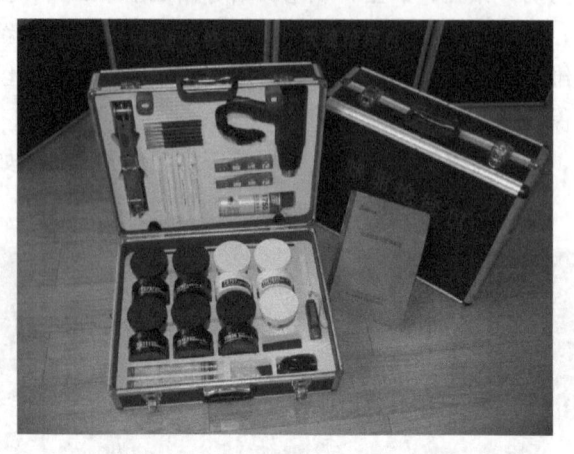

图 3-40 舰艇技术装备损管快速抢修包

表 3-7 快速损管抢修包物品编号、品名、使用范围及使用方法

编号	品名	单位	数量	使用范围	使用方法简介	有效期
1	TS737 高温修补剂（A、B）	套	1	长期耐温230℃，瞬间耐温280℃。用于高温工况下设备磨损、划伤、腐蚀的修补，如蒸气及热油管路破裂泄漏，发动机缸体腐蚀、划伤、造纸烘缸边缘腐蚀及端盖密封面漏气、塑料成型模具修补等	清洁待修表面后，A、B以体积比1.5∶1充分混合，先涂少许，使接触表面完全浸润胶，使其填满并排除空气，然后涂剩余的胶，留出加工余量	2年
2	TS757 高温密封剂（A、B）	套	1	长期耐温达410℃，瞬间耐温550℃，用于高温工况下的油、水、气、酸碱等设备的密封及修补，特别适合汽轮机缸体结合面密封	清洁待修表面后，A、B按重量比5∶1混合，先涂少许，使接触表面完全浸润胶	2年
3	TS111 铁质修补剂（A、B）	套	1	适用于铁质铸件的砂眼、气孔或裂纹等铸造缺陷的修补，各类机械设备、零部件磨损、破损的修复和再生	清洁待修表面后，A、B按体积比3.5∶1混合，先涂少许，使接触表面完全浸润胶，然后涂剩余的胶	2年
4	TS112 钢质修补剂（A、B）	套	1	适用于铸钢件砂眼、气孔或裂纹等铸造缺陷的修补，各类钢质设备、零部件磨损、划伤的修复	清洁待修表面后，A、B按体积比3.5∶1混合，先涂少许，使接触表面完全浸润胶，然后涂剩余的胶	2年

续表

编号	品名	单位	数量	使用范围	使用方法简介	有效期
5	TS 767 高温修补剂（A、B）	套	1	耐高温达1200℃，适用于金属、陶瓷局部缺陷的填补、黏接，以及修补耐酸罐、高炉内衬、钢（铁）水测温探头、钢锭模及其他高温设备	清洁待修表面后，A、B按重量比2:1充分混合，先涂少许，使接触表面完全浸润胶，然后涂剩余的胶	2年
6	1720 玻璃纤维加强带A	卷	1	与各类修补剂配合使用，加强修补强度	按各种修补剂操作使用说明使用	2年
7	1720 玻璃纤维加强带B	卷	1	与各类修补剂配合使用，加强修补强度	按各种修补剂操作使用说明使用	2年
8	1755 高效清洗剂	瓶	1	用于在使用修补剂对金属进行修补前清除金属表面的污垢、油脂	直接喷于金属表面的待修处或待装配表面，稍等片刻，清洗后再喷1~2次，并将污物冲净	2年
9	焊接笔1156（铜铁焊料）	根	1	用于厚度为2.0~4.0 mm的钢材、有色金属之间的焊接及铜导线的焊接	清洁被焊接部位，点燃后对准拟焊接部位焊接即可	2年
10	焊接笔2156（铜镍合金焊料）	根	1	用于厚度为2~4.5 mm钢材焊接及不锈钢焊接	清洁被焊接部位，点燃后对准拟焊接部位焊接即可	2年
11	焊接笔5156（供切割用）	根	1	用于切割厚度<10 mm钢板或直径<20 mm的钢筋或钢杆	点燃后对准拟切割部位缓慢移动切割	2年
12	1496 瞬干胶	瓶	1	可用于紧急修补前对沙眼等的堵漏	清洁表面，将瞬干胶滴入拟堵部位即可	2年
13	2518 紧急修补剂（A、B）	套	1	俗称快补钢，工作温度为-60~-120℃。用于抢修管路、密封盖板、暖气片、水箱、齿轮箱等的穿孔腐蚀、泄漏	清洁待修表面后，A、B按体积比1:1混合，先涂少许，用力下压反复涂抹，然后再涂剩余的胶，操作时限为5 min	1年
14	2626 湿面修补剂（A、B）	套	1	俗称水下补，可在低温（5℃）潮湿环境下甚至水中进行施工，工作温度为-60~-150℃。用于潮湿工况下修补管道、阀门、泵壳、箱体等	清洁待修表面后，A、B按体积比3.5:1混合，先涂少许，用力下压，反复涂抹，然后再涂剩余的胶，固化条件为40 min内无负荷、无浸泡	1年
15	热风枪	支	1	用于对电缆进行修复时的热塑管吹塑，加热待修表面	打开热风枪，对准热塑管使其收缩合适即可	—
16	TS528 油面紧急修补剂（A、B）	套	2	可在0~10 min固化止漏，24 h完全固化，可带油修补，适用于变压器、油箱、油罐、油管、法兰盘等设备渗油、泄漏的紧急修补，不适合铜质管路的堵漏	适用于快速定位，A、B按体积比1:1目测混合，被修补表面无须严格处理，只需打磨掉锈蚀及油漆即可。为保证结合强度，尽量除油	1年
17	堵漏棒钢棒	支	1	用于钢铁材料压力低于0.3 MPa工况下堵漏	3~5 min固化，用手揉匀后填入间隙或孔洞即可堵漏	2年
18	Led手电/乳胶手套	只/副	1	照明/防护	—	5年

例如：焊接笔可代替电焊机，进行薄钢板的焊接和切割；湿面修补剂（俗称水下补）可在低温、潮湿环境下甚至水中进行施工，可用于潮湿工况下修补管道、阀门、泵壳、箱体等；

油面紧急修补剂可带油修补，适用于油箱、油罐、油管、法兰盘等设备渗油、泄漏的紧急修补，被修补表面无须严格处理，只需打磨掉锈蚀及油漆即可；高温修补剂用于高温工况下设备磨损、划伤、腐蚀的修补，如蒸气及热油管路破裂泄漏，发动机缸体腐蚀、端盖密封面漏气的修补等。这些快速修补器材使用的环境和前提条件要求并不苛刻，操作方法也比较简单，总体抢修时间较短，非常适合舰艇损管的需求。

思考题

1. 舰艇技术装备受损后，依据损害的形式和种类不同，快速保持和恢复技术装备生命力的措施有哪些？
2. 管路破损后，快速包扎修复的器材有哪些？不同类型破损管路的修理方法有哪些？
3. 电路受损后，快速修复的方法有哪些？
4. 动力装置受损后，应如何遵循动力装置的使用原则和采取正确的处理措施？

第四章 舰艇防火防爆与消防灭火

舰艇的防火防爆性是指防止舰艇发生火灾、爆炸并导致舰艇损坏和人员伤亡可能性的能力。防火防爆与消防灭火是保障舰艇生命力的主要任务之一。

与一般类型火灾相比，舰艇火灾具有以下特点。

（1）可能同时产生不同种类的火灾，如一般物质的普通火、油火、电火及弹药火，还可能伴随油气、弹药爆炸。

（2）易燃物多而集中，一旦发生火灾，火势猛烈，蔓延迅速。

（3）着火舱内热量不易散发，并且由于舰体的金属结构，温度上升很快。

（4）通风差，浓烟不易排走，火情难明。

（5）灭火设备、人力有限，地方小，灭火行动不便，在海上不易得到援救。

（6）战斗中起火容易暴露舰体，影响武备的使用，削弱战斗力。

由此可见舰艇火灾是相当复杂的，甚至会引起严重后果。

现代海战中，武器的命中率和杀伤力均比以前大大提高，且舰艇平台层次多，内部通道曲折迂回，一旦发生火灾，灭火和逃生的难度更大，因而各国都逐步加强了对舰艇消防的重视。

因此，为使舰艇具有良好的防火防爆性，舰艇从设计建造到服役期间，必须认真贯彻"以防为主，以消为辅"的消防方针。舰艇在构造上要有可靠的防火防爆设施，灭火装备必须合理设置，并经常注意检查和维护，保障其随时处于良好状态，使舰员在遇到火灾时能依靠自己的力量，合理发挥舰上防火防爆设施和灭火装备的作用，将火灾造成的损失降至最低；舰员平时必须积极做好防火防爆工作，认真执行相关条令、条例的有关规定，加强消防训练，这样才可能减少火灾的发生、降低火灾的危害。

此外，对于舰艇火灾，既要看到它具有火势猛、易蔓延、情况复杂及灭火不便等不利条件，又要看到扑灭舰艇火灾的有利因素。舰艇灭火的有利因素如下。

（1）舰艇舱室小，便于隔绝空气。

（2）舰艇上灭火器材设备比较齐备，只要相对集中，合理使用，就可发挥较大作用。

（3）舰艇水源条件好，用水灭火、冷却舱壁等较为方便。

（4）舰艇组织部署严密，起火时易于发现，易于在火灾初期时将火扑灭。

因此，凭借可靠有效的防火防爆设施、灭火装备和平时良好的预防、训练，发生火灾时如果能正确处置，就能战胜各种舰艇火灾。

第一节 舰艇火灾

一、火灾的种类

我国对火灾的分类完全采用了国际标准化组织的分类方法。按照国家标准《火灾分类》（GB/T 4968—2008）的规定，火灾分为 A、B、C、D、E、F 6 类，此外，舰艇上还可能发生带电火灾（E 类）、弹药火灾（表 4-1）。在本章中提到的灭火性能为几 B、几 A，级别越大则灭火能力越强。

表 4-1　舰艇火灾种类及灭火材料

火灾种类	定义、别名	火灾特点	灭火材料	注意事项
A 类	固体物质火灾、普通火	里外燃烧，速度缓慢，温度不高	浸入深层式灭火材料，如水	防止深层隐火复燃
B 类	液体或可熔化固体物质火灾、油火	表面燃烧，火势猛，易蔓延，易爆炸	表面覆盖类泡沫、卤代烷、干粉、水雾可用	水溶性液体火应用抗溶性泡沫
C 类	气体火灾	起火突然，蔓延迅速易爆炸	强制水冷却、干粉、黄沙等重覆盖类及卤代烷	不可用泡沫
D 类	金属火灾	与水能发生激烈的化学反应，高温爆炸	金属干粉灭火剂	与水能发生激烈的化学反应
E 类	带电火灾	起火突然，并带电燃烧	CO_2、卤代烷、干粉、水雾等	切断电源
弹药火灾	—	无须外界供氧可燃烧，易爆炸	水是弹药火灾的唯一灭火剂	严禁封舱灭火

A 类火灾：俗称普通火，指由含碳固体物质燃烧产生的火灾。如木材、棉、麻、纸张、塑料、橡胶等的燃烧，其特点是里外燃烧，速度缓慢，温度不高。相应灭火材料应使用浸入深层式灭火材料，如水。除水外其余几种灭火材料均可灭 A 类火灾，但应注意灭火后防止深层隐火复燃。

B 类火灾：俗称油火，指液体物质和在燃烧条件下可熔化的固体物质所产生的火灾。这类物质包括石油产品（汽油、煤油、柴油、石蜡等）、水溶性液体（醇、醚、酮、醛等）。这类火灾的特点是表面燃烧，火势猛，易蔓延，易爆炸，适用的灭火材料以表面覆盖类灭火材料，如水雾、泡沫、卤代烷、干粉等。

C 类火灾：俗称气体火灾，是由气体物质燃烧造成的火灾。这类气体包括煤气、天然气、乙炔、氢气等。这类火灾的特点是起火突然，蔓延迅速，尤其用高压和液相储存这些气体时，火灾时极易爆炸。这类火灾发生时应尽快切断气源，以非人工强制水冷限制火灾蔓延，小型气体火灾还可用干粉、黄沙等重覆盖类材料灭火。

D 类火灾：俗称金属火灾，是由金属燃烧产生的火灾。这类金属包括钾、钠、锂、镁、锌及铝镁合金等。用轻金属（如铝）合金构成上层建筑的舰船可能发生此类火灾。这类物质化学性质特别活泼，与水、氮气、CO_2、卤代烷及普通干粉能发生激烈的化学反应或者发生爆炸，故这类金属火灾只有唯一的一种灭火材料即金属干粉灭火剂。

E类火灾：俗称带电火灾，是由带电设备燃烧产生的火灾。这类火灾的特点是起火突然，并带电燃烧。灭火时为防止人员触电应选用不导电的灭火材料，如CO_2、卤代烷、干粉等。灭火前应尽可能切断电源。

弹药火灾：是由弹药燃烧造成的火灾。因为弹药本身带有助燃剂（氧化剂），无须外界供给氧气即可维持燃烧，所以不能使用覆盖类或稀释氧类的灭火剂。水是弹药火灾的唯一灭火剂。

二、燃烧的类型

物质燃烧的类型可分为闪燃、着火、自燃和爆炸4类。

（一）闪燃与闪点

闪燃：在一定的条件下，液态可燃物表面能产生足够可燃蒸气，固态可燃物也因蒸发或分解而产生可燃气体或蒸气，这些可燃气体与蒸气、空气混合并达到一定浓度，当接触火焰时能发生闪火（一闪即灭的燃烧，延续时间小于5 s），这种瞬间燃烧的过程，称为闪燃。

闪点：在一定的条件下，能引起闪燃的最低温度为闪点。

闪燃虽是一闪即灭的燃烧，但闪燃往往是火灾的先兆。液体的闪点越低，火险越大，它是评定液体火灾危险性的主要依据。根据液体的闪点，将可燃液体的火灾危险性分为三类。

甲类：指闪点在28 ℃以下的液体，如汽油、苯、乙醇（酒精）等。

乙类：指闪点在28~60 ℃的液体，如煤油、松节油等。

丙类：指闪点在60 ℃以上的液体，如柴油、桐油、润滑油等。

闪点低于或等于45 ℃的液体称为易燃液体。闪点高于45 ℃的液体称为可燃液体。

在工作中，可根据不同液体的闪点采取相应的防火安全措施，并根据液体闪点选用灭火剂和确定灭火剂的供给强度。

（二）燃点与着火

燃点：可燃物质开始持续燃烧所需要的最低温度，称为燃点。

着火：当达到某一温度，可燃物在空气中与火源接触即引起燃烧，当火源移去后仍能继续燃烧，这种持续燃烧的现象称为着火。

可燃物的燃点越低，越容易起火，根据可燃物的燃点高低可鉴别火灾的危险程度，以便在防火灭火工作中采取相应的措施。

（三）自燃

上述的闪点和燃点，都有一个共同的特点，就是都与火焰接触而发生闪燃或点燃。当可燃物在空气中没有外来着火源的作用，靠自热或外热而发生的燃烧现象称为自燃。按照热源的不同，物质的自燃可分为两种：一是本身自燃，即由于物质内部自行发热而发生的燃烧现象；二是受热自燃，就是物质被加热到一定温度时发生的燃烧现象。例如舰艇辅机舱室中的空压机或柴油机的排烟管，其外部的隔热材料容易被舱室上部所漏的油滴浸满，在停止机械工作状态，停止舱室通风，人员撤离后，蒸发的油气浓度升高达到自燃点时，容易引起自燃。

本身的自燃，如植物（稻草、锯木屑等）的自燃、油脂（桐油、亚麻仁油、葵花子油等）的自燃、煤堆的自燃等均为自燃界中常见的物质自燃现象。

（四）爆炸与爆炸极限

1. 爆炸

爆炸是指物质氧化或分解反应的速度急剧增加，并在极短的时间内放出大量能量的现象。爆炸又分为物理爆炸和化学爆炸。

（1）物理爆炸：指由物理变化而引起的爆炸。例如锅炉、气瓶的爆炸都是由于容器内的压力不断增加，最后超过容器所能承受的压力而发生的爆炸。

（2）化学爆炸：指由化学反应生成高压、高温的反应产物而引起的爆炸。例如炸药、炮弹、导弹的爆炸或可燃气体（或可燃液体的蒸气）与空气混合并达到一定浓度时，遇到火源会发生高速燃烧，瞬间（仅为百分之几秒或千分之几秒）随着燃烧产生大量的气体和热量，由气体骤然膨胀产生巨大的冲击压力形成爆炸。化学爆炸由于爆炸瞬间会产生高温和冲击波，往往会造成火灾和较大的破坏力，对舰艇造成极大的损害。

2. 爆炸极限（易燃极限）

易燃气体或易燃的液体蒸气必须同空气按一定比例混合，才能形成可燃的混合气体，遇到火源才能爆炸。这种能够发生爆炸的浓度范围，称为爆炸极限。爆炸极限分为爆炸上限和爆炸下限。

（1）爆炸上限：可燃气体、蒸气或粉尘与空气组成的混合物遇火源即能爆炸的最高浓度称为爆炸上限。

（2）爆炸下限：能发生爆炸的最低浓度称为爆炸下限。当这种爆炸性混合物的浓度低于爆炸下限时，则不爆炸，即不燃烧。各种可燃气体、蒸气和粉尘的爆炸浓度不一样，有的爆炸浓度范围大，有的则小。如乙炔的爆炸浓度是 25%～82%，甲烷是 5.3%～14%。此外可燃蒸气的爆炸极限与液体所处环境的温度有关系，因为液体的蒸发量随着温度发生变化，可燃液体在一定温度下蒸发而达到爆炸极限，这时的温度称为爆炸温度极限，其下限也就是液体的闪点。

三、燃烧的条件

燃烧是可燃物与氧气或氧化剂作用发生的放热化学反应，通常伴有火焰、发光、发烟现象。物质的燃烧离不开三个必不可少的基本条件：可燃物、氧化剂和着火点。早期人们曾用"燃烧三角形"来形象化表示燃烧的三个条件，三角形的每个边代表燃烧基本条件之一（图 4-1）。去除燃烧三个基本条件之一，即除去三角形中某一成分时，燃烧即告熄灭。

图 4-1 燃烧三角形

经典的燃烧三角形的三个成分一般足以解释灭火原理，但是有些物质的燃烧并不完全取决于这三个条件。例如，氢与氯混合，只要这一混合物受到阳光照射就会发生反应；如无电火花，氢和氧的混合物似乎就不起反应。研究表明，上例的奥秘在于有自由基生成。燃烧反应过程是一系列复杂的链式反应，在反应过程中可燃物在接受能量（光、热、电等）不断生成 H·、O·及 OH，火焰速度取决于上述自由基的浓度和反应的压力。因此，人们又提出了表示燃烧条件的四面体理论。四面体的 4 个面代表了燃烧的 4 个基本条件，即可燃物、氧化剂、温度和燃烧过程中未受抑制的链式反应（图 4-2）。

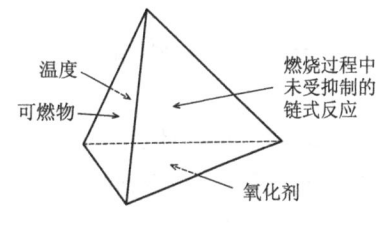

图 4-2　燃烧四面体

四、灭火原理

（一）冷却法

冷却法，即通过冷却（降温）作用灭火。将固体冷却到自燃点以下，液体冷却到闪点以下，它们就不能再产生足以维持燃烧的气体或蒸气，燃烧反应就会终止。用水灭火，就是利用其冷却作用。因为水具有较大的热容量和汽化潜热，1 kg 20 ℃水升至 100 ℃蒸气要吸收 2593 kJ 的热量。

（二）窒息法

窒息法，即通过窒息作用（隔绝氧、稀释氧）灭火。氧气在大气中浓度为 21%，足以维持绝大多数可燃物燃烧，一般碳氢化合物在氧浓度低于 15%时有焰燃烧不能进行，低于 8%时无焰燃烧不能进行。像泡沫、干粉等覆盖在燃烧物表面即起隔绝氧的作用，CO_2、水雾灭火产生的水蒸气起稀释氧的作用。

（三）隔离法

隔离法，即通过隔离作用（撤除可燃物）灭火。燃料为燃烧提供最基本的基料，如果把可燃物与火焰和氧化剂隔离开来，燃烧反应即会终止。例如，气体管路泄漏火灾，只要关闭气源阀门，油舱火灾可用油泵将油输送到远离火场的空舱中，大面积森林火灾制造一定宽度的防火隔离带。

（四）化学抑制作用灭火

化学抑制作用灭火，即通过对燃烧的化学抑制作用（中断燃烧链式反应）灭火。如果能有效地抑制燃烧自由基的产生或者迅速降低火焰中的 H·、OH·的浓度，中断燃烧的链式反应则燃烧即被终止。像化学泡沫、卤代烷、干粉灭火剂都能起到这个作用，卤代烷中的卤族元素（以溴为例）高温产生中断燃烧链式反应的 Br·，Br·与燃料发生反应生成 HBr。

$$Br·+H· \longrightarrow HBr$$
$$HBr+OH· \longrightarrow H_2O+Br·$$
$$2HBr+O· \longrightarrow H_2O+2Br·$$

Br·反复反应不被消耗掉,从而大量地消耗了 H·、O·及 OH·。H·及 OH·的浓度迅速降低,从而导致火焰的熄灭。

五、火灾的蔓延

如果能够及时地扑灭初火或把火灾限制在初燃范围内,就能较快地消除火灾。如果初火不能及时发现,得不到控制,火灾就会向外蔓延。尤其在舰艇上,易燃品多,海面风大,火灾将迅速蔓延。

一般火灾所产生的热,有三种扩散方式:热传导、热辐射、对流。

(一)热传导

热传导一般通过固体传热。各种固体的传热系数不同,传热效果也不同。木材传热性极差,而金属传热性较好,例如锅为金属材料,放在火炉上的锅可以将热量传导给锅里的东西。舰艇多为钢材建造,存在着热传导的潜在危险,通过传热,火灾的热量将从一层甲板传到另一层甲板,从一个舱室传到另一个舱室。因此,当舰艇发生火灾时,在灭火的同时还要限制火灾蔓延,冷却火灾附近的甲板与舱壁是不可忽视的问题。

(二)热辐射

热辐射是指热源向四周辐射传热。热辐射没有任何物质作传导物。火源释放出的热量就像光源一样向四面呈直线辐射,当辐射热接触到一个物体时,它便被吸收、反射或传导。

物体吸热后便会使温度增高,例如舱室顶部吸收了辐射热,它本身的温度就会增高,可能引燃其表面的油漆等物质。

如果辐射热未受到阻挡,它将向周围辐射,使附近可燃物质受热,排放蒸气,当达到燃点时则点燃蒸气使火灾蔓延。

(三)对流

对流是通过受热物质的运动来传热,即通过火灾产生的烟、热空气、热气流动及飘飞的火花余烬来传热。

对流换热是指流体在流动过程中与周围固体或流体之间发生的热量交换。

火源的燃烧将产生比空气轻的热烟气,这些热气向高处流动,当这些热气向上飘的时候,周围的冷空气便来补充,这些补充来的冷空气被加热后也向上流动,周围的冷空气又来补充,不断循环,形成对流圈。

当舰艇的下部舱室起火时,燃烧所产生的热气流将沿着通道楼梯口向上流动,并点燃所经过之处的易燃物品使火灾迅速蔓延。为了防止火灾蔓延,必须尽快将火灾限制在最小范围内。为此,若发现火情,应该迅速关闭所有通向失火舱室的门、通道、风筒、风管闸阀,并设法进入失火舱室进行灭火。

六、燃烧所产生的有害物质

（一）气体

不同的可燃物质燃烧可产生不同的气体，其数量组成随物质的化学成分及温度、空气的供给等燃烧条件不同而不同。

大部分可燃物质属于有机化合物，它们是由碳、氢、硫、磷、氧、氮等元素组成，其中碳、氢、硫、磷等物质在空气中完全燃烧分别生成 CO_2、H_2O、SO_2 及 P_2O_5 等产物，它们都不能再发生燃烧。

可燃物在供氧不足的条件下燃烧，将生成不完全燃烧产物，主要有 CO，其次还有醇类、酮类、醛类、醚类及其他的复杂气态化合物。

CO 是一种有害气体，人体吸入混有 CO 的空气时，会造成身体缺氧，在含 CO 浓度超过 1.3% 的空气中呼吸，甚至会失去知觉，导致生命危险。

因此，进入火灾舱室灭火时，应佩戴空气呼吸器。

（二）烟

烟是由碳和其他未燃烧物质的悬浮粒子组成的，它也含有水蒸气、酸和其他化学物质，这些物质对人体是有刺激性的。

烟会严重地降低火源的能见度，增加灭火人员及时发现火源的困难。此外，烟会刺激眼睛、鼻子和呼吸系统，严重时会将人熏倒。在没有空气呼吸器时，短时间内进入火场侦察火源，可用湿毛巾捂住鼻子。但是损管队员进入火灾现场实施灭火时，应该佩戴消防空气呼吸器，编组进入火场。

第二节　舰艇灭火剂

一、水

水是一种冷却剂，在吸收热量和冷却燃烧材料方面，它比其他常用灭火剂的效果都好。当水吸收的热量使其本身的温度达到 100 ℃时，水能吸收更多的热量（常压下水的汽化热为 2256.7 kJ/kg，即 1 L 100 ℃的水，变为 100 ℃的水蒸气时，需吸收 2256.7 kJ 的热量），它的吸热和冷却效果最好，可使燃烧材料的温度快速地下降到它们的燃点以下，从而使火熄灭。

水也可稀释空气中含氧量，具有窒熄灭火的作用。当水遇到炽热的燃烧物后，它便从液体状态变成气体状态，形成大量的水蒸气。此时，通常在一个大气压下，它的体积大约膨胀 1670 倍，形成的巨大蒸气团能够包围住火，稀释可燃气体与氧气在燃烧区的浓度，形成不易燃烧的混合物，因此水具有熄灭火的作用。

此外，水还可以对水溶性可燃、易燃液体起到稀释的作用，使其浓度降低到可燃浓度以下。强有力的水柱能起到机械摧毁作用，把燃烧物和火焰冲散，使燃烧强度减弱。在海上，水是取之不尽、用之不竭的天然灭火剂，是舰艇上最常用的灭火剂。通常水灭火系统是通过水泵、管系、消火栓、水龙带和水枪将水输送到火场。水枪有直流水枪、喷雾水枪和直流喷雾（开花）水枪。直流水枪主要通过喷射柱状水流来进行灭火或冷却，这种水枪有效射程远（10～40 m）、流量大，适用于远距离扑救一般 A 类固体物质火灾，但禁止用海水柱状水流灭带电设备火灾，以防人员触电。直流水枪使用的水源压力至少应在 0.2 MPa 以上。直流喷雾（开花）水枪主要用水雾进行灭火。水雾中小水珠有极大的表面积，与火焰广泛接触吸热生成蒸气，在冷却作用的同时，水蒸气又能起到稀释氧的作用。故直流喷雾（开花）水枪不仅可灭 A 类火灾，还可用来灭 B 类、C 类火灾，目前国内外均有采用直流喷雾（开花）水枪灭带电设备火灾的研究和应用。另外，伞状开花射流能形成水幕隔离热辐射，可掩护消防人员进入火场和接近火源。喷雾水枪和开花水枪使用的水源压力应在 0.5～0.7 MPa。一支喷嘴直径为 19 mm 或 22 mm 的直流水枪，在工作压力为 0.25～0.3 MPa 时，可控制燃烧面积为 50～100 m²。

二、泡沫灭火剂

泡沫的比重轻（0.11～0.25 g/cm³），能浮于燃烧物表面，起到隔绝空气的作用，泡沫中分解的 CO_2 能起到稀释氧的作用。

鉴别泡沫灭火性能的 4 个标志如下。

（1）发泡倍数：应在 6～10 倍以上。

（2）流动性：在燃烧物表面的扩散，应具有较好的流动性。

（3）持久性（25%析液时间）：泡沫在常温下的持久性应在 60 min 以上，25%析液时间应大于 2.5 min。

（4）抗烧性：泡沫在可燃液体表面上的持久性（抗烧性）要好。

泡沫灭火器可用于扑灭 A 类、B 类物质的初起火灾，但不能灭带电火灾和金属火灾。

（一）化学泡沫

常用的手提式泡沫灭火器的筒体内装 $NaHCO_3$ 溶液，瓶胆内装硫酸铝溶液，当灭火器倒置时两种溶液混合，其化学反应方程式为

$$6NaHCO_3 + Al_2(SO_4)_3 \longrightarrow 3Na_2SO_4 + 2Al(OH)_3 + 6CO_2 \uparrow$$

反应生成的 CO_2 在溶液中形成大量的细微泡沫，使瓶内压力急速上升，驱动泡沫喷出。反应生成的 $Al(OH)_3$ 呈胶状，使泡沫有一定的黏性，增强泡沫的热稳定性。

化学泡沫灭火剂的灭火性能较差，在舰上的应用已趋于淘汰。

（二）物理泡沫

物理泡沫又称空气机械泡沫，它是由一定比例量的泡沫液、水和空气经过机械作用混合而成。泡沫中主要成分是空气，其比重为 0.11～0.16。

常见的物理泡沫有两种，它们都具备上述特性，下面仅将其各自的特性加以介绍。

1. 低倍数空气泡沫

通常发泡倍数不大于 20 的空气泡沫，称为低倍数空气泡沫，包括蛋白型泡沫、氟蛋白泡沫、抗溶性泡沫和水成膜泡沫。

（1）蛋白型泡沫。发泡时，按泡沫液在泡沫溶液（水加泡沫液）中的浓度的不同，一般分为3%（YE3，水97%+泡沫液3%）和6%（YE6，水94%+泡沫液6%）这两种类型。我国一般采用6%型，发泡倍数为6~10。若发泡倍数为10的泡沫，则其体积百分比组成是：空气90%、泡沫溶液10%。这种泡沫的壁较厚，有良好的抗烧性和持久性。如果装成泡沫系统，对扑灭机炉舱底部火灾和油舱火灾效果较好，但灭除机炉舱中上层的火较困难。

（2）氟蛋白泡沫。氟表面活性剂的存在，使得这种泡沫具有良好的耐热性和耐油性，灭火较快，并且与一般空气泡沫不同，不易受化学干粉灭火剂的影响，因而可以和化学干粉灭火剂一起使用。氟蛋白泡沫的封闭性好，它封闭油面的时间比一般的空气泡沫长一倍。

因为氟蛋白泡沫具有疏油特性，不会被油"污染"，所以可利用油舱原有管线，在油舱底部（油面下）喷射通过油层覆盖油面，以增强其灭火性能。这种泡沫液在溶液中的浓度为3%或6%，发泡倍数约为10。

（3）抗溶性泡沫。抗溶性泡沫是在水解蛋白中加入特种肥皂（我国采用锌皂）制成的。一般泡沫（包括化学泡沫）对水溶性易燃液体，如醇、酮、醚类的火灾是难以扑灭的。这是因为泡沫与酒精等水溶性溶剂接触后，酒精会很快将泡沫膜中的水分溶解导致泡沫迅速破裂而消失，从而失去了覆盖灭火作用，而抗溶性泡沫正是针对这个问题研制而成。但由于价格昂贵，一般只用于规定的重要场合。这种泡沫液在溶液中的浓度为6%~7%，发泡倍数为10左右。

（4）水成膜泡沫。水成膜泡沫具有抗燃烧时间长、泡沫自封能力强的特点，尤其是以在可燃液体表面扩散速度快而著称，所以灭火性能在泡沫类中名列前茅。它能在比重仅为0.7的油面上浮而抑制油料蒸发，因此称为"轻水"泡沫。这种泡沫的发泡倍数为8~10。

水成膜泡沫是一种发泡倍数很高的泡沫，可达几百倍甚至上千倍，故又称为轻泡沫，具有较好的经济性和实用价值。国产"M-80"泡沫液，使用时其在溶液中的浓度为4%~6%，发泡倍数为400~500，泡沫稳定性在60 min以上，泡沫含水量不低于0.4 kg/m³。

低倍数空气泡沫不能作为机器处所、机库、坦克舱等处所的一种独立灭火措施，而只能作为上述处所灭火装置的一种补充。

2. 高倍数空气泡沫

高倍数空气泡沫可用于扑灭易燃液体、木材、纸张、橡胶及纤维等火灾，特别适用于舱室内及通道灭火，尤其是舰艇机库、飞行甲板等大型舱室或开敞空间的灭火。高倍数泡沫发射装置的泡沫发射量一般都很大，每分钟可达几十、几百甚至高达上千立方米，可在短时间内提供大量泡沫以包围燃烧物，或迅速可靠地充满舱室整个空间，包括一般灭火剂难以到达的各个角落。

高倍数空气泡沫灭火系统可作为机器处所、机库、坦克舱、甲板、通道及补给油船的泵舱等处所的一种灭火装置。

三、二氧化碳灭火剂

二氧化碳（CO_2）灭火的主要原理是冲淡氧的成分。CO_2是无色、无嗅、无味的不助燃气体，是空气重量的1.53倍，1 kg CO_2自由气体的体积为0.56 m³。

在封闭舱室内，对于一般液体及固体可燃物质，当舱内有28.5%体积浓度的CO_2时，就能使舱内氧浓度降至15%，窒息一般可燃物质的火焰；对于易燃液体及气体，需放入43.6%体积浓度的CO_2，使含氧量降至11.8%才能抑爆。CO_2充填量越高，灭火效果越好。CO_2灭火剂对上甲板小火有效，对上甲板大火无能为力。

在常温下，储有CO_2的钢瓶瓶内的压力约为标准大气压的60倍。CO_2的临界温度为31.5℃，临界压力为7.2 MPa。液态CO_2从钢瓶释放后，压力突然降低，迅速吸热蒸发，体积扩大到400～500倍，温度急剧降低至-78.5℃。1 kg液态CO_2蒸发时需吸收577.8 J热量。由于蒸发吸热作用，液态CO_2会变成雪花状的固体（又称干冰）。因此，CO_2灭火剂具有一定的冷却作用。

CO_2不导电，无腐蚀性，灭电火最合适，特别适合精密仪器的灭火，也可以扑灭油火和普通火，但不能用于灭含镁的凝固汽油火，也不能扑灭不需要外界空气助燃的火灾，如弹药火。对油舱、动力舱等大型火灾封舱灭火时，充入CO_2可增加灭火效果。

使用CO_2灭火，要注意复燃。室内CO_2含量达到3%～6%能引起头昏、恶心，若含量再增加，会导致窒息。因为这种灭火剂的剧毒性，已很少在舰艇上装备CO_2灭火系统。使用手提式CO_2灭火器时，手不要捏在喇叭管和瓶头的金属部分，以防冻伤。

CO_2灭火剂的灭火性能为：1 kg CO_2剂量相当于0.5B。

四、卤代烷灭火剂

卤代烷灭火剂，俗称Halon（哈龙），它有许多种类，如二氟一氯一溴甲烷（CF_2ClBr）、二氟二溴甲烷（CF_2Br_2）、三氟一溴甲烷（CF_3Br）和四氟二溴乙烷（$C_2F_4Br_2$），为了方便，通常叫它们的代号。代号是按它含的化学分子式中的各个元素的原子数按碳—氟—氯—溴顺序排列。如：CF_2ClBr的代号为"1211"（一个碳、二个氟、一个氯和一个溴），CF_2Br_2代号为"1202"，CF_3Br代号为"1301"，$C_2F_4Br_2$代号为"2402"。

四氯化碳（CCl_4）也属于卤代烷这类型的灭火剂，它的代号为"1040"。但四氯化碳灭火剂毒性大、液体有腐蚀性，用它灭火虽比CO_2效果好，但由于上述缺点，其使用受到一定限制。因此，经过人们不断探索和研究，出现了灭火效果比CO_2和CCl_4好，而毒性较小的诸如上述1121、1202、1301和2402等灭火剂。

目前，1211和1301灭火剂已大量应用于我国舰艇，近年来下水的舰艇，趋向于使用1301灭火剂。2402灭火剂在俄罗斯等国主要应用于舰艇灭火系统和抑爆系统。卤代烷灭火剂为无色透明液体，对钢、铜等金属腐蚀率低，灭火时不会损坏仪器设备，对电绝缘性能好，其蒸气比CO_2和CCl_4都重，因此灭火时卤化物气体能较稳定地沉积在被保护舱室的中下层，能有效地扑灭火灾和防止复燃。

卤代烷灭火剂灭火主要是依靠它的化学作用。灭火剂本身参加了火焰的化学反应（自由基反应），即去掉火焰中的活泼的自由基，使火熄灭。

综上所述，卤代烷灭火剂灭油火、带电火灾最合适。其缺点和CO_2及CCl_4一样，是对普通火（木材、棉、麻等）等深层火灾，灭火剂浓度较高，灭火时间较长。对于这类物品引起的火灾，若用卤代烷或CO_2灭火，最好辅以水柱，才能有效地扑灭深层隐火。

有关1211、1202、1301、2402灭火剂的理化性能见表4-2。

表 4-2　卤化物的理化性能

性能	卤化物			
	CF$_2$ClBr（1211）	CF$_2$Br$_2$（1202）	CF$_3$Br（1301）	C$_2$F$_4$Br$_2$（2402）
凝固点/℃	−165.5	−80	−160.5	−110.5
沸点/℃	−4	24.5	−57.75	47.3
临界温度/℃	153.8	189.2	67	214.5
临界压力/kPa	4100	4080	3960	3400
20 ℃时液体密度/（g/cm^3）	1.83	2.28	1.57	2.20
20 ℃时 1 m^3 自由气体液态重/kg	6.9	—	6.25	—

除 CCl$_4$ 外，卤代烷属于低毒高效灭火剂，它们与 CO$_2$ 相比，能低压储存，灭火效率高，且设备所占站室容积及重量均小得多，温度变化时容器内压力变化不大，因而设备较可靠，灭火剂不易逃逸。卤代烷灭火时间很短，在大型机舱内一般不超过 20 s，因而火灾损失可能会降至最低。另外它们与 CO$_2$ 一样，宜于长期储存，一般有效期为 10 年以上。卤代烷和 CO$_2$ 都具有较低的凝固点，因而在严寒天气和寒冷地区使用不存在冻结的危险。

卤代烷在常温下的饱和压力不大，因此需要驱动气体才能保证卤代烷灭火剂施放时有足够的速率。驱动气体通常为压缩氮气或压缩空气。

卤代烷的灭火性能较高，1 kg 1211 剂量灭火剂灭火能力为 2B，相当于 4 kg CO$_2$ 或 4 L 化学泡沫液的灭火能力。

1211 和 1301 灭火剂的技术性能见表 4-3 和表 4-4。

表 4-3　1211 灭火剂的技术性能

项目	性能指标	项目	性能指标
1211 体积分数/%	>99	卤离子	检验合格
水分/（mg/kg）	<20	蒸发残留物/（mg/kg）	≤80
酸性物质（以 HBr 计）/（mg/kg）	≤3	外观	液体无色透明，常温下略带芋香味

表 4-4　1301 灭火剂的技术性能

项目	性能指标	项目	性能指标
1301 体积分数/%	≥99.6	蒸发残留物/%	≤0.005
水分/（mg/kg）	<10	悬浮物或沉淀物	试验合格
酸度（以 HBr 计）/（mg/kg）	≤3	蒸气相永久性气体/%	≤1.5

五、干粉灭火剂

干粉灭火剂有碳酸氢钠($NaHCO_3$)、磷酸二氢铵[$(NH)_3H_2PO_4$]和碳酸氢钾($KHCO_3$)三种。这些可灭 A、B、C 类火灾的干粉灭火剂，俗称 ABC 干粉灭火剂。用干粉灭火剂可以灭轻金属 D 类火灾，这也是金属 D 类火灾唯一的灭火剂。

干粉灭火剂灭火具有物理灭火和化学灭火两种作用。物理灭火是由于干粉洒在火区吸热分解出 CO_2、水蒸气及干粉雾会对火焰辐射热产生屏蔽作用，降低燃料的蒸发速度并对燃烧进行窒息。化学灭火则是 H·、O·、OH·等自由基在粉末粒子的表面销毁，使燃烧的链式反应终止。

化学干粉灭火剂可用于扑灭普通火、油火和电火，其灭火效率高于泡沫灭火剂和 CO_2 灭火剂。干粉灭火剂是无毒的，在一般情况下不溶化、不分解，没有腐蚀作用，又可长期储存使用。

干粉灭火剂灭火的缺点是不能解决复燃问题。所以灭火时，必须注意不留后患，以防复燃。另外，用干粉灭火剂灭火后留有残渣，可能损坏精密设备和电子仪器。干粉灭火剂是靠内置或外置的 CO_2 气瓶释放的 CO_2 气体来驱动的。

干粉灭火剂的灭火性能与卤化物灭火剂相当，1 kg 干粉灭火剂灭火能力约为 2B。

六、蒸气及惰性气体

蒸气主要用于机炉舱内和燃油舱内灭火。蒸气灭火的原理是降低灭火舱室的氧浓度。向封闭的舱室注入舱容 25%~30%以上的蒸气，火即熄灭。蒸气灭火系统用的是饱和蒸气而非过热蒸气，耗汽量应不小于 1.33 kg/(h·m³)，工作压力为 0.5~1.2 MPa。蒸气可用来扑灭 A 类火灾、B 类火灾和带电火灾。因灭火安全性的问题，蒸气灭火方式已趋于淘汰。新造蒸气舰艇基本不采用蒸气灭火方式，而用化学（卤代烷）或泡沫灭火方式替代。

油船油舱灭火可采用惰性气体。惰性气体的来源可以是主、辅锅炉排出的经洗涤（降温并除去烟气中固体颗粒和硫的燃烧产物）处理的烟气，也可以是惰性气体发生装置产生的气体或能达到等效安全标准的其他气体，但不应使用 CO_2 储存系统。通过送风系统将惰性气体注入油舱顶部以降低油舱内的大气含氧量，使舱内氧浓度达不到支持燃烧的程度，也可驱除油舱内的碳氢气，使油舱内不致形成可燃气体。

此外，也有采用氮气作为油舱、油泵舱的防火保护气体。通过储备的氮气系统向被保护舱室注入一定压力的氮气以置换该舱室内的空气，并通过封闭装置保持这一压力，可防止燃油氧化，防火防爆。

各类灭火剂适用的火灾种类见表 4-5。

表 4-5 各类灭火剂适用的火灾种类

灭火剂				A类火灾	B类火灾 非极性液体	B类火灾 极性液体	C类火灾	D类火灾	带电火灾
液体	水		直流	√	×	×	○	×	△
			喷雾	√	○	○	○	×	○
	水水添加剂	强化水	直流	√	×	×	○	×	×
			喷雾	√	○	○	○	×	○
		润湿水	直流	√	×	×	○	×	×
			喷雾	√	○	○	○	×	×
		增黏水		√	△	△	△	×	×
		酸碱		√	△	△	△	×	×
	泡沫	普通泡沫	化学泡沫	√	√	×	×	×	×
			蛋白泡沫	√	√	×	×	×	×
			氟蛋白泡沫	√	√	×	×	×	×
			水成膜泡沫	√	√	×	×	×	×
			合成泡沫	√	√	×	×	×	×
			高倍数泡沫	√	√	×	×	×	×
		抗溶泡沫	金属皂抗溶泡沫	√	√	√	×	×	×
			凝胶型抗溶泡沫	√	√	√	×	×	×
			多功能氟蛋白泡沫、化学泡沫	√	√	√	×	×	×
	7150灭火剂			×	×	×	×	√	×
气体	卤代烷		三氟一溴甲烷（1301）	○	√	√	√	×	√
			二氟一氯一溴甲烷（1211）	○	√	√	√	×	√
			四氟二溴乙烷（2402）	○	√	√	√	×	√
			二氟二溴甲烷（1202）	○	√	√	√	×	√
	不燃气体		二氧化碳	○	√	√	△	×	√
			氮气	△	○	○	△	×	○
固体	干粉		钠盐、钾盐、氨基干粉	○	√	√	√	×	√
			磷酸铵干粉	√	√	√	√	○	√
			金属火灾用粉末	×	×	×	×	√	×
	烟雾			×	○	○	×	×	×

注："√"适用；"○"可用；"△"勉强可用；"×"禁用。非极性液体指非水溶性油脂类液体，如汽油、柴油等；极性液体指水溶性液体，如酒精等

七、灭火剂性能试验及标注方法

(一) A类火灾试验模型

A类火灾试验用密度为 0.45~0.55 g/cm³、含水率为 12%时的松木条作燃烧物。将松木条加工成截面尺寸边长为 4.0 cm 的正方形木条,码成正方形木垛,木垛的边长为木条的长度。

以 1A 级 A 类火灾为例。先在支架上横放 500 mm 长的木条每层 6 根,后再纵放木条每层 6 根,这样一层横向一层纵向共放 12 层。实际上 1A 级火灾木材重 25.9~31.7 kg,即 1A 级火灾相当于 25.9~31.7 kg 松木同时燃烧的火势。

在木垛支架下放有引燃盘,引燃盘为方形油盘,边长比木条长度小 100 mm,先倒入 30 mm 清水,再倒入车用汽油(1A 级火灾引燃油量为 1.1 L,2A 级火灾引燃油量为 2.0 L 等,见表 4-6)预燃至汽油烧尽,木垛重量减至原始重量的 55%左右。

表 4-6　A 类火灾试验模型的主要参数

级别代号	木条长度/mm	木条根数	木条排列	引燃盘尺寸 /mm×mm×mm	引燃油量/L
1A	500	72	12 层每层 6 根	400×400×100	1.1
2A	635	112	16 层每层 7 根	535×535×100	2.0
3A	735	144	18 层每层 8 根	635×635×100	2.8
4A	800	180	20 层每层 9 根	700×700×100	3.4
5A	925	230	23 层每层 10 根	825×825×100	4.8

预燃结束后即开始灭火。灭火器先从木垛正面,距木垛不小于 1.8 m 处开始喷射。然后接近木垛,并向顶部、底部、侧面等部位喷射,但不能在木垛的背面喷射。

灭火时应使灭火器保持最大开启状态并连续喷射,操作者和灭火器的任何部位不应触及模型。

火焰熄灭后 10 min 内没有可见的火焰(10 min 内出现不持续的火焰可不计),即为灭火成功,表示这种灭火器的灭火能力(级别)为 1A。

灭火试验应进行三次,其中两次灭火成功,则该灭火器达到了此灭火级别。若连续两次灭火成功,第三次可免试。

(二) B类火灾试验模型

B类火灾试验模型是在圆形盘内放入车用汽油。

圆盘用钢板制成,壁厚 2~3 mm,深度不小于 200 mm,盘口如有加强边其宽度应不大于 50 mm;其试验模型的级别数乘以 0.2 系数,则是圆盘的面积,如 1B 级火灾圆盘面积为 0.2 m²、2B 级火灾圆盘面积为 0.4 m²,以此类推。

汽油层厚度为 30 mm;向汽油层底部加入清水作垫层,以保证圆盘内油面离盘口的距离为

150±5 mm。倒入圆盘汽油的数量为试验模型级别的 6 倍，如 1B 级火灾倒入汽油 6 L、2B 级火灾倒入汽油 12 L，以此类推。

试验时点燃圆盘内汽油预燃 60 s，用灭火器绕圆盘任意移动灭火，灭火剂一次全部喷尽，火焰完全熄灭且 1 min 内不复燃，表示该灭火器的灭火能力（级别）为圆盘面积（m²）除以 0.2。

（三）灭火性能

1. 灭 A 类火灾的性能

灭 A 类火灾的灭火器性能由数字和字母 A 组成代号，数字表示级别数，字母 A 表示火灾的类型。

灭火器灭 A 类火灾的性能，应不小于表 4-7 中的规定。

表 4-7 A 类火灾的灭火剂性能

级别代号	干粉/kg	水和泡沫体积/L	卤代烷/kg
1A	≤2	≤6	≤6
2A	2～4	6～9	6
3A	4～6	9	3A
4A	6～9	—	—
6A	9	—	—

2. 灭 B 类火灾的性能

灭 B 类火灾的灭火器性能由数字和字母 B 组成代号，数字表示级别数，字母 B 表示火灾的类型。

灭火器灭 B 类火灾的性能，应不小于表 4-8 中的规定。

表 4-8 B 类火灾的灭火剂性能

级别代号	干粉/kg	卤代烷/kg	二氧化碳/kg	泡沫/L
2B	≤1	≤1	2	3～4
3B	2	2	3	—
4B		5		
5B	3	3～4	7	6
9B	4	6		
12B	—			9
14B	5～6			
22B	≥8	—	—	>9

3. 灭 C 类火灾的性能

灭 C 类火灾的灭火器性能可用字母 C 表示。C 类火灾无试验要求，也没有级别大小之分。只有干粉灭火器、卤代烷灭火器和 CO_2 灭火器才可以标有字母 C。

第三节 舰艇消防器材

舰艇上的消防设备包括各种消防系统，如水消防系统、卤代烷（化学）灭火系统、泡沫灭火系统、抑爆系统，以及泡沫和卤代烷等固定式灭火装置。便于移动和个人使用的灭火器具称为消防灭火器材。个人在火灾中灭火和逃生所使用的保护器材称为消防防护装具或器材。本节主要介绍舰艇消防器材，此外，消火栓、水龙带、水枪接扣等属于消防系统中的末端设备，由于其可拆性和易损性，在这里一并介绍。

一、消防水枪

消防水枪的种类较多，品种规格越来越多，其趋势是由单一功能向多功能发展。按照喷射水流的状态可分为直流水枪、直流开关水枪、开花直流水枪和直流喷雾水枪。

消防水枪的功能是把水龙带内的水流转化成水枪的高速喷流，并喷射到着火的物体上，达到灭火、冷却或防护的目的。

用水灭火，既方便又经济，而且效果好。水可扑灭大面积的固体可燃物及弹药火的火灾，开花水流和喷雾状射流还可扑救油类火灾。国产的几种水枪见表4-9。

表4-9 国产水枪一览表

种类	说明	口径/mm 进水	口径/mm 出水	质量/kg
直流水枪	又名水柱式水枪。喷射的水流为股流水柱	50	13/16	0.85
		65	16/19	1.35
		65	19/25	1.45
直流开关水枪	又名调节式水枪。喷射的水流为股流水柱，但因枪身中装有旋塞，可控制水流大小或关断水流	50	13/16	1.80
		65	16/19	2.20
		65	19/25	2.30
开花直流水枪	可单独喷射股流水柱或同时喷射股流水柱和伞状开花水帘，也可关断水流	50	13/16	2.00
		65	16/19	3.00
直流喷雾水枪	又称雾化水枪。喷射的水流为雾状水流，除用于扑灭一般物质火灾外，也可用于扑灭油类或电气等火灾	50	16	2.60
		65	19	5.20

（一）直流水枪

直流水枪可分为QZ型直流水枪（图4-3）、QZA型直流水枪（图4-4）和QZG型开关直流水枪（图4-5）。

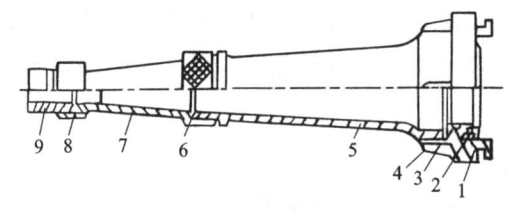

图 4-3　QZ 型直流水枪结构图

1. 管牙接口；2、6、8. 密封圈；3. 密封圈座；4. 平面垫圈；
5. 枪体；7. 喷嘴；9.13 mm 喷嘴

图 4-4　QZA 型直流水枪

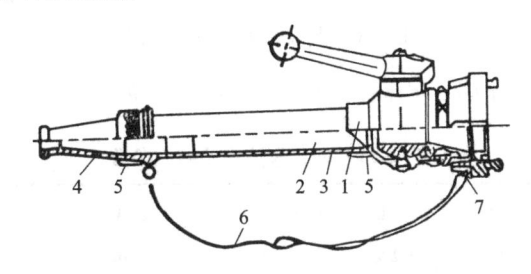

图 4-5　QZG 型开关直流水枪结构图

1. 球阀及接口；2. 整流器；3. 枪体；4. 喷嘴；5. 密封垫；6. 背带；7. 耳环

将开关直流水枪上的普通喷嘴换为雾化喷嘴，可当作直流喷雾水枪用。此外，直流水枪进水端的接口形式全为内扣式。

直流水枪的喷嘴直接影响喷射水流状态性能，为使射流密集、射程远，喷嘴的形状为向出口断面方向收缩的圆锥体形状。喷嘴出口处具有 0.5～1.0 倍喷嘴直径的圆柱形短管，以保证喷射强度。

直流水枪的接口为管牙接口，用于连接水龙带。直流水枪配有球阀，可通过球阀关闭和开启水枪。每支水枪一般配有直径不同的两只喷嘴，可根据需要调换喷嘴，以调整射程和流量。直流水枪的结构参数见表 4-10。

表 4-10　直流水枪结构参数

型号	进水口径/mm	出水口径/mm	外形尺寸（外径×长度）/mm	质量/kg
QZ16	50	13/16	—	0.72
QZ19	65	16/19	111×337	0.93
QZ16A	50	16	95×390	1.0
QZ19A	65	19	110×520	1.32
QZG16	50	16	98×440	1.8
QZG19	65	19	111×465	2.0

（二）开花直流水枪

开花直流水枪（图 4-6）喷射时，可以单独或同时喷射实心水柱和伞形开花水帘，也可同时关闭。在灭火过程中，如辐射热较高，影响扑救，可以在喷射实心水柱的同时，喷射开花水帘，以掩护损管人员进入火区。开花直流水枪的接口式样为内扣式，其结构参数见表4-11。

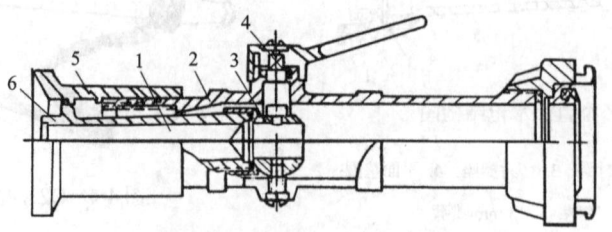

图 4-6　开花直流水枪结构图

1. 稳流器；2. 枪体；3. 球体；4. 手柄；5. 开花圈；6. 直流喷雾体

表 4-11　开花直流水枪结构参数

型号	进水口径/mm	出水口径/mm	工作压力/MPa	最大开花面（宽×距离）/m	直流射程/m	外形尺寸（长×宽×高）/mm	质量/kg
QZH16	50	16	0.588	3.5×1	30	325×145×100	1.4
QZH19	65	19	0.588	3.5×1	35	438×111×111	2.1

开花直流水枪喷射的伞形开花水帘（水雾），可以扑灭各种舰艇火灾（带电的电器装置着火除外）。开花水帘和水柱相比，优点在于用少量的水能浇遮大面积的火区，不致将可燃物冲散并可促使水大量汽化，故适用于扑灭各种非水溶性液体燃料引起的火灾。其缺点是作用距离短，大风中不便使用，对蔓延很大的火灾效果不好。

（三）直流喷雾水枪

直流喷雾水枪是一种多用途水枪，既可喷射直流水射流，又可喷射雾状射流，机动性较好。直流喷雾水枪按结构形式可分为球阀转换式直流喷雾水枪、直流水幕喷雾水枪和导流式直流喷雾水枪。

1. 球阀转换式直流喷雾水枪

球阀转换式直流喷雾水枪（图 4-7）由喷嘴、枪体、球阀及接口等部件组成。喷嘴的结构与直流水枪喷嘴相同。枪体为圆管状，起整流作用。球阀由球体、阀球、导流片和手柄等

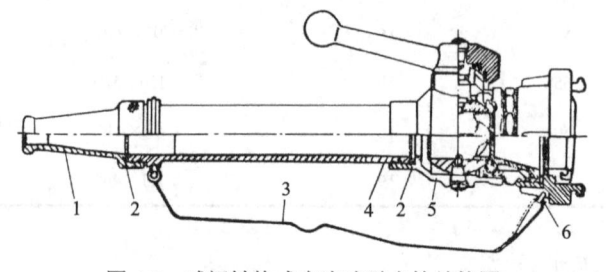

图 4-7　球阀转换式直流喷雾水枪结构图

1. 喷嘴；2. 平面垫圈；3. 背带；4. 枪体；5. 球阀及接口；6. 耳环

组成。导流片起着直流与雾状射流转换的作用。导流片为半扭曲形,即导流片的一半为平直形,另一半为扭曲形。当球阀转动时,装于球阀内的数片导流片也随着改变方向,水流形态也就随着改变。例如:当导流片的扭曲端转到出口方向、水流通过球阀时,有规则的流体就变成旋涡流流出,使液流转动,这种旋转的液流流出喷嘴时,在液体离心力的作用下变为雾状射流;反之导流片的平直端转到出口方向,水流通过球阀时,在导流片的诱导下整流成有规则的流体流出喷嘴,成为直流水射流。

2. 直流水幕喷雾水枪

直流水幕喷雾水枪(图 4-8)主要由喷嘴、水幕调节圈、水幕管、枪体、球阀及接口组成,实质上是在直流喷雾水枪的枪管与喷嘴之间加装一个水幕装置。水幕调节装置起着喷射水幕的作用,旋转水幕调节圈可喷射伞状开花水幕射流。

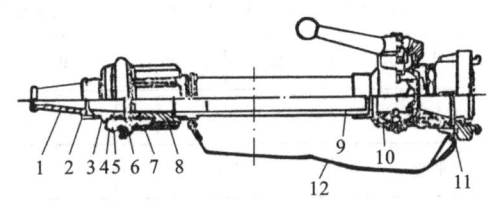

图 4-8 直流水幕喷雾水枪结构图

1. 喷嘴;2. 平面垫圈;3. 连接管;4. 水幕密封圈;5. "O"形密封圈;6. 护圈;
7. 水幕调节圈;8. 水幕管;9. 枪体;10. 球阀及接口;11. 耳环;12. 背带

直流水幕喷雾水枪功能较多,具有喷射直流、自卫水幕、水雾等功能,它既可喷射直流远距离灭火,又可喷射水幕和雾状射流,可以接近火源进行扑救,还可以间断地喷射水流,使用方便,适用范围广。

3. 导流式直流喷雾水枪

导流式直流喷雾水枪具有直流、喷雾功能,主要由枪体、分流器、喷嘴套、开花圈、本体、本体套、接口组成(图 4-9)。开花圈与枪体配合,并设有螺旋槽,使喷嘴套能绕着螺旋槽转动。分流器安装在支杆上,顶端为圆锥形,在水流作用下,可自动调节摆动位置。喷嘴套出口内壁上,均匀地分布着导流槽。喷嘴绕着轴套螺旋式旋转,改变与分流器的相对位置。当喷嘴套向前运动到最大时,分流器顶端关闭了通道,水枪处于关闭状态;当喷嘴套向后运动时,水枪由喷射直流水过渡到喷射雾状射流,直至达到最大喷雾角120°,反之,可使水流由喷雾变为喷射直流水,再由喷射直流水变为关闭状态。这种直流喷雾水枪结构简单,具有直流、喷雾功能、可根据火场情况调节水流形状。

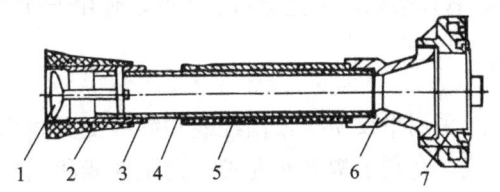

图 4-9 导流式直流喷雾水枪结构图

1. 分流器;2. 喷嘴套;3. 开花圈;4. 本体;5. 本体套;6. 枪体;7. 接口

二、消防水龙带

(一) 消防水龙带类型

消防水龙带是指两端不带接口的输水软管。按材料可将消防水龙带划分为两大类：一是有衬里消防水龙带包括橡胶（衬胶）水龙带、乳胶（灌胶）水龙带、涂塑软管；二是无衬里消防水龙带，包括棉水龙带、苎麻水龙带、亚麻水龙带。消防水龙带分类及属性见表4-12。

表4-12 消防水龙带分类及属性

项目	有衬里水龙带				无衬里水龙带			
材料	橡胶水龙带、乳胶水龙带、涂塑水龙带				棉水龙带、苎麻水龙带、亚麻水龙带			
直径/mm	50	65	80	90	40	50	65	80
承受工作压强/MPa	1.3		1.6		0.8		1.0	
编织方式	平纹		斜纹		平纹		
用途	阻燃水龙带		高压水龙带		低压水龙带		

1. 有衬里消防水龙带

有衬里消防水龙带由编织层和胶层组成。编织层采用高强度合成纤维，胶层是在内衬壁涂上优质橡胶、乳胶或塑料层（兼覆盖层）。

编织层水龙带承受压强的大小，主要由编织的强度决定，其耐压值见表4-13。

表4-13 有衬里水龙带的耐压值

工作压强/MPa	试验压强/MPa	爆破压强/MPa
1.0	1.5	3.0
1.3	2.0	3.9
1.6	2.4	4.8

胶层由经过适当硫化的天然橡胶或乳胶制成，并使胶层和编织层紧密结合。

有衬里消防水龙带的主要特点是：耐高压、耐磨损、耐霉腐、经久耐用，涂层紧密、光滑、不渗漏，水流阻力小，管体柔软，可任意弯曲折叠，使用方便，四季皆宜。

2. 无衬里消防水龙带

无衬里消防水龙带一般采用平纹组织，由经线和纬线交叉编织而成。平纹组织是所有编织中交叉最多的编织形式，有利于提高水龙带的耐压性能和减少在无衬里的情况下严重渗漏现象。棉水龙带的经纬线均采用21S棉纱制造；亚麻、苎麻水龙带的经纬线均采用优质纯苎麻纱或纯亚麻纱编织而成。无衬里消防水龙带的耐压值见表4-14。

表 4-14　无衬里消防水龙带的耐压值

规格/mm	爆破压力							
	棉水龙带				亚麻、苎麻水龙带			
	工作压强/MPa	直态压强/MPa	曲态压强/MPa	折态压强/MPa	工作压强/MPa	直态压强/MPa	曲态压强/MPa	折态压强/MPa
65	0.8	2.2	2.0	1.3	1.0	2.8	2.6	1.7
80	—	—	—	—	1.0	2.5	2.3	1.5

（二）消防水龙带接口

消防水龙带接口用于消防水龙带与水枪、消防栓之间的连接。接口由本体、密封圈座、橡胶密封圈等零件组成，密封圈座上有沟槽，用来捆扎水龙带，本体上有两个扣爪和内滑槽，为快速内扣式接口（图4-10），它的密封性好、连接快、不易脱落。

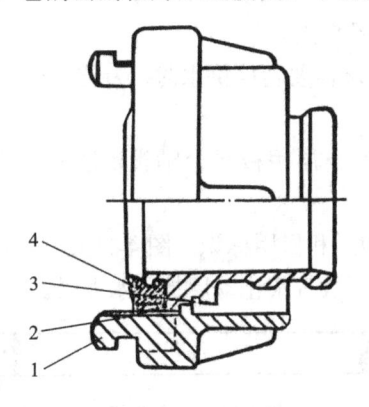

图 4-10　内扣式消防水龙带接口结构图

1. 本体；2. 密封圈座；3. 挡圈；4. 密封圈

一般水龙带接口材料为 ZL104 号铸造铝合金，成品表面应抛光，表面进行阳极氧化处理，橡胶件应采用耐油橡胶。用于海水及腐蚀性环境中的水龙带接口，应采用铜合金制造。

（三）消防水龙带的使用和维护保养

根据舰艇大小和使用场所不同，消防水龙带长度一般有 10 m、15 m、20 m 三种，在舱内使用不超过 10～15 m，在上甲板可以到 20 m。舰上水龙带的内径有 38 mm、50 mm、65 mm、80 mm，其中口径较小的用于接水枪，口径大的用于水龙带干线（临时管线）或连接破损主管。

消防水龙带的使用要求如下。

（1）应该将质量较好的消防水龙带用在离水泵出口较近的地方（因为离泵越近，消防水龙带承压越大）。

（2）选择从消火栓至火区间最短的路线铺放消防水龙带。

（3）消防水龙带的连接：消防水龙带套上水龙带接口时，须垫上一层柔软的保护物，然后用喉箍或镀锌铁丝扎紧。有衬里的水龙带有弹性，接口处易脱落，要选择长一档的密封圈座。

（4）铺放水龙带时，应尽可能避开尖锐物体（如角铁、舱口边沿、隔墙转弯处），如果必须经过尖锐物体时应用木块、破布、棉纱包扎衬垫，同时不要将水龙带铺放在正在燃烧或发烟的物件上。

（5）铺放水龙带时，应尽可能避免接触酸质、油类或化学药品，并防止骤然弯折。

（6）使用过程中，要防止水龙带接口撞坏。

（7）尽可能避免沿地面拖拉有水的消防水龙带，应分段将消防水龙带提起移动，不允许扭曲或折叠消防水龙带，更不允许车辆等重物碾压。消防水龙带应留有一定的备用长度。

（8）消防水龙带中的水压不要骤高骤低，以免因突然伸缩而破裂。

（9）不能使消防水龙带堵塞通道、舷梯和运送弹药和水雷的通道，向高处垂直铺放消防水龙带时必须用绳子固定住。

（10）接消防长水龙带时，须停止供水，必须待接管队员拿稳水枪才能开始供水，以防止消防水龙带突然竖起或摆动而打伤人。

（11）严冬季节，在灭火现场需要暂停供水时，为防止消防水龙带结冰，水泵或消火栓仍须向水龙带保持少量供水。

（12）由甲板向上层建筑或下层甲板平台铺设消防水龙带时，须用绳子固定好消防水龙带。

（13）消防水龙带应注有战用和日用标识（图4-11），两端应注明战位与消火栓号码，中部应注明启用日期。日常冲洗甲板等禁止动用战用水龙带。

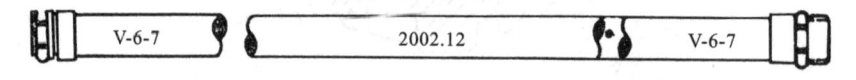

图4-11　水龙带标识

V-6-7. V部门6战位7号栓；2002.12. 2002年12月启用

（14）消防水龙带应每月检查一次，每年有1~2次内部保养工作，内部涂抹滑石粉。

（15）战用水龙带每年要进行一次水压试验，试验程序如下：①将水龙带铺成一条线（一节或数节串联），将其一端接在水泵出口或消火栓上，在另一端安装分水器或开关水枪；②关闭分水器或水枪开关，将水压逐渐调整至 0.2~0.4 MPa 保持 5 min，这时水龙带上不应有微小漏水处，然后把压力降到零；③缓慢地把水压升高至水龙带的最大工作压力保持 2 min，这时水龙带不应有漏水现象，稍后缓慢地将水压升高至试验压力，并保持 2 min，这时水压下降不得超过 0.1 MPa。如果水龙带达不到水压试验标准，应降级使用。承受 0.6 MPa 水压的水龙带，只能作操练用，不可用于灭火战斗。

三、手提式灭火器的性能及型号

（一）灭火器性能及型号编制方法

1. 灭火器的灭火性能

常见灭火器的灭火性能见表4-15。

表 4-15 常见灭火器灭火性能

项目类别	水基灭火器	泡沫灭火器	CO_2 灭火器	1211 灭火器	干粉灭火器
规格	9 L	6 L, 9 L, 90 L	3 kg, 5 kg, 7 kg	4 kg, 6 kg	4 kg, 6 kg
灭火能力	—	2B, 4B, 35B	2B, 3B, 4B	8B, 12B	10B, 14B
喷射距离/m	7	6, 8, 9	1.5, 2, 2	4.5, 6	4, 4
喷射时间/s	50	40, 60, 180	8, 9, 12	9, 9	9, 9
适用火灾种类	A 类火灾	B、A 类火灾	带电火灾, B、A 类火灾	带电火灾, B、C 类火灾	带电火灾, C、A 类火灾
用途	无毒性, 尤其适合在封闭舱室内使用	具有隔绝空气和冷却作用, 适用于扑灭油火及固体燃料初起火灾	因其不导电性, 适合灭带电火灾; 因灭火后不留痕迹, 适用于扑灭精密仪器、档案等火灾	是一种高效灭火器, 可扑灭可燃液体、气体、固体初起火灾; 因其不导电性及灭火后不留痕迹, 适用于 CO_2 灭火器适用场合	是高效灭火器, 可扑灭气体、液体、固体类火灾; 因其电绝缘性, 还可用于扑灭带电设备的初起火灾
注意事项	不可灭带电火灾	不可灭带电火灾	在狭小、封闭空间灭火后应迅速撤离, 以防窒息	有低毒性, 灭火后应迅速撤离	灭 A 类火灾后注意防止复燃

2. 灭火器型号编制方法

我国灭火器的型号编制由类、组、特征代号和主参数 4 个部分组成, 见表 4-16, 类、组、特征代号是用汉语拼音字母表示, 主参数是灭火剂的充装量, 用阿拉伯数字表示(图 4-12), 当灭火器的结构有重大改变时, 则在型号尾部加上大写汉语拼音字母 A、B、C 等表示, 以示区别。

表 4-16 灭火器型号编制方法

类	组	特征代号	代号含意	主参数 名称	主参数 单位
灭火器	水 S(水)	酸碱, MS 清水 Q(清), MSQ	手提式酸碱灭火器 手提式清水灭火器	灭火药剂量	L
	泡沫 P(泡)	手提式, MP 舟车式 Z(舟), MPZ 推车式 T(推), MPT	手提式泡沫灭火器 舟车式泡沫灭火器 推车式泡沫灭火器	灭火药剂量	L
	二氧化碳 T(碳)	手轮式, T 鸭嘴式 Z, MTZ 推车式 T, MTT	手轮式 CO_2 灭火器 鸭嘴式 CO_2 灭火器 推车式 CO_2 灭火器	灭火药剂量	kg
	干粉 F(粉)	手提式, MF 背负式 B, MFB 推车式 T, MFT	手提式干粉灭火器 背负式干粉灭火器 推车式干粉灭火器	灭火药剂量	kg
	1211 Y(1)	手提式, MY 推车式, MYT	手提式 1211 灭火器 推车式 1211 灭火器	灭火药剂量	kg

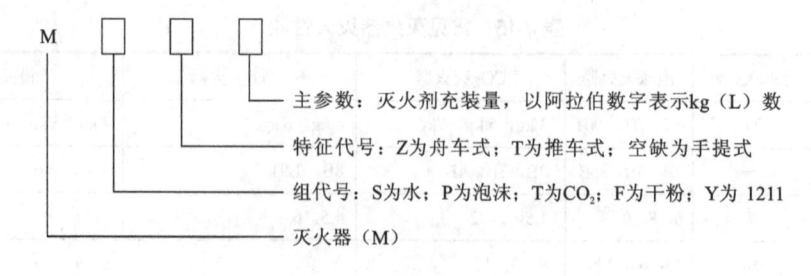

```
M □   □   □
         └── 主参数：灭火剂充装量，以阿拉伯数字表示kg（L）数
     └────── 特征代号：Z为舟车式；T为推车式；空缺为手提式
 └────────── 组代号：S为水；P为泡沫；T为CO₂；F为干粉；Y为1211
└─────────── 灭火器（M）
```

图 4-12 灭火器型号编制图

例如：MPZ9 型的灭火器即为装剂量为 9 L 的舟车式（Z）泡沫（P）灭火器（M）。

（二）空气泡沫喷枪

空气泡沫喷枪也称泡沫喷枪、泡沫喷管。

1. 用途

空气泡沫喷枪是一种手提式轻便的空气泡沫灭火器材，用来产生和喷射空气泡沫，扑灭油类火灾，也可扑灭木材等一般固体物质火灾。

2. 结构

（1）结构组成。空气泡沫喷枪（图 4-13）按泡沫发生量有 25 L/s、50 L/s 和 100 L/s 三种，与其对应的型号是 PQ4 型、PQ8 型及船用 PQ8·C 型、PQ16 型。空气泡沫喷枪接口均为 KY65 mm 管牙接口。空气泡沫喷枪由吸液管、吸管接头、枪体、管牙接口、喷嘴、枪筒、密封圈、启闭柄、手轮组成，其中船用 PQ8·C 型和 PQ8 型的结构形式是一样的，不同的是船用 PQ8·C 型全部采用耐海水腐蚀材料或经防腐处理的材料制造。

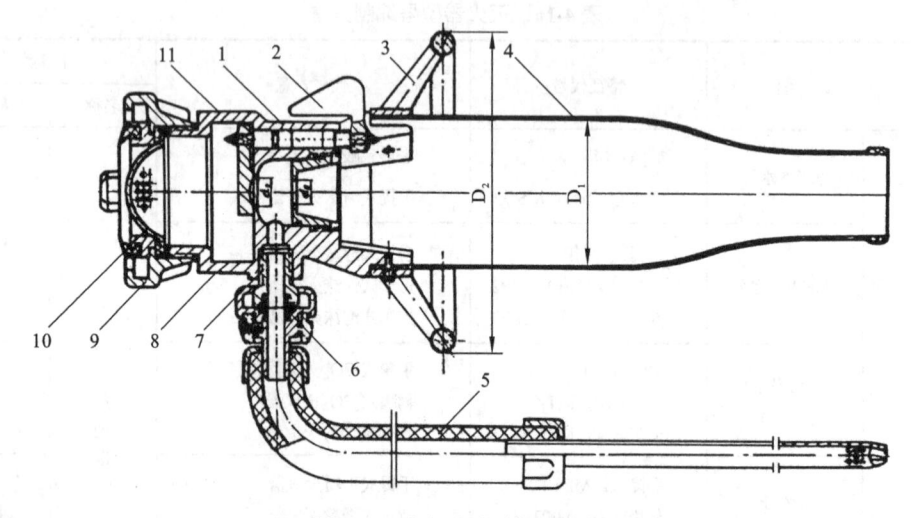

图 4-13 空气泡沫喷枪结构图

1. 喷嘴；2. 启闭柄；3. 手轮；4. 枪筒；5. 吸管；6. 密封圈；7. 吸管接头；8. 枪体；
9. 管牙接口；10. 滤网；11. 产品铭牌

（2）工作原理。有压力的水流通过水龙带、管牙接口、滤网（有的无滤网）进入枪体。当水流通过图 4-13 中 D_1 孔时，在枪体和喷嘴构成负压空间，这个空间通过吸管头与吸管连接，吸管一端插入空气泡沫液桶中吸取适量的泡沫液，泡沫液与水按一定比例（6∶94）混合。当混合液通过喷嘴的 D_2 孔与枪筒构成的空间时，再次形成负压而吸入大量空气与混合液流混合，形成空气泡沫，经过整个枪筒产生良好的泡沫射流喷射出去。空气泡沫喷枪装有启闭开关，用来开启或关闭射流。

有的空气泡沫喷枪装有旁路启闭装置。当旁路开启时，枪体和喷嘴构成的空间中负压被破坏，使泡沫液流中断，喷出的是纯水流。如适当打开旁路装置，调节吸入的泡沫装置，便可以得到良好的空气泡沫流。这种装置的另一用途是不采用吸液管吸取泡沫液而采用比例混合器，这样能得到良好的空气泡沫液。

吸取泡沫液的数量与水流压力成正比，即水流压力越大，吸液量越多。

（3）使用方法。空气泡沫喷枪既可与比例混合器配套使用，又可用本身吸管从泡沫液桶（一般为 20 L）吸取泡沫液。空气泡沫喷枪主要配用 6%型泡沫液，但也可配用 3%型泡沫液。空气泡沫喷枪的使用方法如下：①当采用混合器吸取输送泡沫液时，泡沫喷枪的吸液管应卸下，并根据泡沫喷枪的规格，将混合器的调节阀指针拨到适当的空气泡沫量的指示数上（例如供给 50 L 泡沫喷枪，应将指针拨在"50"位置上，以此类推）；②当采用本身吸管吸取泡沫液时，应装上吸液管，并将其一端插入空气泡沫液桶中，在灭火时泡沫液桶要随泡沫喷枪而移动；③当水源正常供应时，应扳动启闭柄，泡沫喷枪进口压强应保持在 0.35～0.7 MPa（高于或低于此压强，会影响泡沫量）；④喷射泡沫时，应尽量顺风向喷射；⑤当泡沫喷出时，应使泡沫平稳地覆盖在火面上或燃烧物表面。

3. 主要设计性能

空气泡沫喷枪的设计性能见表 4-17。

表 4-17　空气泡沫喷枪的设计性能

型号	工作压强/MPa	混合比/%	发泡倍数	水量/(L/s)	泡沫液量/(L/s)	混合液量/(L/s)	泡沫量/(L/s)	射程/m 集中	射程/m 最远
船用 PQ8·C	0.3	6±1	≥6	8	0.48	8	50	≥15	—
PQ4	0.7	6±1	≥6	4	0.24	4	25	≥16	≥24
PQ8	0.7	6±1	≥6	8	0.48	8	50	—	≥28
PQ16	0.7	6±1	≥6	16	0.96	16	100	—	≥32

注：表中泡沫液量是按配用 6%型号的泡沫液计算的，也可配用 3%型号的泡沫液。

（三）背负式空气泡沫喷枪

1. 型号组成

背负式空气泡沫喷枪型号组成的编制方法和形式同消防接口。

2. 用途

背负式空气泡沫喷枪（图 4-14）配有泡沫液背箱，是一种轻便的背负手提式船用泡沫喷枪，在水流的负压作用下自动吸取泡沫液，并产生和喷射空气泡沫，可用于扑灭油类火灾和木材等一般固体物质火灾。

图 4-14 背负式空气泡沫喷枪结构图

1. 泡沫喷枪；2. 吸液管；3. 旋塞；4. 背带及背箱

3. 结构

背负式空气泡沫喷枪按泡沫产生量主要有 6.25 L/s、25 L/s 和 50 L/s 三种，与其对应的型号是 PQB1·C 型、PQB4·C 型及 PQB8·C 型。

背负式空气泡沫喷枪主要由泡沫喷枪、吸液软管、旋塞、背带及背箱（塑料箱）等部分组成。

背负式空气泡沫喷枪的具体结构形式与 PQ8·C 型、PQ8 型等泡沫喷枪相同。背负式空气泡沫喷枪全部采用耐海水腐蚀材料或经防腐处理的材料制造。

4. 主要设计性能

背负式空气泡沫喷枪的设计性能见表 4-18。

表 4-18 背负式空气泡沫喷枪的设计性能

型号	工作压强/MPa 标定	工作压强/MPa 使用范围	混合比/%	发泡倍数	水量/(L/s)	泡沫液量/(L/s)	混合液量/(L/s)	泡沫量/(L/s)	射程/m 集中	射程/m 最远
PQB1·C	0.5	0.3~0.7	3	≥6	0.97	0.03	1	6.25	≥10	≥10
PQB4·C					3.88	0.12	4	25	≥18	≥18
PQB8·C					7.76	0.24	8	50	≥22	≥2

注：表中泡沫液量是按配用 3%型号的泡沫液计算的

（四）化学泡沫灭火器

1. 手提式化学泡沫灭火器

手提式化学泡沫灭火器（图 4-15）与手提式酸碱灭火器的构造基本相同，由筒体、瓶胆、筒盖等零部件构成。手提式化学泡沫灭火器瓶胆内装有硫酸铝溶液，筒体内装有氢氧化钠溶液。手提式酸碱灭火器内装有硫酸溶液和氢氧化钠溶液。

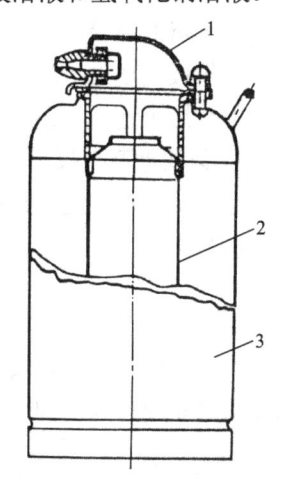

图 4-15 手提式化学泡沫灭火器结构图

1. 筒盖；2. 瓶胆；3. 筒体

手提式化学泡沫灭火器与手提式酸碱灭火器的不同之处是瓶胆的容积更大，喷嘴的出口直径也更大，因此手提式化学泡沫灭火器的瓶胆及喷嘴不能与酸碱灭火器的瓶胆和喷嘴互换。

化学泡沫灭火器和酸碱泡沫灭火器由于其腐蚀性、每年需更换药液等缺点，目前在舰艇上已趋于淘汰。目前舰艇上多配置空气机械泡沫灭火器，特别是轻水泡沫灭火器，通常以 CO_2 作为驱动气体。

2. 舟车式化学泡沫灭火器

舟车式化学泡沫灭火器（图 4-16）是专门用于车辆、舰艇等交通工具上的灭火器，其外

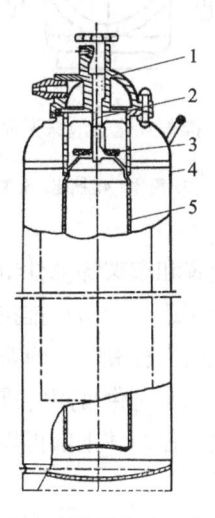

图 4-16 舟车式化学泡沫灭火器结构图

1. 铜盖；2. 密封压杆；3. 密封盖；4. 筒体；5. 瓶胆

形和构造与手提式化学泡沫灭火器基本相同。不同之处是在瓶胆口装有密封用的瓶盖，用以封住瓶胆，防止其在车、船上使用时，因震动、颠簸而使两种药液混合。开启瓶盖是由安装在筒盖上的开启机构来完成的。这种灭火器的筒盖上装有带偏心销的开启机构，该机构由瓶盖、瓶盖连杆、复位弹簧及开启扳手等组成。要密封时，先压下瓶盖连杆，然后把开启扳手放下，让偏心销转动 90°，使偏心销卡住瓶盖连杆。在连杆的支撑下，瓶盖被紧紧地压在瓶胆口上，达到密封目的。使用灭火器时，只要把开启扳手往上扳动 90°，使偏心销脱开连杆，此时瓶盖在复位弹簧的作用下，带动连杆及瓶盖一起上升并与瓶胆口脱离，使密封打开。灭火器倒转后，两种药液混合并产生泡沫喷出。

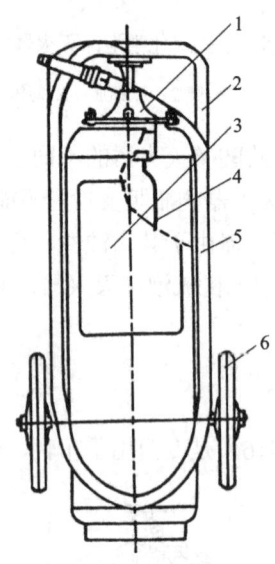

3. 推车式化学泡沫灭火器

推车式化学泡沫灭火器（图 4-17）装载的灭火剂量较大，其自身重量也较大。为了使用时移动方便，备有车轮等行驶机构及喷射系统，其余构造与手提式化学泡沫灭火器均相同，只是大小上有差异。

图 4-17 推车式化学泡沫灭火器结构图

1. 筒盖；2. 车架；3. 筒体；4. 瓶胆；5. 喷射软管；6. 车轮

（1）行驶机构。

行驶机构由车轮、轮轴、防震装置和车架等部件组成。车轮为两个直径大于 350 mm 的胶轮。胶轮装在轮轴上，轮轴与车架相连。为防止推拉时产生震动，在轮轴与车架连接之间装有弹簧和短轴。当在高低不平的地面上行驶时，弹簧可减小灭火器的震动。车架用钢管制成，车架下部固定灭火器筒体，上部有可供使用时推拉的横杆。也有不用车架，直接在灭火器筒体上焊一块与轮轴连接的钢板，在筒体上部再焊上供推拉用的钢管。车架上一般还装有固定喷射软管和喷枪的支架。

（2）喷射系统。

喷射系统由滤网、阀门、喷射软管及喷枪构成。滤网是为防止药液内杂物堵塞喷射通道而设。阀门是用于开闭泡沫灭火器喷射的机构。为操作方便，灭火器的阀门与喷枪构成一体。

喷枪是泡沫喷射的出口，一般用胶木、塑料或铝合金等材料制造。喷射软管是输送泡沫到喷枪喷出的管道，一般由棉线或纤维缠绕的橡胶管制成，其长度在 6 m 以上。

（3）密封结构。

推车式化学泡沫灭火器如果在高低不平的路面上或者在斜坡上移动时，会出现颠簸或倾斜，容易使灭火器内两种药液提前混合而失效。因此，推车式化学泡沫灭火器上都设有密封结构。密封结构装在灭火器的器盖上，它由开启手轮、螺杆和密封盖三部分组成，开启手轮用铸铁制造，手轮与螺杆连接，螺杆通过器盖中心的螺孔与密封盖连接。

要密封时，顺时针旋动手轮，使螺杆向灭火器内移动并带着密封盖下移，然后压在灭火器内瓶胆口上，依靠螺纹的自锁力使密封盖始终压紧在瓶胆口上，从而达到密封目的。

使用时，只要逆时针方向旋动手轮，使螺杆带着密封盖上升而脱离瓶胆口，即能开启瓶胆的密封。

目前舰艇配备的化学泡沫灭火器容量大部分为 10 L。根据消防技术标准，对其型号、规格、基本参数简述如下。

化学泡沫灭火器主要有手提式、舟车式和推车式三种。手提式和舟车式化学泡沫灭火器的性能参数见表 4-19。推车式化学泡沫灭火器的性能参数见表 4-20。

表 4-19 手提（舟车）式化学泡沫灭火器的性能参数表

项目			规格	
			MP6（MPZ6）	MP9（MPZ9）
灭火剂充装	酸性剂	硫酸铝/g	600±10	900±10
		清水/mL	1000±50	1000±50
	碱性剂	碳酸氢钠/g	430±10	650±10
		清水/mL	4500±100	7500±100
有效喷射时间/s			≥40	≥60
有效喷射距离/m			≥6	≥8
喷射滞后时间/s			≤5	≤5
喷射剩余率/%			≤10	≤10
使用温度范围/℃			4~55	4~55
灭火能力			1A、2B	2A、4B

表 4-20 推车式化学泡沫灭火器的性能参数表

项目			规格		
			MPT40	MPT65	MPT90
灭火剂充装	酸性剂	硫酸铝/g	4000±700	6500±700	9000±700
		清水/mL	7000±500	11 000±500	16 000±500
	碱性剂	碳酸氢钠/g	3000±500	4500±500	6500±500
		清水/mL	31 000±1000	49 000±1 000	68 000±1000
有效喷射时间/s			≥120	≥150	≥180

续表

项目	规格		
	MPT40	MPT65	MPT90
有效喷射距离/m	≥9	≥9	≥9
喷射滞后时间/s	≤10	≤10	≤10
喷射剩余率/%	≤15	≤15	≤15
使用温度范围/℃	4～55	4～55	4～55
灭火能力	18B	24B	35B

4. 化学泡沫灭火器使用方法

（1）手提式和舟车式化学泡沫灭火器使用方法。

手提式和舟车式化学泡沫灭火器在使用时，应手提筒体上部的提环，迅速奔到燃烧处。灭火器在运送过程中，不能将灭火器扛在肩上或横置，也不能使灭火器过分倾斜，以免使灭火器内两种药液混合而提前喷射。当距燃烧物约 10 m 时，一只手仍握住提环，另一只手抓住筒体的底圈，将灭火器颠倒180°，即器头在下，底圈在上，此时泡沫即可喷出。对于舟车式灭火器，应先将开启扳手往上扳 90°，使瓶胆的密封盖自动弹起。此时应一手握住提环，另一只手抓住底圈，将灭火器颠倒180°，泡沫随即喷出。泡沫喷出后，应对准燃烧最猛烈处喷射。如果喷射的燃烧物是可燃液体，当可燃液体呈流淌状燃烧时，喷射的泡沫应由远及近地覆盖在燃烧液体上。当可燃液体在容器中燃烧时，应将泡沫喷射在容器的内壁上，使泡沫沿壁流入可燃液体表面并加以覆盖。应避免将泡沫流直接喷射在可燃液体表面上，以防止射流的冲击力将可燃液体冲出容器而扩大燃烧范围，增大灭火困难。灭火时，使用者应随着喷射距离的缩减逐渐向燃烧处靠近，并始终让泡沫喷射在燃烧物上，直到将火扑灭。

使用手提式和舟车式化学泡沫灭火器时，一定要将灭火器保持倒置状态，直至喷射结束。决不能在使用中将灭火器立直或横卧，否则会中断喷射。

（2）推车式化学泡沫灭火器使用方法。

推车式化学泡沫灭火器在使用时，一般应由两人同时操作。先迅速将灭火器推到燃烧处附近，在距离可燃物 15 m 左右时停下，一人迅速展开喷射软管，双手握紧喷枪并对准燃烧物，另一人按逆时针方向转动手轮，并将螺杆旋到最高位置，开启瓶胆的密封，然后将筒体倾倒，使弯杆着地。如果推车式化学泡沫灭火器的喷射阀装在筒体上，应立即把该阀门打开到最大位置，让泡沫喷出。推车式化学泡沫灭火器的灭火方法与手提式化学泡沫灭火器相同。但在灭火过程中，操作喷枪的消防人员应始终使喷枪处的阀门开着，直至将火扑灭。

（五）CO_2 灭火器

CO_2 能够在燃烧区内稀释空气，减少空气含氧量（冲淡氧），使火熄灭。在舰上 CO_2 是呈液态储存在耐压钢瓶中的。

1. 用途

手提式 CO_2 灭火器适用于扑灭电气设备（600 V 以下）、精密仪器、贵重物品、油类和其他一般物质等初起火灾和小面积火灾。

2. 结构组成和工作原理

手提式 CO_2 灭火器主要有 MT2、MT3、MTZ5、MTZ7 4 种型号。按开关方式分，前两种为手动式（手轮式）（图 4-18），后两种为自动式（鸭嘴式）（图 4-19），另外还有薄膜切割开关。手提 CO_2 灭火器按放置形式，又可分为悬挂式和直立式两种。手提式 CO_2 灭火器由钢瓶、开关（启闭阀）、喷筒、虹吸管和手柄等组成。

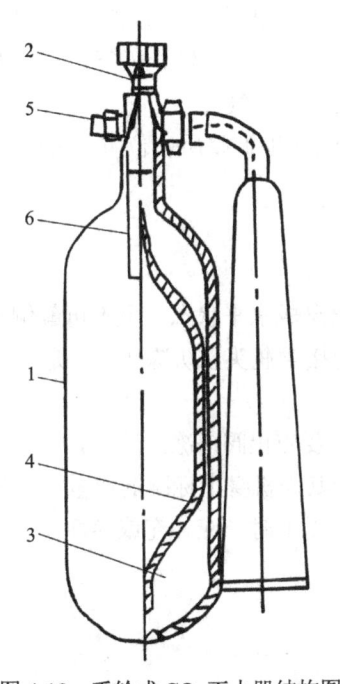

图 4-18 手轮式 CO_2 灭火器结构图
1. 钢瓶；2. 开关；3. 喷筒；4. 虹吸管；5. 安全膜；6. 手柄

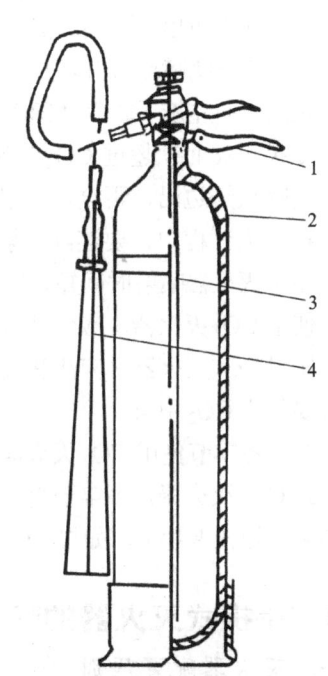

图 4-19 鸭嘴式 CO_2 灭火器结构图
1. 开关；2. 钢瓶；3. 虹吸管；4. 喷筒

钢瓶是由无缝钢管经焖头收口工艺制成，用来盛装 CO_2。开关用来启闭钢瓶，其中普通高压气瓶开关（手动式中的一种）和弹簧速开自动开关（鸭嘴式）能控制 CO_2 气流分次喷射，使用方便。舰艇上大部分使用手提式 CO_2 灭火器，但其平时易泄漏，应加强检查。薄膜切割开关一经打开后，CO_2 气流不能控制，要一次用尽。薄膜切割开关平时不易漏气，一般常用于大型固定式 CO_2 灭火装置。喷筒又称喷射器，由胶管和喇叭组成，用来喷射 CO_2。虹吸管安装在钢瓶内，其下端切成 30°断面，距离瓶底不大于 4 mm。安全膜为磷钢片，安装在开关上，当温度达到 50 ℃或压强超过 18 MPa 时，会自行破裂放出 CO_2，从而防止钢瓶因高温或超压而爆裂。

3. 工作原理

当打开钢瓶开关时，液态 CO_2 在钢瓶上部气体压力作用下沿虹吸管进入喷筒。这时由于压力大大降低，液态 CO_2 会迅速汽化。汽化（蒸发）1 kg CO_2，需要 578 kJ 热量，这些热量来自周围的空气。因为喷筒能隔绝热量的传导，所以 CO_2 液体汽化时，就不得不吸收本身的热量，结果使本身的热量大量被吸收而导致温度急剧地下降至-78.5℃。这样，由于热量供不应求，部分 CO_2 液体来不及蒸发而变成雪花状固体。所以，从灭火器喷射出来的 CO_2 是气体和固体。周围温度越低，雪花（干冰）就越多。当 CO_2 在空气中的体积分数达 30%左右时，火焰便会熄灭。同时覆罩在燃烧物上的"雪花"汽化，也有一定的冷却作用。

4. 使用方法及注意事项

（1）发生火灾时，把灭火器从架子上取下，首先迅速将灭火器提到起火地点，然后将喇叭筒对准火源根部，打开开关即可喷出 CO_2（由于开关不同，开启方法也不同：对于鸭嘴式 CO_2 灭火器，应先拔出保险销，然后压下鸭嘴上瓣，或套上扣环，推动阀杆，使阀门打开，气体即喷出，松开鸭嘴或脱开环扣，阀门借弹簧压力即自动关闭，停止喷气；对于手轮式普通高压气瓶阀，向左旋手轮气体即喷出，向右旋转手轮停止喷气）。

（2）如果火灾面积超过 CO_2 气流面积，灭火者应快速地调整所站位置，并适当摆动喷筒喇叭，先喷火焰边沿，再全面推进。

（3）在灭火过程中，要连续喷射，防止余烬复燃。

（4）由于灭火器喷射时间短，灭火动作要正确迅速。

（5）使用 CO_2 灭火器，应保持垂直状态，不要使筒身成水平状态，更不可颠倒使用。

（6）使用 CO_2 灭火器时应注意人身安全，一是手勿接触瓶头以防冻伤，二是在较小的舱内灭火时要防止 CO_2 中毒。

（7）在寒冬季节使用 CO_2 灭火器时，阀门开启后，要防止阀门冻结堵塞。

手提式 CO_2 灭火器，每年至少检查一次重量，检查其与机身上标准的数量是否相符，并将检查结果登记在卡片上，如果 CO_2 重量减少十分之一以上时，应补充或换新。

四、手提式灭火器的配备

（一）灭火器配置原则

（1）泡沫灭火器的容量应不少于 9 L，不超过 13.5 L。其他类型灭火器的灭火效能与此相应，即 CO_2 灭火器内装填应不少于 5 kg CO_2，卤代烷灭火器内装填应不少于 2 L 卤代烷。每个重要保护处所同种灭火器配置不应少于 2 个。

（2）能在舰船上装填的灭火器，每 3 个配备 2 份备用灭火剂。不能在舰船上重新装填的灭火器，每 10 个配备 1 个备用灭火器。上述备品均应存放在损管战位。

（3）灭火器一般设在入口附近。配备多个灭火器的场所，除其中一个设在入口附近外，其余应设在最易失火的地方。灭火器安装在适当高度，把手离甲板高度不得大于 1.5 m。

（二）泡沫灭火器的配备数量

（1）主柴油机舱和发电机舱，每 750 kW 配一个泡沫灭火器，但每舱不少于 2 个，不多于 6 个。

（2）锅炉舱（包括辅助锅炉舱）应配备不少于 2 个泡沫灭火器。

（3）弹药舱内可设置 1 个泡沫灭火器，用以应对除弹药以外的初始火灾。

（4）主竖区每层甲板内居住处应至少配 2 个手提式泡沫灭火器。若干小室共用一个走廊，总面积不超过 50 m² 时，可在走廊内的适当位置配备至少 1 个泡沫灭火器。

（三）CO_2 灭火器的配备数量

下列装有较多电力机械或电气设备的舱室应配备 CO_2 灭火器。
（1）主柴油机舱不足 750 kW 配 1 个 CO_2 灭火器，750 kW 以上每舱配 2 个。
（2）发电机组每处配 1 个 CO_2 灭火器。
（3）设有主要配电板的单独舱室每处配 2 个 CO_2 灭火器。
（4）设有较多电气设备的其他舱室，以及有无线电、雷达、声呐等装置的舱室、海图室，每处配 1 个 CO_2 灭火器。
（5）蓄电池室（指非无线电或应急照明蓄电池）配 1 个 CO_2 灭火器。
（6）每个用电灶的厨房配 1 个 CO_2 灭火器。

（四）卤代烷灭火器的替代

卤代烷灭火器适用于除弹药舱外的场所。不同处所可以用不同的灭火器代替卤代烷灭火器：机器处所用 CO_2 灭火器、泡沫灭火器、干粉灭火器替代；电站等电器设备场所用 CO_2 灭火器、干粉灭火器替代；精密仪器、图文资料室用 CO_2 灭火器替代。

（五）移动（手提）式空气泡沫喷枪的配备要求

（1）空气泡沫喷枪的泡沫排量应不少于 2 m³/min。
（2）每支泡沫喷枪处应存放的泡沫液不少于 40 L。
（3）机器舱室内应配备 1~2 支泡沫喷枪。直升机库和飞行甲板各配 2 支泡沫喷枪。设有固定空气泡沫灭火装置的舱室可不配备手提泡沫喷枪。
（4）泡沫喷枪及泡沫液桶应固定放置在消火栓附近。

第四节 舰艇防护器材

舰内舱室狭小，发生火灾时温度很高。高温燃油珠粒和烟气会充满火灾区空间，空气变稀薄，甚至含有一氧化碳等毒性气体。如果没有防护器材，灭火人员很难接近火区灭火或进入高温舱室工作，舰员也很难逃离火灾舱室，所以在舰艇上备有防止人员灼伤和供呼吸用的防护器材。它们包括防火衣、石棉衣、自给正压式空气呼吸器、隔离式呼吸器、过滤式防毒（烟）面具、石棉手套及带钢心的安全绳（信号绳），还有一些供消防破拆使用的工具，如消防斧、铁铤、消防钩等。

隔离式呼吸器本身带有与外界隔离的氧气或空气可供呼吸，不受火灾空间毒害气体的种类和浓度的影响。

此外，还有一种过滤式防毒（烟）面具，其本身不带呼吸用的气体，而是将外界空气经滤毒罐过滤后变为相对净化的空气供呼吸用，这种防毒（烟）面具根据使用的滤毒剂、毒害气体种类和浓度的不同，其使用范围受到一定限制。一般来说，灭火中禁止使用这种面具，只有在火灾空间的一氧化碳浓度低于 2%时，才能装罐后使用。

一、消防呼吸器

（一）正压式空气呼吸器

1. 装具的构造

正压式空气呼吸器（图4-20）是为使用者进入缺氧、有毒、有害气体环境中工作时，防止吸入有毒、有害物质而提供有效呼吸保护的装备。使用场合通常为消防火灾现场、化工厂、实验室、化学有毒物质泄漏现场等。使用者完全不依赖环境气体，而由充装在气瓶内的高压清洁空气经减压后供人体呼吸，呼出的浊气则通过呼气阀排到大气中。

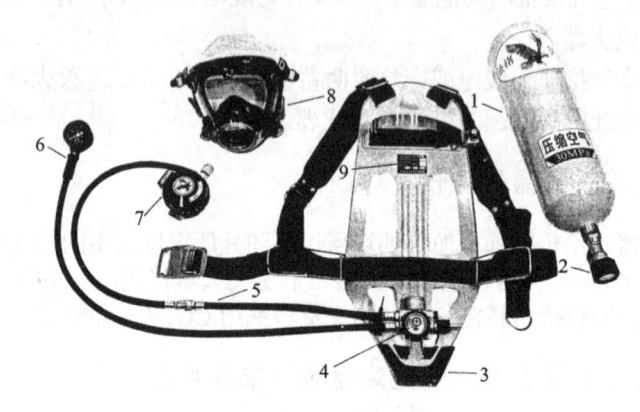

图4-20　正压式空气呼吸器结构图

1. 气瓶；2. 气瓶阀；3. 背架（背带、腰带）；4. 减压器；5. 中压导气管；
6. 压力显示装置（压力表）；7. 供气阀；8. 全面罩；9. 铭牌

整套呼吸器由面罩组件、供气阀组件、减压器组件、压缩空气瓶组件、背架组件和压力显示装置等组成。

（1）面罩组件。面罩组件（图4-21）的橡胶件由天然橡胶和硅橡胶混合材料制成。面窗为球面设计，由高科技材料制成，提供全方位视野，具有防雾功能，超强耐磨。头套为超薄型网状，受力均匀，透气性好。面罩上有一只大直径的凹形接口与供气阀相连，转动90°后能够快速连接器卡口的另一半。头部头罩呈网状形，以四点支承方式与面窗连接。当使用人员在佩戴面罩时，可调节宽紧带，双重传声器可使佩戴者有清晰的通话效果。

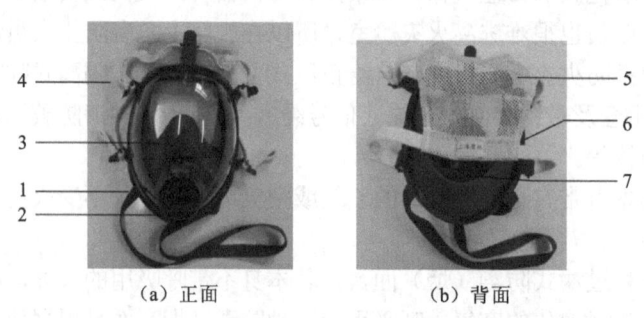

（a）正面　　　（b）背面

图4-21　面罩组件

1. 颈带；2. 供气阀连接口；3. 面窗；4. 头带；5. 头罩；6. 面窗密封圈；7. 口鼻罩

· 110 ·

（2）供气阀组件。供气阀组件（图4-22）安装在面罩上，向使用者提供压缩空气，当供气阀流量高达500 L/min时，仍能保持压缩空气瓶内压力大于环境大气压力，以满足使用者的需要。供气阀上部的中压管带一插头，穿过肩带的固定扣环可与中压管快速连接。

供气阀（图4-23）的出气口外形呈凸形，它与面罩连接，转动90°后可快速连接连接器卡口。快速连接器上装配有一环形垫圈，使供气阀与面罩连接保持密封。

供气阀内有一供气调节阀门，由一膜片控制开启，可根据使用者对吸气量的需求把空气供给使用者。膜片包括一个呼气阀，它将人体呼出的气体排出呼吸器外。供气阀外部有一手动杠杆开关，用来开关供气阀。当面罩从脸部取下时，按下供气阀旁边的橡胶罩按钮，即可关闭供气阀，停止供气。当使用者将面罩戴在脸上保持密封并吸气时，供气阀将自动开启，供给空气。供气阀零件都是用耐腐蚀材料制成。

冲泄阀（图4-24）位于供气阀入口处，可以调节并提供至少225 L/min的恒定空气流量。供气阀接口的一端设有供气孔，气体从面罩内表层进入，以便去除面窗内的积雾或薄霜。

图4-22 供气阀组件 　　　　图4-23 供气阀 　　　　图4-24 冲泄阀

（3）减压器组件。减压器组件（图4-25）的用途是保证下游供气阀能正常工作。减压器组件采用稳压式输出设计，可连接两个供气阀及面罩；前置报警器和压力表，报警声响亮，易于识别；腰间输出式接口，便于操作使用。减压器组件安装于背架上，通过一只手动手轮与气瓶阀连接。减压器组件包括报警器、中压安全阀、中压管组件和压力显示组件。当气瓶压力下降至5 ± 0.5 MPa时，会发出报警声响。当减压器受

图4-25 减压器组件

某种因素影响导致中压升高时，中压安全阀自动打开，可确保中压管和供气阀正常工作。中压管将减压器输出的中压送至供气阀，中压管上有一快速插头，可快速将供气阀与减压器连接。压力显示组件可用来显示气瓶内的压力。

（4）压缩空气瓶组件。压缩空气瓶（图4-26）有超高强度钢、高强度钢和碳素纤维复合材料三种材料规格，额定储气压强均为30 MPa，当气瓶内压强超过额定压强25%左右时，气瓶阀上卸压阀会自动卸压。

目前消防训练以碳纤维复合材料气瓶为主，其优点为重量轻、耐腐蚀、抗冲击、使用寿命长。压缩空气瓶配有瓶阀防误开关，安全可靠，还配有瓶阀压力表，不需要开瓶阀就可观察瓶内压力。瓶阀采用大六角防滑设计，方便操作。

（5）背架组件。背架组件（图 4-27）包括背架体、肩带、腰带。背架体韧性强，90°弯折不变形，腰肩垫宽大柔软，由高阻燃材料制作，采用适合人体背部和臀部生理特征的形状，使装具的重量主要分布于人体臀部，增强佩戴者肩部的活动能力，降低疲劳强度。背架组件的作用是支撑气瓶组件和减压器组件。

图 4-26　压缩空气瓶

图 4-27　背架组件

2. 主要技术指标

（1）气瓶工作压强：30 MPa。
（2）供气流量：＞300 L/min。
（3）呼气阻力：＜870 Pa。
（4）报警压力：5+0.5 MPa。
（5）使用时间：约 1 h。
（6）气瓶材料：碳素纤维复合材料。

3. 工作原理

当打开气瓶阀时，储存在压缩空气瓶内的高压空气通过瓶阀进入减压器组件。高压空气经减压后输出 0.7 MPa 的中压空气，中压空气经中压管进入安装在面罩上的供气阀，供气阀响应使用者的呼吸要求，能提供大于 300 L/min 的空气。

吸气时大膜片根据使用者的吸气而移动。压下开启摇杆，打开活塞，便开始提供气流。呼气时大膜片向上移动，直至导座被外壳挡住而停止，打开呼气阀，将呼出的气体排到系统外。当停止呼气时，呼气阀关闭，准备下一次吸气。供气阀进气口上配有一个红色旋钮指示器，用于控制一只可旋转 180°的冲泄阀，将此旋钮逆时针方向旋转 180°，可获得至少 225 L/min 持续流量的空气。当供气阀活塞发生故障时，这只红色旋钮阀可用作人工供气。供气阀正常操作时，冲泄阀处于断开位置（指示器向上），只有在非常必要时，才使用这只冲泄阀，否则将迅速放空气源。

使用者戴上面罩吸气，会产生足够的负压。将大膜片向下移动，直至通过导座将正压杠杆从锁紧装置中拉出，使正压杠杆重新作用在大膜片上，并通过摇杆开启供气阀活门向使用者供气。

· 112 ·

4. 装具的佩戴和使用

（1）背戴气瓶。将气瓶阀向下背上气瓶[图 4-28（a）]，通过拉肩带上的自由端调节气瓶的上下位置和松紧，直到感觉舒适为止[图4-28（b）]。

（a）背上气瓶 　　（b）调节肩带

图 4-28　背戴气瓶

（2）扣紧腰带。从腰带内向外插入腰带插头，压下插头伸出带扣的一端，然后将腰带左右两侧的伸缩带向后拉紧，确保扣紧（图4-29）。

图 4-29　扣紧腰带

（3）佩戴面罩。松开面罩下的两根颈带，拉开面罩头网[图 4-30（a）]，先将面罩置于使用者脸上，然后将头网从头部的上前方向后下方拉下，由上向下将面罩戴在头上[图4-30(b)]，调整面罩位置，使下巴进入面罩下面凹形内，先收紧下端的两根颈带[图 4-30（c）]，然后收紧上端的两根头带[图 4-30（d）]，如果感觉不适可调节头带松紧。

（a）松开颈带 　　（b）戴上面罩 　　（c）收紧颈带 　　（d）收紧头带

图 4-30　佩戴面罩

（4）检查面罩密封。用手按住面罩接口处，通过呼气检查面罩密封是否良好（图4-31）。若密封不佳，可收紧头带或重新佩戴面罩。

注意，面罩的密封圈与皮肤紧密贴合是面罩密封的保证，必须保证密封面与皮肤之间无障碍物。

（5）安装供气阀。将供气阀上的红色旋钮放在12点钟位置，确认其接口与面罩接口啮合，然后沿顺时针方向旋转90°，当听到咔嚓声时即安装完毕（图4-32）。

（6）检查装具性能。使用装具前必须完全打开气瓶阀，同时观察压力表读数，气瓶压强应不小于28 MPa，通过几次深呼吸检查供气阀性能（图4-33），吸气和呼气都应舒畅，无不适感觉。

图4-31 检查面罩密封　　　图4-32 安装供气阀　　　图4-33 检查供气性能

（7）使用装具。装具经认真检查后即可投入使用。使用过程中要注意报警器发出的报警信号，听到报警信号应立即撤离现场。按平均耗气量30 L/min 计算，从发出报警声到压缩空气差不多用完大约8 min。报警器音响在1 m范围内为90 dB。

（8）使用结束。使用结束后，先用手捏住面罩左右两侧的颈带扣环向前推，松开颈带，然后再松开头带，将面罩从脸部由下向上脱下（图4-34）。按下供气阀上方的橡胶钮开关，关闭供气阀。拉开腰带插头伸出端，将插头从腰带扣中退出（图4-35）。

图4-34 脱下面罩　　　图4-35 松开腰带

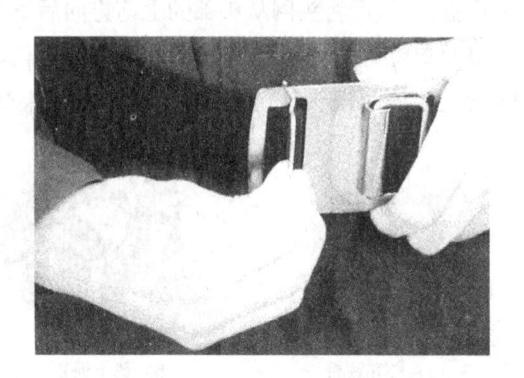

5. 装具维护保养要点

(1) 呼吸器在每次使用后，应该随时进行清洗。如果一套呼吸器供一人以上使用的，则应在每次使用后进行认真彻底的清洗消毒。

可通过三种方式对面罩进行消毒：①以 70%的乙醇、甲醇或异丙醇溶液用海绵擦拭清洗面罩；②把面罩浸入一个由两汤匙氯漂白粉和 4 L 水组成的次氯酸盐溶液中清洗；③将面罩浸入一个由一茶匙碘和 4 L 水组成的碘水溶液中清洗。

消毒后的面罩应用清水做彻底漂洗，去除所有洗涤剂、清洁剂和消毒剂的痕迹，防止皮肤病。面罩应放在清洁的地方晾干。

(2) 空气呼吸器气瓶充气程序。检查气瓶压力，如果需重新充气，则按下列程序进行：①顺时针方向旋转瓶阀手轮，完全关闭气瓶阀；②打开冲泄阀，释放减压器和供气阀内的剩余压力；③从背架上取下气瓶组件，把气瓶放在合适的分隔容器中，防止人员伤害；④把气源的充气接头连接到瓶阀口上，并确保连接可靠；⑤先打开瓶阀，然后慢慢地打开充气阀，对气瓶充气至 30 MPa；⑥关闭气瓶阀和充气阀，放空充气管路中的残余压力，然后再从充气装置上取下气瓶；⑦将气瓶安装到背架上或另外存放备用。

（二）隔离式呼吸器

隔离式呼吸器有再生式呼吸器、隔离式空气呼吸器、隔离式生氧呼吸器、化学氧自救呼吸器 4 种。

1. 再生式呼吸器

(1) 用途。再生式呼吸器能在 45～60 min 内给在有烟雾及毒害气体空间工作的人员提供呼吸。

(2) 构造。再生式呼吸器（图 4-36）也称再生式防烟面具，属于隔离式呼吸器的一种。再生式呼吸器主要由面具、呼吸阀箱、呼吸气管、呼吸袋和氧气再生罐组成。

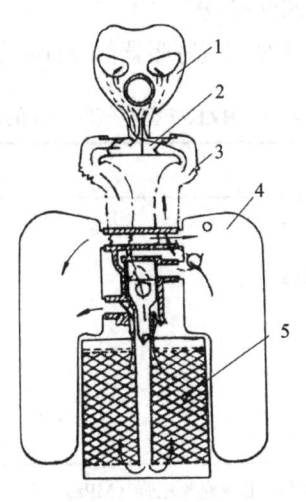

图 4-36 再生式呼吸器结构图

1. 面具；2. 呼吸阀箱；3. 呼吸气管；4. 呼吸袋；5. 氧气再生罐

氧气再生罐连续使用时间为 1 h，罐内所装药剂主要成分是过氧化钠（Na_2O_2），它起两个作用：吸收呼出的 CO_2、水蒸气；生成氧气供人呼吸。

（3）使用方法。再生式呼吸器可以与石棉衣联合使用，也可以单独使用，使用方法如下。①戴呼吸器。右手握住罐套将呼吸器托起，左手拿住背带套在头颈，将背带开口端扣在胸板上部的铁环上，然后扣上胸板下部的腰带。②装罐。先将罐盖撕去，让罐颈内金属薄片封口露出，然后将罐套下部的托架手轮转至最低位置并转动托架向前，把罐置于套内后将托架转至原位。③将罐颈顶在连接器上，左手用力推压罐套左侧的铁栓，然后转动托架手轮，直至罐颈橡皮垫圈紧顶在连接器上。④戴面具。先扣紧下部扣带，再扣紧两侧扣带。用两手将面具往颈部下拉，最后扣紧上部。扣带面具戴好后，将呼吸管捏紧截住气路并吸气，检查是否漏气。⑤呼气入袋即可促使再生罐开始工作。右手捏紧呼气管和吸气管，左手将气阀压下，同时吸气，然后放开两手吐气入袋。如此重复 15 次，使呼吸袋充满空气，同时再生罐开始作用。若 15 次后罐不发热，再重复 15 次，若还不发热，则需换新罐。若袋内空气过多，可经进气阀排出。灌气时若需要的次数过多或呼吸袋迅速缩小，即表示漏气。⑥正常呼吸后进入毒区。⑦使用完后移去再生罐。将两脚分开，身体微向前倾，迅速将托架拉开，罐即落地（刚使用过的罐烫手，裸手不能触摸）。

（4）维护保养。再生式呼吸器的维护保养应注意：①呼吸器和再生罐应储存于低温干燥之处；②未用前切勿打开罐盖；③切勿让任何杂物进入呼吸阀箱、呼吸箱、呼吸袋和再生罐内，尤其应禁止水、油、水油混合液、汽油和脂肪水进入。

2. 隔离式空气呼吸器

隔离式空气呼吸器又称自携式空气呼吸器。

（1）用途。自携式空气呼吸器，为灭火人员进入火灾区施救时提供呼吸保护，也可为工厂、舰艇及其他场所的使用者进入有毒、有烟尘或缺氧的环境中提供呼吸保护。

（2）结构。空气呼吸器主要由全面罩、空气瓶、供气调节器、压力表、警报器、软管及背带（包括肩、腰、胸带）等部件组成。

（3）主要技术性能。HZK-7 型空气呼吸器的设计性能见表 4-21。

表 4-21　HZK-7 型空气呼吸器的设计性能

项目	值
总重（未充气）/ kg	12±0.5
气瓶工作压强/ MPa	20
气瓶容积/ L	7±0.3
气瓶储气量/ L	1400
最大工作时间/ min	≈46

注：1. 最大工作时间（min）= $\dfrac{\text{气瓶容积（L）} \times \text{充气压强（MPa）} \times 10}{\text{肺通量（L/min）}}$，式中：分母为中等劳动强度人员的肺通气量（常压下），为 8～15 L/min

2. 压力表应选用密封型，外径 50 mm，1.5 级精度，表盘黑底白字，有夜光，在 0～3 MPa 处有红色扇形标记

3. 隔离式生氧呼吸器

隔离式生氧呼吸器又名自携隔绝式生氧面具、生氧面具。

（1）用途。SM-1 型生氧面具是一种隔绝式个人防护器材，使用碱金属超氧化物药剂（如超氧化钠、超氧化钾等）作为氧源。人体呼出的 CO_2 和水蒸气经过导气管、气囊袋进入产氧罐与化学生氧药剂反应，吸收 CO_2 和水蒸气，放出人体呼吸所需的氧气，进入吸气袋。当人员吸气时，气体由吸气袋经导气管、面罩进入人员呼吸器官，完成一次呼吸循环。

整个工作过程是在与大气隔绝的情况下进行的，可以防止空气中有毒烟雾、气体、水蒸气、放射性灰尘和细菌等有毒物质对人们的伤害。在人员进入火灾区施救，或在船舶、工厂及其他场所进入有毒、有烟尘或缺氧的环境时，佩戴生氧面具（呼吸器）具有良好的防护效果。

（2）主要技术指标。

供气流量：>300 L/min。

吸气阻力：<666 Pa。

呼气阻力：<400 Pa。

报警压力：3 MPa。

使用时间：约 2 h。

整机重量：4.5 kg。

（3）结构。SM-1 型生氧面具（图 4-37）由产氧器（内装产氧剂罐、呼气袋、呼吸阀、吸气袋、应急补给装置）、头盔式面罩（口鼻式面罩）、双套导气管（导气管为双层波纹套管，内层平管为呼气道，外层波纹管为吸气道，内外管两端有过桥连接固定装置）等主要部件组成。

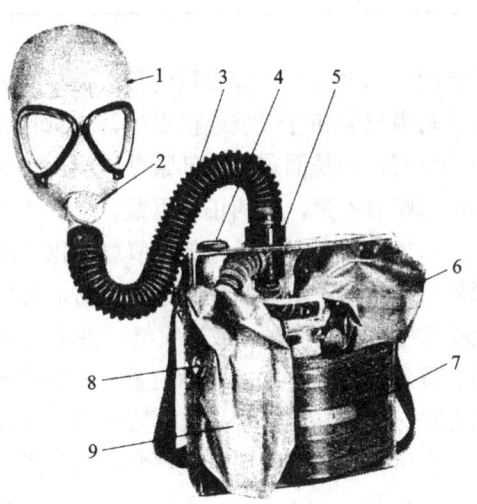

图 4-37 SM-1 型生氧面具结构图

1. 头盔式面罩；2. 通话器；3. 双套导气管；4. 应急补给装置；5. 连接螺母；
6. 呼气袋；7. 产氧剂罐；8. 呼吸阀；9. 吸气袋

产氧剂罐采用不易与药剂起化学作用的铜皮制成，内部为纵列式波纹铜皮隔板，其作用是防止药剂结块和散热，内装过氧化钠（Na_2O_2）为基体的药剂 1100~1300 g，药剂上下两端安装有铜线网和滤料组成的过滤层,用以除去碱性粉尘。

头盔式面罩由罩体、呼吸阀、双眼窗和口鼻罩(又名阻水罩)组成。罩体及内附口鼻罩用含胶量80%的天然橡胶腊压硫化成型。眼窗呈桃形,上宽70 mm,垂直长80 mm,总视野83%,双目视野28%。镜片采用复合玻璃材料,镜片不易毛糊,也可避免无机镜片因易碎产生碎屑而伤害眼睛;复合玻璃镜片被机械物质打破后仍可保持不漏气,继续对毒剂产生防御能力。吸气袋起缓冲及降温作用。

(4)工作原理。在隔绝大气的情况下,人体呼出的CO_2和水蒸气通过双套管内层的呼气道、呼气袋进入产氧罐与药剂发生反应,放出氧气,然后进入吸气袋。双套管外层吸气道、头面罩供吸入氧气。循环气体的温度一般在38℃左右。在室温20 ℃时,2 h后测定生氧率应不低于21%,CO_2体积分数应不高于1.5%。

(5)使用方法。根据头型大小选配合适的头盔式面罩。当佩戴时,其边缘应与头部紧密贴合,同时不得引起头痛的感觉。一般选择面罩的方法如下:先用软皮尺量取由头顶沿两颊、两耳到下腮的弧长,再量取沿上额通过眉毛上缘的两耳间的弧长;将两次量取结果相加,根据获得的总数,按表4-22确定面罩型号。

表4-22 面罩型号确定

量取尺寸相加总数/ cm	面罩型号
<94	1
94~99	2
>99	3

每次使用前应检查产氧面具的气密性。检查双套管接头与组装箱上的接头座是否连接妥当,产氧罐两个连接口是否与吸气袋和呼气袋连接妥当。注意直通孔应接在吸气袋上。

佩戴头盔式面罩的正确位置,应是面罩的上部紧贴鼻梁,下部应在下腮下缘处。镜片若出现雾气,则说明面罩与面部贴合不紧,应纠正或重戴。

戴好头面罩后,猛吐一口气,使产氧罐迅速放出氧气,供呼吸用。

在使用中,如果发现氧气供给量不足,感到呼吸困难时,可用手猛按应急补给装置,压碎玻璃(硫酸)小瓶,让硫酸与生氧剂接触,放出氧气,供2~3 min内急用,这时应立即离开现场,摘下面具(应急装置只能使用一次,用后应重新装填药剂后才能第二次使用)。

不得随意将产氧罐盖拧松,避免进入湿气及CO_2,降低使用效果甚至导致产氧面具失效。

产氧罐会因震动而产生粉尘,刺激呼吸道,应严禁其与油类、易燃物接触,并避免温、日晒。

产氧罐失效后,应重新装药。可从装药孔处将药剂倒出,如倒不尽可用水浸泡后倒出,但浸水后须经严格干燥才能装药。失效的药剂呈强碱性,必须小心处理,注意安全。装药必须在干燥、清洁的环境中进行(或返厂重新装药)。

4. 化学氧自救呼吸器

化学氧自救呼吸器（图 4-38）是利用人体呼出的 CO_2、水蒸气与超氧化物发生化学反应产生氧气，供人体呼吸的一种防护装具，能够解决舰艇人员在紧急逃生时进行有效呼吸和防护的需求。

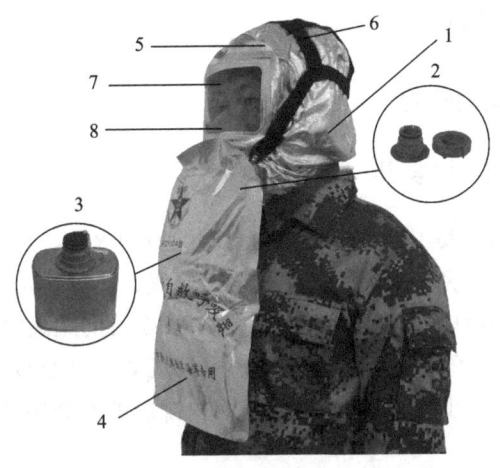

图 4-38 化学氧自救呼吸器结构图

1. 防护头罩；2. 插卡式快速接口；3. 反应罐组件；4. 储气袋组件；5. 反光标示带；6. 帽带；7. 防雾镜片；8. 口鼻罩

化学氧自救呼吸器主要由防护头罩组件、反应罐组件、储气袋组件三部分构成，通过插卡式快速接口连接，其技术参数见表 4-23。

表 4-23 化学氧自救呼吸器参数

参数名称		数值
佩戴质量/ g		<1000
防护时间（以 30 L/min 呼吸量计）/ min		>30
氧浓度	初始 2 min 内/ %	>17
	平均/ %	>21
CO_2 浓度	平均/ %	<1.5
	最大/ %	<3.0
吸气温度/ ℃		<45
呼吸阻力之和/ Pa		<400
储气袋有效容积/ L		>6

化学氧自救呼吸器与外界隔绝，独立供氧，适用于在各种有毒有害气体及缺氧环境下进行呼吸防护，是舰艇发生火灾后保障人员在火灾浓烟中坚守岗位、保持战斗力和从浓烟环境中撤离时有效的呼吸防护装具。化学氧自救呼吸器具有以下特点。

（1）眼窗采用防止水汽的 PC 材料制造，不会因上雾而影响视觉。

（2）设置插卡式快速接口，可进行储气袋的快速更换，延长防护时间。

(3)产品盒采用 1.5 mm 厚的铝合金材质铸造,轻便、方便携带、抗撞击、防盐雾、密封性好,具有快速开启功能。

(4)防护头罩采用铝箔隔热材料,具有良好的阻燃隔热、防辐射热功能。

(5)呼吸器的所有橡胶件均采用无毒的高弹力硅橡胶,具有良好的抗老化和抗氧化功能,可在 2 s 内承受 800 ℃的高温。

二、舰艇消防防护服

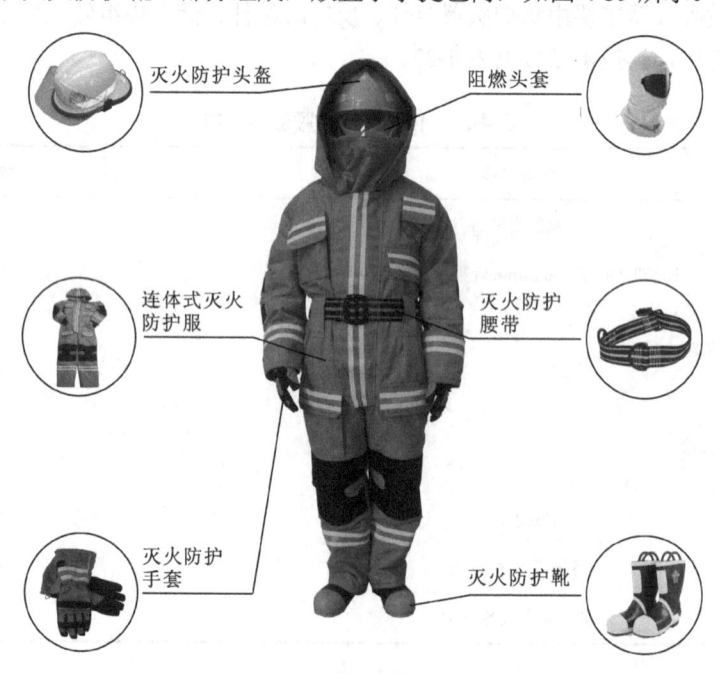

(一)连体式灭火防护装具

连体式灭火防护装具主要用于在舰艇较为封闭舱室的灭火、蒸气泄漏处理及其他高温条件下作业时,保护灭火人员免受火灾所产生火焰、蒸气、热辐射及高温的伤害。

连体式灭火防护装具可以保证舰员在距离火焰1~2 m 的距离内工作时间不少于 20 min;在起火区、蒸气区或其他烟气区域,温度不超过 150 ℃时,工作时间不少于 8 min,温度不超过 180 ℃时,工作时间不少于 5 min,且防护服内部温度不会超过 55 ℃。

1. 装具组成

连体式灭火防护装具由连体式灭火防护服、灭火防护头盔、阻燃头套、灭火防护腰带、灭火防护手套和灭火防护靴 6 部分组成,放置于手提包内,如图 4-39 所示。

图 4-39 连体式灭火防护装具构造图

2. 装具特点

连体式灭火防护装具有以下特点。

(1)帽子加大护襟设计,能有效防止烟尘侵入。

（2）头盔耐高温、防冲击、抗刺穿，可起到保护头部的作用。头盔采用消防专用面屏，通过光学矫正并加硬，确保视觉的正确性和面屏的抗压性。

（3）阻燃头套防火、保暖、轻便、舒适。

（4）3M 反光标示带鲜明亮眼，可增加浓烟环境中的可识别性。

（5）灭火防护手套操作灵活，耐磨、耐热、防火、轻便。

（6）后背气囊带可配合空气呼吸器使用。

（7）灭火防护腰带为一整根，无接缝，耐高温、耐腐蚀、耐磨损、重量轻、强度高。

（8）袖口、膝盖处为菱形补强材料，耐磨损且便于人员活动。

（9）灭火防护靴耐腐蚀、耐重压、耐穿刺，鞋底为不锈钢钢板设计，耐油性、防触电。

3. 装具参数和特性要求

（1）连体式灭火防护服。

阻燃性能：损毁长度≤5 cm；续燃时间≤0 s；无熔滴现象。

断裂强力：①外层材料≥1300 N；②舒适层：经向≥3000 N，纬向≥300 N。

撕破强力：≥120 N。

热稳定性能：收缩率≤5%，表面无变化。

整体热防护性能（thermal protective performance，TPP）值≥35 cal/cm^2。

静水压：≥50 kPa。

色牢度：耐洗沾色和耐水摩擦≥3 级。

表面抗湿性能：≥4 级。

透湿率性能：透湿率≥5 600 g/m²（24 h）。

防护服总质量：≤4.5 kg。

（2）灭火防护头盔。

灭火防护头盔为四点式帽冠，能最大限度地提高抗冲击性能，并保证佩戴的舒适。

快接叶片系统，可快速轻松地替换面屏和护目镜。

反光带耐高温（可达 260 ℃）、防裂痕、防脱落。

不锈钢 D 形悬挂圈，可将头盔垂直挂在任何尺寸的钩子上。

三位调节器和半月形调校系统采用人性化设计，可根据头部大小调节头盔的佩戴高度。

（3）灭火防护手套。

手掌、手指关节与骨关节防护：采用 100%芳纶纤维制成的弹性针织布料，具有防火的硅碳面料外层。

手背、袖筒部分：采用聚苯并咪唑（polybenzimidazoles，PBI）斜纹面料，极轻盈，并耐热防火。

内里/隔离层：采用 100%芳纶纤维制成的交叉针织布。

袖筒内里：采用间位芳纶纤维制成的面料。

嵌入物料：采用英国 Porelle 公司生产的薄膜，防水、防风、防水蒸气，透气性能强，符合人体工学。

外层：袖套部分有 3M Scotchlite 黄银相间反光带、反光标签、耐磨反光标签，末端设有由芳纶纤维耐热材料制成的可调节缩紧带及魔术贴封条，手套左右边上有钩环，方便携带，在骨关节防护部分上有黄色反光管。

（4）阻燃头套。

TPP：≥20 cal/cm²。

阻燃性能：续燃时间≤1 s，损毁长度≤100 mm，无融熔、滴落现象。

缩水率：≤5%。

热稳定性能：≤5%，无融熔、分离、燃烧现象。

破裂强力：≥1200 N。

接缝强力：≥1300 N。

（5）灭火防护腰带。

静负荷性能：滑移距离≤10 mm，无脱落、无明显损伤。

抗冲击性能：无脱落、无明显损伤。

耐高温性能：无融熔、焦化现象。

金属零件耐腐蚀性能：轻微级。

（6）灭火防护靴。

防护靴整体设计人性化，鞋体高度小于 35 cm，低于膝盖，不会卡住小腿。鞋体总重量小于 3.2 kg，鞋口两侧带提把，便于穿脱及拿取。鞋身通过橡胶补强，胫骨加强保护，具有耐腐蚀不锈钢靴头、靴底，耐重压、耐穿刺。鞋后跟通过特殊肋形补强，加强耐磨、耐穿刺保护，两侧有反光条，增加警示功能。

防护靴在约 7.5 cm 高的火焰中直接暴露 12 s，防护靴续燃时间为 0 s。防护靴被点燃并烧坏的时间超过 20 s；把防护靴的靴底放置在 300 ℃的高温物体表面 1 min，靴底无熔融和无熔滴；将靴底埋在 250 ℃的热砂中放置 10 min 后，防护靴靴底无脱落现象，无熔融和熔滴产生。

靴底采用不锈钢钢板设计，耐 1200 N 穿刺，耐 1 500 000 次屈挠；靴尖有钢头增强，可以防砸。靴体具有优异的耐油性能，耐电压 18 kV。

（二）接近式灭火救援装具

接近式灭火救援装具主要用于：在舰艇飞行甲板等开阔空间的灭火、救援作业时，在一定时间内保护舰（艇）员免受热辐射、火焰等的伤害；在飞行甲板舰载机坠毁时免受大量航空煤油燃烧瞬间产生的大量热辐射的伤害，保障舰员近距离完成坠毁舰载机灭火、营救机组人员的工作。

接近式灭火救援装具的作业时间：在距离 25 m² 油池火焰 1.5 m 时，作业时间不少于 10 min；距 1300 ℃热辐射源 1 m 时，作业时间不少于 15 min；距火焰 1～2 m 时，作业时间不少于 30 min。救援装具内部温度不超过 55 ℃。

1. 装具组成

整套接近式灭火救援装具主要由灭火救援头盔、阻燃头套、灭火救援裤、灭火救援衣、灭火救援头套、灭火救援靴组成，如图 4-40 所示。

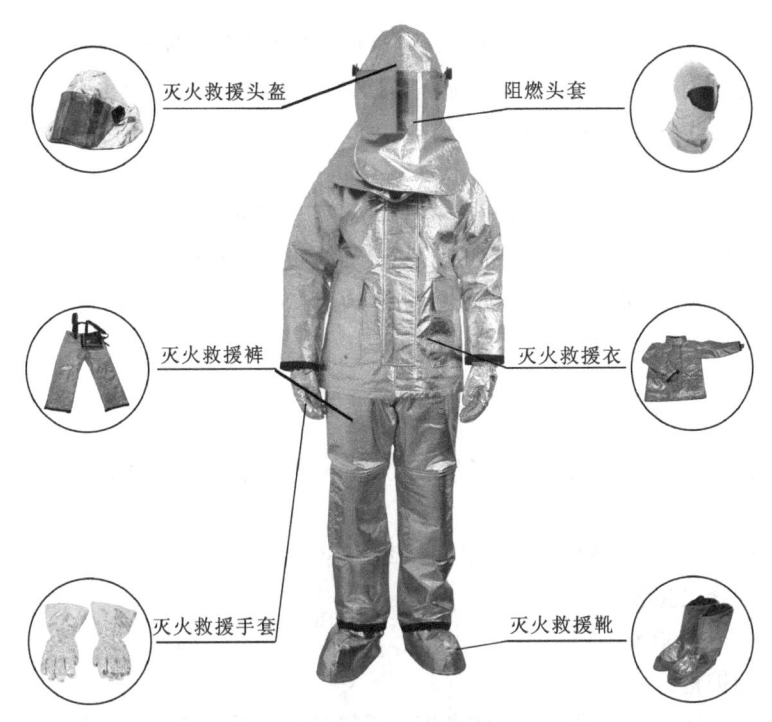

图 4-40　接近式灭火救援装具组成图

2. 装具特点

（1）阻燃头套采用环绕设计，可防止烟尘侵入。

（2）袖口脚口补强材料包边，耐磨耐用。

（3）背带采用"H"形设计，可调节长短。

（4）背部消防服拖拉带设计，在战友出现意外受伤昏迷倒地，其他战友在背、抬均不方便时，可迅速地将受伤人员及时拖拉到安全地点。

3. 装具参数

（1）接近式灭火救援服。

TPP：$\geqslant 35 \text{ cal/cm}^2$。

救援服总质量：$\leqslant 4 \text{ kg}$。

阻燃性能：续燃时间$\leqslant 2 \text{ s}$，损毁长度$< 100 \text{ mm}$，无融熔、滴落现象。

抗辐射热性能：$\geqslant 20 \text{ s}$。

耐高温性能：经向、纬向$< 3\%$，试样表面无明显变化。

耐湿曲折性能：表面无破裂、分层。

热稳定性能：收缩率$\leqslant 5\%$，试样表面无明显变化。

（2）灭火救援头盔。

外层银色面料为 3 层 PBI/芳纶纤维镀铝隔热材料，使用魔术搭扣与内部头盔连接，可以抵御高温辐射热。

内部头盔为消防头盔，外壳为玻璃纤维材料，具有优异的耐高温性能和耐化学物质性能；帽衬为六点式减震设计，使穿戴更加舒适。

6英寸镀金面屏，表面有防刮擦涂层，可以抵御高温辐射对眼睛的伤害。

救援头盔带有肩部披肩，可用魔术贴调节松紧，与救援上衣结合紧密。

灭火救援头盔也可配合空气呼吸器使用。

（3）灭火防护手套。

灭火防护手套外层为PBI镀铝面料，可以防护高辐射热。

内里/隔离层采用100%芳纶纤维制成的交叉针织布，防水透气隔热，穿戴更加舒适。

10 cm长梭织腕套阻燃耐高温，与服装结合紧密，可防止火星溅入。

缝纫线为高强度芳纶纤维线，双线锁针缝纫。

（4）阻燃头套。

TPP：$\geqslant 20 \ cal/cm^2$。

阻燃性能：续燃时间$\leqslant 1 \ s$，损毁长度$\leqslant 100 \ mm$，无融熔、滴落现象。

缩水率：$\leqslant 5\%$。

热稳定性能：收缩率$\leqslant 5\%$，无融熔、分离、燃烧现象。

破裂强力：$\geqslant 1200 \ N$。

接缝强力：$\geqslant 1300 \ N$。

（5）灭火防护靴。

灭火防护靴整体设计人性化，鞋体高度小于35 cm，低于膝盖，不会卡住小腿，鞋体总重量小于3.2 kg。

（三）铝箔隔热服

铝箔隔热服（图4-41）由头罩、上衣、背带裤、手套、隔热鞋组成，具体参数见表4-24。铝箔具有隔辐射热效能好、反射率高、质地柔软、重量轻、耐老化和防火等特性。铝箔表面采用芳族聚酰耐热纤维以特殊镀铝处理，衬里为天然纤维织物。

图4-41　铝箔隔热服

表 4-24　GR-1000 消防员隔热防护服

项目	测试条件	测试结果
反射率	CD-10 光光度计，以硫酸钡白作标准	全反射率约 80%，漫反射率约 58%
防辐射热	距热源 20 cm 处，单位面积荷辐射热 2 cal/cm^2	95.19%
耐高温	200 ℃，30 min 烘箱内鼓风焙烘	表面无变化
耐老化	70°，72 h	无变化
耐水压	700 mm 汞柱（密封式）	无水滴

铝箔隔热服适用于消防、热炉抢修等作业。在国外，根据用料结构的不同，一般分轻型、中型、重型三种：轻型铝箔隔热服用棉布或玻璃布作布坯，上下身为分开式并带活动头罩，仅用于防辐射热；中型铝箔隔热服由多层材料制成，其中绝热层用石棉，头罩连接防护服并配备有压缩空气钢瓶呼吸器，可进入缺氧浓烟场所，防御强烈的辐射热和短暂接触火焰；重型铝箔隔热服也由多层材料制成，最内层为呢绒，配有连衣链式头罩及空气钢瓶呼吸器，能防御强热辐射热并准许接触火焰，所以又称防火衣。

三、舰艇其他防护器材和工具

（一）消防手套

消防手套是用来保护消防员手部，使之免受伤害的一种防护装具。

消防手套是按照消防作业特点设计制造的一种专用手套。它穿戴柔软舒适，耐磨性强，防水性能良好，适合消防员在训练和灭火中使用。

1. 构造

消防手套（图 4-42）为五指分开式、里外双层结构。外层采用猪皮，手心贴皮加固，起到耐磨和防穿刺的作用，手背和手筒由防水、阻燃、防霉细帆布制成，可防水隔热；里层用棉毛布浸塑，提高防水性能。

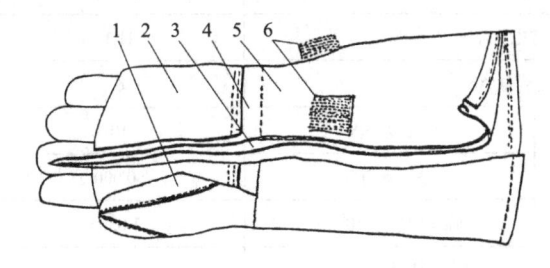

图 4-42　消防手套结构图

1. 大拇指贴皮；2. 手心贴皮；3. 浸塑棉毛布里层；4. 猪皮手心；5. 细帆布手统；6. 尼龙搭扣

2. 技术规格性能

（1）尺寸：长筒式全长 390 mm，短筒式全长 270 mm；有大号、小号两种规格。

(2) 重量：长筒为 230 g；短筒为 200 g。

(3) 防水性能：浸水 24 h 无渗漏。

(4) 触觉性能：干、湿两种状态下，均能在 30 s 内连续三次拾起直径 5 mm 圆滑试验针。

（二）手提强光射灯

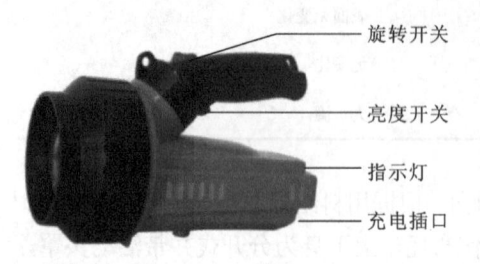

图 4-43　手提式强光穿雾灯

手提强光射灯一般可分为手提强光搜索灯和手提强光穿雾灯。

手提强光搜索灯采用最新研发的高亮度单颗 LED 灯泡为光源，可达到 2000 m 以上的远距离照射，适用于消防、救援、作战等环境，也可供铁路、油田、石化、轮船、安保、工矿企业抢险救灾使用。

手提强光穿雾灯（图 4-43）采用纯正的可视黄色 LED 灯泡作为光源，具有高亮度、远距离、重量轻（0.8 kg）、方便携带的特点，是消防战士在浓烟大雾的火灾场所最合适的照明工具。它能穿透烟雾，根据浓度大小，其穿透烟雾的距离达到 1～10 m，为困在烟雾弥漫场合的消防战士提供一线光明；也是雾霾天气户外救援队最合适的照明工具。超大的放光口径设计可实现近距离的大面积照射，是普通手提灯近距离光圈面积的 6～10 倍。

1. 基本结构

手提强光射灯外壳均采用阻燃、抗摔跌的特种 ABS 材料，全密封设计，防水性能高，照度为 350～400×10⁶ lx，相当于 45 W 节能灯照度的 10 000 倍。电池使用特质锂电池组，容量大，寿命长。

2. 技术参数

手提强光射灯的技术参数见表 4-25。

表 4-25　手提强光射灯技术参数表

参数名称		搜索灯	穿雾灯
额定电压/V		11.1	11.1
额定容量/Ah		6	6
光源	额定功率/W	10	10
	使用寿命/h	50 000	50 000
	强光通量/×10⁶ lm	1 050	780
	中光通量/×10⁶ lm	350	400
	闪光通量/×10⁶ lm	0～1 050	0～780
连续放电时间	强光/h	5	5
	中光/h	24	24
	闪光/h	8	8

3. 特点

（1）灵活便捷：有三种照明方式，两种握法操作，适合各种不同场合使用。

（2）防爆性能：采用阻燃 ABS 外壳设计，防爆性能符合国家要求。

（3）万向安装器设计：万向安装器内置强力磁铁，可使手提强光射灯吸附在舰船甲板墙壁等任何金属平面上。

（三）头戴式强光照明灯

头戴式强光照明灯是一款符合人体工程学的高效能头灯，配合消防安全头盔使用，配有 6 颗 0.5 W LED 灯珠，配备多种工作模式，并且带有可视性警示灯以提高安全性。

1. 基本结构

头戴式强光照明灯由 6 颗 0.5 W LED 光珠组成的光源组件、锂电池组件、硅胶帽带组成，如图 4-44 所示。

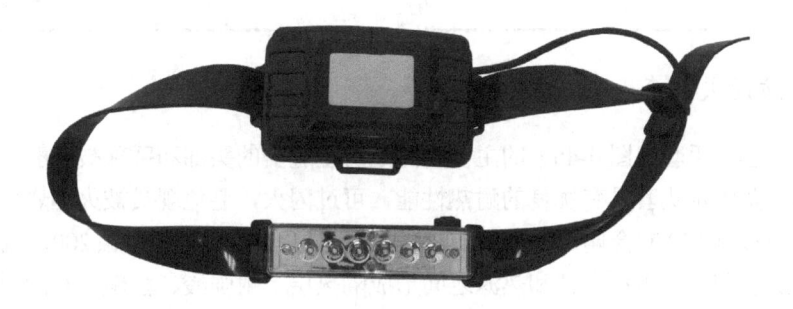

图 4-44 头戴式强光照明灯

2. 特点

（1）防爆性能：完全符合国家防爆标准要求，采用冷光源，发热量低，具有优良的防爆效果，可在各种易燃易爆场所安全工作。

（2）专业设计：采用锂电池，容量大、寿命长、性能安全稳定、自放电率低，可随时充放电；光源采用进口大功率 6 个 0.5 W LED 作为主光源，辅光源采用 6 颗小功率 LED，耗能少、光效高，寿命长达 10 000 h，避免灯泡频繁更换。

（3）高新技术：采用脉宽调制技术，工作光光通量为 $680×10^6$ lm（强光）/$300×10^6$ lm（中光）/$0～680×10^6$ lm（闪光）；材质为阻燃 ABS；灯头可上下调节照射角度。

（4）专业保护：除了具有强光照明、工作光照明功能，充电器采用专用充电芯片控制充电，具有高可靠性、快速充电、过充保护、短路保护、涓流充电、状态指示等特性和功能。

3. 技术参数

头戴式强光照明灯的技术参数见表 4-26。

表 4-26 头戴式强光照明灯技术参数表

参数			数值
额定电压/V			11.1
额定容量/Ah			2.5
光源	额定功率/W		3
	使用寿命/h		10 000
	强光通量/×10⁶ lm		680
	中光通量/×10⁶ lm		300
	闪光通量/×10⁶ lm		0～680
连续放电时间/h	强光		3
	中光		8
	闪光		7

（四）防闪火头套和手套

防闪火头套和手套（图 4-45）的主要功能是防止舰员的头部和手部被舰船上的爆炸和高温火焰烧伤。防闪火头套具有优良的耐热性能，可过闪火，避免舰员被火焰烧伤。防闪火手套可保障舰员接触 120 ℃金属部件无影响，接触 160 ℃金属部件 6 s，接触 200 ℃金属部件 3 s。

防闪火头套和手套可在人体和热源之间形成隔热层，耐强酸、强碱，对潮湿不敏感，绝缘性好，柔软、透气、耐用。

(a) 头套　　　　　　　　　(b) 手套

图 4-45 防闪火头套和手套

1. 防闪火头套

（1）材料：外层 50%芳纶 1313，50%聚酰亚胺；内里 100%芳纶 1313。

（2）热稳定性能：260 ℃温度 5 min 内尺寸变化率不大于 5%，试样表面无明显变化。

（3）阻燃性能：损毁长度不大于 100 mm，续燃时间不大于 2 s，且无熔融、滴落现象。

（4）热防护性能：TPP 不小于 36.0 cal/cm²。

2. 防闪火手套

（1）材料：50%芳纶 1313，50%聚酰亚胺。
（2）热稳定性能：260 ℃温度 5 min 尺寸变化率不大于 5%，试样表面无明显变化。
（3）阻燃性能：损毁长度不大于 100 mm，续燃时间不大于 2 s，且无熔融、滴落现象。
（4）热防护性能：TPP 不小于 17 cal/cm^2。

四、火源及危险气体探测器

（一）红外火源探测仪

红外火源探测仪（图 4-46）是消防员在火场中探测火源，特别是探测阴燃火源的位置、确定灭火方位的手持式探测器具。它能透过烟雾或在直射日光下探测到火源的最热部位，有助于迅速有效地扑救火灾。它也可在清理火场时，用来发现阴燃火源或残火，预防复燃；还可用于防火检查，发现异常过热点。

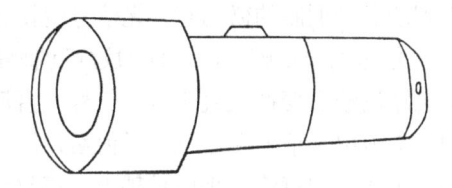

图 4-46　红外火源探测仪

1. 基本结构

红外火源探测仪是由光学系统、红外光敏元件、电子电路、发声器件和外壳组成。

（1）光学系统是一个红外反射式光学系统。它是由内层带有平面反射镜的透红外前窗、凹面反射镜和红外窄带滤波片组成，起到滤除可见光和将特定波长范围的红外光线聚焦到红外光敏元件上的作用。

（2）红外光敏元件是能在常温下工作、具有较高探测率的硫化铅（PbS）红外光敏元件，它起着将红外光信号变换成电信号的作用。

（3）电子电路主要由红外光信号放大电路、调制电机稳速电路、开机自检电路和音响变调电路等组成，起着将接收到的红外光信号调制、放大并变换成变调音响信号的作用。

（4）发声器件采用压电陶瓷片，也可以用扬声器，能将变调音响电信号变换成相应频率的声响信号。

（5）外壳由塑料注塑成型，能防水、防震。

2. 工作原理

任何一种处在绝对零度以上的物体都会辐射红外线，其光谱辐射通量密度的峰值波长与绝对温度成反比。物体温度越高，红外辐射能量就越大，而其峰值波长就越短。红外火源探测仪就是利用高温物体辐射一定波长的红外线的原理进行研制的。

红外火源探测仪的原理框图如图 4-47 所示。

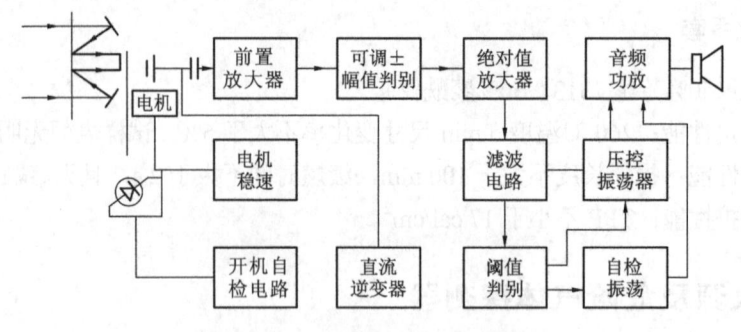

图 4-47　红外火源探测仪原理框图

热源发出的红外线经红外前窗滤去可见光后，由凹面反射镜和平面反射镜聚焦，反射到安装在红外光敏元件上的红外窄带波光片上，红外窄带滤光片只允许一定波长范围的红外线通过，并经调制盘调制成一定频率的红外光信号后，由红外光敏元件接收。其中硫化铅（PbS）红外光敏元件的偏压由直流逆变器将 9 V 电源电压升高到 60 V 后供给；电机稳速电路提供一恒定的电压，保持调制电机的转速稳定不变，从而使入射的红外光信号的调制频率不变。

红外光敏元件将接收到的已经调制的微弱红外光信号变换成电信号后，首先经前置放大器放大，当入射的红外光信号达到一定阈值时，即通过可调±幅值判别电路，由绝对值放大器进一步放大，并经滤波电路滤波后变换成直流电平信号。直流电平信号的大小正比于所接收到的红外光信号的强弱，直流电平信号超过预定幅值后，压控振荡器开始振荡，其振荡频率与直流电平信号的大小成正比，即直流电平信号越大，接收到的红外光信号越强，频率越高。此信号经音频放大电路放大后，推动发声器件发出声响信号，根据发出的声响信号的音调高低即可辨别不同部位的温度。

开机自检电路会在红外火源探测仪开机时向红外光敏元件发送红外光信号，以鉴别仪器工作是否正常。自检振荡电路使仪器工作时，每隔 1 s 发出一"咯"声，以鉴别仪器是否处于正常工作状态。

3. 主要技术参数

（1）探测灵敏度：能探测到 6 m 处，温度为 93 ℃，ϕ134 cm 的热源（相当于能探测到 5.4 m 处燃着的烟头）。

（2）探测响应时间：≤0.1 s。

（3）探测视场角：9°±2°。

（4）最大报警声响强度：≥80 dB。

（5）电源：9 V 标准电池两节，电池可连续使用 6 h。

（6）结构：防水、防震、手持式。

（7）外形尺寸：ϕ170 mm×230 mm。

（8）重量：470 g（包括电池）。

4. 使用方法

（1）开机。将红外火源探测仪握在手中，用大拇指将开关向前推即开启开关，此时由于红外火源探测仪中的开机自检电路的作用，会发出报警声，持续 2 s 左右，此报警声消失后，每秒钟会发出一"咯"声,以示该探测仪工作正常。

(2)探测。将红外火源探测仪前窗对准所需探测的方位并自左至右、自上而下地进行扫描,在探测到火源或高温物体(超过93℃的物体)时,红外火源探测仪即发出报警声响,消防员可根据报警声调的高低来判别火源的中心位置或被探测物体的最热部位,报警声越"尖"说明该部位的温度越高。

(3)使用注意事项。红外火源探测仪开机后,如无2s左右的报警声和每秒钟一次的"咯"声,则表明该探测仪未处于正常工作状态,此时可先更换电池,如更换电池后仍无上述两种声响,则说明该探测仪已失效,不能投入使用,需要进行检修。

红外火源探测仪在阳光下使用时,应避免将探测仪指向直射阳光或反射阳光。如对准直射阳光或反射阳光,也会发出报警声。

红外火源探测仪具有一般的防水防震性能,但在使用时,仍应注意不要让前窗浸水或沾水,以免影响探测灵敏度。

(二)SXF-1型消防热像仪

SXF-1型消防热像仪是一种将不同温度的物体发出的不可见红外线转变成可视图像的设备。它主要用于消防员在浓烟或黑暗环境中寻找受难人员、发现火源、看清前进路上的障碍;也可用于发现残火,预防复燃;还可用于发现异常过热点,进行防火检查。另外,该设备也可用于军事、工业、医疗等领域,作为监视、检测热分布的设备。

1. 整机组成及特点

SXF-1型消防热像仪由摄像机、电池组、交流附加器三部分组成。

摄像机是热像仪的主机,用来拍摄物体的热分布图像;电池组为摄像机的供电电源;交流附加器主要用来调整摄像机和给电池组充电。

2. 工作原理

SXF-1型消防热像仪的摄像机的原理方框图如图4-48所示。

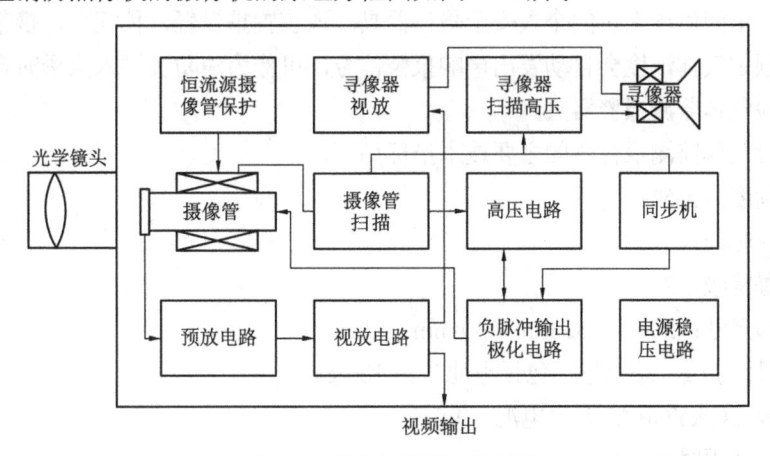

图4-48 摄像机的原理方框图

被摄物体的热辐射经光学镜头投射到热释电摄像管的靶面上，通过电子扫描形成电信号，再经过视频放大和处理后，送至寻像器，变成可视图像。因为被摄物体及其周围背景各处的热辐射强度不同，而视频信号的大小正比于被摄物体的热辐射强度，所以可在寻像器上分辨出被摄物体的热分布。

3. 主要技术指标

（1）工作波长：8～14 μm。

（2）温度分辨率：<0.3 ℃。

（3）1 ℃时空间分辨率：>160 电视线。

（4）光学镜头：F50，1∶1 单片锗镜头。

（5）功耗：<10 W。

（6）电池组：15 V 镍镉电池，充电一次可连续使用 6 h。

（7）外形尺寸：摄像机（不包括镜头）尺寸为 260 mm×85 mm×200 mm。

（8）重量：摄像机约 3 kg；电池组约 3 kg。

SXF-1 型消防热像仪采用热释电摄像管作为光电转换器件，具有灵敏度较高、体积小、重量轻、使用方便、不需致冷、成本较低等优点。但其拍摄的图像不够清晰，结构方面也未考虑火场环境要求的防火、隔热、防碰撞等问题，以及消防员着装等情况。

（三）危险气体探测器

危险气体探测器是用来探测可燃、易爆、有毒气体的一种专用探测器具。它品种繁多，结构各异，探测性能也不相同，但大多数产品在防火检查或进入火场进行专门测定时使用比较适宜。本节叙述的危险气体探测器是指消防员进入火场时为保护自身安全用的一种便携式探测器具，它随身携带，不用操作，在到达预定的气体浓度时会发出声响报警信号，引起消防员注意，以便及时采取措施。目前国内还没有消防员专用的危险气体探测器，故仅介绍一种微型可燃气体监测报警器。

微型可燃气体监测报警器可监测化工、石油等企业中的可燃、易爆气体或蒸气，也可作为安全人员、车间值班人员的个人安全防护器具。该装置重量轻，体积小，携带方便，无须操作，达到预定气体浓度会自动发出声响报警信号，可作为消防员进入火场时自身安全保护的携带式危险气体监测报警器具。

微型可燃气体监测报警器的主要技术指标如下。

（1）正确度：±5%。

（2）响应时间：<30 s。

（3）防爆等级：2 级。

（4）外形尺寸：5 mm×55 mm×30 mm。

（5）重量：80 g，总重量（包括电池）为 120 g。

（6）电源：GNYG0.45 镍镉电池。

（7）连续使用时间：1 h。

（四）非接触式红外测温仪

非接触式红外测温仪采用红外技术，不接触物体即可快速地测量物体的表面温度。ThermoViewTM Ti 30（图 4-49）是一款用途广泛的非接触式红外测温仪，目前配发部队消防队员用于火源探测和火区温度探测。

1. 特点

非接触式红外测温仪可安全地测量高温、危险或难接触的表面温度，而不会污染或损坏待测对象。非接触式红外测温仪每秒可产生几个读数，而与之相比，接触式测温法每次测量可能需要几分钟。

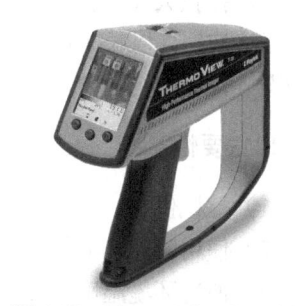

图 4-49　ThermoViewTM Ti 30 非接触式红外测温仪

2. 工作原理

非接触式红外测温仪可捕捉所有物体辐射出的红外能量。红外辐射是电磁频谱的一部分，电磁频谱中包括无线电波、微波、可见光、紫外线、伽马射线和 X 射线。

红外线介于频谱的可见光和无线电波之间。红外波长通常以 μm 表示，红外频谱范围为 $0.7 \sim 1\,000$ μm。实践中，红外测温仪使用的波段范围为 $0.7 \sim 14$ μm。

3. 主要技术指标

（1）温度测量范围：$0 \sim 250$ ℃。
（2）精度：±2%或±2 ℃。
（3）温度分辨率：0.1 ℃。
（4）频谱范围：$7 \sim 14$ μm。
（5）电源：6AA 或充电电池组。
（6）连续使用时间：不少于 5 h。
（7）重量：1 kg（含电池）。

五、消防呼救器

消防呼救器是消防员进入火场时随身携带的一种遇险报警和音响联络装置。

1. 主要功能

消防呼救器具有静止报警、手动报警及音响联络三种功能。

（1）静止报警：当进入火场的消防员因烟熏、窒息、中毒、建筑碎片撞砸等情况受伤昏迷时，从人体基本静止起 10 s 即发出报警音响信号。

（2）手动报警：当消防员深入仓库、地下室等有浓烟场所进行侦察、抢救受难人员迷失方向时，或在灭火战斗中被烟火堵截身处险境，需呼唤同伴执行紧急救人、疏散贵重物资、抢险等情况时，也就是在消防员面临紧急险情但神志清楚时，可开启手动开关，发出报警音响信号。

（3）音响联络：消防员在进入充满浓烟的楼层、仓库、地下室等场所进行侦察、抢救受难人员、扑救火灾，在视线、能见度极低的情况下，与同伴之间难以进行必要的联络时，可按动联络按钮，以长、短、几长、几短等音响表达"情况正常，前进""撤退""注意""向我靠拢"等预先约定的含义，进行联络。

2. 主要性能

（1）整机供电：3节五号电池。
（2）使用时间：非报警时为100 h，连续报警时为5 h。
（3）使用环境温度：-20～65 ℃。
（4）音响：1 m处A声级双音响>90 dB。
（5）外形尺寸：105 mm×60 mm×20 mm。

第五节　舰艇灭火基本原则和灭火战术

一、舰艇灭火的基本原则

根据舰船火灾的特点和一些舰船火灾实例，在与火灾做斗争的过程中，必须灵活地运用以下灭火基本原则。如果处理不好，将给舰船带来严重后果。

（一）迅速扑灭初火，同时限制蔓延

初火和小火都可能很快扩展、蔓延为大火，所以初火和小火时是灭火的最好时机。为扑灭初火，必须及时发现火源。当发现初火时，应迅速使用身边的手提灭火器灭火将火迅速扑灭在初火时期；如果身边缺少灭火器材，应灵活地用浸水衣服、被子、垫子、毯子等物将燃烧物盖住，使燃烧物与空气隔绝，使火熄灭。

为扑灭初火，同时限制其蔓延，也可迅速将燃烧物搬开。在住舱可用太平斧、消防铁铤及铁钩将家具拆开、搬走。在灭火过程中，如果一时压不住火势，为防止火势蔓延扩大，在灭火同时要搬走火区附近的易燃易爆物品。在上甲板可直接将燃烧物抛入海中。

（二）对于严重火灾，先限制后灭火

舰船发生严重火灾时，要想迅速扑灭往往是困难的。因此，要先限制火灾蔓延后再灭火。首先防止火灾向危险方向蔓延，特别是要尽力限制火向弹药库、油舱、机炉舱、氧气储存间、CO_2瓶储存间、电池间、武器平台、油漆舱库等方向蔓延，限制的方法如下。

（1）危险方向上灭火。如向火区附近的油舱充注CO_2、卤化物等灭火剂。
（2）关闭失火舱邻近舱室的水密门、舱口盖、通风管、舷窗等，切断火源通路，同时关闭电源，防止电路起火蔓延至全舰。
（3）搬走火区附近的易燃物和危险品，如汽油、弹药、油漆用品、木材及被服等。
（4）用水冷却舱壁，降低火区温度，防止邻舱起火。
（5）上甲板发生火灾时，可操纵舰艇利用风向将火焰吹离舰艇。

（三）抢救无效，封舱灭火

舰艇可密闭的舱室遇到严重火灾，经全力扑救无效时，可请示采用封舱灭火。封舱灭火的主要作用是隔绝空气。在封舱的同时启动全浸没系统注入 CO_2、卤代烷等灭火材料，可提高封舱灭火的效果。

封舱前应搬走易燃易爆物品，停机、断电、关闭油阀气阀。如有高压气瓶应通过管系将气体排出舷外。最后撤出的人员关闭通风机及一切开口，封闭舱室。在封闭舱室的同时，迅速启动固定的 CO_2 或卤代烷灭火装置。速度是十分重要的一环，任何拖沓均会延误灭火的有利时机。如对于机舱火灾，延误时间将造成机舱火势扩大和舱内温度的升高，增加扑救难度。这是因为舱内温度的升高，注入的 CO_2 或卤代烷灭火剂会因热气对流逸出。因此，要求 CO_2 在 2 min 左右注入起火舱室所需剂量，卤代烷应在 10～20 s 内注入起火舱所需剂量。采用封舱灭火时，一定要注意检查邻舱舱壁甲板的温度，必要时进行冷却，防止火灾蔓延。

封舱灭火的舱室，因燃烧不完全和高温下 CO_2 能还原成 CO，故舱内 CO 较多，当其浓度达到爆炸临界时，遇火花有复燃爆炸危险。因此，火灾扑灭后不能立即开舱；如果舱内还有隐燃物，或温度高、有炽热钢铁等存在，贸然开舱或向舱内大量通风，新鲜空气进入舱室，隐燃物会重新燃烧起来；舱内的 CO 也可能因新鲜空气的补充混合而达到爆炸界限，与隐燃物的火接触就会产生爆炸；舱内燃油蒸气在达到爆炸临界和有火源情况下也会爆炸。

为避免复燃和爆炸，封舱灭火后，应待舱内烧红的金属冷却、隐燃停止、舱壁温度下降到正常后，才能逐渐打开通风口、舱口盖和门，先自然通风（不会引起火花），待爆炸物达不到爆炸界限时，再机械通风，通风结束前不得开灯，这样就可防止 CO 等的复燃爆炸。基本排出有害气体后，人员才能进入。如果人员提前进入，应戴呼吸器或防烟面具以防中毒。为以防万一，进入舱室的人员要带保险索。

封舱可灭普通火、油火。封舱灭火必须弃舱，且仪表、设备会被烧坏，故一般情况下不宜采用。

绝对禁止弹药库进行封舱灭火，弹药库起火只能用水降温。无论是弹药库本身或邻舱起火，弹药库均应敞开并用水降温。

以上三个灭火基本原则是一个整体，不能孤立对待，在灭火过程中，必须灵活地运用上述灭火基本原则。具体说就是：在火灾发生的瞬间，应迅速扑灭，同时采取措施防止火灾蔓延至邻舱，避免酿成大火；火灾不能立即扑灭且有蔓延之势时，应迅速限制，隔离火场，例如对舱内不能立即扑灭的大火，可将舱室隔离采用封舱灭火，同时冷却邻舱舱壁。

可以这样说，灭火基本原则中的"灭"和"限"应同时进行，结合进行。"灭"是为了"限"，而"限"的目的是为了"灭"，两者是统一的。

在舰艇上救火不能迟缓，否则不仅会波及邻舱，形成大面积火灾，而且可能引起爆炸，使舰船丧失战斗力甚至毁灭。因此，灭火的关键在于坚决迅速，在火灾面前不能有丝毫犹豫。

二、舰艇的灭火战术

舰船灭火包括以下措施：①通知舰员发生火灾；②侦察火情；③限制火灾；④扑灭火灾；⑤排水；⑥对失事舱室进行管制；⑦恢复灭火器材工作能力。

（一）通知舰员发生火灾

根据《水面舰艇损害管制条例》要求，第一个发现冒烟、起火、弹药处于危险状态的人必须做到：①在舱室内发出声响警报；②立即向总指挥所或舰值日报告失事的地点及性质，或通过邻舱向上级报告；③开始灭火。

总指挥所上的值更军官或舰值日接到起火或有烟报告后应用铃声发出损管信号，同时用广播宣布"损管警报"，并指出火灾地点和性质。除失事舱室外的人员应立即奔赴各自战位，并采取灭火的初步措施（无命令动作）。

（二）侦察火情

自火灾发生时起，起火处所在的战位长必须担任起灭火领导，根据外部征候初步评估火灾情况，组织侦察火情。

在确定起火准确地点时应采取预防措施。打开要侦察舱室门之前必须检查其全部舱壁。火灾征候有：①油漆变黑、翻起，发出噼啪声；②从舱门密封处或经过舱壁的电缆穿过处的缝隙中有冒出来的烟。

起火地点判明并且准备好灭火器材随时可使用后，才可以打开失事舱室的门。开门时应站在门孔的另一面，因为火焰和灼热气体可能会猛烈喷出，造成人员受伤。

如果情况允许，可以侦察失事舱室内的火情。侦察组由4人组成：2名侦察员，1名安全员，1名联络员。侦察员应穿戴正压式呼吸器，安全员也要携带呼吸器并随时准备接通使用，和侦察员的联系通过细的金属绳或耐火绳进行。侦察时必须判明：①起火地点和火灾种类；②火灾范围、强度和可能蔓延的途径；③对邻舱的危害程度。

战位长应向本部门指挥所报告侦察结果，采取灭火措施及是否有必要支援。部门长在失事舱室和邻舱报告的基础上向总指挥所和动力损管战位报告侦察结果和灭火进程。

机电部门长接到关于侦察结果、邻舱检查和灭火进程的报告后评估局势并确定：①火灾最危险的发展方向；②建立限制火灾蔓延的措施；③应采用的灭火方法；④失事舱室电气设备断电的必要性和可能性；⑤扑灭火灾所需的人员和器材数量及配置次序。

机电部门长向指挥所报告已采取的措施和需要舰指挥员决定的建议。舰指挥员接到报告后确定灭火的主要任务（预防弹药爆炸、限制火灾蔓延、保护舰船航行能力、救护被火烧伤人员等）并下达必要命令。

（三）限制火灾

通过建立防护屏障来限制火灾。第一道防护屏障沿靠近起火处的舱室设置，防护屏障应把失事舱室的六面包围住。第二道防护屏障沿靠近第一道屏障的舱室设置。

建立防护屏障应注意：①关闭所有舱门、舱口、舷窗、高压气系统、通风和进气系统的截止装置、燃油和滑油阀；②采取措施准备灌注弹药库或应急抛弃弹药；③使易燃易爆物体远离失事舱室；④准备好灭火和排烟器材。

第一道屏障上必须检查限制失事舱室的舱壁、甲板和舱顶板的状态，必要时进行冷却。在灭火过程中根据具体情况，如有必要可建立补充防护屏障。

为便于集中领导可指定一名防护屏障组组长，防护屏障组组长应向动力损管战位报告起火处的情况。

（四）扑灭火灾

扑灭火灾包括灭火和消除火灾后果两个阶段。

灭火由第一道防护屏障上的人员完成。这一阶段的目的是控制住火灾。按火灾情况可采取直接灭火和间接灭火两种灭火方法。

直接灭火时可靠近起火处将灭火剂直接投入起火点。如果火势已增强，直接灭火应结合相应的通风进行，因为灭火时大多数死亡案例不是由燃烧所致，而是由燃烧时产生的气体或供呼吸的氧气不足所致。

当灭火人员不能接近起火点时应采用间接灭火。间接灭火的关键在于完全封锁住火灾，一般采用全浸没灭火系统。

任何一种灭火方法都应有足够的备用灭火器材作为保证，并由第二道防护屏障上人员负责保障工作。

如满足以下条件，可认为火灾已被控制。

（1）灭火剂被投放至起火点并使其有效冷却。

（2）主要起火点变暗，释放出的热量不足以使附近的易燃材料起火。

（3）所有可能的火灾蔓延途径都已检查并被切断。

主要起火点被扑灭后，应开始消除火灾后果。检查和扑灭隐燃火源是消除火灾后果阶段的一部分，为查清并消除隐燃火源而对失事舱室和邻舱的检查由侦察员完成。侦察员报告隐燃火源的检查和消除完成后，应对舱室进行多次通风，通风期间侦察员应留在失事舱室内，其他人员禁止进入失事舱室。

在检查的同时和舱室通风后要对起火区域进行清理：清除遭破坏的隔离物、壳板和碎片；检查并固定悬挂的电线，必要时切断；检查和修理舰船各系统的管路等。

如果完成了下列措施，可认为已完全扑灭火灾。

（1）认真检查完起火区域和所有火灾可能蔓延的途径。

（2）完成通风（排掉烟及燃烧气体产物），能保证不戴呼吸器通往起火区域的通道。

（3）彻底检查所有燃烧过的材料。

（4）弄清火灾发生原因以防止复燃。

（五）排水

灭火过程中甲板和平台上的积水会降低舰船的稳性，若甲板和平台上有较大自由液面则更具危险性。因此限制和扑灭火灾时，积水必须立即排出舷外或通过下水连通装置排入位于水线以下的舱室，随后排出舷外。

（六）对失事舱室进行管制

为避免复燃，在消除火灾后应对失事舱室进行管制。在这些舱室中安排消防更值人员，密切注视以防发生复燃，如发生复燃应立即发出警报信号。

（七）恢复灭火器材工作能力

被消耗掉的灭火器材应迅速补充或重新装填，确保能够再次使用。

思考题

1. 舰艇火灾的类型有哪些？各类火灾的特点是什么？
2. 舰艇火灾的基本灭火原理是什么？
3. 舰艇上配备的灭火剂有哪些？可以扑灭哪些火灾？
4. 舰艇上可利用的消防和防护器材种类有哪些？安全使用事项是什么？
5. 舰艇消防灭火和组织指挥应遵循的基本原则是什么？
6. 舰艇消防灭火的战术包括哪些？

第五章 舰艇损管组织与训练

战斗损害情况复杂，要能正确迅速地处理好，除了要有物质技术基础做保障，还要充分发挥舰员的能动作用。因此，舰员除了必须具有高素质，还必须在平时为战时做好准备，即要有严密的损管组织与良好的训练质量。本章主要讨论舰艇损管组织、损管指挥、损管训练及备战中保障舰船生命力的措施。

第一节 舰艇损管组织

一、原则

舰艇上任何部位都有可能遭到损害。战斗时不管舱室是否有人，遭到损害都需要进行抢救。损害是多种多样的，需要各种专业人员去抢救。如何使损害得到正确而迅速的抢救，这是损管组织考虑的出发点。对舰船损害的可能情况进行分析，如果能使损管组织达到"处处损害有人管，样样损害有人干"，实现正确迅速的抢救就有了可能，这也是建立损管组织的原则。

二、组织形式

从上述原则出发，最好应该是处处都有各种各样的专业损管人员，但实际上舰艇上人力有限，舰员各自的战斗职责，不可能处处都有人在等着损管。根据上述情况，舰船损管组织可由以下 5 个基本组成部分。

（一）战位损管小组

战斗中有战斗器材的战位（如机舱、炮位及驾驶台等），由本战位中抽部分人员组成小组，在本战位指挥员的领导下，负责本战位的防沉抗沉、防火防爆、修理机械设备等损管任务。当战位没有发生破损时，他们都是战位上武器和技术装备的使用者，当战位发生损害时，他们应立即使用手边的损管器材进行抢救，他们遗留下的工作由本战位其他人员代替完成。当损害严重、确非损管小组人员所能胜任时，在采取损管措施的同时可请求外援。这种战位损管小组，在全舰各个部门的战位上均应根据情况建立，其具体损管职责应在一级战斗部署表中予以明确，但无固定的组织形式。

战位损管小组人员的抽调和他们代替人的选派，应既要保证战斗需要，又要满足损管需要。在人员指派的数量上，过多则会影响战斗，过少则难以进行损管。为满足战斗损管两不误的要求，在必要时应增加人员定额。在人员的质量上，损管小组成员应该战斗勇敢、机智灵活、身体健壮并具有熟练的损管技能。而他们的代替人，在战斗中应沉着坚定，能在各种困难条件下熟练地使用各战位器材。

有了这一损管组织，战位上损害的及时发现和迅速抢救就有了可能。

（二）损管战位

战斗中无人舱室的损管工作由战时专职损管战位人员承担，包括潜水员、电焊工、轮机、锅炉、舱段帆缆及舰务等不同专业的舰员。平时他们在各自的行政组织中参加本专业的日常勤务，只在训练及损管战斗时，才在机电长的统一领导下组成损管战位。在舰船未遭损害时，损管战位的任务是不间断地巡视本战位范围内的舱室，以便及时发现损害并进行抢救，此外，还包括保证在武器、技术设备战位上舰员的生活条件。当舰船遭受破损后，他们负责本战位范围的堵漏、灭火、排水，支撑舱壁和甲板的转换，修复管路、电气、通信器材，清除破残物体，参与防化和消毒等工作，同时还负责支援附近的战位损管小组。损管战位数量，是根据损管区划的情况而定。损管区划是根据舰船大小及舰体水密区划、防火区划的情况而划分的：在大型舰船上一般有3~4个区划，分前、中、后或前右、前左、后右、后左；在驱逐舰上一般只分前后两个区划；在更小的舰船上，由于范围小，水密、防火区划简单，全舰就是一个损管区划。应根据损管区划大小及其重要性，确定区划中的损管战位数目：对于大型水面舰艇，在一个损管区划内设若干个损管战位；在驱逐舰上的两个区划内，由于范围不大，每个区划只设一个损管战位；在更小的舰船上，全舰船只设一个损管战位或不设损管战位，其损管工作由各战位兼管。损管战位具体位置的安排，应根据符合便于发现破损、便于支援重要舱室的损管及有所隐蔽等条件来选择。此外，损管战位中成员的多少和他们的专业，必须根据本战位最可能发生的损害来确定。

（三）舱段战位

舱段战位任务包括以下几点。

（1）舰船出航前，调整全舰油水分布使舰船保持良好的漂浮状态，并具有良好的稳性和合理的舰体受力。

（2）在航行作战中，保证油水供应及消防、排水等系统的正常工作。

（3）平衡舰船因破损进水所产生的倾斜、倾差，并尽可能地恢复舰船稳度。

（4）使用排水系统排出被灌注舱的积水。

（5）掌握弹药舱的喷、灌注系统。

（6）对破损油水系统进行转换隔离，保证它们不间断工作。

舱段战位人员应由非常熟悉舰船管路系统的舰员担任，因此，应使他们的平时工作和战时职责保持一致。舱段战位的布置，是根据系统操纵管理部位决定的。舱段战位在战时的直接指挥者：在轻型舰船上为机电长；较大型的舰船上是由专职的舱段分队长担任；在小型舰船上，不设舱段战位，其工作是由其他战位的油水人员负责；在更小的舰船上没有专门的油水人员，其工作可由适当人员兼管。

（四）舷外堵漏组

舷外堵漏只允许在战斗间隙时进行，因此该组织成员主要由枪炮、导弹部门舰员抽调组成，并有潜水、帆缆、舱段等舰员参加。在不进行舷外堵漏时，他们在各自原有的战位上，只有在进行舷外堵漏时才集合起来，并在舰艇指挥员、机电长或帆缆军士长的直接指挥下进行工作。

（五）离舰支援损管组织

为了离舰支援舰外损管，一般以损管战位为基础，吸收其他部门人员参加，组成援救队，一般分成抗沉、灭火、器材供应、救护等组，由副舰长领导，有时机电长也参加领导。

第二节　损管器材的配置

有了上述几种组织，舰艇上任何部位、任何设备遭到损害都可能有人进行抢救，体现了"处处损害有人管，样样损害有人干"的原则，这只是从人员上进行了组织，还必须"处处损害有器材，样样损害有器材"，才能迅速地进行损害抢救。为了保证损管人员有损管器材使用，在全舰各处有许多固定式的损管系统和装备，如平衡排水系统、消防水系统、泡沫 CO_2 和卤代烷系统等。但仅有这些还不够，还必须有许多能移动的损管器材配置在各处，如堵漏器材、支撑器材、移动排水器材、手提灭火器、包扎管路器材、抢修电缆器材及移动消防泵等。这些移动的损管器材的配置看似是细小事情，但它们的配置合理与否，对损管活动的迅速性与可能性会产生很大的影响，有时甚至可能因器材配置不合理而失去抢救时机，使灾害扩大造成严重后果，因此，要慎重考虑这些器材的合理配置。

一、器材的配置原则

损管器材的配备原则是"处处损害有器材，样样损害有器材"，从这一原则出发，似乎器材越多越好，但舰艇上空间有限，不可能也没必要放置许多器材，且放置过多，在战斗损害中反而会形成障碍。损管器材的配置一般有以下几点原则。

（1）根据该部位可能发生的损害决定放置什么器材。如在水线以上很高的舱室内，就无须布置防沉器材，而处于水线附近或水线以下的舱室，就必须配置防沉器材。有油火处要配置泡沫灭火器，有电火处要配置 CO_2 或卤代烷灭火器，有电火处要放石棉布等。在重要战用管路、战用电缆通过的舱室，要配置临时接管、包扎管路器材。

（2）根据舱室的重要性决定是否放置和放置多少器材。如动力舱在非不得已时是不许放弃的，所以这些场合的器材配置必须给予充分保证，要根据多次、多种和多处抢救需要来考虑。有些不重要的舱室，虽然也可能发生水、火损害，但对战斗影响很小时，就可以考虑少放置或不放置损管器材。

（3）根据舱室的大小与结构情况决定放置什么规格的器材。如比较大的舱室内配置支柱，其长度必须满足建立支柱的可能性。又如放置某种灭火器，必须考虑该舱室可能发生某种火灾及火灾的大小。

（4）典型取材。如对于防沉器材的配置，可根据舱室可能破损的一般性和特殊性，研究其可能的典型处理方法，再从典型处理方法中归纳和配置所需的器材。如从相互支援的角度来看，一个舱室的器材不仅保证了该舱，同时也兼顾了邻舱和它舱的需要。在典型取材的基础上，再对那些难以处理的特殊破损采取特殊器材的配置。

（5）交替布置。如邻舱可能发生的灾害性质相同或相似，但舱室不太重要，器材可交替布置。如不重要的相邻两舱都需要 CO_2 和泡沫灭火，可把 CO_2 灭火器材放于一舱，泡沫灭火器放于另一舱，交替布置，一舱需要时，可从邻舱拿来。这样，就可减少器材，又可做到"处处损害有器材"。

二、器材的布置位置

器材的布置位置要合理，要使相应器材在发生损害时用得上，必须做到以下两点。
（1）要布置在易于取用处。
（2）战斗中要不易与服务的对象同时遭到破损。如舷外防水席主要应为重要舱室服务，其布置则应稍离重要舱室，以免它与重要舱室同时遭到破损。防沉器材的布置位置应防止舱室进水后即被淹没。

三、器材的系列配备

我国军队舰船损管器材的配备标准先后经历了1976年、1991年、1997年、2018年4次修订，目前形成了如下系列配备。

（一）救生器材

救生器材按其功能和执行任务情况不同分为搜索器材、舰用气动抛投器及属具、救生衣及属具、救生圈及属具、救援器材、冲锋舟艇、气胀救生筏、电动破拆工具、液压破拆工具、手动破拆工具等。

（二）潜水器材

潜水器材主要是水面舰艇部队潜水作业时使用的器材及相应的维修工具。按潜水器材功能和组成不同，可分为潜水浮力背心、一级减压器、二级减压器、中压软管、潜水仪表、潜水服、潜水面镜及头盔、压铅及压铅袋、潜水员防护器材、潜水装具配套器材、潜水装具检测及维修器材、潜水保障器材等。

（三）抗沉堵漏器材

抗沉堵漏器材主要在舰艇遇险时紧急使用，是减小舰艇损害的器材及备件。按其使用场合和功能不同，可分为舰用舱壁堵漏器材包、舰用常规管路堵漏器材包、舰用压力管路堵漏模块组、组合式铝合金支柱组。除此之外，按照规格型号和使用功能不同可分为帆布堵漏垫、堵漏箱、堵漏板、木板、木塞、木楔、破口堵漏器材、管道堵漏器、管箍、半圆堵漏钢管、舰用支柱、防水席、海底门橡胶堵漏垫、排水器材、照明器材、堵漏工具等。

（四）消防器材

消防器材主要是在控制和消除火灾或在火灾时进行人员防护所使用的器材。按其种类和功能不同，可分为卤代烷灭火器、ABC干粉灭火器、二氧化碳灭火器、水基型灭火器、灭火装置、灭火药剂、消防空气呼吸器及属具、消防防护器材、消防照明器材等。

以堵漏器材为例，1997年与1976年配置的器材对比见表5-1。

表5-1　1997年与1976年舰船堵漏器材配备标准对照表

序号	品名	规格	序号	品名	规格
1	木板	200 mm×100 mm×20 mm[②]	5	木槌	—
		300 mm×200 mm×30 mm	6	软边堵漏板	250 mm×150 mm×50 mm
		400 mm×300 mm×40 mm[①]			300 mm×20 mm×50 mm
		500 mm×300 mm×40 mm			350 mm×250 mm×50 mm[①]
		600 mm×400 mm×40 mm[①]			400 mm×300 mm×60 mm
		1000 mm×200 mm×40 mm[②]			450 mm×350 mm×65 mm[①]
		2000 mm×200 mm×40 mm[②]			600 mm×400 mm×60 mm
		2500 mm×300 mm×40 mm[②]			750 mm×500 mm×80 mm[②]
2	木楔	150 mm×75 mm×35 mm×3 mm	7	帆布堵漏垫	200 mm×100 mm×40 mm[②]
		200 mm×100 mm×40 mm×3 mm			250 mm×150 mm×50 mm[①]
		250 mm×125 mm×45 mm×4 mm			300 mm×200 mm×50 mm
		300 mm×150 mm×50 mm×4 mm			350 mm×250 mm×50 mm[①]
		400 mm×200 mm×75 mm×5 mm			400 mm×300 mm×50 mm[①]
3	木塞	150 mm×20 mm×5 mm[②]			500 mm×300 mm×50 mm
		200 mm×30 mm×8 mm[②]	8	圆木板	ϕ250 mm×30 mm
		250 mm×50 mm×10 mm			ϕ350 mm×30 mm
		250 mm×75 mm×25 mm	9	圆帆布垫	ϕ250 mm，ϕ300 mm
		300 mm×120 mm×55 mm			ϕ350 mm，ϕ400 mm
		350 mm×145 mm×65 mm	10	堵漏箱	250 mm×250 mm×180 mm×3 mm[①]
4	木支柱	500 mm×50 mm×50 mm[②]			300 mm×300 mm×250 mm[②]
		1000 mm×50 mm×50 mm[②]			350 mm×350 mm×180 mm×3 mm
		1500 mm×75 mm×75 mm			400 mm×400 mm×250 mm[②]
		2000 mm×75 mm×75 mm			450 mm×450 mm×180 mm×3 mm[①]
		2500 mm×75 mm×75 mm[②]	11	快艇堵漏器	ϕ100 mm[②]，ϕ150 mm[②]
		3000 mm×90 mm×90 mm			ϕ200 mm，ϕ250 mm
		3500 mm×120 mm×120 mm[②]	12	铝合金支柱[①]	小号、中号、大号
		4000 mm×100 mm×100 mm		伸缩钢管支柱[②]	小号、中号、大号

续表

序号	品名	规格	序号	品名	规格
13	链条管箍	—	26	铁钉[①]	3.81～5.08 cm
14	普通管箍	ϕ25 mm, ϕ40 mm, ϕ60 mm	27	帆布[①]	500 mm×500 mm
		ϕ80 mm, ϕ100 mm	28	橡皮[①]	500mm×500mm×3 mm
		ϕ130 mm, ϕ150 mm			500 mm×500 mm×5 mm
15	高压管箍[①]	450 mm×70 mm, 600 mm×80 mm	29	铅皮	300 mm×300 mm×3 mm
		850 mm×100 mm			300 mm×300 mm×5 mm
16	活页铁板	ϕ300 mm, ϕ350 mm, ϕ400 mm	30	铜皮[①]	300 mm×300 mm×1.5 mm
17	"C"形夹	—			300 mm×500 mm×1.5 mm
18	活动螺丝架	小号、大号	31	铁锤	2 kg[②], 3 kg, 5 kg[①]
19	双爪钉	100 mm, 150 mm, 200 mm	32	手板锯	450～650
20	肋骨撑架	双爪、单爪	33	太平斧[②]	小号、大号
21	带形管箍[①]	500 mm×70 mm	34	木工斧	—
22	半圆钢管	200 mm×55 mm	35	防水席	1 m²[②], 1.5 m²[②], 2 m²
		200 mm×80 mm	36	钢锯[①]	—
		300 mm×110 mm	37	锻凿[①]	—
		300 mm×160 mm	38	千斤顶[①]	1.5～2 t
23	水泥	5 kg[②], 10 kg, 25 kg[②]	39	损管灯[①]	—
24	快干精	2 kg	40	损管尺	2.5 m
25	铁丝[①]	14#	41	损管工具包[①]	35 件

注：①为1997年舰船堵漏器材配备标准；②为1976年标准；未加标注则为1997年、1976年两标准相同配备

俄罗斯舰艇堵漏器材配备数量比国产舰艇少得多，尤其是堵漏板的数量较少，像金属堵漏箱这类笨重而使用场合又不多的器材很少配置甚至不配置。而俄罗斯舰艇在支撑器材上配备得较为完善，尤其是木支柱均较为粗大，木支柱的边长为 150 mm×150 mm，而国产舰艇配备的木支柱的边长为 100 mm×100 mm，强度稍差。对于国产驱逐舰以上中大型舰艇配备的 2500 mm 以上木支柱，应将木支柱的边长加大为 150 mm×150 mm。

国内目前部分堵漏器材不适用，配置的量又很大，不便于保管维护。进一步简化堵漏器材的配置，加强顶用的器材配置是发展趋势。

此外，我国在移动式排水灭火器材的更新上落后于当今产品的发展，大多数舰艇使用的移动式排水灭火器材还是十几甚至二十几年前舰艇入役时的产品，产品十分陈旧，主要问题是启动十分困难，无法满足应急使用要求。从来访的美国舰艇看，其移动式排水灭火器材（图 5-1、图 5-2）性能十分优良，它们并不排除使用电动的移动式排水灭火器材。俄罗斯舰艇也有类似的配置，部分舰艇还配备了电动潜水泵。

图 5-1　美国舰艇上的移动式电动消防排水泵 　　　图 5-2　美国舰艇上的移动式汽油消防排水泵

对于新出现的损管救灾产品，如气胀式堵漏救生器材、气胀式管路包扎绷带、气胀式千斤顶、落水后的示标器材、火灾中的人员逃生器材等，可借鉴使用。

以下几类器材不久也将在舰艇上应用：①有望替代卤代烷的产品，如高压细水雾灭火器材等；②干粉灭火弹；③舰艇舱室火源探测产品，如火源探测头盔等，用于寻找火源，提高灭火效率。

（五）个人防护救生器材

个人防护救生器材也是损管器材的重要组成部分，主要包括对落水人员的救生器材和对火灾中人员的防护器材，如水中保暖、搜寻示标，火灾中防毒、隔热设备等。

外国军队在个人火灾及有害气体的防护器材配备上较齐全（图 5-3、图 5-4）。

图 5-3　美国舰艇上的呼吸器与防护服 　　　图 5-4　英军舰艇上的个人用防毒呼吸器

美国舰艇的海上救生装备比较齐全，主要有救生衣、"J"形吊杆系统、救生担架、气胀式救生筏、小艇和舰载直升机等。其中"J"形吊杆系统在高海况救生时实用性较强。

1. 救生衣

美国舰艇救生衣有三种，适合不同季节穿着。第一种是前挂式救生衣，每人一件，高等级战斗准备时首先穿着。人员落水时，充气使用，充气方法有两种：一是人工充气，也就是落水人员用嘴充气；二是使用救生衣上配置的 CO_2 小气瓶自动充气。第二种是背心式救生衣，主要供舱面作业人员平时穿着，专业不同，穿着的颜色不同。第三种是保暖服式救生衣，具有保暖和救生双重功效，供舱面人员在寒冷季节工作、训练时穿着。三种救生衣上均配置了频闪灯、反光、声响、海水染色剂和荧光等多种位置显示信号装置，使落水人员被发现的概率大大增加。

2. "J"形吊杆系统

"J"形吊杆系统由"J"形吊杆和与"J"形吊杆配套使用的救生索、救生双面吊钩、救生吊带等构成。"J"形吊杆系统固定于舰首两舷，其作用一是专职救生员入水营救时，用于吊放人员，二是用救生索系留救生员及协助救生员将遇险人员救至母舰舷边，三是救生员使用吊带固定遇险人员，便于救回母舰。

3. 救生担架

救生担架也是舰艇重要的救生装备之一，平时放置于舰艇两舷"J"形吊杆系统附近。专职救生人员入水营救时，用于固定背部、腿部等部位受伤的落水人员。救生担架上部两侧配置浮体，可使担架上部约 1/4 浮于水面，与水面自然成 70°夹角。受伤的落水人员被固定于担架上后，可保证其头部在水面以上，并具有较好的稳性，便于母舰收回。

4. 小艇

小艇是美国舰艇的海上救生装备之一，一般在左右两舷各配置一个。小艇结构独特，下部为钢性体，上部两舷为橡胶充气浮体，具有较好的不沉性；接近遇险人员时，还可以避免发生硬碰撞，防止对遇险人员产生伤害。

5. 舰艇直升机

美国舰载直升机性能优良，机上配有专用的可浮性救生吊篮和收放救生吊篮的专用绞车。救生吊篮收放系统自动化程度高，救生吊篮内一次可搭载两人以上。据美方介绍，其舰载直升机可在较复杂的海况下起降，搭载专职救生员进行海上救生。

在救生装备上，美国舰艇较我国舰艇更具多样性。主要救生方法除了穿具有保暖功能的救生衣、扔救生圈、吊放小艇和召唤直升机等，还有适合大风浪、高海况和寒冷天气条件下救生的装置和专职救生员入水救援的救生筏等。落水人员的示标器材也比较齐全。

（六）个人防护救生器材的配置对策

1. 研发落水人员的防护器材

目前，有关规范规定按舰艇人员编制的 105%配备救生艇、救生筏，按人员编制的 110%配备救生衣，基本能满足落水人员自救的要求。但由于落水人员在水中的耐受能力十分有限（人在水温 5 ℃时能耐受 1 h，10 ℃时为 3 h，25 ℃时为 24 h），长时间在水中浸泡会造成人体体温丧失，导致呼吸肌麻痹、心脏停搏而死亡。因此，应当尽快地研制开发适用于不同季节的、多个品种的救生衣，特别是要开发对寒冷季节海上救生至关重要的保暖救生衣，以增强寒冷天气情况下舰员落水时的支持能力，为有效实施海上救生赢得宝贵时间。

此外，还应研制开发机动性好、抗风力强、适合高海况下救生的高性能舰载小艇，为有效实施海上救生提供可靠的装备保证。

2. 重视火灾中人员的防护器材的齐装配套

现代舰艇甲板平台层次多，大多是内部通道，一旦发生火灾，烟雾大、升温快，人员不易分辨逃生通道。因此，配备从火灾中逃生的防护器材十分必要，这类器材主要包括解决有毒燃烧气体防护问题的隔离式防烟防毒面罩、防止高温烧伤的耐热衣等。

第三节 损管指挥

一、损管指挥所

对轻型舰艇来说，损管指挥所就是机电长所在的战斗部门。其布置和内部设备的要求，不仅舰船设计者要掌握，舰船管理干部也应了解。研究损管指挥所布置及其内部设备的目的在于：①在布置上避免或减少破损影响；②使内部设备符合战斗需要并相当可靠。

（一）布置要求

（1）在舰船排水量允许条件下，应给予适当防护，以避免和减少炮弹和弹片对其的破坏和对内部人员的杀伤。

（2）损管指挥所应布置在水线以上甲板的专门舱室内，避免破损进水影响。

（3）为便于全面指挥，损管指挥所最好布置在机舱、炉舱、电机舱及舵机舱的适中位置。这同时也为缩短通往各战位的管路、联络线路创造了条件。

（4）应尽量保证损管指挥所的独立性（如应给予独立的通风），避免其他舱室破损灾害对指挥所的影响。

（5）应考虑预备指挥所的设置。

（二）内部设备要求

（1）为及时掌握情况，损管指挥所内部应包括各种指示仪表：①倾斜、倾差指示器，舱室进水警报器；②弹药舱的火警指示器、压力消防系统压力表；③主轴转速表、主要机械设备工况的重要指示仪表。

（2）为正确判断破损影响和便于指挥，损管指挥所内部应有各种损管文件、计算图表和损管用计算机，其中包括：①舱室布置图、不沉性相关文件资料；②各战用系统和动力装置战斗使用计划；③损管决策指挥软件系统。

（3）损管指挥所应有通向各指挥所及有关战位的完善通信器材，重要者应考虑两套配置。

（4）为迅速而正确地处理某些破损，损管指挥所内应考虑以下装置的远距离控制：①弹药舱喷灌注系统的操纵阀；②灌注主要平衡舱的操纵阀；③封舱灭火装置的开启阀；④锅炉停汽阀及停止燃油阀；⑤独立组间主管的隔离阀。

（5）为保证内部设备的生命力，损管指挥所通向各处管路、电路、传动装置等的线路应做到最短，并给予防护，某些设备应考虑两套配置。

（6）为保证损管指挥所的转移，在预备指挥所内也应配置适当的设备。

二、损管指挥原则

（一）先限制后消除

先限制后消除原则，即先限制蔓延性损害，后消除那些非蔓延性损害。蔓延性损害指损害影响对舰船战斗力有继续恶化的趋势，如引起稳性恶化的舰体破损进水，大角度的倾斜、倾差，暴露性的舱壁，重要设备舱室的火灾，对弹药舱、油柜有威胁的火灾，正在使用中的战用管路和电路的破损等。非蔓延性损害指损害影响已被控制或限定，灾害不再扩展或恶化，如距水线较高的破口，因破损进水而产生的允许倾斜、倾差，被可靠舱壁所局限的破损舱内的积水，确信不足以酿成火灾和影响战斗设备的燃烧，有待修复的已被暂时隔离的管路，与战斗无关或关系不大的设备破损等。但要注意，在战斗中舰船遭受破损后的情况是不断变化的，如在储备浮力不断损失的条件下，水上破口可能变为水下破口，由非蔓延性损害转化为蔓延性损害。所以，对待两种不同性质的损害影响，在处理中既要有所区别，又应同时关心。当然，在复杂的损害情况面前，处理问题总是有主有次，有先有后，对损害均应重视，但不等于平均使力，一定要抓住主要矛盾，集中力量解决，其他矛盾适当兼顾。在前面各章中介绍的损害处理原则，都体现了先限制后消除这一总的原则，例如限制水漫延的原则、平衡舰体原则、灭火基本原则等。对人力和物力的使用也体现了上述总的原则。例如人力和器材首先应解决引起稳性恶化的主要水流，支撑器材应首先满足最危险的舱壁的支撑，排水应先排出那些对舰船稳度危害最大的舱内积水，防止灭火材料的平均使用等。

（二）有集中又有分散

有集中又有分散原则是指损管处理过程中集中与分散相互机动、相互结合。损害处理活动中：一方面要防止不了解全面情况，只看局部影响而擅自采取处理活动，忽视集中原则，给舰船带来更坏的后果；另一方面也要防止处理活动中缺乏灵活机动，从而失去某些抢救时机。凡损害影响及其处理中涉及范围过大或处理不当，可能带来不良后果时，要集中处理；在不涉及其他方面，或即使处理不当也不会发生其他影响时，对那些蔓延性损害进行局部处理，应充分发挥战位人员的灵活机动性。需要集中处理的情况包括舰体平衡活动、重要舱室封舱灭火装置的使用、弹药舱喷灌系统的使用、排水系统的使用、动力系统的转换、停止使用部分动力装置，人员的派遣等。需要灵活机动处理的情况包括水下小破口的立即堵塞，使用一般灭火器材对初始小火的扑灭，破损管路、电路的隔离，按战斗使用计划的转换等。根据舰船损害和处理特点，有集中又有分散原则反映在舰船损管活动的各个方面，并满足《水面舰艇损害管制条例》的规定。如舰体平衡活动被规定为严格集中，它反映在损管组织中，要求平衡活动必须是由熟悉舰船情况、会使用不沉性图表和掌握不沉性计算的舰员担任，它要求在平时训练中，向全体舰员反复说明集中处理平衡的重要性和必要性；它反映在舰船设计建造中，要求平衡系统的布置要为集中处理创造有利条件。又如像弹药舱、灌注系统的使用，在原则上也应是集中的，但在不同情况下，它具有一定的灵活性。有集中又有分散原则的精神体现在《水面舰艇损害管制条例》规定中或特制的使用计划中，并通过平时训练使舰员明确。

三、全舰损管指挥关系

（1）舰指挥员（舰长）负责全舰损害管制的直接领导和指挥。

（2）副舰长协助舰长领导全舰的损害管制，平时协助舰长组织实施全舰损管训练。当舰船发生损害时，协助舰长组织指挥全舰损管工作，并具体负责组织指挥主甲板以上的损管工作、舷外堵漏工作，以及防核武器、化学（生物）武器的工作。

（3）机电长协助舰长组织实施全舰损管训练，制订全舰损管训练计划和损管预案，组织损管小组作业，检查损管训练的质量，担任损管训练的指导。当舰船发生损害时，协助舰长具体组织指挥防沉抗沉、灭火和恢复破损机械设备运转等损管活动，并直接领导损管战位和机电部门的损管活动。

（4）其他各部门长组织领导本部门的损管训练。当舰船发生损害时，组织本部门的损管活动，并听令支援其他部门或全舰的损管工作。

四、损管中的报告与指挥

当战位损害严重并直接影响全舰或部门战斗力时，战位应立即处理，并同时报告部门指挥所和通知可能受影响的其他战位。凡属局部性和不直接影响全舰和部门战斗力的轻微损害，战位也应立即排除，在战斗间隙或战斗结束后按级上报。当发现舰体破损、严重火灾等情况时，还应设法迅速报告机电部门指挥所。如有下列情况必须迅速报告机电部门指挥所。

（1）舱室起火，正在蔓延；火区靠近弹药库、油舱等危险区。

（2）主要消防系统损坏。

（3）舰首舱室及主舱壁破损。

（4）舱室灌注。

（5）主机、锅炉、副机、舵机、尾轴系统损坏。

部门内所发生的灾害如不影响全舰战斗行动，且本部门力量可以消除时应先自行处理，在战斗间隙或战斗结束后再向指挥所报告，但以下情况必须迅速报告。

（1）舰船稳度严重降低，需要灌注舱室以提高稳度。

（2）舰船倾斜、倾差严重，需要抛掉某些装备物资才能平衡。

（3）弹药库失火或温度升高需要灌注。

（4）舰船首部破损，需要立即降低舰速进行损管处理。

（5）舰船局部大火或火势虽小但正在蔓延。

（6）主动力装置损坏影响舰船运动。

（7）损害影响战位、指挥所战斗行动或安全。

第四节 损管训练

舰员熟练掌握损管技能是取得损管成功的决定因素，而熟练的损管技能是通过平时认真刻苦的损管训练获得的。在训练中要从实战需要出发，练思想、练作风、练技术，特别要注重损管基本操作的训练，以求扎扎实实地打好损管技术基础。在训练中还应强调训练与技术管理相结合，认真熟悉和贯彻执行各种条令条例，如《中国人民解放军海军舰艇条令（试行）》《水面舰艇损害管制条例》等。机电人员参加专业值日、值更及检修保养等工作，从一定意义上说是最经常、最实际的训练。

在复杂的战斗损害下，要使抢救活动达到既正确又迅速的要求，除了要有严密的损管组织和可靠的损管器材，还必须在损管训练中从实战需要出发，使舰员获得熟练的损管技能。通过损管训练对一切可能损害的处理心中有底，即对舰船什么地方可能出现什么损害、有些什么影响、哪些人去抢救、采用什么方法和用什么器材抢救等，都做到事先有周密的考虑和安排。只有这样，才能在复杂损害面前做到沉着不乱和正确处理。当然，要对一切可能破损都做到心中有底是很难的，要求事前对损害可能的预想越周密，一切预先措施就越接近实战的需要。应该指出，周密的预案或考虑并不是万事的罗列，而是要求在复杂的损害现象中，找出本质的问题。

本节将着重介绍损管训练内容、损管训练方法和损管训练的组织实施。

一、损管训练内容

机电部门人员应了解本舰的性能、结构，熟悉舱室、损管器材的分布，防火灭火规定，损管器材的使用，损管系统的使用，损管基本操练，所属武器技术器材的正确使用和破损的修复。此外还应了解《中国人民解放军海军舰艇条令（试行）》《水面舰艇损害管制条例》和其他有关的规章制度。

损管队成员还应分别掌握电焊、切割、接线、潜水作业和水下焊割技能。

机电长应熟悉《中国人民解放军海军舰艇条令（试行）》和《水面舰艇损害管制条例》，熟悉本舰主要不沉性能，能正确进行全舰和部门损管训练与指挥。此外，机电长还必须熟练掌握不沉性能图表的使用和有关计算，熟悉舰船潜水勤务规则，并能组织领导舰船潜水作业。

为完成舷外或淹水舱内水下作业，舰上应在机电部门、枪炮部门和帆缆人员中培养若干兼职潜水员，组成潜水小组。机电长或副机电长任组长，负责领导潜水和水下作业训练，军医任副组长，负责医疗保障。

二、损管训练方法

损管训练方法一般分为上课、操练和操演三种。
上课：按其内容可分为理论课和实作课两种。
操练：可分为基本操练、战斗练习和小组（综合）作业三种。
操演：按其范围大小，可分为战位、部分（战位间支援和战术训练）和部门三种；按其组织实施目的可分为练习性、测验性和示范性三种。

此外，还有全舰性战斗演习。

三、损管训练组织实施

（一）上课的组织实施

上课是以讲解或做示范动作的方法，将必要的理论知识和操作方法教给舰员。上课前，讲课人必须亲自拟订教案，并经直属首长批准和上级业务干部审查同意。教案内容应包括课题、目的、时间分配、实施方法、教材和有关资料等。班长讲课，一般可不编写教案。上课应尽可能利用实物、直观教具（挂图、模型、实物等）和结合检修及拆卸机械进行。为了使听课者巩固所学知识，应组织讨论，还可布置必要的课题作业。此外，在课前或课后，应对听课人进行提问或测验。测验方法最好用口测和实作。

1. 理论课

理论课的目的是使舰员获得必要的基础知识（构造、性能、动作原理、条例等），为正确的操作和检修打下基础。上理论课必须结合舰船实际情况，抓住重点内容，并力求简明扼要，通俗易懂。如讲条例应以使用条例为重点，讲动作原理应以基本动作为重点，讲机器的构造应以活动部分和固定机件的连接部分及轴承为重点等。听课以听为主，辅以记录。

2. 实作课

实作课的目的是使舰员掌握操作方法、程序和基本要领。上实作课的方法必须以示范动作为主，边讲边示范，边讲边练、讲练结合。

使用条例、损管条例、舰船条令、训练方法等内容，也可采用实作课方法进行，以获得更好的效果。

（二）操练的组织实施

操练应在基本理论学习的基础上进行，目的是使舰员熟练掌握战斗动作和专业技能。操练内容必须根据实战需要，抓住重点和难点，特别要注意将不易结合日常工作的操作内容练精练熟。操练必须遵循由浅入深、由简到繁、循序渐进、精讲多练、逐步提高的原则，要苦练巧练，防止蛮练死练。

1. 基本操练

基本操练是操练战斗基本动作或单个动作。基本操练的对象主要是战士，对机电专业训练来说又可分为损管基本操练和专业基本操练两种。

（1）损管基本操练。损管基本操练的目的是使舰员熟练在各种情况下的损管基本动作，这是舰船损管能力的技术基础。损管基本操练的主要内容应包括防火、防爆、堵漏、排水、支撑、包扎管路、修理破损电路等。

舱面战位人员应以灭火为主，但也应学会堵漏、排水等基本动作，特别是人员较少的舰船，更应全面掌握损管基本动作。同类型舰船以大队为单位，可参照损管训练内容和实际情况，制订具体的损管基本操练项目。损管基本操练项目对机电人员、损管人员及其他部门人员应有所不同。

损管基本操练的组织实施：舱面干部由舰长领导，机电长协助；机电干部由上级业务干部或部门长领导；战士由战位长领导。

损管基本操练应在战位或教练室（船）内的各种模拟装置上进行。

（2）专业基本操练。专业基本操练的目的是使舰员在各种情况下熟练地操作各种机电技术器材。其主要内容应包括机器的准备、启动，各种工况中的管理、转换和停止，各种系统的接通、断开和转换，各种故障的处理，技术器材的检修。同类型舰船应以大队为单位，可参照上述内容和实际情况，干部和专业班分别制订专业基本操练项目。专业基本操练的组织实施：干部由上级业务干部或部门长领导；战士由战位长或班长领导。

2. 战斗练习

战斗练习是指为了完成某一项战术想定条件下全舰或部门实际使用武器、技术器材而进行的联合操作练习，如测定燃料消耗、单机航行、卡舵航行、海上转拨油水及供电供气、动力装置主要故障处理、战斗系统转换、舰体平衡、施放防水席、离舰损管、舰船拖航和轻潜水作业等。战斗练习的目的是训练有关舰员在战斗中熟练掌握本人动作及彼此协同动作，训练有关指挥员的指挥动作，并为部门操演和全舰战斗演习打下基础。战斗练习一般不要求制订练习计划，但练习中每人的动作必须有明确的分工或有专门部署。同类型舰船应以大队为单位，参照上述内容，制订战斗练习课题。

3. 小组作业

小组作业也称综合作业，其目的是使各级指挥员熟记条令、条例等战斗指导性文件，复习和巩固理论知识，并培养军官在各种情况下正确下达命令，以提高其指挥能力和处理损害的能力。小组作业可以检查和巩固指挥员的自学与指挥能力，是一种集思广益、组织简便的训练方法。因此，小组作业既是军官理论学习应用和提高的方法和途径，也是军官实际指挥战斗操演前的理论准备和基础。

小组作业是在副舰长直接领导下进行的，参与人员可以是各部门指挥所的指挥员，也可以部门为单位，由部门长领导，集合各战位长参加。组织者应根据已有训练基础和训练要求拟订出"损害想定情况"的小组作业计划，并预先考虑符合实际情况变化的附加问题。参加者可携带参考文件和图表。在组织者宣布"损害想定情况"后，参与人员用书面或口头研究，解答作业中提出的问题，或针对计划中想定情况与本部门（战位）的关系，经过分析、判断，做出决定并下达损害处理的指示或口令。在指示或口令中，应包括执行任务的战位（人员）、损害处理的方法步骤和所用的器材等。损害处理完毕后，参与人员应进行讨论，评判其正确性，最后由组织者进行讲评。小组作业的内容很广，如战斗操演、不沉性分析计算、故障处理和动力装置战斗使用、严重火灾和封舱灭火、大面积自由液面和负初稳度的处理等。作业内容可以是单一问题的处理，也可以从备航备战到战斗损害和各种事故损害的处理，但在内容和规模上也应贯彻由简到繁和从易到难的原则。

经验表明，小组作业由基地或舰队业务部门组织同型舰战斗部门指挥员参加更为适宜。每次小组作业前，组织者必须正确选择作业课题，明确作业目的和要求，详细制订作业实施计划。作业课题应根据科目进度及人员实际水平选择，课题范围不宜过大，作业时间不宜过长，一般以半天时间为宜。

（三）操演的组织实施

操演的目的主要是训练舰员在各种不同情况下的协同动作和提高部门长、战位（舱室）长的指挥能力，以及继续巩固、提高舰员的基本操作技能。

1. 战位操演

从舰船损害抢救的一般情况来看，战位操演具有特别意义，不仅具有巩固提高单个训练（基本操练）的作用，同时还为部分操演（训练）或部门操演（训练）创造条件。战位操演对战时实际损害抢救的成败有着重要的作用，在安排训练计划时应注意这一点。

战位操演的目的主要是训练战位长的指挥能力和战位人员的协同动作。战位操演必须在基本操练的基础上进行，它是基本操练的提高，又是部分操演和部门操演的基础。战位操演的基准课题一般包括：战位备战备航（一般情况及紧急情况），战位个别破损、个别地方起小火，技术器材部分损坏，战位大破损、战位起大火等。同类型舰船应以大队为单位，参照上述基准课题制订主要战位的操演课题。战位操演一般由战位长根据操演课题制订计划，部门长批准。人少的小艇（船），战位操演与基本操练区别不大，可不作要求。舰上人少的战位，应参加邻近战位的战位操演。战位操演的讲评应在战位操演结束后立即进行，讲评要简短、明确，对不正确动作应具体指出怎样做，为什么这样做，并包含必要的示范动作。讲评时间一般不应超过 5 min。

评定战位人员的操演情况时，主要根据基本动作的正确性和熟练程度，其中又应以正确性作为首要条件。动作的正确性是指能严格按条例规定的步骤、方法和要领进行操作，而操作的质量又合乎要求。动作的熟练程度是指动作的连贯性、轻巧性、敏捷性，以及能够在接近实战情况下保持熟练的能力。操作时间不应作为评定熟练程度的主要标准，更不能作为评定人员操作水平的唯一根据。

2. 部分操演

部分操演是几个邻近或有联系的战位、舱室或专业分队进行的联合操演。战争的经验表明，许多损害的处理都需要战位间的协同配合，尤其是相邻战位和损管战位对战位损管小组的支援。

损管训练中，战位间相互支援的部分操演，在整个损管训练中应占有足够的地位。部分操演的目的在于训练战位间的协同动作。在战位间相互支援训练中，应考虑通信联络的方法、人员如何派遣及协同动作中的指挥等。此外，部分操演还应根据舰船某一时期的任务，使操演与舰船战术训练密切配合，从而使损管训练更好地符合实战需要。部分操演一般应由分队长、舱室长或中心战位长领导，其组织实施方法与战位操演相似。

3. 部门操演

部门操演的目的主要是训练部门长的指挥、部门与战位间的通信联络、各战位间的协同动作。部门操演必须在战位操演、部分操演的基础上进行，必须防止将部门操演简单化，降低为各战位动作的简单累积，或把操练士兵基本动作作为部门操演的目的。

部门操演必须有计划，计划应由部门长制订，舰长批准，大队业务干部审查同意。

部门操演的基准课题一般包括：部门备战备航（一般情况和紧急情况）；白天、舱内有灯、遭遇空炸或炮击、少数人员伤亡、动力无损坏情况下，全舰多处破损起火；白天、舱内有灯、遭遇水中武器袭击、少数人员伤亡、动力轻微损坏情况下，舰首大破损；白天，舱内有灯、遭遇空炸或炮击，人员严重伤亡、动力部分损坏的情况下，全舰多处破损起火；白天舱内无灯、遭遇水中武器袭击、人员严重伤亡、动力大部分损坏情况下，舰船中部或尾部大破损等。同类型舰艇应由大队参照上述基准课题统一制订部门操演课题。部门操演计划应根据大队制订的部门操演基准课题的内容制订。在部门操演与全舰损管训练中尤其要注意与战术相结合。

部门操演的具体组织实施方法如下。

第一阶段，操演准备阶段。在操演准备阶段中机电长必须根据科目训练和舰员的实际水平选择操演课题，确定操演目的和制订操演想定计划。想定计划必须密切配合全舰战斗活动，并与全舰船战术背景紧密配合，遵循由停泊到航行、由有灯到无灯、由低速到高速、由局部破损到多处破损、由小破损到大破损、由个别缺员到大量缺员等由浅入深、由简到繁的原则。选择想定计划时，机电长必须到现场观察，详细研究灾害可能引起的各方面影响。想定计划既要结合实战，又要便于仿造和能够实际排除，同时还必须考虑操演中可能引起的危险情况，以便采取正确措施，保证操演安全。各战位的想定计划和一个战位的几个想定计划必须紧凑、连贯，从而训练战位内的人员间、战位与战位间的协同动作。

机电长制订操演计划后，应交分队长和班长讨论，以便修正和补充计划内容。各战位在准备阶段，应根据部门操演计划中的想定计划组织战位操演和部分操演。干部也应根据部门操演计划组织小组作业，为部门操演作好准备。机电长还应根据计划内容，选择和确定操演、导演人员。导演人员一般应由有经验的班长、分队长或部门长担任，导演人员数量根据舱室、战位及想定情况多少确定。导演人员的职责是检查动作和评定成绩，仿造和假设情况，防止事故和保证安全。导演人员在操演准备阶段必须详细学习和研究操演计划，明确想定计划、模拟方法和各种安全措施，在操演准备阶段中还应详细检查机器和损管器材是否完备，以确保操演能顺利进行。

第二阶段，操演进行阶段。操演进行阶段应严格按想定计划时间进行。在操演过程中，只要不影响计划的进行，导演人员可以在战位上临时补充和变更想定情况。在操演中若发生危险或意外事件，操演领导人和导演人员必须立即采取措施，在必要时可暂时停止操演。在这种情况下，一切命令和报告必须加上"真实"二字，以免与想定情况混淆。在操演过程中，指挥所对上和对下的一切命令、指示、报告都必须进行登记，以便总结经验。

第三阶段，总结讲评阶段。操演结束后应认真进行总结讲评。总结讲评材料主要是导演人员、战位长的汇报、操演记录和操演领导人在指挥过程中所发现的问题。总结讲评的内容一般应包括以下几个方面。

(1) 各战位人员动作的正确性和熟练程度（见战位操演的评定内容）。

(2) 各战位间的协同动作，战位长的指挥能力。

(3) 部门长的指挥能力。

（4）操演计划的实施情况，模拟器材的使用情况。

（5）人员操演过程中的组织性和纪律性。

总结内容应以（2）、（3）项为重点，有关干部指挥上的缺点也应向战士说明，至于指挥方面的详细情况可以在干部会上进行分析和总结。

评定指挥员的能力应根据以下几方面。

（1）指挥的正确性（指挥员能够根据各种想定情况，进行正确分析、下定决心、下达命令和上报情况）。

（2）指挥员的机智、沉着和果断性。

（3）命令和报告的及时性、明确性和简练性。

4. 全舰战斗演习

全舰战斗演习是在全体舰员参加时进行的。全舰战斗演习涉及所有与舰船生命力要素有关的操演，包括抗沉、灭火、武器和技术装备的损管、人员的救护等，演习时间一般不超过 1 h。

在实际使用武器且有防护大规模杀伤性武器措施及损管的情况下，舰船完成个体战术科目时进行的全舰战斗演习称为舰船战斗练习。根据不同的目的，舰船战斗练习可分为预备、考查、检查和比赛练习。

全舰战斗演习的形式包括预备战斗练习、考查战斗练习、检查战斗练习和比赛战斗练习。

（1）预备战斗练习在舰长领导下进行，目的是检查战位和全舰完成考查战斗练习的准备情况。

（2）考查战斗练习在大队指挥员领导下进行，目的是评价舰船完成所赋科目的训练水平。

（3）检查战斗练习是按上级指挥部视察人员命令组织进行的，目的是检查舰船的战斗力和训练水平。

（4）比赛战斗练习是为了确定训练较好的舰船和鼓励战斗训练。

四、损管训练基本做法

（一）分析损害及其影响

确定损管训练内容和其他保障舰船生命力的一切措施，都必须以损害分析为依据，做到有的放矢。对于战位或某一舱，分析损害主要根据战位或舱室所在位置、内部设备及可能遭遇的武器破损情况。不论情况如何复杂，总可把损害按不同严重程度分为两类：一类为本战位可以处置的损害；另一类是本战位难以处置的损害。前一类损害如水下小破口的堵塞，舱内一般火灾的扑灭，邻舱遭灌注后的舱壁支撑及管路、电路的破损隔离、转换和修复等，是战位损管训练的主要内容；后一类损害如鱼雷、水雷命中后舰船漂浮状态的扶正，重要舱室内大火的扑灭，火灾对弹药舱威胁的处理，部分动力装置失效后的使用，以及暴露舱壁的支撑等，一般都是部门或全舰范围损管训练的内容。分析损害，是拟订训练内容的依据；能使训练符合实战需要，是抢救活动取得成功的重要环节。善于将损害分类，可使整个损管训练相互配合，也可为抢救活动的集中统一和分散机动提供参考。

（二）归纳损害的一般性和特殊性

通过分析损害获得的训练内容有很多，如逐条实施训练则费时长、效果差。损害性质和处理方法存在一般性和特殊性，一般性损害在处理方法和使用器材上可以取得一致。所以，归纳损害的一般性和特殊性，就能够简化损害的抢救方法，从而简化器材的配置。同时，明确损害的一般性和特殊性，也就明确了训练内容的重点和难点。对于一般损害处理应多加训练，对于特殊损害处理则应逐个解决。只有这样，才可能通过训练做到对一切损害处理心中有底。

（三）训练要从简到繁和从易到难

战斗损害影响通常是水灾、火灾及机械破损等同时出现，战位上的损害抢救通常是多人的动作协同。但是，从训练角度来看，单一损害是同时、多样损害的局部，个人活动是协同动作的基础。所以，在损管训练内容的安排上，应贯彻从简到繁的原则。在动作训练上应先从个人着手，从损害基本操练做起。训练条件上要做到从易到难，从白天到黑夜，从有灯光到无灯光，从海面平静到有大风浪，从无烟气到有烟气，从不用模拟器材到用模拟器材，从不缺员到缺员，从非突然到突然性等。在训练中应抓紧"繁"和"难"进行多练、苦练。突然性训练是提高各级指挥员损管指挥能力的良好方法。但在突然性的训练中，一定要有安全措施，防止事故发生。

五、损管训练要求

损管训练应该严格遵守损管训练的相关要求。

损管训练必须贯彻经常性操练制度，不断巩固提高已学技能，并使不易结合日常值勤、检修进行训练的内容得到锻炼。

《水面舰艇损害管制条例》及有关条例规定：损管基本操作的训练必须列入经常性训练的项目中，一般应该每天操练，至少每周 2 次，战斗练习次数不做具体规定；小组作业每月 1~2 次，每次 2~3 h；战位操演和损管操演每周不少于 1 次，部门操演每月不少于 2 次，全舰损管操演每月不少于 1 次。舰艇航行中上述训练的次数应适当增加。每次操演，不一定都要重新制订操演计划，可以根据上一次计划反复进行，或稍加修改，或补充后进行训练。

应加强在复杂条件（黑暗、有气、烟雾、有水、有火、倾斜、缺员、倾差、机械失灵、沾染毒气或放射性物质等）下的损管训练。训练时要充分利用损管教练室（船），可广泛采用模拟方法（向舱内灌水，充气布烟、点火等），但必须采取安全措施。

应该着重指出，要使损管训练取得实效，在训练中应充分发挥战位舰员的积极性，培养他们机智灵活和英勇顽强的作风，防止训练中只求进度而忽视质量。训练中应树立认真严肃的态度，做到"以假当真"的战斗观念，要从思想上和技术上解决一些人信心不足或盲目自满的问题。

六、军官损管指挥训练

在损管组织指挥训练中，主要培养和巩固军官在指挥所和失事地点迅速正确地评估形势、准确及时地做出损管决定的领导技术。

军官的损管指挥训练应包括以下内容。

（1）学习舰船结构、损管组织和损管器材的使用方法。

（2）学习保障舰船生命力，保持和恢复战斗或事故破损舰船战斗力方面的指导性文件、资料，学习人员损管训练方面的文件、资料。

（3）在所领导的战位范围内操练损管措施。

（4）操演评估舰船态势和做出损管决定的技能。

（5）根据所任职务和高一级职务操演在指挥所或事故地点领导损管的技能。

（6）操演组织下属人员损管训练的技能。

根据在舰船损管领导中军官的可能参与程度，对上述训练内容有不同的要求。对那些能担负全舰船的损管领导职责的军官的要求最高，属于这类军官的有舰长、副舰长、机电部门部门长。对这类军官来说，评估舰船态势是指评估破损后全舰的状态，其领导对象是整个舰船，一般来说，对舰船状态的评估包括以下几个方面。

（1）弄清破损区域和破损特点、破损发展的态势和方向、对重要设施和全舰的威胁。

（2）对储备浮力和稳性进行定量评价。

（3）评价火灾和危及范围、灭火器材的效果。

（4）弄清破损和出故障的战斗和技术装备，分析恢复意见。

（5）确定人员损伤程度，分析救护伤员和使用剩余人员的意见。

（6）对不沉性的定量评价要善于利用不沉性资料，进行浮态和稳性的计算，选择最有效的扶正方案和评估扶正后的舰船，若配备有损管决策软件，应会正确使用。

对不领导全舰损管的军官的要求，是要能组织战斗部门的损管行动。

军官损管训练的形式有独立训练、上课、操练、小组作业、战术集结和战斗演习。

（一）独立训练

独立训练的任务是学习舰船结构和损管组织、器材的使用方法，学习有关舰船生命力保障和人员训练的指导性文件和资料。

每一位军官应从其直接首长处获知理论问题目录，并在自己制订的每月独立训练计划中预先写出问题的解决方案。直接首长在批准每月独立训练计划时检查计划中有无这些损管训练的问题。

对军官损管知识和实践技能的检查在上课、操练、小组作业和战术集结时进行。

（二）上课

上课是为了学习舰船损管理论和检查军官的训练水平。

上课的形式有报告、讲座、实操课、课堂讨论、检查课和考查课。损管理论学习以报告和讲座的形式进行。报告是将损管的实际问题、主要训练要求及实际经验传授给听课者；讲座阐述具体理论材料或某一题目，阐述时要有必要的科学依据和结论。

实操课上进行的是熟悉和实践掌握损管技术器材，学习损管的最初措施。

课堂讨论、检查课和考查课是检查军官的训练情况。课堂讨论上讨论所提问题和交换意见时可使理论知识得以深入和巩固，经过讨论也可以得到统一看法，同时也检查了军官的训练水平。

检查课上用口头或书面的形式检查军官关于某一课题的知识。每年军官要和全体舰员一起上一次检查课，检查的内容是舰船结构和损管组织、器材的使用方法。

考查课的目的是单独检验军官掌握损管指导性文件、损管器材使用方法的程度。

（三）操练

在进行系统操练时，军官要操演损管实践技能。根据操练内容可分为损管最初措施的操练、在损管综合训练系统中的抗沉和灭火操练、指挥所的损管领导操练及舰船不沉性计算的操练。

1. 损管最初措施的操练

军官进行这一类型的操练应在军士长和班长进行类似操练之前，这样军官在和下属人员进行类似操练前就已做好了准备。

进行此操练时战斗部门长由舰长领导，而舰上分队长和组长由部门长领导。根据操练进行方法，每一位领导应备有操练内容表。

完成损管最初措施的操练的结果应使每位军官具有损管基本技能，并能很好地了解自己下属的职责和舰船结构，随时能完成下属的动作。

舰长应经常检查最初措施的操演情况并根据检查结果给每位军官评分。

对操练组织的检查通过分析操练的内容表和操练进行计划的方法实施，也可采取考查评分和军官自己向检查者汇报的方法进行。

2. 损管综合训练系统中的抗沉和灭火操练

军官在损管综合训练系统的操练建议也在舰员操练之前进行。操练内容和实施计划由机电长或机电业务长制订并报舰长或大队首长批准。

副舰长负责全体舰员此项操练的实施和组织。在进行此项操练时要特别注意遵守安全技术规定。

每次操练都应登记在舰船、战斗部门和损管综合训练系统的训练日志上。

3. 指挥所的损管领导操练

指挥所进行操练的目的包括以下几点。

（1）培养军官评价破损舰船状态的技能。

（2）培养军官做出正确、及时的损管决定和下达具体、明白和简短的口令。

（3）操演与自己下属战位和其他指挥所的协同动作。

（4）培养在转移至备用指挥所对操纵舰船（战斗部门）和领导损管的技能。

在这类操练中最主要的是抗沉和灭火时总指挥所和动力损管指挥所的操练。进行操练时，参加总指挥所操练的有副舰长和全部战斗的勤务部门长，而参加动力损管指挥所操练的是机电部门长和损管队指挥员（舰务组指挥员）。舰长领导操练，操练前应制订详细的计划。操练的完成情况应登记在舰船战斗训练日志上。机电业务长负责检查操练的情况。

4. 舰船不沉性计算的操练

舰船不沉性计算的操练目的是培养损管指挥员应用不沉性文件和完成主要计算的技能，包括以下内容。

（1）计算不同情况下舰船的排水量。

（2）装卸载荷时计算浮态和稳性的变化。

（3）计算不同状态下舰船的稳性。

（4）计算破损舰船的浮态和稳性。

（5）不同舱室浸水情况下舰船稳性恢复的计算。

（6）破损舰船的扶正计算。

有装备损管软件的舰船，应掌握用电脑软件评估舰船态势的方法。

（四）小组作业

小组作业是每一个参训者根据领导者所给的损害情况按所任职务做出损管动作。小组作业一般在战斗演习或复杂操练前进行，它是为损管领导者在各种局势下完成自己职责做准备，同时也是为了检查他们所掌握的知识。在给出的损害情况中要指出可能的局势。在向参训者宣布损害情况后应预留一点时间做准备。在操演防护屏障上的损管领导时，所有参训者完成同样的任务；操演指挥所上的动作时，每个参训者要根据所任职务完成独立任务。小组作业结束时应做分析。

（五）战术集结

战术集结是一种用在战术训练中的训练形式，也可用在军官损管训练中。这种情况下战术集结目的是检查所掌握的知识，以及操练和完善管理技能。在损管训练过程中，战术集结可能在舰船战斗演习进行前直接进行。

（六）战斗演习

军官战斗演习的目的、类型和进行方法在前面全体舰员训练形式时已做过阐述。

以上军官训练形式尽管在特点上有区别，但又没有严格的规定。是否进行某一形式的训练由领导根据训练科目的复杂性、下属军官的训练水平、时间的安排等决定。熟悉了这些训练形式和方法就可以更有成效地加以利用。

舰艇损管训练形式如图 5-5 所示。

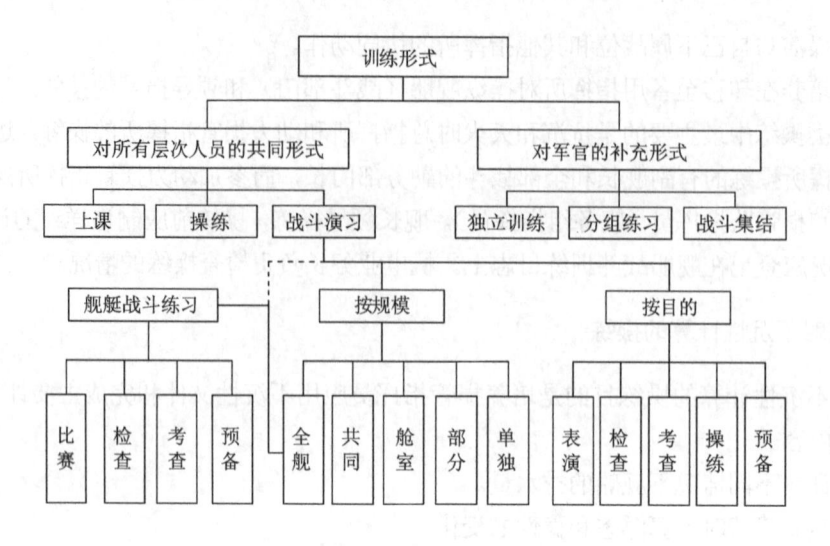

图 5-5　舰艇损管训练形式

七、舰员损管训练技术器材

损管综合训练系统、损管训练船用于舰员的损管实操训练。

在损管综合训练系统和损管训练船采用全体舰员操练的方法进行训练，并要预先制订出整个训练年度的计划。机电部门长或业务长负责制订由易到难的操练进程表。各层次损管领导者的操练应在其下属的类似操练之前。

操练在舰长统一领导下进行。副舰长或机电长负责在损管综合训练系统或损管训练船进行操练的组织和舰员准备。舰船军官直接在各训练舱室领导操练。

（1）在广泛使用模拟器材最大程度接近战斗状态的条件下，使用损管技术器材实际操演抗沉和灭火的方法。

（2）培养舰员和损管领导者正确评估舰船态势和选择有效损管器材的技能。

（3）实际操演潜水员下水和在浸水舱室堵漏、修理技术器材。

在损管综合训练系统进行操练时必须建立能在舰船条件下发生的失事情况。在操演扑灭大火时，应使用呼吸器材，手提灭火器材，着消防服，还要准备人员从灼热舱室撤出的出口，并随时准备启动自动灭火系统。在灭火操练过程中必须遵守下列安全措施。

（1）为避免人员烧伤应穿戴手套或防火服。

（2）在操练舱室内温度急剧升高的情况下，必须撤出操练人员。

（3）灭火之后为清除有毒气体，必须对操练舱室进行通风。

（4）进行抗沉操演时应考虑用堵漏器材堵漏、破损管路的包扎、排水器材的准备、浸水舱室中的工作、使用潜水呼吸器进行浸水舱室的堵漏等水下作业。

（5）使用潜水装具必须在有机电部门领导的监督下进行。进行潜水操练时应有医生或带急救包的舰船卫生员在场。

舰员在损管综合训练系统的操演应登记在舰船损管综合训练系统的训练日志上。

损管综合训练系统的主要构成包括：①抗沉舱室；②灭火舱室（包括室内灭火舱室和室外甲板灭火舱室）；③潜水舱室；④不沉性研究室。

1. 抗沉舱室

抗沉舱室用于在最大程度接近战斗条件下的抗沉实际操演。抗沉舱室组成包括：①操练舱室，含流量可调的喷水破口及破损管路；②泵和疏水器材机组房；③更衣室和淋浴室。

先进的损管综合训练系统操练舱室是浮在水池上的，这就可以在操演抗沉动作时制造横倾、纵倾。

用来排水的泵放置在专门的机组房里。教练员在控制台操纵供水阀和泵的开关。

2. 灭火舱室

灭火舱室用于灭火操演，包括操练舱室、教练员控制台、有通风机和供水泵的机组房、预先培训教室、更衣室和淋浴室。

操练舱室装有各种形式火灾的模拟试验台，包括电气设备火灾（已断电）、舱室燃油火灾、舱室内部设备火灾、竖直面火灾、舱门处火灾等。

保障操练舱室的所有机组放置在邻舱，包括通风机、供水泵、灭火剂储存罐和高压气瓶。机组房自身装备有灭火系统。

火灾模拟试验台和灭火系统的启动在教练员操纵台上进行，教练员应可通过系统监督操练舱室的相关情况。

预先培训教室是学习灭火器材的系统的上课场所，教室里有相应的挂图、模型和操练器材。

3. 潜水舱室

潜水舱室用于专职和兼职潜水员在浸水舱室里进行舰船损管的训练，其主要设施包括：①潜水作业训练舱或游泳池；②高压气站；③加压舱；④初级培训教室。

潜水作业训练舱或游泳池一般有 4 个工作点，工作点上装备有水下作业平台，符合潜水规则要求的梯子。潜水操练设备包括安装阀门用的法兰盘、破损的管路、锯断管路用的老虎钳、水下堵漏点、水下焊接和切割操演点。

高压气站一般包括压缩机、空气清洁装置、高压气储气瓶、气瓶充气台、管路系统。

初级培训教室用来进行理论学习和放置挂图、装具和器材等教学模型。

4. 不沉性研究室

不沉性研究室中的舰船模型用于军官在舰船不沉性方面的训练，它能直观显示正、负稳性时舰船的各种浸水情况。在不沉性研究室内可以对舰船模型上的浸水情况做演示和分析，使舰船恢复稳性，扶正舰船，正确评价舰船状态和抗沉可能性。研究室配备有以下设备。

（1）用于解决破损舰船扶正和其他舰船理论应用部分问题的比例模型。

（2）舰船模型用水池、模型升降装置和其他附属设备。

（3）适合所使用舰船模型的不沉性表。

（4）现代的不沉性研究室还配备舰船损管总指挥所和动力损管指挥所挂图（标板图）、仪表板和用来模拟外部局势和人员动作的操纵台。在这种情况下不沉性研究室内可进行全舰损管指挥的操练。

（5）目前较先进的不沉性研究室使用电子抗沉指挥训练系统训练军官的损管领导技能。系统可以进行舰船状态备查功能和损管指挥决策功能，即舰船的装载状态和破损情况可以任意设定，系统能立即以数据、图形和动画的形式提供舰船的状态，能对训练过程自动评分，并能针对破损向指挥员推荐最优的抗沉参考方案。

损管综合训练系统包含了损管训练所需的全部功能。损管训练船除上述功能外，须在岸上单独建立灭火场以弥补不易进行灭火训练的缺陷。

思考题

1. 舰艇损管组织的构建基本原则和方法有哪些？
2. 舰艇损管器材配备的基本原则和配置种类有哪些？
3. 舰艇损管组织指挥的基本原则有哪些？全舰组织指挥关系如何划分？
4. 舰艇损管训练的主要内容及各级人员应具备的损管能力有哪些？
5. 舰艇损管训练的形式和组织实施的方式有哪些？
6. 作为舰指挥员，如何提高全舰人员的损管整体作业能力？

第六章 潜水物理知识

人类生活在地球表面，呼吸着空气，一切活动都很自如，很少关心自己的生存条件。而潜水员潜入水中，必须经过从常压到高压，又从高压返回常压这一过程。在生存环境发生改变的情况下，潜水员的生存取决于能否克服和适应环境压力的变化，以及由于压力变化而引起的各单质气体分压对机体造成的影响。因此，潜水员为了水下作业的安全，必须了解和掌握与潜水有关的呼吸气体、高压环境和水下环境等物理知识，这对安全潜水是非常重要的。

第一节 气体物理知识

在潜水过程中，潜水员最关心的是呼吸问题。为了保障潜水员的水下呼吸，一定要供给与潜水员所处水深压力平衡的气体，否则，当气体压力超过或低于一定限度时，会导致潜水员机体产生病理性改变。因此，潜水前应根据下潜深度和潜水装具选择不同的呼吸气体，除采用压缩空气和纯氧气体外，还可采用不同含氧量与惰性气体配制而成的混合气体。水面舰艇主要使用的常规自携式轻潜水装具，通常采用压缩空气作为呼吸气源。

一、气体特性

气体没有固定的形状和体积，在受到压力作用后，体积会缩小，具有明显扩散性和可压缩性。空气的成分比较固定，大致为氮气占 78.084%，氧气占 20.946%，氩气占 0.934%，二氧化碳占 0.033%，其余气体占 0.003%。

（一）氧气

氧气是无色无味的气体，在自然界中分布最广，沸点为-183 ℃，熔点为-218.4 ℃。常压下，氧气在-183 ℃时变为淡蓝色的液体，在-218.4 ℃时变成雪花状的淡蓝色固体。氧气不能自燃，但能助燃，其在高压条件下，更易助燃。纯氧和油类接触易发生爆炸。氧气是维持人的生命不可缺少的一种气体，通过呼吸被送入人体组织，随血液循环又被送到全身的各部位，参与机体的新陈代谢。但氧气分压高于一定值时，会对机体产生毒害作用。

采用纯氧装具潜水时，应使用医用氧，其氧气体积分数不低于 99.5%，水分含量不高于 20 mg/m^3，氮气体积分数不高于 0.5%，不允许含有任何有害气体成分，且无杂质、无味、无油。

（二）氮气

氮气是无色无味的气体，沸点为-196 ℃，在体内仅呈溶解状态。通常氮气的性质不很活泼，在潜水医学中被称为"惰性气体"。当人体吸入高分压的氮气时，对中枢神经有麻醉作用。

在空气中约有 80%的气体分子是氮气。人体在生理代谢过程中不利用氮气，因此在呼吸混合气中它起的作用很小，只是用作稀释氧浓度。当体内所溶解的氮浓度较高时，会影响中枢神经系统，潜水员们最熟悉的影响就是"氮麻醉"，在不同的情况下对氮麻醉的敏感程度是不一样的。有证据表明，通过反复多次承受高氮分压，人可以获得对氮麻醉的适应性和承受能力。不经常参加高氮分压训练的潜水员在水下 27 m 以浅呼吸压缩空气时可能会出现氮麻醉症状，而经常训练的潜水员在水下超过 61 m 也不会发生氮麻醉。在任何情况下，氮分压越高就越容易产生氮麻醉。

（三）氦气

氦气是无色无味的气体，扩散速率快，有较大的导热性。氦的麻醉作用小，大气中含量极少。有些矿井的天然气中含有丰富的氦，目前国际上使用的氦基本上是从天然气中分离制备出来的。目前，60 m 以深潜水作业一般都使用人工配制的氦氧混合气体。

（四）二氧化碳

机体代谢过程中会生成二氧化碳。当吸入气体中二氧化碳分压高于某一值时，将对人体产生毒害作用。

为了确保潜水员健康、安全和有效的工作，上述各种供潜水员呼吸用的气体必须符合潜水医学的纯度标准。

舰艇潜水技术中所用压缩空气的纯度标准应符合下列要求。

（1）氧含量：20%～22%（体积分数）。

（2）一氧化碳含量：<0.001%（体积分数）。

（3）二氧化碳含量：<0.05%（体积分数）。

（4）油蒸气含量：5 mg/m^3。

（5）含水量：尽可能干燥，控制在 20～50 mg/m^3。

（6）清洁度：无杂质，不允许有灰尘、土垢、金属微粒及其他有毒性的成分（如乙炔、二氧化硫、氧化氮及卤化物等）。

（7）无色无味。

二、静水压及高气压

潜水时的水下环境诸因素中，静水压（hydrostatic pressure）改变是导致潜水员发生生理变化或病理变化的主要因素，是潜水医学关注的很多关键问题的起因。

（一）静水压的形成与计算

压强（pressure）是指垂直施加于物体单位面积上的力。静水压是由水的重力形成的。水垂直施加于水面以下物体单位面积上的重力称为静水压。

如果垂直作用于面积 S 上的重力为 F，那么面积 S 上所受的压强 $p=F/S$。在物理学中，重力（F）为物质的质量（m）乘以重力加速度（g），即 $F=mg$；质量为该物质的密度（D）乘以体积（V），即 $m=DV$；而体积又等于水面以下水柱的高度（h）乘以受力的单位面积（S），即 $V=hS$。故计算静水压的公式表达为

$$p = \frac{F}{S} = \frac{DhgS}{S} = Dgh$$

式中：p 为物体表面积上承受的压强，MPa；F 为水的重力，kg；S 为物体表面积，m²；D 为物体密度，kg/m³；h 为水面以下水柱高度，m；g 为重力加速度，m/s²。

上式表明：水面以下不同深处的静水压，与该处水深和水的密度成正比；而在同一水深的各个方向上，其压强大小都相等。

（二）静水压的表示方法

在国际单位制中，压强（包括静水压）的单位是帕斯卡（pascal，Pa），1 Pa=1 kg/(ms²)。Pa 是个很小的压强单位，常用其倍单位千帕（kilo pascal，kPa）、兆帕（mega pascal，MPa）等表示压强（kilo 表示 10³，mega 表示 10⁶）。目前，与 Pa 并用的有工程大气压（technical atmosphere）、标准大气压（standard atmosphere）或米水柱（mH₂O）等压强单位。

（1）以 1 标准大气压（1 atm）即 760 mmHg（0.76 mHg）的质量换算。

将已知水银密度（D）=13 595.1 kg/m³，汞柱高度（h）=0.76 m，在纬度 45°的重力加速度（g）=9.806 65 m/s²，代入 $p = Dgh$ 得

p=(13 595.1 kg/m³)×(9.806 65 m/s²)×(0.76 m)=101 325 Pa

故 1 atm（760 mmHg）=101.325 kPa=0.101 325 MPa；1 mmHg=0.133 322 kPa。

（2）以 10 mH₂O 的重量换算。

将已知淡水的密度（D）=1000 kg/m³，水柱高度（h）=10 m，g=9.806 65 m/s²，代入 $p = Dgh$ 得

p=(1000 kg/m³)×(10 m)×(9.806 65 m/s²)=98 066.5 Pa

如以海水的密度 1025 kg/m³ 计，则

p=(1025 kg/m³)×(10 m)×(9.806 65 m/s²)=100 518.2 Pa

故 10 mH₂O（淡水）=98.066 5 kPa=0.098 066 5 MPa；10 mH₂O（海水）=100.518 2 kPa=0.100 518 2 MPa。

（3）以 1 工程大气压 1 kgf/cm²（10 000 kgf/m²）换算。

在纬度 45°，质量为 1 kg 的物质可获得 9.806 65 m/s² 的重力加速度。因此

1 kgf/cm²=(10 000 kg)×(9.806 65 m/s²)=98 066.5 Pa

为便于实际应用，可将上述换算结果约简为

1 atm=760 mmHg≈1 kgf/cm²≈10 mH₂O≈100 kPa（或 0.1 MPa）

三、绝对压和附加压

（一）绝对压

单位面积上所承受的总压强称为绝对压（absolute pressure）。在压强后面注以"abs"，即表示绝对压。以"大气压"为单位表示时，称为绝对大气压（atmosphere absolute，ATA）。人在水下所受到的绝对压由两部分组成：水面以下的静水压和水面以上的大气压，用公式表示为

$$绝对压=静水压+大气压$$

例如，人潜入水下 10 m 深处，所受到的绝对压=100 kPa（静水压）+100 kPa（大气压）=200 kPa（abs）。必须指出，当考虑水下或加压舱内气体的生理作用时，都应按绝对压进行计算。

（二）附加压

单位面积上所承受的、不计大气压在内的那一部分压强，称为附加压（additional pressure）。附加压和绝对压之间的关系为

$$附加压=绝对压-大气压$$

一般的压力表，都以正常大气压（常压）为基线，指针的起始点"零位"即表示 1 atm。因此，用压力表测得的压强是附加压，附加压也称为表压（gauge pressure）。为与绝对压相区别，有时可在附加压后注以"gauge"或"g"。但在一般情况下，在表压后不加任何说明，均指附加压，如要用表压表示绝对压时，必须用"abs"或用"绝对压"注明。但是，如果是指某一种气体的分压，不论是否注明，均指绝对压。人在加压舱内用压缩气体加压，表压每增加 100 kPa，就相当于增加 10 m 水深的静水压。因此，静水压实际上就是附加压。有时将在加压舱内加压称为模拟潜水（simulated diving）。

综上所述，可以明确：①静水压可以用大气压表示，如水深 10 m 可以用 1 atm 表示；②所受附加压可以用水深表示，如在加压舱内加压到 200 kPa 附加压，可以用 20 m 海水表示。

四、静水压对潜水呼吸气体体积和压强的影响

由于静水压的存在，人在水下必须呼吸与所在水深处压强相等的压缩气体（compressed gas）。如仍呼吸常压大气或压强不够的压缩气体，肺内压将低于外界环境压（ambient pressure），胸廓会受到挤压，产生呼吸困难。呼吸压缩气体，各气体组分的分压增加，会给潜水员带来一系列的影响。

人在水下所受的静水压随水深增加而升高，随水深减小而降低。但是在不同水深处，相同幅度的深度增减引起绝对压和气体体积增减的百分比不同。在较浅处，水深增减所引起的绝对压和气体体积改变的百分比大；而在较深处，同样幅度的水深增减所引起变化的百分比较小。

潜水员水下呼吸高压气体，无论是潜水服还是体内含气腔室的气体压强和体积，都随静水压的改变而变化。这样，给潜水员带来的问题是：当潜水员下潜至较浅处时，因为气体体

积被压缩的比例较大，若供气跟不上潜水员的下潜速度，潜水服气压低于外界水压，潜水员将受挤压或者浮力减少而跌落；同样，在潜水员上升至临近水面的阶段，潜水服内气体膨胀比例也较大，会因浮力增加而加快上升。更为重要的是：下潜时中耳内气体容易被压缩，如不及时加以平衡，易致挤压伤；而上升时，如果没有通过适当呼吸动作保证肺内气体有效排出，肺内气体过度膨胀，可导致肺内压猛增而引起肺气压伤。

五、气体定律

要表明一定量某一气体的物理状态，可用压强（p）、体积（V）、温度（T）三个物理量。若其中一个量发生变化，则其余的量也会发生相应的变化。人们在科学探索和实践中，不断发现和总结这些变化的客观规律，把它们称为气体定律。

（一）玻意耳-马略特定律

温度不变时，一定质量的气体体积同它的压强（绝对压）成反比，即玻意耳-马略特定律（Boyle-Mariotte's law）。玻意耳-马略特定律还可以表述为：当温度不变时，一定质量气体的压强和体积的乘积是一个恒量。用数学式表示可写成：$pV=K$ 或 $p_1V_1=p_2V_2$，即

$$p_1:p_2=V_2:V_1$$

或

$$p_1V_1=p_2V_2$$

$$\frac{V_1}{V_2}=\frac{p_2}{p_1}$$

式中：p_1、p_2 为气体在各种不同状态下的压强，MPa；V_1、V_2 为气体在各种不同状态下的体积，L。

例如，气体的体积为 8 L 时，压强为 1 atm；若体积缩小到原来体积的 1/2、1/4、1/8，则压强相应地增加到原来压强的 2 倍、4 倍、8 倍（表6-1）。

表6-1　气体压强与体积的关系

压强/atm	体积/L
1	8
2	4
4	2
8	1
⋮	⋮

气体的体积与压强之间的这种关系，可用"分子运动论"来解释。在一个容器内，气体分子的运动不断碰撞容器壁，碰撞力的总合表现为气体对容器壁的压力。单位面积上所受压力的大小就是气体的压强。气体体积缩小后，气体分子与容器壁碰撞的机会增多，故压强升高。反之，若体积增大，分子与容器壁碰撞的机会减少，则压强降低。

潜水时，下潜愈深，水的静水压愈大，空气受到压缩，气压就相应增大（图6-1）。

[例] 储气瓶容积量为40 L，瓶内气体压强为15 MPa，假定在温度不变时，将瓶内气体降低至常压，求排出气体体积为多少升？

解：根据 $p_1V_1=p_2V_2$

$$p_1=15+0.1=15.1\text{ MPa}$$
$$p_2=0.1\text{ MPa}$$
$$V_1=40\text{ L}$$
$$V_2=\frac{p_1V_1}{p_2}=\frac{15.1\times 40}{0.1}=6040\text{ L}$$

在常压下，储气瓶内最后仍会留有40 L常压气体，所以排出气体的体积为6040-40=6000 L。

答：排出气体体积为6000 L。

潜水员在水下呼吸的气体压力必须与所处深度静水压力相等。因此，潜水员下潜时，随着环境压力的增大，呼吸的气体被压缩，必须不断补充供气，以均衡体内外的压力差。

潜水员出水上升时，环境压力随之降低，体内和装具内的气体随之膨胀，必须排出多余的气体，禁止屏气上升。

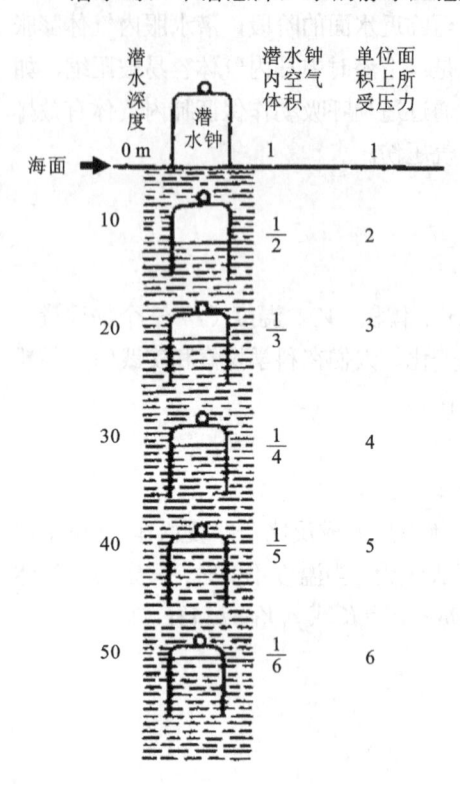

图6-1 潜水深度与空气体积和压强的关系

（二）查理定律

当体积不变时，一定质量的气体的温度每升高1 ℃时，其压强的增加值等于它在0 ℃时压强的1/273，即查理定律（Charles' law），用公式表示为

$$p_t=p_0\left(1+\frac{t}{273}\right)$$

即

$$\frac{p_1}{p_2}=\frac{273+t_1}{273+t_2}=\frac{T_1}{T_2}$$

式中：p_t 为温度升至 t ℃时气体的压强，MPa；p_0 为在0 ℃气体的压强，MPa；T 为绝对温度，K，$T=t+273$；t 为摄氏温度，℃；p_1、p_2 为气体在各种不同状态下的压强，MPa；T_1、T_2 为气体在各种不同状态下的绝对温度，K。

当体积不变时，压强和绝对温度成正比。气体压强和温度的关系也可依照"分子运动论"的关系来解释，温度越高，分子运动的平均速度越大，气体分子对每单位面积容器壁的碰撞次数就增加。同时，每次的碰撞力增强，气体的压强增大。

[例] 高压空气瓶在7 ℃时瓶内气体的压强是15 MPa，该气瓶放置在烈日下暴晒温度升高，当温度升高到40 ℃时瓶内气体压强是多少？

解：

$$\frac{p_1}{p_2} = \frac{T_1}{T_2}$$

$$p_1 = 15 + 0.1 = 15.1 \text{ MPa}$$

$$T_1 = 273 + 7 = 280 \text{ K}$$

$$T_2 = 273 + 40 = 313 \text{ K}$$

$$\frac{p_1}{p_2} = \frac{T_1}{T_2}$$

$$p_2 = \frac{p_1 T_2}{T_1} = 15.1 \times \left(\frac{313}{280}\right) = 16.88 \text{ MPa}$$

答：当温度升高到 40 ℃时瓶内气体压强为 16.88 MPa。

因此，若将高压储气瓶存放在强烈的日光下或热源旁，瓶内压强将会明显升高，这是非常危险的。

（三）盖-吕萨克定律

气体压强不变时，温度每升高 1 ℃，一定质量气体的体积就增加其 0 ℃时体积的 1/273。即盖-吕萨克定律（Gay-Lussac's law）。用公式表示为

$$V_t = V_0 \left(1 + \frac{t}{273}\right)$$

即

$$\frac{V_1}{V_2} = \frac{T_1}{T_2}$$

式中：V_t 为温度升高到 t ℃时气体体积，L；V_0 为温度在 0 ℃时气体的体积，L；V_1、V_2 为气体在各种不同状态下的体积，L；T_1、T_2 为气体在各种不同状态下的绝对温度，K。

当压强不变时，一定质量的气体体积与绝对温度成正比。盖-吕萨克定律可用气体的"分子运动论"解释：当一定质量的气体受热而温度升高时，若要使其压强保持不变，只有让其体积增加。这时，一方面因温度升高，分子运动加速，使气体分子对单位面积器壁的碰撞次数增多，每次碰撞的作用也增强，有使压强增大的倾向；另一方面因体积增大，使气体分子对单位面积器壁的碰撞次数减少，有使压强减小的倾向。当这两种相反倾向完全抵消时，可以使压强保持不变。

[例] 一定质量的气体在 2 ℃时的体积为 10 L，假定压强保持不变，它在 57 ℃时体积为多少升？

解：已知

$$T_1 = 273 + 2 = 275 \text{ K}, \quad T_2 = 273 + 57 = 330 \text{ K}, \quad V_1 = 10 \text{ L}$$

代入公式：

$$V_2 = \frac{V_1 \cdot T_2}{T_1} = \frac{330 \times 10}{275} = 12 \text{ L}$$

答：气体体积为 12 L。

（四）道尔顿定律

由几种互相不起化学作用的气体组成混合气体时，当温度不变时，混合气体的总压等于各组成气体（也称单质气体）的分压之和，即道尔顿定律（Dalton's law），用公式表示为

$$p = p_1 + p_2 + p_3 + \cdots + p_n$$

式中：p 为混合气体的总压；$p_1, p_2, p_3, \cdots, p_n$ 分别为各组成气体的分压。

知道了混合气体的总压和组成气体在混合气体中所占的百分比，就可推算出某一组成气体的分压值，其公式为

$$p_x = p \times C\%$$

式中：p_x 为某一组成气体的分压；p 为混合气体的总压；$C\%$ 为混合气体中某一组成气体的百分比。

[例] 空气中，已知氧气占 20.946%，氮气占 78.084%，二氧化碳占 0.033%，总压为 100 kPa，求三种单质气体的分压为多少？

$$P_{O_2} = 100 \times \frac{20.946}{100} = 20.946 \text{ kPa}$$

$$P_{N_2} = 100 \times \frac{78.084}{100} = 78.084 \text{ kPa}$$

$$P_{CO_2} = 100 \times \frac{0.033}{100} = 0.033 \text{ kPa}$$

机体的正常代谢是通过呼吸进行的。空气进入肺内，吸入气体中氧气分压高于机体组织的氧气分压，氧气在肺泡与微血管间通过气体交换，氧气溶于血液，由血液循环送到组织供生理氧化，经代谢在体内形成二氧化碳输送到肺组织的肺泡而排出体外。

由于体外氧气分压高于体内，经过气体的交换和血液循环，可以不断地将氧气输入组织进行生理氧化。体内二氧化碳分压高于体外，可以不断地将二氧化碳排出体外保证机体的新陈代谢（图 6-2）。

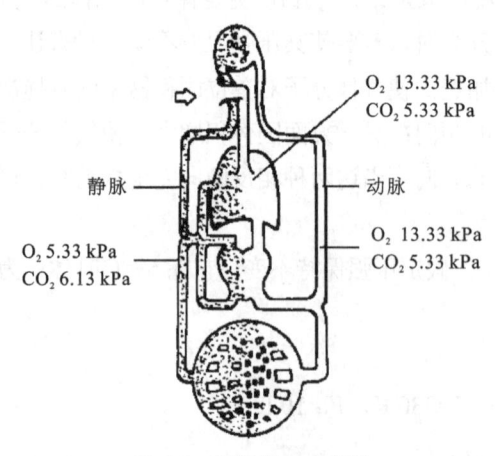

图 6-2 新陈代谢示意图

人的机体对气体分压的变化具有一定的耐受能力。吸入气体中各单质气体的分压大于或小于某一阈值，会对人机体造成病变。

（1）吸入气中氧气分压低于 16 kPa（相当于常压吸入气中含氧 16%）时，可引起缺氧症。

（2）吸入气中氧气分压大于 303.9 kPa（相当于 20 m 水深吸纯氧）时，停留一定时间后，会引起急性氧中毒。

（3）吸入气中氮气分压达 480 kPa（相当于 50 m 水深吸用空气）时可引起氮麻醉。

(4) 吸入气中二氧化碳分压大于 3.039 kPa（相当于常压下吸入气中二氧化碳占 3%）时可引起二氧化碳中毒。

混合气体中某一组成气体对人体生理机能的影响，不是取决于总压，也不是取决于它的体积分数，而取决于该气体的分压值。在压缩空气中，各组成气体的体积分数并没有改变，但是它们各自的分压却随着总压的升高而增加。

例如，在水深 40 m 处（绝对压 500 kPa），压缩空气中的氧分压为 500×20.946%≈104.7 kPa，较长时间处于这样的环境中，机体的生理功能就会发生变化。又如在常压（100 kPa）下吸入 1.5% 的 CO_2，其分压值为 100×1.5%=1.5 kPa，这时人完全可以忍受；但如果压力升至 400 kPa 时，仍吸入含有 1.5% 的 CO_2 气体，则 CO_2 分压为 400×1.5%=6 kPa，将会发生 CO_2 中毒。

第二节　水下环境对机体的影响

水下环境是水面以下作用于人体的各种客观条件的总称。潜水员潜入水面以下，会受到水下高压、寒冷、黑暗、浮力、阻力、水流等各种因素的影响，机体的生理机能将产生相应的变化，当超过一定限度时，会导致机体产生病理性改变。

一、高压

因为静水压的存在，海水每增加 10 m 压强增加约 103 kPa，所以水下是一个高压环境。在水下，潜水员的胸廓受水挤压，不可能像在大气环境中一样自由地呼吸，除非呼吸气体的压力与外界环境压力相等，否则连正常的吸气动作也不可能完成，更谈不上像鱼一样可通过鳃直接从水中获取氧并排出二氧化碳了。潜水员在水下只要认真注意压力的调整，压力本身的机械作用并不会对潜水员的生存造成困难。在高压条件下所发生的问题，主要是由压力相关的一系列因素造成的。例如：压力升高，呼吸气体中各种成分的分压也按比例升高，当氮气、氧气、二氧化碳分压达到一定程度时，可引起氮麻醉、氧中毒及二氧化碳中毒；压力的剧烈变化，可对机体产生如肺气压伤、中耳气压伤、挤压伤、减压病等病理影响。正是这些原因，给人类进入水下或回到水面常压环境带来许多不安全的后果。

（一）压力本身对机体的机械作用

压力本身作用于机体会产生两种结果：①压力在体内、体外或身体不同部位之间不形成压差，即机体均匀受压；②压力在体内、体外或身体不同部位形成压差，即机体不均匀受压。机体均匀受压无显著反应，但若不均匀受压则会受到损伤。

1. 均匀受压

潜水员在高压环境下，压力在体内外或身体不同部位之间不形成压差，这种情况称为机体均匀受压。常压下，每平方厘米面积上所承受的大气压为 0.1 MPa，潜水员的体表面平均为 1.6~1.7 m^2，甚至更多，其体表面积上所承受的压力总和为 16~17 t。当潜水员潜至 90 m 水深时，机体表面每平方厘米面积上将承受 1 MPa 的压力，这样，体表的压力总和达到 160~

170 t。有人臆测：在这种压力下，人立刻会被压扁，即使不死，也会引起严重的机械能障碍，如皮肤贫血、出血、呼吸困难等。然而，科学研究和潜水实践表明，潜水员采取各种新的潜水方法，如使用氢氧潜水装具，只要操作正确，主观上对这种巨大的压力并无感觉。

机体在水下面对如此巨大的压力并不发生损伤，也无受压感觉，其原因主要有两方面：一是因为水的不可压缩性，二是因为压力的均匀作用。在人体组成成分中，水占体重的约70%，其余物质多溶于水，而水实际上是不可压缩的。所以，潜水员在潜水（加压）时，只要升高的压力从各方向均匀作用于机体，机体组织是能够经受住的。同时，来自各个方向的压力都相等而且互相抵消，所以不会引起组织的移位和变形。

2. 不均匀受压

潜水员在潜水过程中发生的不均匀受压是指机体本身的含气腔室内压与外界不平衡，或潜水装具与人体之间的含气空间内压力与外界不平衡。由于水不可压缩，外界压力变化时，机体不含气的部分无体积的变化，压力总是与外界平衡；而由于气体可压缩，含气部分如果不能或不及时随外界压力的升降而相应地增减，则潜水员机体含气腔室内的压力将与外界不平衡，表现为含气部位与其他部位之间的压差，即不均匀受压。

机体本身的含气腔室（以下简称腔室）包括肺、中耳鼓室、鼻窦（特殊情况下所造成的一些非固有的腔室，例如有气体存在的胃肠腔、与外界不畅通的龋齿腔、被堵塞的外耳道等）。因穿戴潜水装具而形成的含气空间（以下简称空间）包括自携式潜水装具的各种面罩或潜水帽所覆盖的空间、呼吸袋内空间等。有些装具形成的空间与机体的腔室相通而连成一体。当腔室或空间内压与邻近的组织不平衡达到一定程度时，就可能引起组织移位、变形损伤，这些都属于气压伤。习惯上，又把腔室或空间内压过低所引起的病理变化叫作挤压伤。

机体不均匀受压时，即使压差不大，只要达到 1/16 atm（约 47 mmHg，1 atm=101 325 Pa），就可使受压组织充血、水肿、变形，甚至造成损伤。机体不均匀受压有腔室或空间内气压过低和过高两种情况。

（1）腔室（空间）内气压过低。

潜水员在下潜过程中，外界压力升高，高压气体如果不能及时到达相应腔室（空间），腔室（空间）内压便低于外界，腔室壁的柔软部分将向腔室内移位，分布于该处的血管则被动地扩张，以至充血、组织水肿、变形。压差大时，腔室壁柔软部、血管壁均可能向腔室内破裂，造成损伤。例如，由不同原因引起的咽鼓管口不开、鼻窦通向鼻腔的管孔被堵塞、呼吸道通气不畅或供气不足等。

潜水员在使用自携式潜水装具潜水时，如果下潜速度太快而未及时通过鼻腔向面罩内适当呼气，则面罩内压低于外界，面部感觉如同"拔火罐"一样，会产生面部肿胀、眼睛充血、鼻腔出血及其他较严重的损伤。

（2）腔室（空间）内气压过高。

潜水员在上升出水过程中，外界气压不断降低，在高压下已与外界平衡的气体将扩张，若因不同原因使腔室或空间不能与外界相通，以至不能排出相应体积的气体，腔室或空间内压将高于外界，造成含气腔室壁损伤，肺、鼓室、鼻窦等腔壁的柔软部分被推向外而膨突、缺血；如果腔室内气体的扩张超过了腔室壁软组织弹性限度，组织即被撕裂，分布于该处的组织血管被扯断。潜水员在上升过程中，若上升速度太快、供气过多或排气不畅，会使肺脏系统中气压过高，导致肺脏被撕裂，引起肺气压伤，这是非常危险的。

（二）高气压对机体各系统的影响

潜水员在潜水过程中，必须呼吸与外界压强相等的压缩空气或人工配制的混合气体，使机体处于高气压环境中。高压气会引起机体一系列复杂的功能改变。一般来说，无论是常规潜水还是饱和潜水，这些变化均表现为一时的、可逆的。但若在高气压下暴露过久、气压过高，是否会导致长期的、不可逆的改变，到目前为止，研究的还不多。熟悉已知的高气压对机体各系统的影响，对学好潜水理论和指导潜水实践具有重要意义。

1. 对血液循环系统的影响

潜水员在高气压下，其血液会发生一系列的改变。主要表现为红细胞、血红蛋白、血小板减少，这种变化取决于气压的高低和高压下暴露时间的长短。气压越高，暴露时间越长，外周血液的这种变化就越明显。引起白细胞增加及血清酶改变的机理尚不十分清楚，但上述这些变化均表现为暂时性的，离开高压环境后1~3天可恢复正常。

2. 对心血管系统的影响

高气压对潜水员心血管功能也会造成一定的影响。一是表现为心律减慢。多数学者认为是高气压下血氧张力升高，降低了对血管化学感受器的刺激，使其兴奋性降低，这与缺氧的刺激恰恰相反。二是表现为血压的变化。潜水的实践和有关研究材料表明，血压的变化在大多数情况下表现为收缩压下降而舒张压升高。三是表现为心脏容积和心排血量的改变。经研究发现，潜水员的心脏在舒张期扩张程度比一般人大，而收缩期排空能力较差，随着潜水工龄增加，心脏容量也增大。

3. 对呼吸系统的影响

潜水员在高气压环境中，呼吸气体的分压升高，气体密度增加，从而引起呼吸功能的一系列改变。主要表现为呼吸频率减慢，呼吸运动幅度和呼吸阻力增大，肺通气量功能变化、肺泡气体成分变化、屏气时间延长及血液内呼吸功能改变等。

4. 对消化系统的影响

潜水员暴露在高气压下，常有口渴的感觉，这是唾液腺分泌受到抑制的缘故。在离开高气压后的最初1 h内尤为显著，而且气压感越高，抑制现象越明显。动物试验表明，这种抑制性影响是由高气压作用于分泌过程的神经反射引起的，而不是直接作用于消化腺的结果。在胃液分泌减少的同时，胆汁分泌量也减少。这些事实表明，潜水员在潜水前的短时间内不宜饱餐，且应进易消化的食品。

潜水员在高气压下往往出现便意，这可能是肠道中气体受到压缩而引起肠蠕动增加的缘故。因此，潜水员在潜水前应先排出大便。此外，建议潜水员潜水前不吃易产气的食物。

5. 对泌尿系统的影响

潜水员在高压条件下，尿量增加，电解质排泄量增加，其机理目前尚未完全清楚，在潜水员回到常压后即可恢复正常。迄今为止，潜水员在潜水过程中，尚未发现肾功能有任何改变。

6. 对神经系统的影响

作为空气主要成分的氮气、氧气、二氧化碳三种气体，在高压下，当各自的分压达到一定的程度时，对人体都有相应的毒性作用。而中枢神经系统，特别是大脑皮层，所受的影响尤为严重。例如：氮气分压达到 3.2～8 atm 时，对人体产生麻醉作用；氧气分压在 0.6～2 atm，经过一定时间，对肺脏有损害，而当氧气分压超过 2 atm 时，就有可能发生惊厥性氧中毒；二氧化碳分压达到和超过 3 kPa 时，就可能引起呼吸、循环系统的一系列的症状和体征。这些气体中的任何一种，分压高到足以使中枢神经系统中毒，或使人体处于病理状态时，必须作为潜水疾病进行救治。所以，高气压对中枢神经系统的影响，与其说是压力本身的作用，还不如说是各种气体高分压所引起的变化。

另外，潜水员在深水处使用氦氧装具潜水时，机体因高分压氦氧混合气的作用而出现神经系统功能障碍，主要表现为运动障碍（如震颤和肌肉抽搐）、视觉障碍、眩晕、恶心、嗜睡及脑电图变化等为特征的一系列症状和体征，称为高压神经综合征（high pressure nervous syndrome，HPNS）。

7. 对语音的影响

在高气压下，潜水员的语音会发生很大的变化，说话带鼻音。当呼吸氦氧混合气潜水时，鼻音更加严重，而且变为显著的童音（氦语音），发唇音困难。在 3 atm 时，吹口哨就感到不大方便，如果压力继续增加，就完全不可能了。从 7～8 atm 开始，说话变得不容易被人听清楚。语音的变化是气体密度的增大，以及机体对高气压环境不适应的缘故。

在正常大气环境下，人的发音和共鸣器官（声带、喉、口、鼻等）已适应了这种正常气压的气体密度。而潜水员在下潜过程中，气体压力增大，密度增加，使发音时气流阻力增加，鼻腔共鸣的作用增强，因此，潜水员的发音发生变化，带有鼻音。

潜水员使用氦氧潜水装具进行深潜水时，语音改变明显，与水面进行电话联系时，水面人员常听不懂。近来研制的适用于氦氧深潜水的潜水电话，大大改善了潜水员发音的音质，使语言能较易听清。

8. 对代谢的影响

在高气压环境中，即使在安静状态下，人体代谢率也会升高。潜水员在实际潜水过程中，无论是在休息状态还是劳动作业时，耗氧量均有所增加。尤其是呼吸氦氧混合气体潜水时，耗氧量比呼吸压缩空气时更大。这种代谢过程的加速，是在氦气影响下机体对热量损失的反应。

潜水员执行潜水作业任务后，体重一般都会下降。长期在高气压下工作的潜水员和在压缩空气中工作的工人，也会有体重减轻的现象。造成这种情况的原因是多方面的，诸如水下环境较复杂（水下低温的影响、水的阻力对机体的影响等）、精神过度紧张、不正确的作业姿势、通风不良等因素都可能引起体重减轻，但高气压本身的因素也不可忽视。

二、水温

水的温度主要来源于太阳的辐射热。太阳的辐射热只能到达一定的深度，所以不同的深度海水的温度也不同。水的比热比空气大，水温升高或降低速度比空气缓慢。水的热传导性比空气差，因此，水的温度受水深、地域、日照时间、季节、气候、海流等因素的影响，会有很大差异。

一般距水面 10 m 左右为表层，表层以下 10 m 为中间层，中间层以下为底层。表层水温较高、较稳定，故称为等温层；向下是中间层，温度比表层低，往往深度增加很少而温降很大，故称为跃变层；中间层以下直到海底为底层，这层温度渐降，故称为渐变层。底层水温较稳定，200 m 大陆架深处，终年保持在 3～8 ℃。渤海海域在 50 m 以下深度常年水温为 8 ℃左右，黄海、东海海域在 200 m 深度的水温为 7～8 ℃，南海海域在 200 m 深度水温为 12～15 ℃。

水温与潜水关系极为密切，主要是寒冷对潜水员的影响。人的平均正常体温为 37 ℃，在我国水域潜水时，水温一般都低于体温。水的导热系数比空气大 20 多倍，潜水员身体的热量以传导、对流和辐射的方式散失。因此，潜水员潜水时所遇到的水温问题，实际上是水下低温、寒冷的问题。机体丧失大量体热，将无法在水下停留较长时间，也无法有效地进行作业，还易于促发减压病。随着深潜技术的发展，潜水员在水下遇到的低温、寒冷问题就更为突出，应引起普遍重视。

如水温过低或在水下停留时间过长，机体产生的热量既要供给水下作业时所消耗的能量，还要补偿机体在水中散失的大量热量，以维持正常的体温。人体裸露在冰冷的水中极限耐寒时间 5 ℃时为 1 h，10 ℃时为 3 h，25 ℃时为 24 h，超过这一时限，将发生体温过低而死亡。体内温度降低 0.5～0.8 ℃，就会导致心理能力降低 10%～20%，记忆力损失 40%。潜水员进行潜水时，一定要视水温确定采用的潜水方式、潜水装具及着潜水服（图 6-3）。通常是 15 ℃以下着干式潜水服，15～22 ℃着湿式或干式潜水服，22～30 ℃可裸潜。

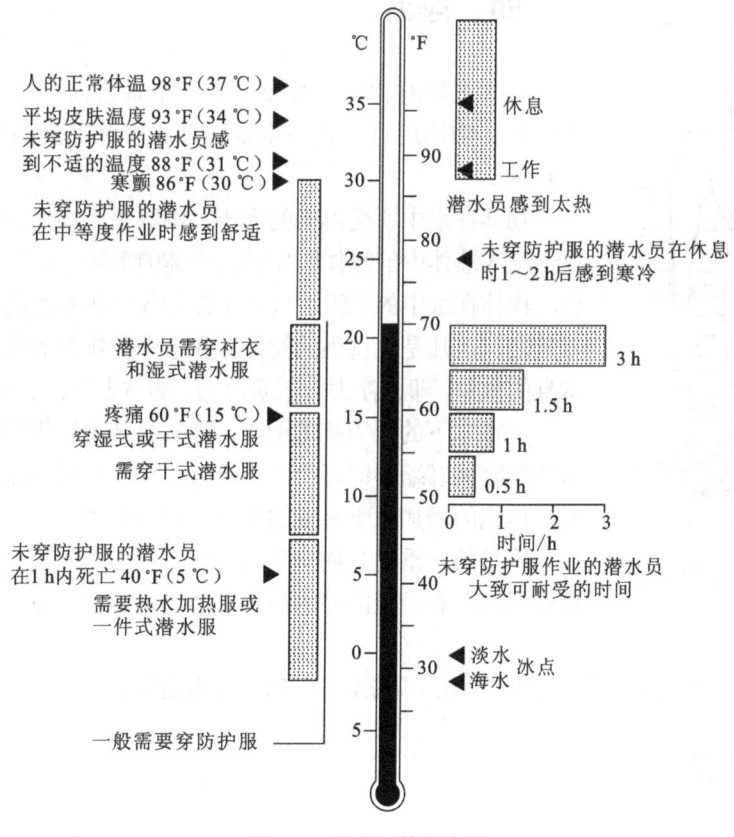

图 6-3 视水温着潜水服

发生体温降低的潜水员出水后，其体温降低的情况仍要持续2～4 h，然后经过高于正常体温0.5～1.5 ℃的波动才能复原。对体温过低的复原处理，通常采用热水浴、喝热饮料和进行适当的活动等。在体温未复原之前，不能进行反复潜水。在寒冷和高温的水中潜水还应对水下停留时间加以限制，日常对潜水员的饮食营养、休息、热水浴等应加强保障，以确保潜水员水下作业的安全。

三、阻力

人在水中运动时，要受到水的阻碍，这种阻碍运动的力就是水的阻力。产生阻力的原因是身体与水的微粒相碰撞、水内部的摩擦，以及水的流动。潜水员在水中的活动速度远比在空气中慢，而且效能也会降低。

水的阻力大小跟水与物体的相对运动速度、物体的形状及物体与水接触的正面面积大小有关。通常将流速超过1.0 m/s以上的水流称为急流。当流速达1.5～2.0 m/s，潜水员直立时，水流冲击可达80～140 kg，如此大的冲击使潜水员在水中难以稳定。潜水员可通过减小迎水面积来减小水流冲击力，如在水下匍匐爬行行进。

裸潜和着潜水服潜水所受阻力大不相同，后者所受的阻力远大于前者。为了克服水的阻力，潜水员要消耗更多的能量。

四、浮力

浸入水里的物体，都要承受一个垂直向上的力，这种力称为浮力。物体还有一定的重量，形成一种下沉的力，称为重力（图6-4）。

物体在水中所受浮力的大小，不取决于物体的总重，而是取决于浸入液体中的物体所排开的液体的重量（阿基米德原理）。所以，物体在水中的沉浮，取决于该物体所排开水的重量和它本身重量之差：凡是比重小的物体，在水中所排开的水重大于该物体本身的重量，即正浮力大于负浮力，物体上浮；相反，物体下沉。

人在水下的浮力接近于零。吸气时胸廓扩张即可产生正浮力，深呼气时胸廓缩小即可产生负浮力。当穿着潜水服和佩戴呼吸器时，体积的增加大于重量的增加，正浮力大于负浮力。必须佩戴适当重量的压重物，使负浮力大于正浮力，潜水员才能潜入水下进行活动。有经验的潜水员可以通过调整供气量来调整自己在水下的正负浮力。

● 重心 ○ 浮心

图6-4 直立体位的稳度

潜水员水下作业时，将自己的负浮力调整到5～7 kg较为适宜。

五、稳度

潜水员能够自如地保持身体处于平衡稳定的程度，称为潜水员的稳度。潜水员的稳度主要取决于重心和浮心的位置关系。潜水员在水中的稳度主要取决于重心和浮心在人体轴上的位置关系。潜水员身体重力作用的中心称为重心，重心是使潜水员垂直下沉的重力作用点。潜水员身体所排出水的体积中心，即其所受浮力作用的中心称为浮心，浮心是使潜水员垂直上浮的浮力作用点（图6-4）。

潜水员在水下保持稳定的条件如下。

（1）重力大于浮力。

（2）重心低于浮心。

（3）重心与浮心在同一铅垂线上（即人体的对称轴上）。

应当指出，潜水员的稳度固然取决于重心与浮心的位置关系，但不能忽视潜水员的主观能动性。当平衡受到破坏时，潜水员可通过主动调节，使身体维持平衡状态。潜水员在平衡不好的情况下进行作业，要额外消耗较多体力，会迅速地引起疲劳，甚至可能导致事故发生。

六、视觉

光不容易在水中传播，水是光的"不良导体"。当光线由空气向水中传播时，在空气与水的交界面上，可发生光的反射及折射。经过折射进入水中的光，在传播过程中，会被不同程度地吸收，又会因水中混有泥沙微粒等而发生散射。这些都对潜水员的水下视觉造成显著影响，直接影响潜水员观察水下物体的距离、尺寸、形状和颜色。

（一）视力减弱

不戴潜水面镜进入水下时，潜水员的角膜与水直接接触，由于水对光的折射率（1.333）与角膜的折射率（1.376）相差不多，光线从水入眼，屈光度比由空气入眼减少约 $40\ m^{-1}$（正常眼在空气中的屈光度约 $59\ m^{-1}$），就会变成"远视"。此时，来自水下物体的光，经眼折射后在视网膜上形成的将是模糊不清的像，视力显著降低，为空气中视力的 1/200～1/100。

戴潜水头盔或潜水面镜进入水下时，会在水与角膜之间形成空气层，光线虽然仍由空气入眼，但眼的屈光度得以保持，然而由光在水中散射和水中照度低等所致的视力降低现象依然存在。

（二）视野缩小

角膜接触水时，视野约为空气中的 3/4。这是由于光线从水中射入眼内，屈光度减小，原来视野边缘上的光不能被折射到视网膜的边缘。

在水下使用潜水装具时，虽然避免了角膜与水的直接接触，但头盔或面罩仍会影响视野范围。潜水员要通过转动头颈和眼球来加大视野。

（三）空间视觉改变

人眼感知物体大小、形状、位置、距离等的视觉，称为空间视觉。人在水下空间视觉改变的特点是放大、位移和失真。这是光线从一个介质射入另一介质时，在两个介质分界处除一部分反射外，另一部分光线则改变方向射入第二介质产生折射，以及人习惯于感觉直射光线所致。水下物体看上去显得大些，约为真实物体体积的 4/3，即所谓的"看4实3"；距离显得近些,约为真实距离的 3/4,即"看 3 实 4"。

水中折射效应在潜水员的视野边缘比中心强,结果会产生视觉扭曲,使水下物体看起来发生变形,导致失真。有时潜水员在水下不能准确抓取物体,就是因为这种视觉扭曲效应干扰了手和眼的协调性。

(四)水下色觉改变

光谱中各种色光射入水中后,都将随着水深的增加而先后被吸收。长波先被吸收,短波后被吸收。一般红色光、橙色光、黄色光分别在水下 1 m、5 m、10 m 处被吸收;20 m 处仅绿色光、蓝色光能被保留下来,导致水下色觉的改变,也是水下视力下降和能见度下降的原因。例如:在水下 10 m 处,从伤口流出来的血,看起来不是红色而是蓝绿色;在水底看来是阴暗的鹅卵石,取到水面上看可能是鲜红色的。

除水的深度外,水的含盐度、混浊度、水下悬浮微粒的大小和污染程度都会不同程度地影响水的滤色特征。水中的悬浮颗粒易吸收波长短的光。在清澈的海水中,蓝色和绿色最明显可见;在较混浊的近岸海水中,绿色和黄色最明显可见;在浑浊的江水和港湾水中,黄色、橙色和红色最明显可见。

(五)水下能见度降低

水对光的反射和吸收会消耗大量光能,当光线射向水中时,在水面发生反射。入射角越大,反射光量越多。如正午阳光直射,入射角为零,反射光量很少,大部分光线透入水中,水下能见度要比上午和下午大气中同样照度时好。光在水中传播时,水对光的吸收要比空气大千倍以上。光能因水分子和悬浮于水中的颗粒阻碍产热而消耗,因此水越深或越浑浊,吸收光能越多,能见度就越低。光线每向下行进 1 m,在清澈水中被吸收 10% 以上,在浑浊的水中可达 80%,甚至更多。在这样的水中,即使夏季晴朗的中午,4 m 深处的照度仅 0.3~0.6 lx。

光线在水中遇到水分子和微粒物质后会出现非常明显的散射,降低物体和背景之间的对比度,进一步降低水中的能见度,类似于空气中存在大雾时的情况。有时,散射能使光分散到本来是阴影或无照明区域,在一定程度上增加能见度。

水下能见度等级和风级划分见表 6-2 和表 6-3。

表 6-2 水中能见度等级

能见度/ 级	可见物距离/m	可见情况
0	—	视程完全没有(没有物象、面窗前不能辨认)
1	0.1	视程很不好(螺钉等物象移到面窗前辨认困难)
2	0.5	视程不好(能辨认一般缆索)
3	1.5	视程短(站立的潜水员可辨认脚下土质及小物体)
4	2.5	中等视程(能看见大型结构件的轮廓)
5	4.0	好的视程(能清晰地看见大型结构件的轮廓,并能辨认小艇的轮廓)
6	6.0	很好的视程(能在船甲板上辨认机器机件)
7	10.0	最好的视程(最透明的水、能辨认一些光谱)

表 6-3　薄氏风级表

风级	风速/(m/s)	名称	海面征象
0	0~0.2	无风	海面平如镜
1	0.3~1.5	软风	海面有波纹，但还没有白色波顶
2	1.6~3.3	轻风	波浪纹虽小，但已明显，波顶透明像玻璃，但不碎
3	3.4~5.4	微风	波较大，波顶开始分裂，泡沫有光，间或有白色碎浪
4	5.5~7.9	和风	轻浪，波长较大，往前卷的白色碎浪较多，有间断的呼啸声
5	8.0~10.7	劲风	中浪，波长相当大，白色碎浪很多，呼啸声不断，间或有浪花溅起
6	10.8~13.8	强风	开始成大浪，波顶白色泡沫飞布海面，呼啸声大，可能有少数浪花溅飞
7	13.9~17.1	疾风	海面像由波浪堆积而成，碎浪的白色泡沫开始呈纤维状，随风吹散，飞过波顶
8	17.2~20.7	大风	中高浪，波长更大，随风吹起的纤维状更为明显，呼啸声更大
9	20.8~24.4	烈风	高浪，泡沫纤维更为浓密，海浪卷翻，泡沫可能影响能见度
10	24.4~24.5	狂风	大高浪，波浪成长形突出，纤维状泡沫更为浓厚，并成片状。海浪颠簸汹涌，浪花飞起带白色，能见度受影响
11	28.4~32.6	暴风	高浪，中小型的船在海上时可能被遮蔽，波顶边缘被风吹成浪沫，能见度受影响
12	大于 32.6	飓风	空气中充满泡沫和浪花，海面因浪花飞起成白色状态，能见度急剧降低

七、听觉

声波是通过气体、液体或固体传播的一种周期性运动或压力变化。由于水的密度比空气大近 800 倍，在水中产生声波需要更多能量，但一旦产生，声波在水中传播的速度和距离会更快、更远。声波在水中传播的速度约 1 500 m/s，是在空气中（332 m/s）的 4 倍多。声波在水中传播时衰减比在空气中少，而水对声波振动的阻尼作用比空气更大。

此外，水中存在不同温度的水层。水温越低，水的密度越大。当水层间存在密度差时，声波在两水层界面处的传播能力迅速下降。这就意味着，在同一水层可以听到 100 m 以外的声音，而在不同的水层，尽管离同一声源仅有数米远也不一定能听到。在浅水层或密闭空间，声波在空气-水和物体-水界面的反射会导致声波传播异常，产生回声、死角和声音节点等。

在水下，嘈杂的声音较空气中少，水越深则越静，对声音的干扰越小。声音在水中传播的这些主要特点，以及人在水下接收声音的传导途径的改变，使在水下的听力和听觉辨别力发生一系列的变化。

（一）听觉传音过程改变

人在水下，头部直接与水接触，仅外耳道残留少量空气，声音主要是靠骨传导；如果戴头盔，则存在气传导。在空气中声音的骨传导低于气传导，但在水中声音的骨传导比在空气中有利。因为水与头骨距离较近，所以声音从水中传到头骨时，音量消耗少。另外，水下的声音也可以通过肢体、躯干等传到头骨，再传到内耳。

（二）听力减退

尽管声波在水中传播有些有利因素，但抵消不了不利因素造成的影响。在水下无论骨传导或空气传导，都会产生听力减退。

潜水员头部浸水或不直接浸水时，声波在水、金属-空气等不同介质的界面上，大部分能被反射，声音强度衰减较大，使听力减退。但金属敲击声和螺旋桨转动声能听到，因而可通过在水面敲击的方式与水下潜水员进行联系。

（三）听觉辨别能力降低

在水下声源判定距离变近。潜水员在水下判断自己与声源的距离只有实际距离的 1/4，这是因为声音在水中传播的速度是在空气中的 4 倍，而人习惯于在空气中判断声源的距离。

在水下声源定向能力降低。人在水中，若声音完全依靠骨传导，对音源方向的辨别能力将大幅降低甚至会完全丧失。潜水员在水下寻找音源常会走弯路，甚至朝相反方向移动。主要原因是传音途径由气传导改为骨传导，以及水中传音速度快，声音到达双耳的强度差和时间差发生紊乱，潜水员难以辨别。在空气中，人接收声音主要靠气传导，当声源发出声音到达双耳时，存在强度和次序的不同，借以判断音源方向。但在水中，人由头颅骨甚至整个身体接收声音，加上声波的快速传播，准确辨别音源方向确实很困难。但经过训练后，辨音能力会有一定的改善。当潜水员需要依靠声音判断物体或危险目标方位时，这种不利影响甚至会造成严重后果。

在水下音色会发生改变。潜水员在水下对音色的辨别能力也有改变：敲击金属气瓶会发出短促、清脆声，没有在空气中特有的持续"余音"；水下爆炸声好似用木棒击碎陶土罐时所发出的声音。这些改变可能与水对低频率的声音吸收大及水对发音物体振动的阻尼作用有关。

八、其他

此外，潜水员在水下工作还会受风、浪、流、涌和海底性质的影响。在海里潜水时，还有像鲨鱼一类的凶猛生物，有可能伤害潜水员，并会对潜水员的心理产生明显的影响。水下环境中的许多因素可能使潜水员产生一系列的生理反应，如果潜水员不掌握其客观规律，还可能引起各种病理变化。所以，潜水员有必要了解水下环境的特点。

思考题

1. 潜水过程中，影响潜水员呼吸的气体成分有哪些？具体的影响特点是什么？
2. 如何利用气体定律解释高气压环境对潜水员身体的影响？
3. 高气压作业环境对潜水员机体有哪些影响？
4. 高气压作业环境对水下听觉和水下视觉的影响规律是什么？

第七章 潜水疾病治疗及预防

潜水疾病是指潜水员在潜水过程中，因受水下环境、呼吸气体及其他因素的影响而引发的疾病、遭受的创伤或发生的功能紊乱反应等，包括以下几种情况。

第一，由环境压力的改变引起的疾病，如减压病、肺气压伤、全身挤压伤、面部和胸廓挤压伤、耳（中耳、内耳和外耳）气压伤、鼻窦气压伤、高压神经综合征、加压性关节痛。

第二，由吸入气中各单质气体的分压变化引起的疾病，如氧中毒、缺氧症、二氧化碳中毒、惰性气体麻醉（如氮麻醉）、潜水黑视。

第三，由违反潜水规则、装具发生故障及水下生物和其他因素引致的疾患创伤，如因放漂引发的减压病和气压伤、淹溺、水下生物伤害、水下爆炸伤、潜水员低体温等。

因此，要掌握潜水疾病的发病条件、发病原理和病理过程，利用相应的方法进行诊断，采取特殊的急救治疗措施，以防为主，确保潜水员水下作业的安全。

第一节 潜水减压病

潜水减压病是指潜水员在一定深度，经过一段时间的水下作业后，因上升（减压）速度过快和幅度过大（减压不当），以至在高压暴露时溶于体内的气体（主要是惰性气体）来不及经循环、呼吸系统扩散排出，而脱离溶解状态，形成气泡，产生栓塞、压迫及其他影响的一种疾病。

一、原因

潜水时，潜水员机体暴露在高压环境中，吸入气体中的惰性气体不断地通过呼吸和血液循环溶解到人体各类组织内。潜水员下潜的深度越深（环境压力越大），停留时间越长，溶解的气体就越多。出水上升时，由于出水速度过快或减压不当，溶解在组织中的气体来不及随血液循环和呼吸排出体外，而在人体各类组织内形成气泡（图7-1）。

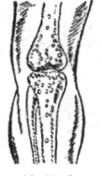

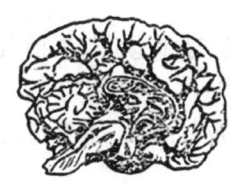

| 肌肉血管中的气泡 | 关节中的气泡 | 脑部血管中的气泡 | 脊髓中的气泡 | 心脏动脉中的气泡 | 肺组织内和肺脏表面的气泡 |

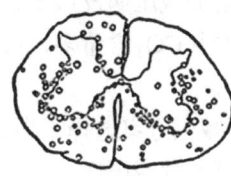

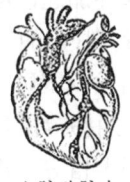

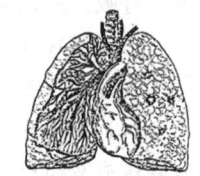

图7-1 各组织中的气泡示意图

气泡可能在血管外，也可能在血管内，血管气泡可能在细胞外，也可能在细胞内。气泡会对机体产生物理性影响,如栓塞血管、压迫血管、神经纤维、神经末梢或其他组织,胀破这些机体组织的细胞。气泡还有引起一些生物化学变化的作用,如血管收缩和血管内凝血等。气泡所引起的变化和影响,有当即的、直接的,也有后继的、间接的。促使发病的一些因素可以总结为以下两个方面。

(一)机体本身的因素

(1)健康状况。身体健壮、肌体各系统功能良好,有利于惰性气体脱饱和,不易发病。中枢神经系统有障碍,心血管功能较差,患有心、肺疾病者,不利于惰性气体脱饱和,易患减压病。

(2)体态。身体肥胖者不利于惰性气体脱饱和,易引起减压病。因惰性气体在多脂肪组织中的溶解度比在多水组织中的要大得多,在深水或长时间潜水过程中,溶解于脂肪的惰性气体量相应地更多。而脂肪组织的血液灌流较差,脱饱和较慢,故易于形成气泡而引起减压病。

(3)适应性。经常安全潜水或按规定进行加压锻炼的潜水员可提高对高压环境的适应性,降低减压病的发生风险。

(4)精神状况。精神过分紧张、恐惧或情绪不稳定时,全身将受高级神经活动的影响而发生代谢和调节机能失调,不利于惰性气体脱饱和,易引发减压病。

(5)技术状况。技术不熟练者,在水下不善于利用浮力以减轻体力负荷。因此,在相同条件下,技术生疏者比熟练者体力消耗大,容易疲劳,这些都增进惰性气体饱和或不利于脱饱和。另外,技术不熟练、精神紧张也易发生意外事故。例如,在水下发生"绞缠"(在水下被供气软管或信号绳绊绕和纠缠,以致潜水员不能上升),必将延长高气压下的停留时间,增加惰性气体的饱和度。又如在水下发生"放漂",造成减压速度过快和幅度过大。这些,无疑都会增加减压病发生的可能性。

(6)年龄。一般认为,较年长的潜水员,由于心血管功能较差,易发生减压病。但一定年龄范围内的年长潜水员可能技术熟练、经验丰富,因此减压病发病率未必高于年轻潜水员。

(7)其他因素。临下潜前饮酒、过度疲劳、体表大片瘢痕组织等,都可促发减压病。

(二)环境因素

(1)寒冷。机体受到低水温的刺激可引起反射性血管收缩,妨碍惰性气体脱饱和,会增加减压病发病的可能性。

(2)流速、风浪和水底底质。潜水员在风浪大、流速急或能见度低的环境中,体力消耗大,呼吸、血液循环加速,可增加减压病发病率。

(3)CO_2含量。呼吸的气体中CO_2含量多,可反射性地引起末梢血管收缩,不利于惰性气体脱饱和,易引发减压病。

(4)减压不当。特殊环境下减压方案选择不当、反复潜水、水下停留时间记录出现差错,或减压方案执行不严格等,都可引发减压病。

二、症状

绝大多数减压病病例发生在减压结束后24 h内,发生在减压过程中或减压末期。一般发病较早者病情较重。

减压病症状的轻重取决于体内气泡的大小、数量的多少和所在的部位，主要症状如下。

（1）皮肤。皮肤、皮下蜂窝组织及汗腺内如有气泡形成，可刺激感觉神经末梢，引起皮肤瘙痒、蚁走感、灼热感、出汗等。当皮肤血管被气泡栓塞或压迫时，会产生红色斑疹或大理石状斑纹，还可能发生浮肿和皮下气肿等。皮肤瘙痒出现较早，而且多见，往往是轻型减压病的唯一症状。瘙痒常发生于皮下脂肪较多的部位如前臂、胸部、后肩、大腿及上腹部，有时也出现于全身。瘙痒的表征通常是奇痒难止，搔之犹如"隔靴搔痒"，有些患者因强烈搔抓而造成皮肤抓痕累累。在减压过程中，寒冷（使皮肤血管收缩）易促发皮肤瘙痒。

（2）关节和肌肉。气泡形成于关节、肌肉、肌腱、韧带、骨膜，可引起轻重不等的局部疼痛，如酸痛、刺痛、绞痛、撕裂痛，部位多在肩关节、膝关节和骨关节。关节疼痛是减压病最常见的症状，可发生于70%的减压病患者中。

（3）神经系统。中枢神经系统内的气泡形成大多数在脊髓，可出现眩晕、头痛、恶心、呕吐、情绪失常、语言障碍、感觉异常、颜面麻痹、运动失调、瘫痪、大小便失禁或潴留，有时还会出现复视、暂时性失明和偏盲、体温升高等症状，重者昏迷，甚至死亡。

（4）循环系统。气泡大量存在于血管和心腔中，可引起心血管系统的功能障碍而出现严重症状，表现为皮肤黏膜发绀、四肢发凉，可导致低血容量性休克、局部浮肿、淋巴结肿痛、心脏冠状动脉栓塞，甚至造成猝死。

（5）呼吸系统。肺血管被气泡栓塞且伴有肺水肿时，胸部有压迫感，胸骨后疼痛，并伴有不可抑制的阵发性咳嗽，呼吸困难、憋闷呛咳，面色苍白，呈恐惧状并出汗，这些表现被称为气梗（chokes），严重者可引发休克。

（6）腹部内脏。胃、大网膜、肠系膜内有多量气泡时，可能引起恶心、呕吐、上腹部急性绞痛及腹泻，且常伴发脊髓损伤；肾上腺受损后，皮质激素减少导致患者嗜睡；大量气泡存在于肝、脾、肾等器官可引起功能衰竭，进而导致全身的代谢紊乱，后果严重。

三、临床分类

（一）根据病情轻重分类

1. 国际通用分类法

（1）Ⅰ型减压病：主要包括皮肤症状、淋巴结肿大、关节或肌肉疼痛等无生命危险的减压病。

（2）Ⅱ型减压病：又称严重减压病，包括中枢神经系统、呼吸系统或循环系统症状和体征，有生命危险。

2. 俄罗斯/中国分类法

（1）轻型：有皮肤症状和体征，关节、肌肉或骨骼有Ⅰ~Ⅱ度疼痛，患者尚感受不到特殊痛苦者为轻型。

（2）中度型：关节、肌肉或骨有Ⅲ~Ⅳ度疼痛，轻度神经系统和胃肠道症状，如头痛、眩晕、耳鸣、恶心、呕吐、腹胀或腹痛等为中度型。

（3）重型：有中枢神经系统或呼吸、循环等生命重要器官的功能障碍，如瘫痪、昏迷、呼吸困难、心力衰竭等为重型。

中度型之轻者与轻型可一并归入Ⅰ型，中型之重者与重型可一并归入Ⅱ型。正确分类很重要，因为涉及选择不同的加压治疗方案。

（二）根据发病后气泡存在的时间长短分类

1. 急性减压病

气泡形成后，在短时间内机体所表现的病征，称为急性减压病。

2. 慢性减压病

慢性减压病可能有以下两种情况：气泡形成后，因种种原因患者初期未能及时治疗；虽经治疗但不够彻底。表现为症状一直未消失，甚至迁延数月、数年之久，单纯加压治疗有效，因此，也可称为"延误治疗"的减压病。也有些慢性减压病的描述实际是指"减压性骨坏死"，应注意区别。

四、治疗

潜水减压病对潜水员健康的危害较大，如不采取及时、正确的治疗，轻者遗留不适和功能障碍，重者可致残或死亡。但只要认识和掌握了它的发生、发展规律，运用适当的方法，治愈率是相当高的。

对减压病的治疗，可分为加压治疗和辅助治疗。加压治疗是使患者重新处于高气压环境中，故又称"再加压治疗"，这是迄今为止对减压病最有效的治疗方法，已被普遍采用。辅助治疗可显著提高加压治疗的效果和促进加压治疗后某些残留症状的消除，因此也受到重视。

（一）加压治疗

加压治疗是指将患者送进加压舱（图 7-2）做再加压处理，并有控制地减压，以消除体内气泡、解除症状的治疗方法。将患者送入加压舱内，升高舱内压力到合适的程度，持续一定时间，待患者的症状和体征消失或做出明确的判定后，再按照合适的治疗方案减压出舱。及时、正确的加压治疗，可使90%以上的减压病患者获得治愈，对延迟治疗的减压病也可治愈或使症状显著好转。

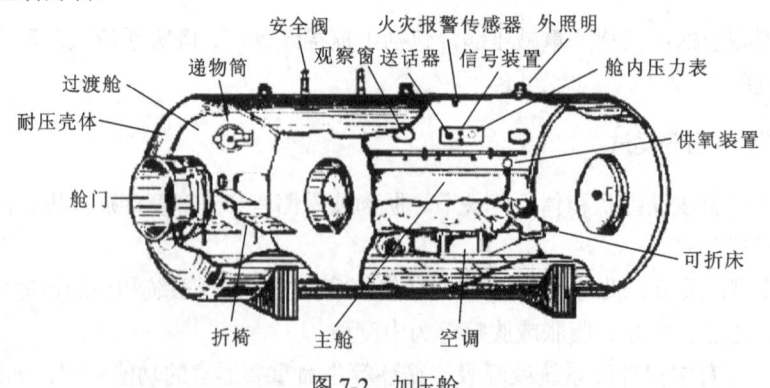

图 7-2 加压舱

加压治疗时需使用为加压、减压而专门制订的方案和程序表，即加压治疗表。潜水事业发达的国家或大型作业机构都制订并发布有自己的加压治疗表，多数为公开发布，供同行借鉴。我国研制有数种加压治疗表，但也采用国外的加压治疗表。各加压治疗表都有各自相应的使用说明，使用前必须详细阅读、理解。

加压治疗的原理可概括为以下几点。

（1）机体暴露于高气压下，组织及体液中致病气泡的直径和体积相应缩小。

（2）加压后致病气泡中的气体分压相应升高，组织和体液中的溶解量成正比例地增多，即造成了使气泡重新溶解的良好条件。气泡最初被压缩而体积减小，而后又溶解，直到不影响机体的功能活动甚至完全消失，气泡栓塞和压迫所致的占位或栓塞也就随之消失，相应的症状也逐渐好转。再有控制地逐步减压，使体内过量的惰性气体从容排出。消除再形成气泡的物质基础后，症状和体征便不会重现。

（3）增加组织的氧分压，改善组织的缺氧状态，促进恢复过程。在有吸氧的治疗方案中，这一作用非常重要。此外，吸氧时氧气可将组织和体液内惰性气体置换出来，有利于消除气泡和根除再形成气泡的基础。高压吸氧还有抑制白细胞黏附、促进内皮等细胞的功能恢复和对抗损伤的作用。

（二）辅助治疗

辅助治疗的作用在于改善患者呼吸、循环功能，组织缺氧状况和机体的一般状态，加速惰性气体的排出，促进水肿消退和损伤组织的恢复，预防继发感染，从而提高和巩固加压治疗的效果。轻型减压病经过单纯加压治疗后，通常可达到满意的效果。但是，重症减压病由于血液系统、循环系统和炎症免疫等继发反应，要求在加压的同时采取相应的辅助治疗，否则难以获得理想效果。

辅助治疗包括吸氧、药物疗法、物理疗法、支持疗法等。

1. 吸氧

发生减压病后，应在现场或转运途中尽快开始常压吸氧，预防病情的恶化。吸氧对轻症、中症患者甚至具有治愈效果。

2. 药物疗法

（1）中枢兴奋药：一般认为病程初期，尤其在加压治疗过程中，可改善患者呼吸及循环状况，对于促进惰性气体的排出有积极作用。

（2）神经营养药：有改善神经组织物质代谢的作用。

（3）血容量补充剂。减压病患者，特别是重症减压病患者，因内皮通透性增高、大量血浆渗出，出现血液浓缩甚至低血容量性休克的症状，血容量补充剂对这种症状有较好的缓解作用。

（4）止痛剂：应慎重使用，以免掩盖需要加压治疗的疾病症状。

（5）抗菌药物：对减压病本身无直接作用，但可预防和治疗继发感染。

（6）其他药物：在加压治疗过程中，有时为了改善组织的血液灌流以利于惰性气体脱饱和，使用一些扩张血管的药物。对中枢神经系统减压病，早期可使用利多卡因，对保护神经损伤有良好的效果；为恢复正常的血管通透性或帮助稳定血压，可采用激素。

3. 物理疗法

物理疗法能改善血液循环，促进新陈代谢和机体功能的恢复，有利于患者体内惰性气体的排出，是治疗后遗症的主要手段。

在热水中浸泡或淋浴，对消除皮肤症状、减轻肢体疼痛、缓解肌肉酸胀等症状有良好的效果。但热水浴时由于出汗等原因有相当的体力消耗，而且体温上升会大大减少惰性气体在体液中的溶解度，所以在初出水（舱）时，通常主张不要立即进行热水浴，而是在休息一段时间之后再进行，水温也不宜太高。

其他相关改进肢体功能、促进神经和运动系统功能恢复的物理疗法，都可以在加压治疗后根据具体情况选用。

4. 支持疗法

支持疗法主要是补充营养和改善饮食。鉴于加压治疗时，患者长时间处于密闭的高压氧舱内，易疲劳，且常有消化功能欠佳的情况，应提供高热量、高蛋白、高维生素、低脂肪、易消化、不产气的膳食。昏迷患者应给予鼻饲。为防止加压时引起胃部不适、呕吐等状况，进舱前不要进食。加压治疗过程中，宜在压力较低的停留站进食。

五、预防

减压病是可以预防的。掌握了减压病的发病原理及其发展规律，就不难理解各种预防措施，从而自觉执行以预防为主的方针，切实遵守减压规则，控制各种促使气泡形成的因素，提高机体对高气压的适应性。潜水作业中减压病的预防应注意以下几点。

（1）状态良好、技术娴熟、知识充分。

良好的心理和躯体状态，是保证潜水作业安全高效的重要基础。实践证明，精神状态不佳者，往往易于发生潜水事故。掌握技术、锻炼技能、积累经验，可使水下作业逐渐游刃有余，提升作业安全性。当然，潜水员必须掌握必要的潜水医学知识，理解减压病的发生、发展、影响因素和对健康的危害，并掌握预防措施。

（2）正确选择减压方法和方案。

正确选择减压方法和方案是预防减压病的根本措施。减压的方法应满足所进行的潜水作业需求；减压方案的选择则应充分考虑水下作业各要素。应该根据潜水作业中随时变化的环境、操作、人员和装备情况，随时调整减压方法和方案，灵活实施医学保障。

（3）认真进行下潜前的体格检查。

潜水作业前要认真进行体格检查，不仅要及时发现潜水员不适合潜水的身体异常，还要注意调整精神状态。

（4）加强平时的医学保障工作。

潜水员应注意加强身体锻炼，定期进行加压训练，维持和提高对水下、高气压环境的适应性和耐受性。

第二节 气 压 伤

在潜水或加压过程中，凡因体内含气腔室气压与周围环境压力不平衡而引起的组织与器官变形、位移、功能障碍或结构损伤等，均称为气压伤。气压伤通常可分为肺气压伤和局部气压伤，后者包括中耳气压伤与鼻窦气压伤。

采用装具潜水，会在机体和水下环境之间形成特定的含气空间。在某些条件下，当这些含气空间内压明显低于外界水压时，就会导致气压伤。气压伤是由空间内压过低引起，习惯上称为潜水员挤压伤。如采用轻潜水装具潜水时，容易引发面部挤压伤。

一、肺气压伤

肺气压伤（图 7-3）是指肺内压过高或过低于外界气压时造成肺组织和血管撕裂，以致气体进入血管和相邻组织而引起的综合征。肺气压伤常引起致命的动脉气栓和气胸，是最为凶险的潜水疾病，需要即时判断、正确处理、科学预防。

（a）呼吸系统（肺）　（b）肺泡　（c）肺泡破裂　（d）肺泡气进入血管

图 7-3　肺气压伤

（一）发病原因

虽然发病率低，但肺气压伤多发生于自携式潜水过程中。肺气压伤导致的动脉气栓是轻潜水作业中潜水员的常见致死或致残原因。据统计，肺气压伤在美国每年大约发生 100 例。通常认为，由肺气压伤引起的动脉气栓是自携式潜水死亡事故的第二大原因，但实际上它可能超过传统认为的第一死因淹溺。因为很多淹溺可能是继发于动脉气栓导致的意识丧失。正因如此，加上只有出现明显症状时才会引起注意，一般很难确定肺气压伤的发病率。

肺气压伤大多数是由肺内压过高所引起，而肺内压过低引起的肺气压伤很少见。肺内外压差过大和肺的过度膨胀是潜水中发生肺气压伤的两个重要条件。以下几种情况容易引发肺气压伤。

(1) 减压过程中屏气。这是引起肺内压过高的主要原因，常见于因情绪紧张、惊慌、呛水等无意识地屏住呼吸，同时也发生在上升减压过程中不受控制的上浮。在某些情况下，潜水员因其他原因发生了喉头痉挛或窒息，但又被动地上升到了较浅处或者被带出水面，在加压舱内高气压暴露后减压过程，因缺乏高气压物理学和生理学基本知识而故意屏气，都可能导致肺气压伤。

（2）上升速度过快而呼吸不畅。这是造成肺内压升高的另一常见原因，常见于从入水绳或浮标绳上滑脱而"放漂"、压重脱落、意外情况下水面拉引过快等情况。减压速度过快，肺内膨胀的气体来不及经呼吸道排出，在呼气不畅时，膨胀的气体更易造成肺内压升高，损伤肺组织和肺血管。

根据玻意耳-马略特定律，从较低压力减压与从较高压力减压相同距离比较，前者气体膨胀的比例要比后者大。因此，无论是潜水还是在加压舱内高气压暴露，0.3 MPa 压力段是肺气压伤的易发阶段。

（3）供气中断。当使用自携式潜水装具潜水时供气中断，潜水员会更用力呼吸，结果越用力肺内压越低，最终因肺内压过低而导致肺组织损伤，这种情况比较罕见。

（二）症状

肺气压伤病发紧急，大部分在出水后数秒至数分钟内发病，少数在减压上升过程中即会发生，症状和体征一般都比较严重，但也有些病发时症状不明显，当进行体力活动时才显现。

1. 肺出血和咯血

出水后即刻或数分钟后口鼻流淡红色血液或粉红色泡沫状痰，是本病的特征性表现之一，但可能只有不到一半的人会出现此症状。有时仅痰中带血或无明显出血症状，但若损伤了较大血管，流血量可达 100~200 ml 甚至更多。咯血可持续 1~2 日甚至更久。听诊常可发现散在性湿啰音和呼吸音减弱，叩诊可能发现浊音区。

2. 胸痛、浅促呼吸、咳嗽

肺撕裂会导致胸痛，通常出现较早，多位于患侧胸部，也可发生在胸骨后或全胸。有的表现轻微甚至无明显感觉，有些则刺激难忍，深吸气时可加重，因此患者常浅促呼吸。如果出现严重的呼吸困难，则应高度怀疑存在动脉气栓。由于肺出血及分泌物刺激呼吸道，常引起咳嗽，这既给患者带来很大痛苦，并可能导致肺内压升高而促使病情进一步恶化。

患者肺部听诊常能听到湿啰音或喘鸣。如果肺损伤发生在气道远端，会引起胸膜反应，并在胸部 X 线片上能看到轻微的胸腔积液。

3. 中枢神经系统功能异常

如并发脑动脉气栓，潜水员常在出水后短时间内，甚至在临近水面的水下减压阶段出现意识丧失，常没有任何先兆症状。轻者仅表现为神志不清或意识模糊。

根据气栓的部位和程度的不同，可能出现单侧或双侧运动和感觉改变、肢端无力或麻痹、轻度瘫痪、癫痫样惊厥、反射减弱、视觉障碍（斜视、同侧偏盲、眼球震颤、视神经盘水肿、瞳孔反应迟钝）、运动性失语、眩晕和耳聋等症状。

4. 循环功能障碍

如大量气体进入循环动脉系统，会影响体内循环功能。患者口唇黏膜发绀，脉搏细数，心律不齐。气泡流经左心可能导致二尖瓣关闭不全，心前区可能听到"车水样"杂音，严重者心力衰竭。由于气泡可以移动，循环系统的上述表现可能时轻时重。如果直接发生了冠状动脉栓塞，则可能很快出现心搏骤停。

5. 其他脏器功能异常

由于气泡主要顺血流分布，其他脏器也可能受动脉气栓的影响。例如，因舌动脉栓塞导致出现边缘清晰的缺血苍白区。动脉气栓患者多数出现肌酸激酶的升高，主要是骨骼肌型，在发病后12h达到峰值；血清谷草转氨酶、谷丙转氨酶和乳酸脱氢酶也会升高，其程度与神经系统愈后情况有关。

6. 纵隔气肿

纵隔气肿可伴有局部损伤，但有时症状并不明显。大多患者主诉胸骨后轻中度疼痛和胸闷，通常表现为钝痛或胀痛，深吸气、咳嗽或吞咽时加剧，并可向肩、颈和背部放射。吞咽可能会加剧疼痛，甚至出现嗓音嘶哑。如纵隔大量积气，听诊可能发现与心跳同步的心包摩擦音（黑曼征）。很少出现明显的呼吸系统症状，如出现表明还存在其他状况。胸部X线能灵敏地反映纵隔气肿的存在，在肺动脉周围、心脏后主动脉旁及整个心脏边缘会发现气泡亮点，特别是左肺动脉上下区域。

7. 皮下气肿

进入纵隔的气体继续扩散向上进入颈根部，严重者会继续扩散至前胸部锁骨附近和颈侧。气肿局部胀满，触之有"捻发音"，少数表现有吞咽困难和音调改变。皮下气肿来自纵隔，因此都伴有纵隔气肿。皮下气肿通常在出水后2~4h发生，但也有在短时间内出现的。皮下气肿也是肺气压伤的典型体征，一旦出现，要警惕其他更为严重的症状存在。

8. 气腹

气腹较罕见，一定量的气体进入腹腔也较少引起明显症状，可能仅在做X线检查时偶然发现。

9. 气胸

气体进入胸腔则导致气胸，但其发生率仅为动脉气栓的5%~10%。气胸的症状主要为患部疼痛、呼吸急促，严重者出现呼吸困难、面色苍白。气量大者气管和纵隔可移向对侧，叩诊呈鼓音，听诊呼吸音减弱或消失。肺气压伤导致的气胸大多数症状较轻，但因为经常并发于动脉气栓，必须及时发现，并需要加压治疗。因为很有可能在减压阶段使单纯性气胸变成张力性气胸，造成患者出现低血压、血氧饱和度下降和呼吸状态进行性恶化，如判断处置不及时、不正确，容易导致严重后果。在加压治疗前，应该充分考虑发生气胸的可能。

（三）治疗

肺气压伤起病急，后果严重，需要及时救治，在救治过程中还应把握一些特殊要点。

1. 加压治疗

（1）适应证。动脉气栓危害极大，加压治疗是最有效的救治方法，无论病情轻重，均需尽早进行。纵隔和皮下气肿只有当影响呼吸循环等功能时才需要低压力加压。存在气胸者应尽可能避免加压，但为了救治动脉气栓，并发气胸者很可能需要加压治疗，在治疗前和治疗过程中需要给予特殊处置措施。

（2）原理。首先，气栓或气肿随着压强的升高而缩小，气泡内压强升高使得气体重新溶解于血液或组织中，再经过缓慢减压，这些气体能通过循环、呼吸系统安全地排出体外；其次，加压治疗中设置有高强度的吸氧环节，既可加速气泡中惰性气体成分的排出，又可治疗气泡引起的缺血、缺氧性损伤，同时还能激发机体对抗损伤的能力。

（3）方案选择。通常选择 500 kPa 甚至更高压强的治疗方案；如果病情较轻，经潜水医师判定后，也可采用 180 kPa 吸氧方案治疗，特别是只有普通高压氧治疗舱时。

（4）操作要点。动脉气栓发病急、后果严重，一经确诊应立即进舱治疗。加压速度应尽可能快些，根据情况直接加压到 500 kPa 或 180 kPa。患者应按规定停留和吸氧。若高压下停留结束后气栓造成的临床症状未完全消失，可进一步升压，选择更高压强的治疗方案完成后续治疗。治疗全程患者应保持平静，特别是重症患者，应绝对平卧休息。在治疗前后的转送等过程中也应保持平卧，避免肺内压增加的任何活动。

（5）处置气胸。如果在加压治疗前就发现存在气胸，应先做必要的处理，如设置闭式引流，特别是开放性和张力性气胸。此处理可以在加压舱内进行。在减压过程中，可能因为存留于胸膜腔内的气体膨胀或者肺内伤部重新活动，气体又进入胸膜腔，重现或新发生气胸。应及时识别这种情况，立即停止减压，将舱压升高 30～50 kPa，同时应及时将胸膜腔内气体抽出。

（6）处理纵隔或皮下气肿。轻度者只需吸氧，严重者可给予适当加压治疗，通常不超过 30 kPa。采用吸氧方案，加压治疗前必须先排除气胸。

（7）症状反复。除了因出现无脉电活动等快速死亡者，只要开展及时，加压治疗效果良好，大多不会留下后遗症。但需要注意，有 30%左右动脉气栓患者虽然对最初的加压治疗反应良好，但可能在数分钟或数小时后病情恶化。虽然发展速度要慢于刚发病时，但进一步加压治疗效果通常不理想，损伤区域血流降低和肺部血管活性物质释放可能是关键原因。因此，加压治疗时应同时辅以其他治疗措施。

2. 对症治疗

如果患者呼吸心脏停搏，应立即进行心肺复苏。在自然呼吸及角膜反射恢复后，可采用呼吸中枢兴奋药、心血管中枢兴奋药或强心药。解除喉痉挛，必要时应将气管切开。肺部创伤仍有出血者，应用止血药。止咳不仅可解除患者痛苦，还可防止因咳嗽造成的病情恶化，应选用强效止咳药。如怀疑存在或证实有脑动脉气栓，通常应使用激素及相关对抗脑水肿、保护脑功能的药物。应及时补充血容量，对抗血管和内皮损伤。通常应给予适当的抗生素，以防并发肺部感染。高压氧对防治脑水肿、减少神经系统后遗症及促进创伤愈合均有明显效果，应在加压治疗后积极采用。

发生肺气压伤和动脉气栓者，出水后心跳、呼吸立即停止及在救治过程中因为气栓或继发的淹溺而死亡者约各占 5%，其余 90%的病例只要正确治疗，70%以上能够彻底恢复或者基本痊愈。

（四）预防

1. 加强教育

由于肺气压伤致病原因基本明确，所以预防更为重要。每一名潜水人员均应了解肺气压伤发生的原理和预防措施，确保所用装备性能良好，严格遵守各项操作规范，消除可能导致紧急上浮的各种诱因。一旦发生快速上升或减压的情况，应采取正确的呼吸要领。对接受高气压治疗的病员，也应强调在减压过程中严禁屏气。虽然还不清楚肺气压伤复发的概率，但普遍认为，对于无明确原因发生肺气压伤的潜水员，由于复发的可能性较大，且可能比第一次更严重，很可能并发动脉气栓，所以尽可能不要继续潜水。

2. 严格适应性检查

严把体检关。肺部存在可能影响气体进出的疾患，如肺囊肿、肺大疱、哮喘、肺部有明显钙化灶、自发性气胸等，不能从事潜水和高气压相关职业或参与休闲潜水活动。同时潜水前应认真检查装备，保证供气正常。

3. 避免减压时肺内压过高

（1）潜水上升过程中或舱内减压过程中要求均匀深长地呼吸，不短促呼吸和喘气，严禁屏气，保持呼吸道畅通；遇到紧急情况时，也应强调避免屏气。

（2）控制上升或减压速度。即便是不减压潜水，也应按规定速度（通常 6～12 m/min）缓慢上升，特别是 10 m 以浅的上升速度，越接近水面越应严格控制。若发生不可控制的快速上浮，应保持镇静，在采用向上划水动作减慢上升速度的同时，应采用呼气大于吸气的呼吸方式。

二、中耳气压伤

外耳和中耳之间由鼓膜相隔。外耳与大气相通，中耳通过耳咽管与咽部相通。耳咽管咽部开口处平时是关闭的，当张口、吞咽、打呵欠时，由于周围肌肉的前拉，耳咽管口开放，空气即可进入鼓室，使鼓室内外压力平衡。若耳咽管的功能失调，当外界压力改变时，鼓室内外形成压力差，鼓膜凹凸变形，引起中耳（主要是鼓膜）气压伤（图 7-4）。

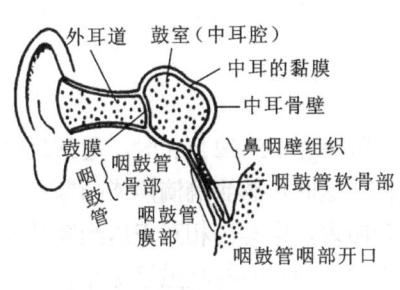

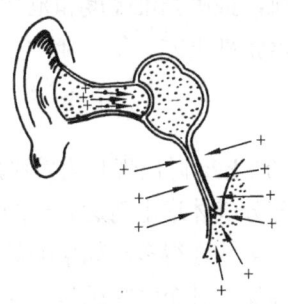

（a）咽鼓管解剖模式图　　（b）加压时鼓膜内陷示意图　　（c）减压时鼓膜外凸示意图

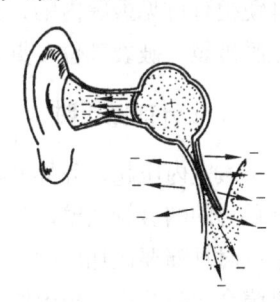

图 7-4 中耳气压伤示意图

中耳气压伤是由中耳鼓室内外压力不能平衡而产生的一种病理损伤。当潜水员下潜或上升时，鼓膜外侧静水压增加或降低，为平衡这一压力，鼓膜内侧气体压力也必须相应增减，这有赖于气体经咽鼓管进入或排出中耳，如果这个环节受到干扰，就会发生中耳气压伤。

（一）原因

中耳气压伤多发生于下潜阶段，这是因为咽鼓管软骨部"软、硬"结合，呈现"单向活瓣"的特点。当下潜或加压时，外界气压不断升高，如果由于某种原因气体没有及时通过咽鼓管进入鼓室，鼓室内出现相对负压，咽鼓管软组织将更贴紧软骨壁，使得鼓室难以打开。鼓室内相对负压会引起黏膜血管扩张和水肿渗出，甚至发生出血性水泡和鼓室内出血，以平衡中耳内压；鼓膜被向内牵拉，鼓膜松弛部内侧血管扩张、渗出、出血，最终破裂。

在上升或减压时，外界气压降低，鼓室内呈相对正压，其内膨胀气体容易推开闭合的内外壁，使鼓室内外压力达到新的平衡。所以，减压导致的中耳气压伤多存在于特殊的病理状态。

导致中耳气压伤常见的原因有以下两个方面。

（1）非病理性：下潜或加压时未做或加压速度过快来不及做中耳调压动作以开启咽鼓管，导致中耳气压伤。

（2）病理性：鼻咽部的急慢性炎症、鼻息肉、下鼻甲后端肥大、咽部淋巴组织增生等因素导致咽鼓管阻塞，限制了咽鼓管的通气，导致中耳气压伤。

（二）症状

1. 下潜或加压时

鼓室内外存在压差，先出现耳阻塞、闷胀感，合并听力受损、耳鸣。继续下潜，出现逐渐加重的疼痛，鼓膜内陷，最终破裂。乳突气房与中耳通过窦房相通，也有可能受到气压性损伤引起耳后疼痛。如果潜水员未戴湿式潜水帽，鼓膜破裂后冷水可能流进中耳，这种冷刺激会引起严重的眩晕、定向障碍，有可能出现恶心、呕吐。

引起不同表现的压差值存在个体差异。通常压差值达 8 kPa 时即可出现耳痛；当压差值达 10 kPa 以上时，耳痛剧烈难忍，并可放射到颞、腮和颊部，听力严重减退，耳鸣、头晕加重；如未采取有效措施，压差继续加大到 13～66 kPa，鼓膜即可破裂。鼓膜破裂后，血液流入中耳腔，耳内可有温热感，剧烈疼痛也随之缓解；但轻度疼痛仍可持续 12～18 h，在 6～24 h 期间，尚可出现头晕、恶心。尸检研究发现，正常鼓膜在压差达到 50～120 kPa 时破裂。耳镜检查可见鼓膜内陷、充血，鼓膜光锥亮度和范围减小，中耳腔有渗出液和积血；严重者鼓膜破裂，破裂部位多见于紧张部下方。

2. 上升或减压时

鼓室内压超过外界 0.4～0.7 kPa 时出现耳内发胀感；压差达 1.3～2 kPa 时，通常足以推开贴合的咽鼓管两壁，使一部分气体逸出而达到新的平衡，这时可感到滴滴声或嘶嘶声，故减压时耳痛要比加压时少见得多或轻得多。如果咽鼓管口阻塞，中耳内相对正压继续升高，鼓膜会向外凸出，导致剧烈耳痛，甚至鼓膜破裂。这种现象一般只有在咽鼓管存在有碍鼓室内气体排出的活瓣性障碍时才发生。

（三）治疗

1. 鼓膜未破

仅存在鼓膜充血等轻微症状者大部分可自行恢复。鼓膜明显充血者，鼓室内的渗出液或血液会被重新吸收或经咽鼓管排出至咽部，必要时可进行咽鼓管吹张，加速积液排出。同时可进行局部热敷及透热疗法，既可促进积液吸收，又可缓解耳痛，促进恢复。此时应避免施行鼓膜切开术，可给予血管收缩剂滴鼻（如1%呋麻滴鼻剂）和黏液促排剂（如盐酸氨溴索）。口服有利于鼓室气压恢复和积液排出，无禁忌可短期口服小剂量类固醇激素，可使不适过程缩短，促进恢复。有耳痛、头痛者，可给予镇静剂。若经治疗症状未缓解，积液或积血不吸收，可进行鼓膜穿刺或切开术，术后进行咽鼓管吹张，使积液或积血排出，避免积液机化形成粘连。耳镜检查无异常、听力和咽鼓管功能均恢复后，才能再次潜水。

2. 鼓膜已破

鼓膜破裂后水可能进入中耳，引发感染。处理原则与普通中耳炎相同，保持外耳道清洁、防止感染，促使其自然愈合。可以用75%医用酒精棉签擦拭外耳道，若外耳道内有血块，可在严格消毒后取出，并用消毒棉球置于外耳道口。一般不需要进行耳内冲洗和滴药，以免将外耳道细菌带入中耳引起感染。但如果潜水水质污浊，怀疑耳内有泥沙、油污等进入，则应以过氧化氢溶液和生理盐水反复冲洗外耳道和鼓室，清洁后可适当对全身给予抗生素，并保持外耳道干燥。通常不必对创伤性鼓膜穿孔进行急诊鼓膜修补术。如果没有并发症，大多数病例可在2个月内自愈。破口大、破口不规则或者伤后1~2个月没有自愈倾向时，可进行鼓膜修补术。鼓膜穿孔未愈合前禁止游泳或潜水。

（四）预防

1. 严格体检

潜水和高气压从业者，必须满足基本的身体要求，在一般体格检查的基础上，应重视耳鼻喉科相关问题。咽鼓管功能必须正常，不能有中耳及周围含气腔室在环境气压变化时不能与外界保持平衡的情况存在。加压试验应为阴性。

2. 掌握咽鼓管开张法

咽鼓管是中耳与外界气压平衡的唯一通道，必须在外压变化过程中能够按需开张。开张咽鼓管的方法有很多，常用的有捏鼻鼓气、张口移动下颌、打呵欠、吞咽、舌向后上运动或者某两种方法的组合，目的都是为了牵张咽鼓管，助其打开。潜水和高气压暴露前必须要掌握其中一种或多种适合自己和不同情况下有效调压的方法。如有可能，在水下应尽可能减少捏鼻鼓气法，因为会增加胸膜腔内压和颅内压。

应遵循"适时、适当、适度"的原则平衡中耳内外压。应在下潜或加压开始时甚至稍提前数秒就开始开放咽鼓管，并在加压或下潜过程中保持适当频率重复开放动作，水深超过1.2 m水压咽鼓管就会被压紧不易打开。如采用捏鼻鼓气，用力应适度。体位也会影响中耳平衡，脚低位比头低位更适合调压。

3. 控制下潜和上升速度

在深度较浅处下潜速度或上升速度不应太快。新潜水员通常调压能力较差，在加压的初始阶段，加压速率应视暴露者咽鼓管的通过性情况确定。如果在下潜时发生耳痛，应暂停下潜，采取适当动作开启咽鼓管；如无效，应上升1~2 m，再次尝试打开咽鼓管；反复两次无效，应中止潜水。同时，在自携式潜水中，应尽可能避免在浅处进行反复上下潜水，这可能使部分潜水人员咽鼓管开张困难。

如果耳痛发生在上升过程中，应暂停上升，通过移动下颌、打哈欠等动作打开咽鼓管。必要时可下潜数米以缓解症状。严禁在上升过程中行捏鼻鼓气动作，这不仅无助于中耳气体的排出，还可能诱发肺气压伤。

4. 处理诱因

每次下潜前均应检查咽鼓管通气功能。无法有效打开咽鼓管者，可用呋麻合剂或萘甲唑林滴鼻后再行尝试；如仍难以打开，不应下潜或进舱加压。若患有妨碍中耳调压的疾病，如腺样体（增殖体）肥大、扁桃体肿大、下鼻甲肥大、鼻中隔偏曲等，应接受治疗，直至不影响咽鼓管开张方可进行潜水。上呼吸道感染导致的鼻塞也会影响中耳内外压的平衡。局部使用和口服血管收缩药能够降低高气压暴露引起中耳气压伤的发生率和严重程度。

5. 加压锻炼

经常运动，防止感冒，保持鼻咽部和耳部的健康。经常潜水和高气压暴露者咽鼓管功能及调压技能均较好，中耳气压伤的发生率显著降低。

三、鼻窦气压伤

（一）原因

鼻窦是鼻腔周围骨壁间的含气腔室，两侧对称，共有4对：上颌窦、额窦、筛窦及蝶窦［图 7-5（a）］，均通过狭窄的通道与鼻腔相通。若鼻窦开口处黏膜发生急性炎症、肿胀、鼻息肉或鼻甲肥大等，造成其通道阻塞，在潜水时外界压强发生变化，窦内气压不能随之增减，就有可能造成鼻窦气压伤［图7-5（b）］。

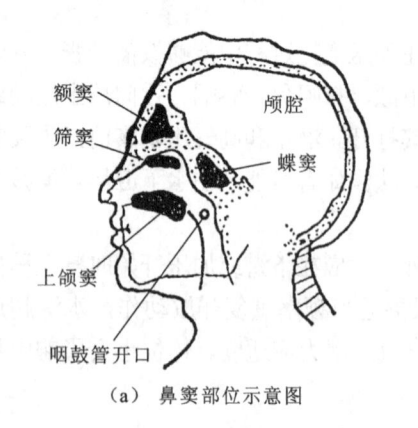

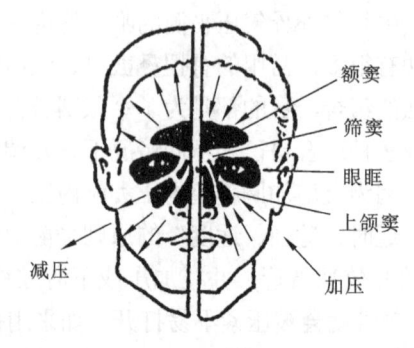

（a）鼻窦部位示意图　　（b）加、减压时鼻窦气压伤形成示意图

图 7-5 鼻窦部位及加、减压时鼻窦气压伤形成示意图

如果下潜时外界水压增高而窦腔内压相对过低，鼻窦内黏膜血管扩张、渗出、破裂，出现黏膜及黏膜下出血、血肿或出血性水泡，水泡破裂可引起窦腔内出血。这种情况引起的出血，通常当时并不会从鼻窦内流出，而是在减压时因窦腔内气体膨胀，才使血液被挤压出鼻腔。下潜时发生鼻窦气压伤，有可能导致上升时窦内气体不能排出，引起剧痛。

有时鼻窦内息肉、囊肿等会起到活瓣作用，在下潜时允许气体进入，但上升时气体无法排出。窦腔内相对气压增高超过周围组织血管内压，会造成局部缺血，局部组织可能会被拉伸、移位甚至撕裂。由于上升时鼻窦内气体较容易通过窦口排出，所以上升减压过程发生鼻窦气压伤的概率明显小于下潜时。

（二）症状

鼻窦气压伤常见于额窦和上颌窦，偶见于筛窦。根据鼻窦不同，分别表现为额部疼痛，面颊及磨牙疼痛、麻木等，疼痛可能向周围放射。在患病鼻窦处可有压痛，咽部或中鼻道可见血性分泌物，重者有鼻出血。X线片可见黏膜增厚，窦腔混浊，可存在液平面。

上颌窦腔内高压能引起第五对脑神经眶下支缺血性功能麻痹，出现神经支配区域麻刺感、面颊及同侧上唇麻木。鼻腔中致炎物质可能在下潜时被压进窦腔，而气压伤造成的血浆渗出物容易滋生微生物，甚至引起前额硬膜外脓肿。因此，潜水后若鼻窦症状持续数日，应考虑鼻窦炎。气体可以透过薄如纸片的窦筛隔板进入眶部，引起气肿、血肿或感染，并可能导致视力受损。

鼻窦气压伤的诊断并不困难，根据潜水员在潜水或在气压变化的环境中发生患处疼痛的病史，加上体征，即可确诊。疼痛通常在出水后才被发现，只有约12%的患者在水下即感到疼痛。有些患者在高气压暴露后出现鼻腔无痛性流血，需要鉴别是来自鼻窦还是中耳，还需要与龋齿腔、义齿间隙等受气压引起的局部疼痛、压痛相区别。应注意发现鼻腔和鼻窦的炎症、息肉、鼻甲肥大等病变及牙齿情况。

（三）治疗及预防

如果疼痛在潜水后很快消失，可用10%麻黄碱或萘甲唑林滴鼻数日，使黏膜血管收缩，恢复鼻腔和鼻窦的通气。疼痛严重并持续存在者，除对症处理外，因及时发现可能存在的窦内高压，可以选择进舱适当加压，并局部使用或口服缩血管药，再缓慢减压以排出窦内积气和积液，或者采取窦腔穿刺术或额窦环锯术，及时为受损窦腔减压。

如需要继续潜水或高气压暴露，应积极治疗影响鼻窦通气的基础性疾病。存在影响鼻腔和鼻窦通气情况，特别是存在减压时影响气体排出的活瓣性阻塞时，禁止潜水和高气压暴露。如果存在过敏性鼻黏膜水肿，在潜水前可以先用缩血管药。在下潜时若出现局部疼痛，应停止潜水。

四、面部挤压伤

面部挤压伤是指在佩戴眼鼻面罩或全面罩进行潜水时，因面罩内压低于外界水压过多，引起面罩覆盖部位发生的挤压伤，所以又称为面罩挤压伤。

（一）病因

潜水面罩都必须将鼻部覆盖在内，目的除了防止鼻孔进水，更是为了平衡面罩内压。如下潜时速度过快、没有或来不及向面罩内呼气、佩戴不设咬嘴的全面罩等因各种原因导致供气不足或中断，均可造成面罩内压低于外界水压，面罩就会呈现"拔火罐"作用，引起面部挤压伤。

（二）症状和体征

面部挤压伤轻者仅有面部被抽吸和面罩边缘接触皮肤处受压感。重者会出现面部疼痛或剧痛，可能引起视觉障碍。面罩覆盖部位可有疼痛、红肿、瘀血、眼结膜充血、鼻出血。严重者有眼球凸出，或者眼球后出血、视网膜出血。

（三）治疗和预防

治疗面部挤压伤主要是对症治疗，促使症状、体征尽快消失。面部瘀血、肿胀者，可局部冷敷。疼痛严重者，可给予镇痛药。眼鼻的损伤按相应的专科原则处置。预防主要应控制下潜速度，防止意外跌落，及时平衡面罩内外压。

第三节 缺 氧 症

缺氧症是指机体得不到足够的氧或组织不能有效地利用氧而引起的病理变化。根据发展过程的快慢，通常分为急性缺氧和慢性缺氧。在潜水过程中发生的缺氧，主要属于急性缺氧。使用自携式潜水装具很少发生缺氧症。

一、原因

（1）气瓶中没气或充填不符合要求的气体。
（2）气瓶阀未开或供气系统故障中断供气。
（3）在水下停留时间超过规定极限，上升出水不及时，瓶中气体耗尽。
（4）精神过度紧张，呼吸表浅，或为节约用气而采用间停呼吸。

二、症状

缺氧症的严重程度与呼吸气体中的氧气分压降低的程度、速度和持续时间有关。若吸入气体中氧分压很快下降过低，则发病迅速而严重，常无先兆症状，突然发生昏迷，所以急性缺氧症非常危险，应特别注意。

（1）呼吸气体中氧气分压降至 12~16 kPa（相当于常压氧气体积分数 12%~16%）时，皮肤黏膜发绀，呼吸深而快，心跳强而快，血压升高。
（2）氧气分压降至 9.33~12 kPa（相当于常压氧气体积分数 10%~12%）时，呼吸更深而频率加快，有时不规则，心跳可达 100～120 次/min。

（3）氧气分压降至 6～9.33 kPa（相当于常压体积分数 6%～10%）时，除上述呼吸心跳症状加重外，还会出现头痛眼花、反应迟钝、焦虑不安、思维紊乱等神经功能失调症状。若氧分压降至 6 kPa 以下，将迅速发生昏迷，呼吸和心跳既慢又弱，而且不规则，血压下降，呼吸停止后，心跳亦停止。

三、治疗

由于急性缺氧症发展迅速，病情严重，应及时有效地抢救治疗，抢救措施如下。

（1）尽快将患者抢救出水。在潜水过程中，水面连续询问三次不予回答，应以 10 m/min 的速度（防止肺气压伤）将其拉出水面，必要时应派人下潜援救。

（2）下水援救时，救护潜水员应先确认装具的供气情况和呼吸气体储备情况，如确认是供气不足或中断引起，应协助供给应急气体或将其拉出水面。到达水面后应立即给予呼吸新鲜空气或纯氧。

（3）由于缺氧的首发症状常表现为意识不清，对减压上升过程中发生的缺氧与动脉气栓的鉴别比较困难，可以按照动脉气栓处理，加压治疗对纠正缺氧也有益。

（4）出水后应迅速卸除装具，使患者呼吸新鲜空气。轻症患者一般可逐渐恢复意识，无须其他特殊处理。

（5）对呼吸停止、心脏停搏或减弱者，应迅速进行心肺复苏，直至恢复心跳和自然呼吸。给患者呼吸纯氧，根据情况使用强心、维持血压、促进呼吸功能的药物。上述措施必须彻底有效，以免心肺复苏后再出现呼吸停止、心脏停搏。

（6）在进行抢救的同时，应加强护理工作，注意安静、保暖，以免增加患者体力消耗。对于缺氧严重的患者，根据具体情况，可考虑尽早给予补液、补盐以防水电解质紊乱。

（7）如果合并发生其他潜水疾病，如肺气压伤、减压病、溺水等，应分清主次，采取相应的急救措施。

四、预防

缺氧的发生并没有明显的先兆，而这种无法预料的缺氧常常更具危险性，加上缺氧的后果会非常严重，因此做好预防至关重要。使用自携式呼吸器时，很少发生缺氧，除非供应的气体中氧气含量过低。

虽然在潜水过程中发生缺氧十分危险，但只要做好预防工作，完全可以避免事故的发生。预防工作的原则是：在各个环节上杜绝造成氧气不足的一切可能，重点在于认真检查装具和遵守各项潜水规则，具体如下。

（1）测定自携式呼吸器气瓶瓶压，确保满足最低气压要求。

（2）在水下潜水过程中气体压强出现离底警示时立即结束潜水，上升出水。

（3）对潜水装具定期进行检查，及时维护更新。

（4）水面保障人员必须严守岗位，密切观察潜水员在水下的活动，经常询问潜水员的感觉，及时发现水下异常。

第四节 氧中毒

氧是维持人体生命所必需的物质，然而吸入的氧气超过一定压力和时间，则会对机体产生毒性作用，引起机体功能和组织发生病理性改变，称为氧中毒。使用自携式空气潜水装具时较少发生氧中毒。

一、原因

氧中毒的发生与氧气分压的高低、持续时间的长短，以及个人体质、劳动强度等因素有关。

（1）在吸入的气体中，若氧气分压超过 300 kPa 以上时，氧中毒对机体造成的损伤主要表现在中枢神经系统，称为中枢神经型氧中毒或脑型氧中毒。由于氧气分压相对较高，发生氧中毒所需的时程较短，因此也称为急性氧中毒。

（2）在吸入的气体中，若氧分压介于 60~200 kPa，氧中毒对机体造成的损伤主要表现在肺，称为肺型氧中毒。由于氧气分压相对较低，发生氧中毒所需时间较长，因此也称为慢性氧中毒。

（3）潜水员呼吸纯氧轻潜水时，随着下潜深度的增加，氧气分压迅速增高，达到一定程度会发生氧中毒。因此，氧气轻潜水的深度一般应控制在 10 m 以浅。

（4）过于疲劳、精神过度紧张或吸入气体中二氧化碳含量过高，会导致氧中毒的。此外，高压氧敏感者也容易发生氧中毒。

二、症状

（1）急性氧中毒（神经型氧中毒）。多数先出现面色苍白、口唇和面部肌肉颤动，继而出现恶心、多汗、耳鸣、眼花、眩晕、胸闷、烦躁不安、指（趾）端发麻及幻听、幻视等。如继续吸高压氧，会突然发生神志丧失、全身抽搐、大小便失禁等状况。

（2）慢性氧中毒（肺型氧中毒）。最初胸部不适，有烧灼或刺激感。深呼吸时，胸部疼痛、咳嗽和咽部不适，继而出现头晕、头痛、恶心、疲劳、心跳缓慢、血压降低和指（趾）端麻木等症状。

三、治疗

（1）及时离开高压环境。潜水员在水下出现氧中毒症状时，应立即出水。卸去装具后安静休息，并注意保暖。轻症者很快就会恢复，对重症者可给予镇静剂。

（2）当用氧减压出现氧中毒症状时，应改用空气减压，并加强通风。

（3）对于在水下的氧中毒重症患者，为防止放漂或碰撞故事发生，必要时应派潜水员下水援救。若需继续减压，出水后应迅速转至加压舱进行空气减压治疗。

四、预防

（1）严格遵守潜水规则。吸纯氧潜水深度不得超过 20 m，水下工作时间最长为 20 min。在高压舱内吸氧减压不得超过 2 个附加压。在水下采用吸氧减压，应限于 20 m 以内开始吸氧。

（2）潜水员使用氧气潜水训练时，应严格遵守下潜深度-停留时程极限（表 7-1）。

（3）舱内吸氧一般限制在 2.8 atm（18 m 以下），吸氧时间按治疗方案采用间歇吸氧。

表 7-1 不同深度处氧气潜水潜水员水下停留时间极限

水深/ m	3	4.5	6	7.5	10
水下停留时间极限/ min	240	150	110	72	30

第五节 CO_2 中毒

在大气环境中，CO_2 的体积分数约为 0.031%，即分压约为 0.031 kPa。当吸入气中 CO_2 分压超过 3.0 kPa（相当于常压下 3%体积分数）时，机体将难以通过调节功能维持肺泡气 CO_2 分压的恒定，体内 CO_2 开始蓄积。在潜水过程中，如果潜水员吸入大气中 CO_2 分压过高或机体产生的 CO_2 不能及时排出，均会造成体内 CO_2 蓄积，血液和组织中碳酸含量异常增高，引起机体发生一系列病理变化，出现 CO_2 中毒。CO_2 中毒可分为急性或慢性。在潜水过程中或密闭舱室内，机体吸入高分压的 CO_2 所引起的病理变化，称为 CO_2 中毒。使用自携式空气潜水装具时 CO_2 中毒比较少见。

一、原因

（1）为节约用气而采取间停呼吸。

（2）呼吸器呼吸阻力过大。

（3）装具中呼吸无效腔过大或者单向阀失灵。

（4）在进行呼吸管潜水时浅快呼吸。

（5）在加压舱或密闭舱室内作业时，如不能定时、充分地进行通风换气，会使舱内 CO_2 蓄积达到中毒程度。

（6）在水下进行重体力劳动，体内产生大量 CO_2，极易导致体内 CO_2 蓄积。

二、症状与体征

潜水员 CO_2 中毒可能无任何明显的前驱表现，直接出现意识丧失；之前可能有思维紊乱，甚至有轻度欣快的表现。潜水装备内 CO_2 浓度是逐渐增加的，因此出现中毒症状和体征通常存在由轻及重的过程。但若发生在水下，此过程可能进展很快。

（一）呼吸困难期

当吸入气中 CO_2 分压为 3.3～6.0 kPa 时，潜水员 CO_2 中毒的主要症状是呼吸困难。开始只是呼吸幅度增大，以后呼吸频率也加快，呼吸紧迫感不断加重。同时，存在头昏、眩晕、颞部胀痛、颜面潮红、额部出汗、手湿冷、指端震颤、动作不协调、脉搏细实、唾液分泌增加等表现。

（二）呼气痉挛期

当吸入气中 CO_2 分压为 6～10 kPa 时，上述症状进一步加重。患者出现表情淡漠、思维能力显著下降、肌肉无力、运动失调，最后昏迷；还可出现恶心、呕吐、大量流涎、瞳孔缩小等症状和体征。

（三）麻醉期

当吸入气中 CO_2 分压在 10 kPa 以上时，中枢神经系统处于抑制和麻醉状态。此时，呼气痉挛停止，呼吸变得慢而深，吸气间期较长，最后呼吸停止，心脏停搏而死亡。潜水员吸入 10 kPa 的 CO_2 数分钟后就会失去知觉；若吸入 15 kPa 的 CO_2，无论时间长短都会引起肌痉挛和强直。

应当指出，上述分期是临床上人为划分的，其实各期之间并无明显界线。有些仅表现为轻度代偿性、呼吸性酸中毒，只是在血气检查时发现；有些情况下，病情会迅速发展，以致很快发生昏迷。

三、治疗

因呼吸介质中 CO_2 过多造成意识丧失的潜水员，当成功脱离高分压 CO_2 环境、给予新鲜空气后，很快就可以苏醒，通常 15 min 后就可以恢复正常，但会遗留头痛、恶心、眩晕、无力等后效应，通常存在一段时间后会消失，永久性的脑损害比缺氧少见。因此，救治主要在于及时让潜水员脱离高分压 CO_2 环境。

出现 CO_2 中毒早期症状，如呼吸急促、呼吸困难、头昏、冒汗等，应及时报告水面，并立即停止工作，以减少 CO_2 产生；如怀疑水面气源有污染，应立即换备用呼吸气。如症状没有缓解，或者发现 CO_2 中毒由装具引起，应立即中止潜水，并按规定上升减压。

出水后立即卸除装具，呼吸新鲜空气或氧气。轻症患者能很快恢复正常，无须其他治疗。对意识丧失，甚至呼吸停止、心脏停搏者，应立即开展心肺复苏等急救处置。应及时发现合并的其他损伤，如溺水、减压病等。因昏迷而紧急上升的潜水员，在恢复心肺功能后，要及时进舱按动脉气栓处理。

对呼吸、心跳微弱和昏迷的重症患者，应注射呼吸中枢兴奋剂和强心剂等。

四、预防

CO_2 中毒本身不会造成永久性损伤，但由此引起的继发效应通常很严重，如发生淹溺、创伤、放漂等。预防 CO_2 中毒需要注意以下几点。

（1）加强教育。虽然潜水高气压环境会掩盖 CO_2 浓度升高引起的各种症状，但训练有素的潜水员应该随时关注自身的呼吸情况，及时发现随时可能出现的呼吸异常及 CO_2 浓度升高引起的其他症状。

（2）潜水前对供气设备如呼吸器、储气瓶等进行详细检查，如有故障应及时排除，以防供气中断或不足。

（3）潜水中如发现软管破裂、被压或冻结，应及时排除故障，否则应让潜水员出水。

（4）在水下潜水员如果感到呼吸困难、头晕等，应立即停止工作；如症状不能很快消失，应中止潜水。

（5）在加压舱内，应根据舱体容积、人数和停留时间，定期进行通风换气，或通过生命支持系统的净化设备持续清除 CO_2，使 CO_2 浓度控制在目标限定值内。

（6）密闭舱室潜水作业时，进入舱室前应提前戴好呼吸器，尽量避免呼吸舱室内气体。此外，可设置 CO_2 监测仪，连续或定时测定舱内 CO_2 浓度，一旦发现 CO_2 浓度升高，应立即采取相应措施。

随着压强的增加，对呼吸气中 CO_2 含量的控制更加重要。因为在较深处，CO_2 浓度稍有增加，会导致其分压显著增高，可能导致严重的后果。

第六节 氮 麻 醉

氮麻醉是机体因受高分压氮气的作用而出现的病理状态。这种病理状态在机体脱离高分压氮气作用后，一般是完全可逆的。但在水下如果发生氮麻醉后不及时处理，很容易导致其他潜水疾病或事故。

一、原因

氮麻醉的发生与呼吸气体中氮气分压过高有关。空气中约含有 79% 的氮气（分压为 80.3 kPa），对人体无任何影响。但在高压环境下呼吸气体中的氮气分压通常达到 4~5 atm 时，对人体神经功能就可发生麻醉作用。如当舱内压力达到 5~6 atm 时，其氮分压为 4.8~5.6 atm，对缺乏加压锻炼的艇员或潜水员就会发生明显的麻醉症状。

二、症状

在空气潜水或加压锻炼中，氮气分压越高，症状出现越快，表现程度越严重（表 7-2）。

表 7-2 不同氮分压与氮麻醉的相应症状和体征

深度/m	氮分压/atm	症状与体征
30	3.2	有类似酒后欣快，多话与自信表现，精细动作效率下降，精确分辨能力差
50	4.8	愉快、嘴唇麻木，有时眩晕恶心，动作不准确，但尚能基本保持自身感觉

续表

深度/m	氮分压/atm	症状与体征
70	6.4	无故发笑,注意力不集中,不顾自身安全。记忆力及工作能力明显下降,思维紊乱,易出差错,对信号刺激反应迟缓,有外周性的麻、刺感
80	7.2	在一定时间内,意识模糊,出现抑郁、幻觉、恐惧,已无清晰思维,神经肌肉活动失控
90	8.0	麻醉性昏睡,在此之前或有短期的强烈兴奋,接近神志不清或出现神志丧失
>100	8.8	—

三、治疗

氮麻醉者离开高压环境后,其症状很快即可消失,故对氮麻醉者不需要特殊治疗。

四、预防

（1）使用空气潜水的深度一般限于 30～40 m。有经验的潜水员用空气潜水最大深度不得超过 60 m。

（2）呼吸气体中 CO_2 分压过高,可加速或加重氮麻醉,因此进行空气潜水和加压锻炼时,要加强通风换气。

（3）应有组织有步骤地进行加压锻炼和潜水训练,以提高肌体对高分压氮气的适应力。

（4）为减轻麻醉的作用,潜水之前严禁饮酒。

第七节 放 漂

在潜水过程中,由于人员在水下失去控制能力突然漂浮到水面,称为放漂。这是一个危及潜水员生命安全的事故。

一、原因

引起放漂的根本原因是潜水浮力增大,潜水人员失去控制能力迅速漂浮出水。在使用自携式装具进行轻潜水作业时,下列情况易引起放漂。

（1）穿着干式服供气过多或排气不及时。

（2）压铅脱落。

（3）因外力使潜水员失控,如水流太急,水面人员拉信号绳过紧、过猛。

（4）不沿入水绳上升出水。

二、放漂可能引起的疾病和外伤

（1）减压病在放漂事故中最为常见。尤其在深度大、停留时间长的情况下,一旦放漂,最容易引起减压病的发生。

（2）放漂时，虽然潜水作业深度不大，但也容易引起肺气压伤。

（3）放漂时由于上浮速度过快，可能撞到船体或其他硬的物体上，发生脑震荡或其他外伤。

（4）放漂过程中，随着水压突然降低，可引起潜水服内气体过度膨胀，导致潜水服破裂进水而发生淹溺。

三、放漂后的处理

（1）需要减压出水的潜水人员发生放漂后，无论有无减压病症状出现，应立即送入加压舱进行预防性加压治疗。若现场无加压舱，出水感觉正常，潜水服无破损时，可令其再行下潜至原来深度重新减压。不论是在舱内还是在水中进行重新减压，均要按延长方案进行。

（2）不需要减压出水时潜水员发生放漂，经检查确无减压病或肺气压伤等症状时，可安排在加压舱附近休息，进行观察，在 6 h 以内不得远离加压舱。若出现减压病症状或其他症状时，应及时组织加压治疗及对症处理。若有外伤和溺水发生时，则应采取相应的急救措施。

四、预防

（1）潜水前要认真检查装具，确认干式潜水服排气阀等性能良好。
（2）严格遵守操作规则。
（3）压铅绳索牢固，绑扎严实。
（4）严格遵守在急流下潜水作业的安全措施。
（5）进行水下作业的潜水人员，出水时必须沿入水绳上升，信号员拉信号绳不得过猛、过快。

第八节 淹　溺

淹溺（drowning）是指人在水中因较多的水进入呼吸道而引起窒息、血流动力学和血液生化改变及水电解质紊乱的"吸入性综合征"。在美国和澳大利亚，在引起死亡的各种事故中，淹溺是第二大原因，仅次于交通事故。淹溺是潜水员的首要直接死因。本节仅介绍与潜水作业有关的淹溺。

一、原因

在轻潜水作业中，咬嘴、二级减压器、潜水面罩或供气管路损坏进水，或咬嘴因潜水员主动或意外脱落时，容易导致淹溺。潜水面罩因佩戴不到位或碰撞、拉扯而发生脱落，则很容易导致潜水员呛水。在水下发生其他疾病时最终继发淹溺的可能性也非常大。例如：发生氮麻醉时不遵守操作规范而松开咬嘴或面罩；发生氧惊厥或意识丧失时咬嘴被动脱落；因快速下潜或跌落等导致挤压伤后慌乱移除面罩等。

屏气潜水最容易导致淹溺。在潜水过程中难以控制屏气而恢复呼吸可能导致淹溺，而在屏气潜水过程中很容易发生的意识丧失，则是最终导致淹溺的直接原因。

二、发病机制

（一）总体过程

无论是人还是动物，当呛进第一口水时，会发生反射性紧闭，支气管痉挛，接着发生长时间的憋气，从而导致缺氧，组织中碳酸增加。当血中的CO_2分压升至约 6.67 kPa（50 mmHg），氧气分压下降至约 9.33 kPa（70 mmHg）时，呼吸中枢强烈刺激，产生不自主的吸气动作。此时，由于氧气分压的下降，支气管痉挛也会解除，从而会吸入大量的水。随后便连续发生呛水、咳嗽、呕吐、意识丧失，最后两肺充满水，以致奄奄一息，最终死亡。对冷水比较敏感者，一旦面部接触到冷水就产生"潜水反射"，即冷水刺激通过三叉神经传入延髓呼吸中枢，引起屏气、心动过缓、心律不齐，甚至心搏骤停。淹溺后常出现体温过低现象，体温降低、颤抖会增加氧耗量和代谢率，而当体温低于30℃时，颤抖停止，血压下降，氧耗量和代谢率也随之下降，并导致心动过缓、心室颤动等发生。

有些淹溺者（甚至意识清醒者）被营救到岸上后，会由于突发虚脱和致命性心律失常而死亡，有人将此现象称为营救期虚脱。淹溺的水温越低，越容易发生这一现象。营救期虚脱可发生于营救过程中，也可发生在营救后24 h内。营救期虚脱是指有意识的淹溺者在得知要被救出水面的瞬间发生虚脱：主要由于低温时心肌舒张，血液黏滞度增加，冠状动脉血流下降，儿茶酚胺、去甲肾上腺素分泌增加以维持冠状动脉血供；一旦得知被营救时，会引起交感神经兴奋性下降和儿茶酚胺分泌减少，导致冠状动脉循环血量下降而发生虚脱。刚营救出水面时虚脱的影响因素较多，主要有躯体离开水面后外周静水压骤失（尤其是潜水员快速出水时），血液因重力作用而滞留在外周血管，静脉回心血量瞬间减少等。另外，恢复温度可松弛低温时极度收缩的外周血管，导致血管舒张和低温性血容量不足而发生虚脱。营救期虚脱的其他影响因素还包括压力感受反射迟钝、重要脏器和骨骼肌供血失调、心理应激反应和心脏基础疾病等。

（二）海水淹溺

海水淹溺与淡水淹溺的致病机制存在显著差异。一方面，大量海水进入支气管和肺泡内引起气道阻塞，以及因海水刺激和（或）应激反应可能引起的喉头痉挛造成急性窒息，导致动脉血氧分压显著降低和CO_2分压升高；另一方面，海水的高渗作用会将血管内水分吸引到肺间质和肺泡腔，引起肺间质和肺泡水肿，肺顺应性降低，肺泡通气功能障碍而致氧气分压进一步降低。肺泡与血液之间氧气分压梯度减小，造成弥散功能障碍，同时肺泡内水肿使具有弥散功能的肺泡群减少，造成弥散面积锐减，再加上肺泡及肺间质水肿使气体交换膜增厚，结果导致肺弥散功能严重受损，产生低氧血症。低氧血症的严重性与吸入的海水量成正比。低氧血症、心动过缓和低血容量性低血压均可导致心脏停搏。除了高渗作用，海水中还含有诸多的藻类和细菌，也会直接或间接导致肺部损伤。

（三）淡水淹溺

淡水是低渗液，大量低渗液进入肺里经肺毛细血管迅速进入血液循环，血液被稀释，血容量剧增，在数分钟内血液总量就可能增加一倍。即使吸入少量淡水也能引起肺毛细血管收缩、肺动脉高压。如果吸入大量淡水，将导致大量血液流经无通气功能的肺泡，肺泡表面活性物质减少或失活、肺泡塌陷、肺顺应性降低、动静脉分流增加、肺毛细血管通透性升高等情况均可促发肺水肿。

低渗性的水还可迅速进入血液，导致溶血。溶血会导致血钾和游离血红蛋白升高，而血液中钠、钙和氯的浓度由于血液被稀释而下降，引起血液中钾钠比例失调，电解质紊乱，以致心律失常，血压降低。心室颤动往往被认为是淡水淹溺的特征性表现，主要与缺氧和血容量过多有关。通常因吸入水而引起危及生命的电解质紊乱比较罕见。

三、临床表现

淹溺者的临床表现主要取决于溺水量及淹溺持续的时间。淹溺一般表现为皮肤皱缩、面部肿胀、发绀（有的表现为苍白）、双眼充血、四肢冰冷、寒战、发热等，约有 50% 的患者体温可达 40 ℃。

（一）呼吸系统

淹溺者会表现出呼吸困难、表浅，有时呼吸不规则或出现双吸气。有的出现胸痛（吸气或咳嗽时加重），可咳出泡沫状血痰。肺部可听见湿啰音、捻发音或鼾音。肺活量下降、最大呼气流量降低、顺应性降低、通气/血流比值减小。最初肺部 X 线检查可能正常，也可能有斑片状阴影或非心源性肺水肿表现。

（二）循环系统

淹溺者会表现出发绀、脉细数甚至不能触及、血压降低、室上性心动过速及其他各种心律失常症状，严重者出现心室颤动甚至心搏骤停。有的会出现凝血功能异常，甚至出现弥散性血管内凝血。

（三）神经系统

淹溺时间较短者，可能并未丧失意识，但会出现头痛、狂躁或者惊恐等状况。淹溺严重者会因缺氧、脑水肿而出现意识不清甚至昏迷、瞳孔散大及对光反射消失、肌张力增加、牙关紧闭、腱反射亢进，有时还会出现病理反射。

（四）消化系统

淹溺者可出现舌肿大，同时因吞入大量的水和空气使胃扩张、腹部膨隆、膈肌上升。海水淹溺者会出现明显的口渴现象，淹溺严重者普遍有呕吐。

（五）泌尿系统

淹溺者一般出现蛋白尿、血红蛋白尿、尿浑浊，有的甚至会出现少尿甚至无尿。根据病情可将淹溺分为轻度淹溺、中度淹溺和重度淹溺三类。

根据发病过程及临床表现，淹溺的诊断一般没有困难。问题是仅为单纯淹溺还是继发于其他疾病，必须通过全面了解和详细检查做出判断，以便采取合理的急救、治疗措施。最容易误诊的情况是继发于肺气压伤患者的淹溺，因为肺气压伤的不少临床表现与淹溺相似，如胸痛、咳泡沫状血痰、昏迷等，容易仅针对淹溺进行救治而忽视肺气压伤的救治。

四、治疗

潜水员发生淹溺后应迅速采取现场急救，并根据患者病情及救治情况及时组织就近医院进行检查和治疗。现场急救主要采取以下方法实施。

（一）保持呼吸道通畅

救护者应尽快将淹溺者营救出水，立即清除其口、鼻内的泥沙、杂草及呕吐物，如有义齿应取出，以防坠入气管；如患者昏迷，应将舌头拉出，确保呼吸道通畅。卸除潜水装具和潜水服，如有紧裹的内衣、腰带等应松解去除。救护者应迅速判断是否存在头颈损伤，并在急救时注意保护。为开放气道，保持患者的头、颈、胸成一直线，救护者可以采用仰头抬颌法：一只手放在患者前额，用手掌把额头用力向后推，使头部向后仰，另一只手的手指放在下颌骨处，向上抬颌，绝不能让患者的头前屈。如果条件允许应立即供氧。

（二）倒出呼吸道和胃内积水

倒出呼吸道和胃内积水（倒水）可采取以下动作：①救护者一腿跪地，另一腿屈膝，将溺者的腹部放在膝盖上，使其头下垂，然后再按压其腹部、背部，此法较常用；②将患者俯卧，下腹垫高，头部下垂，并用手压其背部，使其积水倒出；③抱住患者双腿，将其腹部放到急救者肩上，急救者快步走动，使积水倒出。

淹溺者是否都要进行倒水，应视具体情况决定。过分强调倒水而耽误进行人工呼吸，或为了尽快进行人工呼吸而不注意清除呼吸道内水分，都有一定的片面性。无呼吸道阻塞者，可不必倒水；即使呼吸道有水阻塞，也应尽量缩短倒水的时间，以能倒出咽及气管内水分为度。如排出的水不多，不可再为此耽误时间，应立即采取人工呼吸、体外心脏按压等急救措施。呼吸道的容量平均只有150 ml左右，若能倒出50 ml水即对提高人工呼吸的效果产生重要作用。如果训练有素，施救潜水员应在水面时就开始对淹溺潜水员做口对口或口对鼻人工呼吸。

（三）心肺复苏

对于呼吸停止或心脏停搏者，必须立即施行简易的心肺复苏，一般要求人工呼吸和胸外心脏按压同时进行。具体操作按相关指南进行。

五、预防

潜水员淹溺重在预防。平时应加强训练和相关知识技能的学习，熟练掌握各类潜水疾病和事故的预防和处置，防止继发性淹溺事故。每次潜水前，必须认真检查装具的水密性，特别是各个部件间的结合处、易磨损处及各类排气阀、安全阀。屏气潜水者应严格训练，循序渐进，并有良好的保障措施，潜水前严禁过度通气。加强水面保障人员与水下潜水员或者结伴潜水员之间的联系，一旦发生意外，及时采取有效措施进行救助处理。

第九节 水下动物伤

海洋对于人类来说是一个特殊环境，进行潜水作业时，除了水下物理因素和高气压对机体产生影响，一些水下生物也可能妨碍人们的水中活动。本节主要介绍我国沿海海域可能遇到的对人类有害的海洋生物，包括鲨鱼、水母、海蛇、有毒鱼类等。上述生物有些可咬伤人体，有些不但螫咬人体，而且含有毒液，会使人中毒。潜水员在水下作业过程中有可能遭受海洋生物的伤害，因此，掌握常见生物的特点和水下动物伤防治知识，是十分必要的。

一、鲨鱼袭击

鲨鱼素有"海中猛虎""水中狼"之称，是水下动物中最凶猛、危害最大的一类。鲨鱼袭击可使机体遭受严重创伤，常因大量出血、休克而死亡。潜水作业中来自动物的伤害率，鲨鱼袭击约占80%。

目前世界上鲨鱼有350种，我国沿海已发现70余种，其中能伤人的约20种。鲨鱼主要在热带、亚热带海洋中活动，在赤道南北30°之间的海域内遭受袭击的危险最大。据初步调查了解，在我国沿海的北纬23°～40°主要有11种鲨鱼能主动伤人，又以噬人鲨、锥齿鲨、双髻鲨、鼬鲨和恒河鲨最为凶残。几种常见噬人鲨鱼的形态、习性和分布见表7-3。

表7-3 几种常见噬人鲨鱼的形态、习性及其分布

名称	形态与习性	分布
大白鲨	背部呈棕色，青灰至黑色，腹部白色；体长可达12 m，一般在5～9 m；齿大而扁平，呈三角形；性情凶猛［图7-6（a）］。栖息在热带、温带海洋	澳大利亚海区较多。我国仅见于广东、福建沿海
麦可鲨	背部为灰色或深蓝色，体长3～9 m，呈流线型，躯干细长。性情凶猛，游动迅速。栖息在大西洋、印度洋、太平洋与温带海洋	大西洋、印度洋、太平洋及温带海洋均有
锤头双髻鲨	有鱼类中最大的头，形状扁平，向左右两侧伸展，体背为灰褐色，腹部为浅白色，牙呈三角形，齿尖外斜，边缘光滑［图7-6（b）］。成年体长4～5 m，长到3 m时即可严重伤人	主要分布在印度洋、太平洋、大西洋的热带及亚热带海区。我国各海均有，南方海区较多
虎鲨	有深褐色条纹或斑点，类似虎皮纹，鼻短而宽，头高，近方形，身短体粗大，身长可达20 m，吞食各种鱼类，包括其他鲨鱼	主要分布在热带、亚热带海区，澳大利亚海区。我国的南海、东海、黄海均有
恒河鲨	背部灰褐色，下腹及腹面呈白色；体为纺锤形，躯干粗大；体长2～3 m。上颌宽扁，呈三角形，边缘有细锯齿，下颌牙细长，基底宽大。性情凶猛，常常主动攻击水中人员	主要分布在澳大利亚西部，日本、韩国、孟加拉湾、印度尼西亚等海域。我国主要分布在南海和东海

续表

名称	形态与习性	分布
灰鲭鲨	呈青色，流线型体形；牙狭长呈锥形，边缘光滑。性情极其凶猛，喜欢在暖水表面游泳，能急速袭击人或船只	主要分布在我国南向沿海及黄海
大青鲨	背部呈青蓝色，身体呈亚纺锤形，一般体长2～3 m，游动敏捷，性情凶猛，贪食	主要分布在我国南海
居氏鼬鲨	呈灰褐色，体侧及背上有褐色斑点，纵横条纹体粗大，体长达8～9 m，牙外斜呈三角形，齿缘呈细锯齿状。性情凶猛，贪食	我国各海区均有

(a) 大白鲨　　(b) 锤头双髻鲨

图7-6　大白鲨、锤头双髻鲨

（一）鲨鱼的生理特征

（1）鲨鱼有极为敏锐的嗅觉。其鼻孔在嘴的上前方，呈杯形或囊形开口，囊壁排列着许多折叠结构，大大地增加了嗅觉器官的表面积。在这些结构内含有大量的嗅细胞。无论静止或运动时，当水经鼻孔流入嗅囊，鲨鱼都能不断地分辨出水中的各种气体。一旦水中有带血腥味的东西，鲨鱼很远就能嗅到并前来捕食。所以嗅觉在鲨鱼的寻食活动中起着重要作用。

（2）鲨鱼的震动感觉器官对低频震动和不规律震动更为敏感。鲨鱼的震动感觉器官是由很多细的管状结构组成，分布在头部及身体两侧皮下，里面充满水样液体。沿着细管的内侧壁排列着许多感觉细胞群，称为神经丘。每个感觉细胞都有纤毛侵入管液中，管内外径更细的支管与表皮的大气孔相通，由各种原因而引起的水中低频震动或不规则的震动均可使管内液体随之运动，使神经丘发生神经震动。如发生水下爆破、舰艇触雷等情况时，常常会使海区周围出现大量鲨鱼聚集，引起鲨鱼的集体攻击。

（3）鲨鱼的听觉稍差，因为内耳不发达。一般认为听觉对鲨鱼索饵并不起主要作用。

（4）鲨鱼为了繁殖、索饵和越冬，一般根据季节进行有规律的洄游。我国的青岛沿海在夏、秋季节鲨鱼活动频繁。

（5）鲨鱼视网膜内含圆柱细胞，不含圆锥细胞，所以缺乏辨别颜色的能力。有光线感觉时，视锐度降低。

（二）鲨鱼袭击的环境因素

（1）水温。鲨鱼为冷血动物，水温的高低将直接影响其代谢率与食欲。当水温升高时，其食欲及活动增加。在饥饿条件下，鲨鱼显得异常凶猛。因此，我国沿海鲨鱼袭击一般发生在夏、秋季。

（2）震动。低频震动与无规律动作产生的振动波，如落水者在水中挣扎拍击水面时，可能吸引鲨鱼袭击。

（3）血腥味。受伤者流出血的血腥味能引起鲨鱼的集体攻击。

（4）天气。暴风雨前或天气阴暗时，鲨鱼常聚成小群在水面翻腾，危险性较大。青岛沿海的鲨鱼袭击多发生在阴天的黄昏。

（5）光亮。夜间显示光亮，能激起鲨鱼攻击；穿白色反光强的服装，易被鲨鱼发现。

（三）鲨鱼袭击引起的损伤及其救治

鲨鱼具有十分锐利的牙齿，人被咬伤后，常发现大面积严重的组织损伤（图7-7），引起大出血和休克而死亡。另外，鲨鱼的皮肤很粗糙，也可使体表面产生严重擦伤。鲨鱼在咬人时，对组织的挤压作用也是很严重的，往往由于严重的挤压造成组织损伤或坏死。

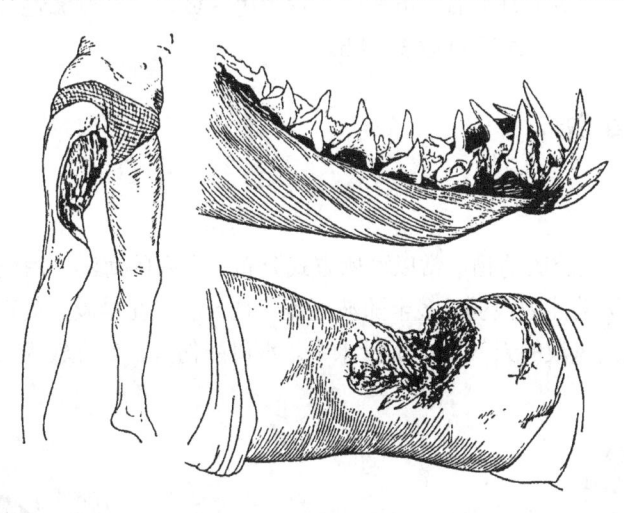

图7-7 鲨鱼袭击造成的组织损伤

当人员受到鲨鱼袭击时，应设法驱走鲨鱼，以免遭受再次袭击。救护者应立即将受伤者救出水面，出水后的抢救工作主要是控制休克及止血。

（1）控制休克。让伤员去头低位平卧，注射吗啡止痛，注意保暖和保持安静。监测脉搏和血压，尽可能在现场进行输血浆或输液，禁止随意搬动伤员，情况改善后应尽快组织送去医院治疗。

（2）止血。上止血带或用压迫绷带控制出血，伤口充填消毒纱布，并覆盖消毒敷料。

在医院进一步处理的原则仍是控制休克，然后做扩创术，清除坏死组织，结扎损伤的血管，伤口应延期缝合。密切注意伤口是否有感染，4～6天后如无感染，可做进一步外科处理，如缝合或植皮。伤员应注射抗破伤风血清和大量抗菌药物。鲨鱼牙齿上的病原菌以副大肠杆菌为主，对金霉素、氯霉素、四环素等广谱抗生素均很敏感，但常有抗青霉素的能力。

（四）预防

到目前为止，尚无一种有效而又经济简便的防鲨、驱鲨方法，通常可采取如下措施。

（1）在有鲨鱼活动的海区或季节不应裸潜。进行潜水或游泳时应设有警戒巡逻和救护船只，加强瞭望，如发现有鲨鱼活动，立即发出警报。水中人员闻讯后应立即出水。

（2）一旦遭受鲨鱼攻击，可用潜水刀或其他坚硬物品猛击鲨鱼的鼻子、眼睛和鳃部，以驱逐鲨鱼，但有时会激怒鲨鱼，其危险性更大。所以在遭受鲨鱼攻击的情况下应以尽快出水为妥。

（3）在水下活动不要穿戴白色、反光强的衣服和装具。

（4）鲨鱼对低频震动极其敏感，因而在水下的潜水员或落水人员要尽量保持安静，不宜做不规则的活动。

（5）潜水装具要保持清洁，不要黏附动物的血或腐败食物等。

（6）在水下应尽量避开其他鱼群或有死鱼的地区。

（7）使用驱鲨剂。已有某海军医学研究所将按一定比例配制而成的醋酸铜和苯胺墨混合物作为驱鲨剂。驱鲨剂溶于海水后，可形成一片黑色区域，并有刺激性气体，可使鲨鱼产生逃避反应。驱鲨剂每包有效时间可达3～4 h。

二、水母蜇伤

（一）概述

水母（图7-8）是腔肠动物，常以群栖方式分布于所有的海洋、海湾和江河入海处。水母浮游生活，自主运动能力很弱，多半随波逐流，且一般多在早晨、黄昏和无风浪时出现在海面，日光强烈或大风浪的天气则多沉没水中。水母能伤人，毒性较大的有僧帽水母、灯水母、海蜇等。

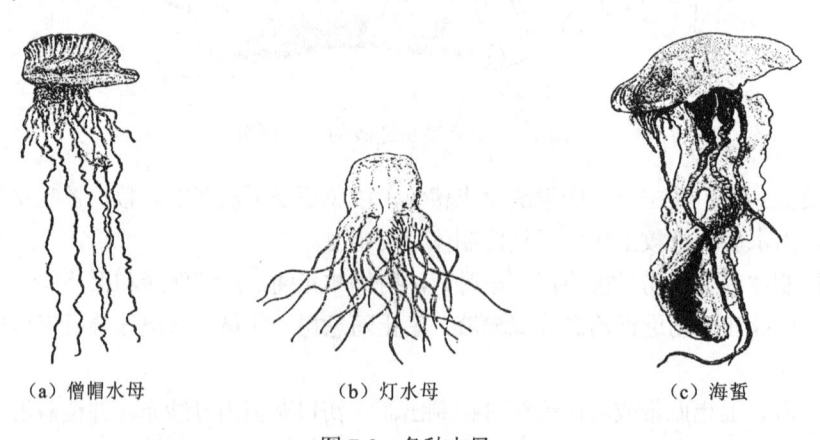

（a）僧帽水母　　　（b）灯水母　　　（c）海蜇

图7-8　各种水母

水母生有很多细长的触须，每个触须上又有数以千计的刺细胞。刺细胞内藏毒液，并有一根根细的线样刺丝。当触须接触人体皮肤时，刺丝就会像注射器针头一样刺入皮肤，并注射毒素，引起被蜇处皮肤的局部反应和轻重不等的全身反应。

（二）症状和体征

被水母蜇伤后，根据水母种类、蜇刺的部位、面积、时间、受伤者的健康状况和个人敏感性的不同会有不同的症状和体征。

（1）局部反应。各种水母蜇伤的局部反应基本相同。被蜇时局部立即感到刺痛、烧灼痛，或类似荨麻疹样发痒。局部皮肤 1～2 min 或数小时后即可出现点线状、系线状或斑点，类似荨麻疹样的丘疹，与触须接触的方向一致，像被打的鞭痕，也可出现水泡或小块出血斑，一般尚不出现全身反应。经常与水母接触的渔民，常无反应。

（2）全身反应。大面积蜇伤或敏感的人可能出现全身反应。由于水母种类不同，全身反应也可有所不同：有的表现为全身各部位黏膜充血、肿胀、咳嗽、咳痰、恶心、呕吐；有的表现为全身倦怠、疲劳、肌痛；有的则出现头痛、腹泻、腹痛肌痉挛、恐怖感、虚脱、声门水肿、呼吸困难和心力衰竭；也有的出现过敏性休克。

我国沿海以海蜇蜇伤为多见。据报道，海蜇蜇伤如严重或反应强烈者，可感到胸闷、烦躁不安、发冷、恶心、乏力，甚至出现呼吸困难、发绀、口吐白沫、脉搏细弱，最后吐出草黄液体，死于急性肺水肿和心力衰竭。

（三）治疗

（1）蜇伤后的处理。蜇伤后应立即出水，迅速擦去附着于身上的触须与毒液，注意不要用手而应用衣服、纱布、水草等擦去。有条件时，可用弱氨水和碳酸氢钠溶液轻轻擦洗，也可用新鲜的人尿冲洗，然后用淡水冲洗干净。

（2）对局部反应的处理。我国沿海渔民常用白矾水涂擦局部，可很快减轻症状。用碱性溶液可破坏毒素，因为冷敷会使局部血管收缩，减少毒素的吸收。用 1：1000 高锰酸钾溶液冷敷也有疗效，也可使用可的松软膏或普鲁卡因套式封闭。

（3）对全身反应的处理。可口服抗组织胺药物，注射肾上腺毒、氯化钙、盐酸普鲁卡因或使用皮质激素制剂。疼痛严重者可注射吗啡（呼吸抑制时禁用）。已经出现过敏性休克者，应取头低卧位，注射肾上腺素或静脉滴注皮质激素。呼吸、心脏功能有障碍者可供氧，注射刺激呼吸和强心药物。静脉输液或喝浓茶可促进毒素的排泄。但出现肺水肿者，则应按肺水肿处理原则急救，如吸氧、酒精雾化吸入等，并控制静脉输液量。

（四）预防

不穿潜水服下潜时，应注意避开水母。同时也要了解到，有些水母的触须很长，并可向四周伸展，已经脱落的触须或死亡的水母仍可使人受伤，故应避免接触人体皮肤。在蜇汛期潜水时最好穿潜水服、戴手套。切实做好预防工作，水母蜇伤是可以避免的。

三、海蛇咬伤

我国沿海分布有青环海蛇、长吻海蛇、平颏海蛇等 15 种海蛇，多数生活在海南、广西、广东、福建和台湾等地区，其中以北部湾和福建沿海分布最多。与海中其他蛇形动物（如鳗鳚类）相比，海蛇遍身覆鳞片而无鳃裂，可以此鉴别。海蛇无鳃，靠肺呼吸，因此海蛇必须间隔一定时间到水面呼吸，但海蛇潜在水中可长达数小时。

海蛇的毒性非常强烈。海蛇有毒牙和毒腺。毒牙长在上颌骨的前部，毒腺位于头部两侧口角的上方，有导管通向毒牙的基部。当毒蛇咬人时，包绕着毒腺的肌肉组织收缩，就可分泌毒液，并经导管由毒牙注入人体。毒液进入人体后，通过血液和淋巴从局部扩散到全身。

海蛇毒的主要成分是神经毒素和各种酶蛋白，其神经毒素可阻断神经肌肉接头传递，中毒者出现肌肉麻痹，多以呼吸肌麻痹导致窒息死亡。海蛇毒引起的肌肉损伤以出现血红蛋白尿为临床表现，中毒死亡者尸检可见广泛性、透明性肌肉坏死。

我国沿海常见海蛇的形态、习性及其分布见表7-4。

表7-4　我国沿海常见海蛇的形态、习性及其分布

名称	形态与习性	分布
黑尾海蛇（海蝰）	全长820～925 mm。头小而扁平；尾稍侧扁似桨，末端带圆形；尾端黑色，腹面为淡灰色或白色。游泳海中，捕食鱼类	海南、广东、福建近海
黄腹海蛇（青灰海蛇，花海蛇）	全长655～820 mm。头部较小；尾稍侧扁；背面呈灰色或表褐色，腹面呈淡黄色；头部黑色。游泳海中，捕食鱼类。胎生，每次2～6条	从海南、广东到山东近海均有
黑头海蛇	全长345～1238 mm。头小，鼻孔有瓣；尾侧扁，末端稍尖；背面呈灰色或青色；腹面呈白色或黄色；头部黑色，有淡黄色斑点；尾端黑色。游泳海中，捕食鱼类	台湾、澎湖列岛、福建、浙江近海
斑海蛇（青环蛇、海青蛇）	全长1040～2133 mm。背面呈黄色或橄榄色；腹面呈淡黄色，有一条黑色纵带；头顶呈蓝灰色。游泳海中，捕食鱼类。胎卵生，每次3～5条	海南、广东、台湾、福建、浙江、江苏近海
棘海蛇（刺海蛇、平颏蛇）	全长767～900 mm。头大而短；尾侧扁；背面为黄色、黄绿色或绿色，腹面白色。游泳海中，捕食鱼类	海南、台湾、山东近海

（一）症状和体征

多数被海蛇咬伤人员在最初只有皮肤被刺感觉，局部无红肿疼痛。通常在被咬后0.5～1 h出现运动功能障碍，感到四肢沉重、全身无力，呼吸浅表短促，随后出现轻度呼吸困难、全身肌肉疼痛、四肢麻木、张口困难、嗜睡、眼睑下垂、复视，严重时有呼吸困难、发绀，甚至呼吸停止，窒息死亡。有些被海蛇咬伤者在咬伤后3～6 h可出现肌红蛋白尿。在被海蛇咬伤致死病例中，约25%是在咬伤8 h内死亡，约50%在8～24 h内死亡，约25%在两天内死亡，极个别病例两天以后死亡。

被海蛇咬伤者，伤口可见针尖样毒牙痕。根据上述神经毒和肌肉毒症状，结合实验室检查出现的总胆红素及间接胆红素浓度升高、白细胞总数增加、中性粒细胞中毒性颗粒、血尿及血红蛋白尿、肌红蛋白尿、肝肾功能损害等表现，可及时做出诊断。

（二）急救与治疗

海蛇咬伤因局部症状轻微，容易被忽视，但是一旦出现全身吸收中毒症状就十分危重。因此，任何情况下的海蛇咬伤都是临床急症，绝不能掉以轻心。

被海蛇咬伤后伤者切勿惊慌奔跑，以免加速毒液全身吸收。应立即用洁净水冲洗伤口排出毒液，有条件可用 1∶5 000 高锰酸钾溶液冲洗，也可用嘴或吸引器吸引咬伤局部。如果海蛇咬伤四肢，在咬伤后应立即用宽幅布条在伤口周围做环形包扎，保持合适压力，以不影响肢体深部动、静脉血流为宜，一直保持到入院治疗为止。注射抗蛇毒血清是最有效的治疗方法。

可用蛋白分解酶破坏分解海蛇毒素。强氧化剂对蛇毒素蛋白有直接破坏作用，但对正常组织细胞也有一定的损伤。通常用 0.5%高锰酸钾注射液 2～4 ml 在伤口周围进行局部注射，有良好的治疗效果。被咬伤者应采取早期、短期、大剂量激素冲击治疗，及时防止伤口感染。

（三）预防

在有海蛇活动的海区，如海边、河道处及岩石周围、码头附近等海蛇喜欢栖息的地方进行潜水或水面作业时，应提高警惕。遇到海蛇时，要谨慎避开或将其驱走。交配季节的海蛇最具攻击性。同时，加强对海蛇咬伤防治的宣传教育，尽可能做到现场的自救与互救，这将有利于进一步的治疗。

四、有毒鱼类致伤

有毒鱼类主要指棘中含有毒腺的鱼，它们刺伤人体后分泌毒液，引起局部或全身中毒。除了有毒腺的鲨鱼，还包括魟鱼、鲇鱼。有毒鱼类主要分布于我国东海海域，南海次之，黄海、渤海较少。

魟鱼俗称锅盖鱼，常常攻击人类。我国有 20 余种有毒魟鱼。

有毒腺的鲇鱼大多是淡水鱼，但也有相当一部分是海水鱼。鲇鱼的毒棘特别危险，其背棘和胸棘可牢牢地固定成硬直的伸展状态，非常尖锐，有的种类还有倒齿。鲇鱼中毒主要是由捕鱼时用手抓取发生机械性创伤引起，但也有部分鲇鱼有主动袭击的习性。

鲇鱼类是分布最广泛的有毒腺鱼类，我国有 40 多种。鲇鱼中毒通常由涉水时脚踩中埋藏于沙中的鲇鱼背刺或手伸入岩礁缝隙捕捞海鲜时被伪装的鱼刺刺伤引起。部分鲇鱼会主动伤人。

（一）表现与诊断

有毒鱼类刺伤后的表现与进入伤口毒液的性质、量、受伤部位、机械性创伤程度和被刺者的身体状况等均有关系。除毒液的毒性效应外，撕裂伤亦可引起创伤反应。

（1）局部表现。①毒魟刺伤：在 10 min 内会出现痉挛性剧痛，在 30 min 后加剧并向外辐射波及整个肢体。②鲇鱼中毒：局部有戳刺、搏动和烫伤感，持续 20 min～10 h，且可沿肢体向上扩散；伤口附近可因局部缺血而呈苍白色，不久呈青紫色并出现红肿或红斑；伤口易继发感染。

（2）全身表现。可出现乏力、胸闷、心悸及全身肌肉酸痛，全身散在皮肤出血及继发感染等。严重者可出现恶心、呕吐、多汗、呼吸急促、咳嗽、肺水肿及休克。

一般可根据有毒鱼类致伤史及局部表现做出诊断。

(二)治疗与预防

除了正确处理伤口,救治主要为止痛、抗毒及防止继发感染。在刺伤处或近心端进行皮下或肌内注射依米丁可在短时内缓解局部疼痛和出血。剧痛时,也可辅以哌替啶或用普鲁卡因局部封闭。应及早使用广谱抗生素和破伤风抗毒素。对刺伤后立即发生的原发性休克,一般只需采用单纯的支持疗法;因毒液对心血管系统产生毒性效应所致的继发性休克,则需采取紧急措施维持心血管张力和预防并发症。

有毒鱼类刺伤多见于涉水作业时误触,因而对相关作业人员要做好宣传,了解有毒鱼类的性状和中毒后的表现及基本救治方法。

五、珊瑚类、海葵类致伤中毒

珊瑚类、海葵类与水母类同属腔肠动物,口周触手有刺丝囊或蜇刺。珊瑚种类繁多,有些如石珊瑚类的角孔珊瑚等有显著毒性。在我国已知的有毒海葵目海葵有10余种,其毒素为一种类似神经毒的物质。而另一种沙海葵目岩沙海葵触手很短,完全收缩时呈皮壳状,我国已发现20余种,主要分布于台湾及南海诸岛,它的毒素是一种聚醚类非蛋白剧毒性海洋生物毒素,化学结构独特,毒性强烈,有特异性心血管效应。岩沙海葵属各种类毒性差异很大,就是同一种也表现出较大的个体差异,有的样品有毒,有的则无毒。

(一)表现及诊断

石珊瑚蜇伤最初的反应是疼痛、出现红斑和瘙痒。潜水员未戴防护手套时常被蜇伤。与海葵接触后不久皮肤会出现针眼大的小红点或绿豆至黄豆大的风团块,20 min后形成丘疱疹,奇痒难忍。丘疱疹可逐渐扩大、糜烂、溃疡,病程持续约2周,恢复后留有浅瘢痕。海葵中毒后早期会流涎,口唇、舌尖麻木,神经过敏,严重者出现腹痛、心绞痛、全身肌肉疼痛、呼吸困难。

岩沙海葵蜇伤局部出现水肿性红斑、丘疹和风团块。重者在数分钟内局部出现灼痛、刺痛,继而出现水疱、出血、坏死或溃疡。岩沙海葵毒素是典型的心脏毒素,为目前已知最强的冠状动脉收缩剂。冠状动脉收缩会导致血压升高、心律失常,然后出现心室收缩力降低、血压下降、心肌供氧不足、心功能严重障碍,最后导致心脏停搏,随之呼吸衰竭而死亡。

一般可根据有珊瑚类、海葵类病史及局部表现做出诊断,必要时化验可疑毒素可做出诊断。

(二)急救与治疗

珊瑚擦伤首先用肥皂水洗涤,然后用清洁水或生理盐水强力冲洗以除去附着物。而海葵蜇伤部位应用海水冲洗或浸泡,勿用淡水。可局部敷用干燥粉剂、高渗性干粉,或用刀背、镊子等工具小心地去除触手和刺丝囊。5%乙酸、饱和明矾溶液或氯化铵溶液可防止刺丝囊进一步发射刺丝,并兼有中和毒素的作用。用温热高渗盐水反复冲洗也有助于中和毒素。如出现神经系统症状,可采用阿托品皮下注射或维生素B2肌内注射。

被岩沙海葵蜇伤后,应立即设法除去皮肤表面的触手、刺丝囊和刺丝。含5.25%活性氯的漂白粉溶于 1 mol/L 盐酸溶液及 0.5~1 mol/L 的氢氧化钠溶液可有效消除岩沙海葵毒素。鉴于毒素毒性剧烈，作用极快，应做心室内直接注射方能获得最佳效果。

六、棘皮动物致伤中毒

海洋中约有 5 900 种棘皮动物，有 20 多种有毒，包括海胆、海星和海参等，在我国各海域均有分布，常生长在岩礁下、石缝中和珊瑚礁内，有的潜伏在泥沙中，对渔民和潜水作业、从事水中生产人员构成威胁。

海参有很高的食用和药用价值，但少数有剧毒。我国的剧毒海参至少有 18 种，以南海西沙群岛多见，北方沿海也有分布。剧毒海参的毒性具有溶血性，作用比市售的皂角苷强 10 倍左右。人员除误食加工不当的剧毒海参发生中毒外，还可因为在捕捞、加工鱼产品和其他涉水作业时接触海参排出的含毒黏液而引起中毒。

（一）表现及诊断

海胆致伤是由摄食海胆的生殖腺或遭海胆的棘刺伤引起中毒，大多数海胆在繁殖季节都是有毒的，其毒素在生殖腺中。海胆刺伤后局部可出现剧痛，随之红肿并有烧灼感，伤口呈紫色，可持续 3~4 天，重者伤口能继发感染或溃烂，经久不愈。全身还可出现眩晕、心悸、呼吸急促，重者手足抽搐，发生麻痹。

海星毒棘刺伤或其体表黏液与人皮肤接触后可引起中毒，其毒素有很强的溶血性。刺伤处局部剧痛、红肿麻木。严重中毒时，可有肌肉抽搐，运动失调。

接触海参毒素的局部皮肤、黏膜可有烧灼、疼痛、红肿，呈炎性反应。染毒局部涂水后有起泡反应。如毒素溅入眼睛，可能造成失明。毒素吸收进入体内后可引起全身乏力，并产生消化系统障碍。较严重者出现四肢软瘫、尿潴留、肠麻痹、膝反射消失，甚至可能出现咯血。

（二）治疗与预防

一旦遭海胆、海星刺伤，应首先将叉棘除尽，然后用清水彻底冲洗伤口去除毒液。伤口可用 5%高锰酸钾溶液湿敷，或局部封闭止痛。海参中毒时，用清水或加温的纯酒精涂擦患部。眼睛内接触毒液后应尽快用清水冲洗，并滴入可卡因眼药水或毒扁豆碱溶液。误食剧毒海参时间较短者，应尽快催吐或洗胃；出现肌肉麻痹时，可试用抗胆碱酯酶制剂如新斯的明或采用毒扁豆碱注射。

在捕捞时应戴手套和防护眼镜，避免与棘皮运动直接接触，特别是海参体表黏液。干品海参在食用前必须先煮沸 1 h，然后在水中浸泡 3 天，以减少毒性。

思考题

1. 潜水作业中可能发生的潜水疾病有哪些？
2. 减压病发病的原因、病症以及治疗预防措施有哪些？
3. 气压伤发病的原因、病症以及治疗预防措施有哪些？
4. 潜水作业过程中如何防止放漂和淹溺？

第八章 自携式潜水装具

潜水装具是为适应水下环境而佩戴在潜水员身上的所有器材的统称，用以解决潜水员水下呼吸、压差、低温和浮力等问题，是保证潜水员在水下正常呼吸、防寒保暖、稳定自由地进行水下作业必不可少的装备。自携式潜水装具通常包括气瓶、面罩、供气装置、潜水服、脚蹼及其他附属器材。

自携式潜水装具的优点和缺点如下。

（1）活动范围大。使用自携式潜水装具，潜水员在水下活动范围相当大，如果使用辅助推进器，活动范围可进一步扩大。此外，水面限制小，可向任何方向自由活动。遇到应急情况时，潜水员能直接上升出水。在封闭空间内潜水不能使用自携式潜水装具。

（2）深度调整方便。使用自携式潜水装具时，其浮力接近于重力，这使潜水员易于改变或保持一定深度。由于自携式潜水装具具有这一特殊优点，所以便于进行不同深度的水下作业。

（3）携带方便。自携式潜水装具携带方便，使用简单，这也是它的独特优点，可以随时迅速投入战斗使用。在工作限度内，潜水员可灵活而经济地完成大量工作。

（4）深度和时间有限。使用自携式潜水装具，水底停留时间主要受携带气量的限制，潜水员必须注意工作时间限度。

（5）防护性能差。使用自携式潜水装具，潜水员直接暴露于水下环境，体温防护差，可能会接触海洋有害生物，容易被水流冲走。

图 8-1　69-4 型潜水装具

（6）缺乏通信功能。一般自携式潜水装具不具备通信功能，因此，水面与水下无法联系，不便于指挥。

本章主要介绍 69-4 型和自携式水下呼吸器两种潜水装具的性能、结构组成、工作原理、操作使用和维护保养等，并分析发生应急情况的可能原因和处理措施。

第一节　69-4 型潜水装具

69-4 型潜水装具（图 8-1）主要由压缩空气瓶、潜水服、供气调节器、面罩、压铅、脚蹼、信号绳及附属器材等部件组成。装具设计性能：下潜深度 40 m 以浅，气瓶容积 12 L，极限工作压强 20 MPa。

一、压缩空气瓶

压缩空气瓶是储存供潜水员呼吸使用的压缩空气的容器,包括气瓶、气瓶阀、信号阀、安全阀及气瓶背架。气瓶总成有两种可供选择:钢质气瓶总成和铝合金气瓶总成,如图 8-2 所示。压缩空气瓶通常由以下几部分组成。

(a)钢质气瓶总成　　　　　(b)铝合金气瓶总成

图 8-2　压缩空气瓶

1. 钢瓶;2. 气瓶气轮;3. 气瓶阀;4. 安全阀;5. 信号阀;6. 信号阀拉杆;7. 背架;8. 背带

(1)气瓶。气瓶体积为 12±0.5 L,工作压强为 20 MPa。钢质气瓶总成和铝合金气瓶总成结构、功能及使用方法相同,区别在于气瓶制造材质不同。气瓶的内外壁不需要涂保护漆,也不需要配气瓶座。

(2)气瓶阀。气瓶阀是气瓶的高压气路开关,同时也是连接一级减压器的重要组成部分。气瓶阀手轮顺时针方向转动为关,反之为开。气瓶阀和信号阀结构图如图 8-3 所示。

(3)信号阀。当气瓶压力降至额定压强 3.5±0.5 MPa 时,信号阀会提醒潜水员应立即上升出水。信号阀工作原理图如图 8-4 所示。

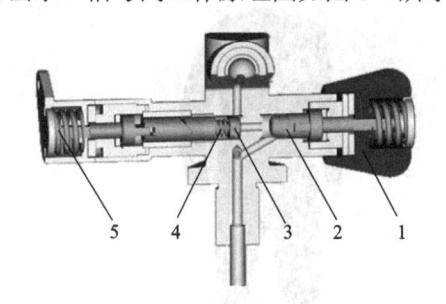

图 8-3　气瓶阀和信号阀结构图

1. 气瓶阀;2. 气瓶阀阀头;3. 信号阀阀头;4. 信号阀调节组件;
5. 调节弹簧

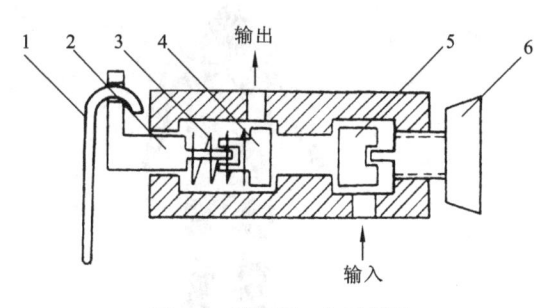

图 8-4　信号阀工作原理图

1. 拉杆;2. 开启装置;3. 弹簧;4. 信号阀阀头;
5. 气瓶阀阀头;6. 手轮

信号阀在常压下置于工作位置[图 8-5(a)],开启装置靠弹簧的张力把气路关闭。当气瓶阀打开时，高压空气通过气路、阀体上的通气孔，并克服开启装置的弹簧张力使气体输出。

潜水时将信号阀置于工作位置（即信号阀杆推上），当气瓶压强降至额定压强（3.5±0.5 MPa）时，开启装置的弹簧张力超过气瓶内的气体压力，开启装置上的滑阀将气路接近关闭（但尚未完全关闭），潜水员感到供气不畅，吸气阻力增大。此时应提醒潜水员不宜继续在水底停留。一方面应将信号阀拉杆拉下，使信号阀转至解除位置[图 8-5（b）]，保证供气恢复正常。另一方面应立即按规定上升出水，以免气瓶储气全部用尽发生供气中断，导致潜水事故发生。

当气瓶压强降低，无法保障潜水员潜水使用时，应当及时对气瓶进行充气，此时应将信号阀置于解除位置（即信号阀杆拉下）[图 8-5（b）]，使高压气体进入气瓶。

（a）信号阀处于工作位置　　　　　　（b）信号阀处于解除位置

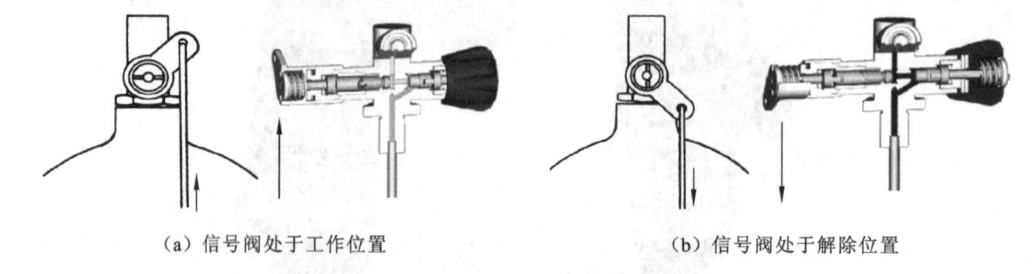

图 8-5　信号阀位置示意图

（4）安全阀。安全阀装在气瓶的高压气路上，阀内装有钢制安全膜片，膜片的击穿压强为 24～28 MPa。当气瓶内气体压力超过击穿压力值时，膜片被击穿，瓶内气体从安全阀孔中排出，从而防止气瓶发生爆炸。

（5）气瓶背架。气瓶背架也称背托，在固定气瓶和潜水员背负气瓶时使用。背托上有背带、裆带。

二、潜水服

潜水服的作用是防寒保暖，并保护潜水员在水下工作时身体免受伤害。潜水服分为干式潜水服（图 8-6）和湿式潜水服（图 8-7）。

图 8-6　干式潜水服（连体式）　　　　图 8-7　湿式潜水服（分体式）

（一）干式潜水服

干式潜水服是用泡沫氯丁橡胶尼龙或其他防水密封性能好的材料制成，有面密封和颈密封两种形式。面密封干式潜水服由帽、颈箍、衣、裤、鞋组成连体服；颈密封干式潜水服除颈上部的帽子与衣服分开外，其余和面密封干式潜水服相同。干式潜水服前胸装有手动供气阀和手动排气阀，在后背或两袖之间装有水密拉链，便于潜水员穿脱。干式潜水服可将人体与水完全隔开，保暖性能较好，适合水温 15 ℃ 以下使用。天气寒冷的情况下，在干式潜水服内还可加穿保温内衣。

（二）湿式潜水服

湿式潜水服是用合成海绵橡胶与尼龙纤维织物制成，有分体式和连体式两种形式。这种潜水服不水密，潜水时水仍能通过领口、袖口等衣裤开口处流入潜水服内，和人体皮肤直接接触，所以称为湿式潜水服。只有水温在 15℃ 以上时，方可使用湿式潜水服。

湿式潜水服富有弹性，穿着后能紧贴人体皮肤，减少水与人体之间的热对流。同时因其材料的隔热性，能减少人体对水的热传导损失。潜水时水虽然可以流入潜水服内，但进入潜水服内的水基本上不再流动，水被人体体温加热后，在人体与潜水服之间形成一个保温层，起到一定的保暖作用。

三、供气调节器

供气调节器是根据潜水深度和劳动强度等条件的需要，把气瓶所储存的压缩空气自动调节成符合该条件下潜水员呼吸所需要压强和流量的重要装置。供气调节器由一级减压器、二级减压器和中压软管组成，中压软管工作压强为 1.5 MPa。

（一）一级减压器

一级减压器的作用是将气瓶内储存的高压压缩空气经过减压，降低为比环境压强高 0.95 ± 0.05 MPa 的中压气体，通过中压软管输送至二级减压器，供潜水员使用。

一级减压器采用顺向平衡活塞结构（图 8-8），主要部件有本体、活塞套筒、活塞、输出转动接头、高压进气接头、夹头、手轮等。一级减压器设有两个高压输出口，可连接水下压力表等部件，以便潜水员在水下随时掌握空气瓶中供气压强的变化。在输出转动接头上设有 4 个中压输出口，可同时接装 4 根中压软管，向不同的用气部件供气。一级减压器的输出流量大于常用减压器，可同时供给 2~3 人使用，因此输出转动接头上可连接充气背心、备用供气阀、他救供气阀。输出转动接头可 360° 平面旋转。

减压器的工作原理：当高压气体经高压进气接头、本体、活塞进入中压腔室后，中压腔室内气体压强升高，该压力作用在活塞上克服弹簧的作用力，使活塞移向阀座截断气路。减压器输出口有气体输出时，中压腔室内压强降低，弹簧力作用在活塞上使减压器阀门开启，高压气体再次进入中压腔室。当输出气停止时，中压腔室内的压强回升，又使得活塞截断气路，起到减压作用。一级减压器的阀门随潜水员呼吸而启闭。

(a) 实物图　　　　　　　　　　　　(b) 结构图

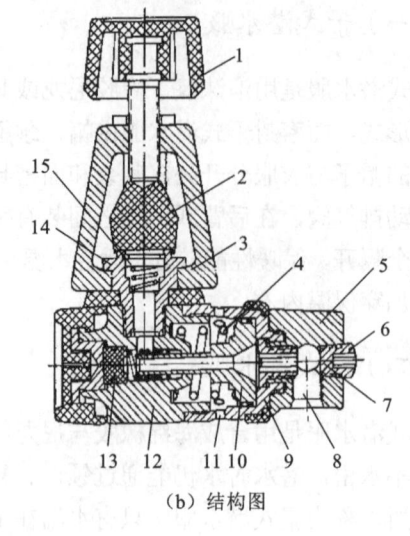

图 8-8　69-4 型一级减压器

1. 手轮；2. 防尘罩；3. 夹头；4. 弹簧；5. 输出转动接头；6. 堵头；7. 备用供气阀接头；8. 中压气出口；9. 活塞套筒；10. 活塞；11. 环境压力入口；12. 本体；13. 阀座；14. 高压进气接头；15. 高压气出口

一级减压器的主要特性如下。

（1）当输入压强为 20 MPa 时，平均输出流量为 1000 L/min。

（2）当输入压强为 3.5 MPa 时，平均输出流量为 750 L/min。

（3）输出压强为 0.95±0.05 MPa。

（4）输出额定流量时，减压器的压强下降≤0.18 MPa。

（5）减压器阀门关闭后压强回升≤0.05 MPa。

（二）二级减压器

二级减压器（供气阀）是将中压软管的中压气体通过减压供给潜水员呼吸使用。目前有两种型号可供选择：DYH.Ⅱ型供气阀（图 8-9）和 DYH.Ⅲ型供气阀（图 8-10）。

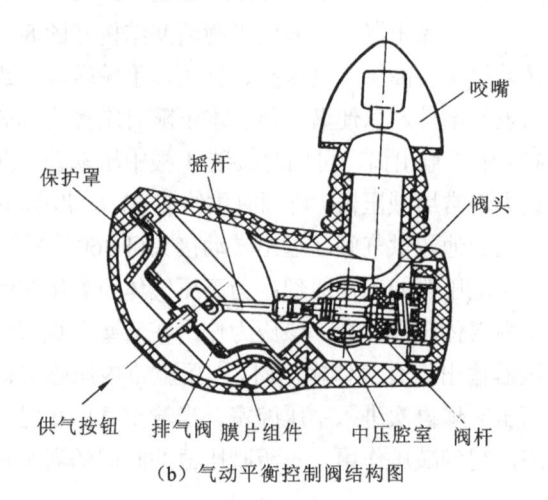

(a) 实物图　　　　　　　　　　　　(b) 气动平衡控制阀结构图

· 220 ·

（c）整体结构图

图 8-9　DYH.Ⅱ 型供气阀

图 8-10　DYH.Ⅲ 型供气阀

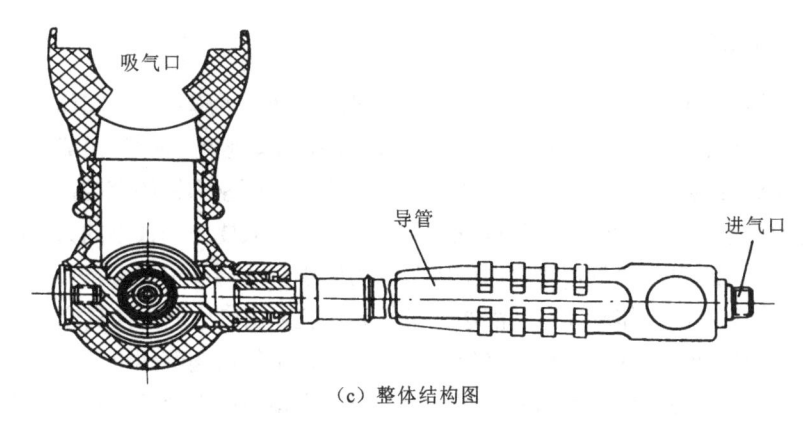

1. DYH.Ⅱ 型供气阀

DYH.Ⅱ 型供气阀采用独特的气动平衡控制阀，这种阀的作用是使波动的压力空气平滑自然地流入气腔，流入时感觉轻松，不会感到有压力。

DYH.Ⅱ 型供气阀采用平衡阀结构，阀门关闭力很小。气阀由壳体、上盖、大膜片组件、阀座、进气管、摇杆、阀杆、阀头、保护罩、咬嘴等部件组成。

DYH.Ⅱ 型供气阀的工作原理：当潜水员吸气时，壳体内产生真空，引起膜片内弯曲，膜片压向摇杆打开阀门，气体便从阀门流出，通过阀体直接通向咬嘴。停止吸气时，壳体内进入空气后真空度减小，膜片及摇杆复原，阀门关闭，供气停止。呼气时，大膜片不动，小膜片弯曲达到排气状态。呼气结束后，腔体内外平衡，小膜片自动复原。

供气阀的主要特性如下。

（1）当供气压强＞1.0 MPa 时，产生微量自供。

（2）当供气压强≤0.95 MPa 时，无自供现象。

（3）当供气压强为 0.95 MPa 时，平均流量为 800 L/min，壳内真空度≥-22 mm H$_2$O（1 mmH$_2$O=1.333 22×10^2 Pa）。

（4）小膜片打开，排气量为 500 L/min 时，平均压强≤13 mmH$_2$O（1 mmH$_2$O=1.333 22×10^2 Pa）。

2. DYH.III 型供气阀

DYH.III 供气阀由壳体、上盖、大膜片、大膜片卡套、大膜片芯、阀体、进气管、阀座螺钉、摇杆、阀杆、阀头、导流拨片、排气膜片、保护罩、咬嘴等部件组成。供气阀输入压强为 0.6~1.0 MPa 的中压气体，气体流入时，首先流入在阀座螺钉的空腔内，此时气体施加在阀头上的力略小于弹簧的张力，阀座螺钉和阀头咬合，只要施加很小的力就能使阀座螺钉和阀头分离，供气阀开始供气，呼吸时的呼吸阻力较小。

DYH.III 供气阀的工作原理：当潜水员吸气时，壳体内产生真空，真空引起大膜片内弯曲，大膜片压向摇杆拉动阀杆，阀座螺钉与阀头分离，空气从阀座螺钉进入壳体，并通过导流拨片直接通向咬嘴进入潜水员口腔；停止吸气时，壳体内进入空气后真空度减小，大膜片及摇杆复原，阀座螺钉与阀头复位，供气停止；呼气时，大膜片不动，排气膜片弯曲达到排气状态；呼吸结束后，腔体内外气压平衡，排气膜片自动复原。

四、面罩

69-4 型潜水装具的面罩分半面罩和全面罩，可根据实际使用情况加以选择。面罩的主要用途是在眼睛和水之间保持一个空气层，使潜水员的眼睛和鼻子免受水的刺激，另外，光线最终由空气进入眼睛，水中景物成像能聚焦在眼球的视网膜上，使潜水员在水下获得更好的清晰度和能见度，从而改善水下视觉。常用的面罩包括以下几种。

（一）M102B 型半面罩

M102B 型半面罩（图 8-11）由面窗玻璃、面罩框、面垫、排气膜片、排气罩、头带、卡扣、调节夹等部件组成。该型面罩与其他面罩不同之处是在其底部装有单向排气阀，可通过此阀进行排气和排水。

图 8-11　M102B 型半面罩　　　　图 8-12　M126 型半面罩

（二）M126 型半面罩

M126 型半面罩（图 8-12）由面窗玻璃、面罩框、面垫、头带、卡扣、调节夹等部件组成。M126 型半面罩的面窗玻璃使用的是钢化玻璃，在潜水过程中内侧玻璃不易起雾。面垫使用柔软的硅胶材质，配以人体工程学设计，更加贴合面部，佩戴舒适。

（三）M273 型半面罩

M273 型半面罩（图 8-13）采用无框架设计，视野开阔，面垫柔软舒适，贴合面部轮廓。

图 8-13　M273 型半面罩　　　　　图 8-14　QM201 全面罩

（四）QM201 全面罩

QM201 全面罩（图 8-14）是在 69-3 型潜水装具的开放式全面罩基础上，参考和借鉴了国外新式面罩的样式和思路改进而成，在外观、视野、操作性、功能性、佩戴舒适度等方面有了明显提高。该面罩本体采用硅胶材料，可避免接触皮肤过敏。该面罩在污染环境或寒冷水域尤为适用，可用于军事、商业及工程技术潜水等诸多领域。

五、压铅

压铅用于调整潜水员在水下的浮力。每套潜水装具配有 8 块压铅，每块重量为 1 kg。压铅分有扣式和带式两种（图 8-15），潜水时潜水员可以结合自身体重、水流和作业环境等因素佩戴使用。

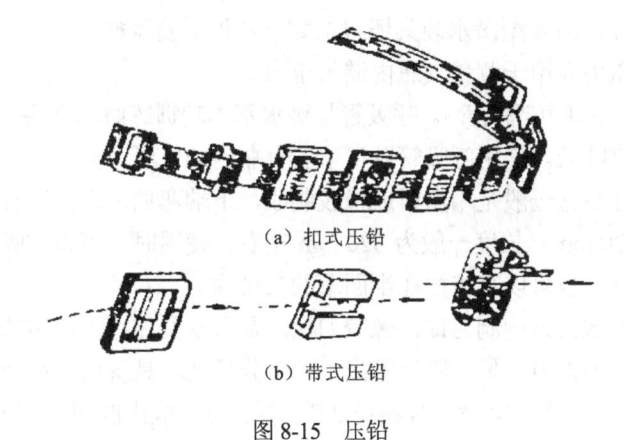

(a) 扣式压铅

(b) 带式压铅

图 8-15　压铅

六、脚蹼

脚蹼是用压模橡胶制成的助游器材，可提升潜水员在水中运动速度。脚蹼一般可分两种类型，即游泳型和动力型（图 8-16）。游泳型脚蹼比较小，重量较轻，质地较软，适宜长时间水面游泳，腿部肌肉用力较少，也比较舒适。动力型脚蹼较长、较重，质地较硬，它适用于缓慢、短促的击水，虽然穿着不如游泳型脚蹼舒适，但可在短时间内获得较大推力。目前部队装备的潜水脚蹼有两种形式：一种是套式，另一种是带扣式。前者类似于游泳型，后者类似于动力型，潜水员可根据自己的习惯和作业需要进行选择。

图 8-16　脚蹼

七、信号绳

信号绳是潜水员与水面保障人员相互联系的纽带，主要作用是保障信号联络与水下安全。信号绳必须牢固，浮力为中性或具有负浮力。当潜水员单独工作或潜水环境恶劣，以及新潜水员训练或作业时，应使用信号绳以保障安全。

八、附属器材

除以上几种部件，69-4 型潜水装具还包括如下几种附属器材。

（1）压力表。压力表用于测量气瓶内储气压力。

（2）呼吸管（水下通气呼吸管）。呼吸管是潜水基本功训练时的必备器材，也可在屏气潜水或水面游泳时用来呼吸。使用呼吸管既可节省气瓶内的气源，同时由于口鼻不露出水面，还可以节省体力。呼吸管一般是用塑料或橡胶制成，下端弯曲，端头装有橡胶咬嘴。呼吸管的通气内径为 16～20 mm，长度一般为 320 mm 左右。使用时，可将呼吸管用特制的橡胶圈套在半面罩的头带上，也可以直接插在半面罩的头带内。

（3）潜水刀。潜水刀为钢制刀锋，橡胶刀柄，是潜水员在水下使用的工具之一。潜水刀一般长 20 cm，一侧为刀刃，另一侧为锯齿形，十分锋利，具备切、锯功能。潜水刀平时存放在金属或橡胶制成的刀鞘中，潜水时随身携带，置于方便取出的部位。当潜水员的信号绳、软管或脐带被缆绳或其他障碍物缠绕而又难以脱身时，可用潜水刀割除障碍物，从而脱离险境。潜水刀也可供水下防卫用。为了保证自身安全，提高工作效率，遇难时迅速摆脱困境、转危为安，潜水时必须带上潜水刀。

（4）深度表。深度表用来测量潜水员所处的水下作业深度，可以从表盘上直接读出潜水深度。表盘上的数字一般较大，而且有夜光功能，潜水员能在能见度较差或黑暗的环境下看清读数。深度表戴于手腕即可，便于观察。深度表应力求准确，如怀疑其准确性，可在加压舱内校准。

（5）潜水手表。潜水手表应防水、耐压，表面外装一个可旋转的计时圈，用来计算潜水员水下工作时间。表盘刻度一般是夜光型，且数字较大，具备防磁功能。潜水手表与普通手表一样戴于手腕上。

第二节　自携式水下呼吸器

自携式水下呼吸器（self-contained underwater breathing apparatus，SCUBA）适用于 40 m 以浅的水下作业。

目前，世界五大潜水装备品牌公司（Aqua-Lung、Scubapro、Mares、Poseidon、Tusa）都生产不同型号的 SCUBA，各公司在材质、样式和制造工艺方面有所不同。

一、性能参数

SCUBA 的性能参数如下。
（1）一般作业深度：40 m。
（2）最大作业深度：58 m（必须征得潜水指挥许可）。
（3）气瓶容积：12 L/18 L。
（4）工作压强：20 MPa。
（5）一级减压器输出压强：0.95 MPa。

二、结构组成

SCUBA 的组成（图 8-17）包括气瓶（单瓶或双瓶）、供气调节器、面罩、潜水服、浮力背心、脚蹼、潜水刀、压铅和压铅带、压力表、深度表和指南针等。

图 8-17　SCUBA 组成

（一）空气压缩气瓶

近年来生产的 SCUBA 普遍采用铝合金气瓶，分单瓶与双瓶两种（图 8-18），一般无背架（背托），与浮力背心配套使用，潜水员也可以用气瓶上的背托、背带及裆带等辅助设备将其背负使用。气瓶由瓶体、气瓶阀和安全阀组成，工作压强为 20 MPa，容积为 12±0.5 L。

（a）单瓶　　　　　　（b）双瓶

图 8-18　铝合金气瓶

铝合金气瓶使用高强度铝合金制造，外部阳极防锈处理，瓶身表面喷砂处理，摩擦系数较大，套装在浮力背心上不易脱落，瓶底座为耐撞橡胶。瓶身外径为 18.4 cm，瓶高 66 cm，质量为 14.3 kg，容量为 11.1 L。

（1）气瓶阀。气瓶阀是控制开、关高压空气的重要部件，同时还是连接一级减压器的重要组成部分。

（2）安全阀。为防止气瓶压力过高出现意外，瓶阀必须安装排气塞或安全膜。使用双气管时，按规定必须安装双排气塞或安全膜。安全膜是新型安全阀，已成为装具的标准配件。膜片的击穿压强为 24～28 MPa。当气瓶内气体压强超过 24～28 MPa 的某一值时，膜片被压破，瓶内气体从安全阀孔中排出，从而防止气瓶发生爆炸。

（二）供气调节器

供气调节器是将气瓶所储存的压缩空气根据潜水深度和劳动强度等条件，自动调节成符合该条件下人体呼吸所需要的压力和流量的装置。供气调节器（图 8-19）由一级减压器、二级减压器和中压软管组成。一级减压器与二级减压器之间用中压软管连接，中压软管工作压强为 1.5 MPa。为防止一级减压器失灵造成输出气体压强超过软管工作压强，在一级减压器输出端装有安全阀，以保护软管。

(a) 一级减压器　　　　　　　　(b) 二级减压器

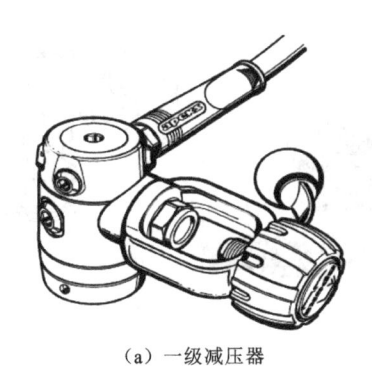

图 8-19　供气调节器

1. 一级减压器

一级减压器的作用是将气瓶内储存的高压空气减压，并提供给二级减压器使用中压气体。目前世界各国的 SCUBA 上使用的一级减压器基本上有两种形式：活塞式（图 8-20）和膜片式。它们的工作原理基本一样，只是传递作用力的敏感件不同。

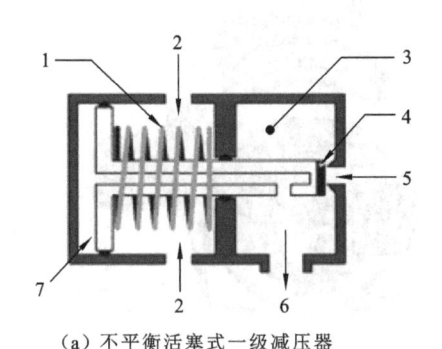

(a) 不平衡活塞式一级减压器　　　　　　(b) 平衡活塞式一级减压器

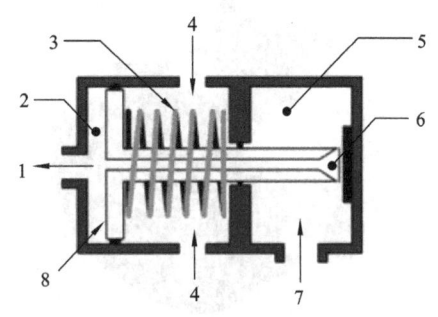

1. 高压弹簧；2. 环境压力；3. 中压腔室；4. 阀头；5. 高压气体；6. 至二级减压器；7. 不平衡活塞

1. 至二级减压器；2. 中压腔室；3. 高压弹簧；4. 环境压力；5. 高压腔室；6. 阀头；7. 高压气体；8. 平衡活塞

图 8-20　活塞式一级减压器工作原理示意图

活塞式减压器是通过活塞的前后移动来实现减压；而膜片式减压器是通过膜片的凸凹变化来实现减压。这两种形式的供气调节器各有所长：膜片式减压器加工要求不高，性能稳定，故障较少，且输出压力可调，但橡胶制品容易老化，强度有限；活塞式减压器工作稳定可靠，供气流量较大，目前世界名牌装具大多采用这种形式，其缺点是加工要求较高，输出压力不可调节，活塞与缸壁之间的橡胶密封圈在老化变形后容易把活塞卡死，使减压器无法工作。

一级减压器接头（图 8-21）主要有两种形式：卡箍接头和螺纹接头。卡箍接头[图 8-21（a）]按国际规格由轭环和紧固螺丝组成，最大工作压强为 23 MPa。螺纹接头[图 8-21（b）]是将减压器与气瓶阀通过螺口连接，最大压强可达 30 MPa。目前，海军部队潜水装具普遍采用卡箍接头，少数采用螺纹接头。

(a) 卡箍接头　　　　　　　　　　　　　(b) 螺纹接头

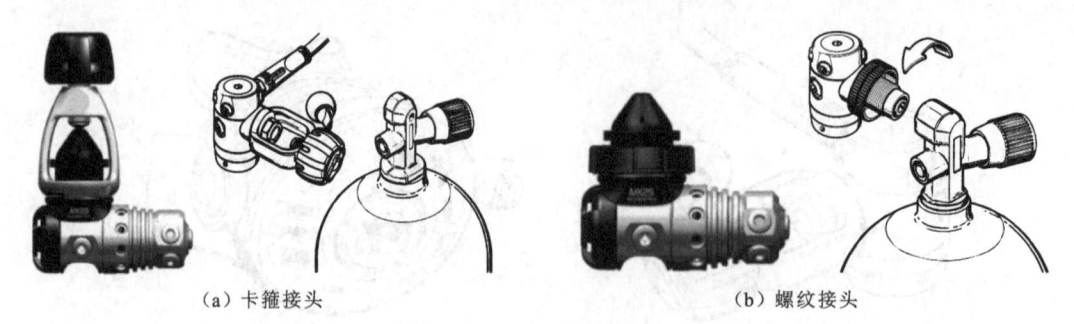

图 8-21　一级减压器接头

2. 二级减压器

二级减压器（调节器或供气阀）（图 8-22）的作用是将一级减压器输出的中压气再次减压，使潜水员在任一深度下人体内压与外部环境压力保持平衡。它可随着潜水深度和呼吸动作自动调节，在调节压力平衡的同时，又能根据人体需要调节供气流量，使潜水员在水下呼吸顺畅。

图 8-22　二级减压器

二级减压器都是通过敏感元件弹性膜片控制阀门，但阀门有两种：逆流阀和顺流阀。逆流阀阀门的开闭方向与气流方向相反。这种阀门装配和调试简单，气密性好，但是当一级减压器失灵、输出压强升高时，阀门会越压越紧，最终因压力过高使中压系统爆破。所以，逆流阀式二级减压器的中压系统要加安全阀。

SCUBA 的二级减压器一般采用顺流阀。顺流阀阀门的开关方向与气流方向一致。这样，一旦一级减压器失灵，输出压力升高至足以克服阀门背压弹簧的张力可自动打开阀门，起到安全阀的作用，从而保护中压系统。

二级减压器主要由弹性膜片、杠杆、弹簧、阀杆、排气单向阀、壳体和咬嘴等部件构成。弹性膜片将壳体内部分成两个部分，它的外侧直接与海水相通，受环境压力的影响，内侧为低压气室，通过咬嘴与人体相通。弹性膜片两侧的压差变化控制着二级减压器的供气和排气。在静态状况下，弹性膜片的两侧压强平衡，弹性膜片、阀门杠杆、排气单向阀均处于自然状态的位置，因此，二级减压器既不供气也不排气。当潜水员下潜或吸气时，由于下潜造成环境压强增大，吸气造成低压气室压强下降，膜片两侧失去平衡，膜片内陷压迫杠杆，驱动供气阀门开启，气体不断流入低压气室，以减少膜片两侧压差或供潜水员呼吸用气。当潜水员上升或呼气时，环境压强降低或低压气室压强升高，使弹性膜片向外凸起，杠杆复位，供气阀关闭。由于低压气室压强增大，迫使排气单向阀开启，使多余的气体排入水中。

二级减压器的供气性能可以调节至最佳工作状态，即不自动供气，吸气阻力又最小。

3. 备用呼吸器

备用呼吸器（图 8-23）有的直接与一级减压器连接，有的直接与浮力背心连接。可供潜水员本人呼吸备用，也可用作援救他人，其工作原理与二级减压器相同。

图 8-23　备用呼吸器

（三）面罩

SCUBA 面罩（图 8-24）与 69-4 型潜水装具面罩基本相同，有半面罩[图 8-24（a）]和全面罩[图 8-24（b）]两种。日常训练和任务中通常采用半面罩（眼鼻罩）；在特种水下作战中为了进行水下通信，也可采用全面罩。

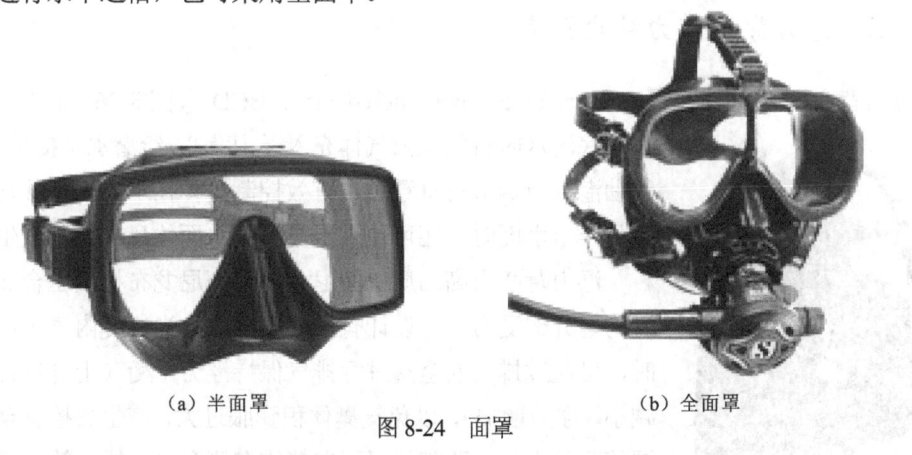

（a）半面罩　　　　　　　　　（b）全面罩

图 8-24　面罩

有的面罩配单向清除阀，有助于清除面罩内积水。有的面罩还配有鼻夹，可供下潜阶段潜水员堵塞鼻孔，平衡中耳气压。对需要佩戴眼镜的潜水员，有专门能安装镜片的面罩。因为普通玻璃碎后容易伤害潜水员，塑料容易雾化和出现划痕，所以潜水员不能使用普通玻璃和塑料镜片，只能使用特殊的防爆玻璃镜片。

（四）潜水服

SCVBA 潜水服分为干式潜水服[图 8-25（a）]和湿式潜水服[图 8-25（b）]两种。新引进的 SCUBA 在材质面料和制造工艺上都有很大进步，潜水员穿着后水下灵活性明显增强，保暖效果好，舒适度强。

(a) 干式潜水服　　　　　　　(b) 湿式潜水服

图 8-25　潜水服

（1）干式潜水服。干式潜水服用 5 mm 氯丁胶外层贴合特殊布料制作。胸前和手臂装有排气阀，颈部和手腕部分采用柔软且具有伸缩弹性的光面皮料密封。膝盖处粘贴防弹布护膝保护，耐磨耐用。脚部为加硫防水靴。后背采用防水拉链，方便潜水员穿脱。干式潜水服适合水温 10 ℃以下使用，在潜水服内还可穿保温服。

（2）湿式潜水服。湿式潜水服用 3 mm 双面尼龙布料做成，普遍采用连体式。袖口及裤脚均有拉链，穿着方便容易；背部从腰际到颈后部有一条拉链，便于潜水员自行着卸装；膝盖部分用耐磨衬垫强化保护。

（五）浮力背心/浮力补偿装置

浮力背心/浮力补偿装置（buoyancy compensation device，BCD）（图 8-26）的主要作用是在水底潜水时将气瓶内气体充入浮力背心，给潜水员提供正浮力，帮助潜水员调节自身浮力，有效控制身体在水中上下移动。当潜水员浮出水面时，还可使潜水员浮于水面休息，充当救生衣。

浮力背心由高品质单面尼龙与耐磨尼龙布材质压合而成。气囊均匀分配受力，并设计有排气安全阀。当气囊内气体压强过大时，可通过排气安全阀进行排气保持浮力平衡（上升过程中压强减小，浮力增加），以免气囊体积膨胀过大，产生失控甚至发生放漂等意外事故。背部气囊引向前胸左侧有一充排气管，可通过中压软管与充排气阀实现快速连接。按下充气按钮时，可通过气瓶向浮力背心充气，也可通过充排气阀上的咬嘴由潜水员向气囊内吹气以充满气囊。按下排气按钮时，可排出气囊内气体。

图 8-26　浮力背心

浮力背心左右两侧的背带及腰带为快插卸扣连接，肩部、背部及腰带充填高发泡海绵缓冲垫，穿着舒适方便。背带上有多个不锈钢环和尼龙环，可携带手电筒、相机等附属配件。背后为新型不锈钢快速束瓶带扣，既可完成快速固定气瓶，又可有效防止气瓶脱落。两侧有两个压铅包，潜水时可根据需要配备一定重量的压铅。

（六）压铅和压铅带

自携式水下呼吸器潜水装具设计水下浮力接近于零。气瓶气量充足时，可能有轻微负浮力；随着压缩空气逐渐被消耗，压缩空气的重量逐渐减少，可能会有很小的正浮力。大多数潜水员身体有正浮力，需要额外增加重量才能达到零浮力或轻微负浮力。这些额外重量就由压铅（图 8-27）提供，压铅的重量有 1 kg、1.5 kg、2 kg、2.5 kg 4 种规格。潜水员应根据自身特点、水流大小、任务性质等因素选择压铅类型和数量。压铅可以直接分放于浮力背心两侧压铅袋内，也可用压铅带（图 8-28）将几块压铅连接成压铅条。

图 8-27　压铅 　　　　　　图 8-28　压铅带

压铅带由 5 cm 宽强力尼龙带与不锈钢快卸扣制成。压铅带必须符合以下基本标准：带扣卸除方便，适合双手操作；压铅边缘光滑，以免割伤潜水员皮肤或潜水服；压铅带应采用尼龙等防腐防霉材料。压铅用压铅带捆在所有装具最外层，以方便应急情况解下丢弃。

（七）脚蹼

脚蹼（图 8-29）可以节省潜水员的体能，提高水下游泳速度，扩大作业范围，提高水下作业效率。脚蹼的材料和类型多种多样，材料、叶片尺寸和构造都会影响脚蹼的功效。如果腿部力量允许，尽量选用大叶片脚蹼，叶片大更有利于发挥脚蹼的功效。

（a）套式脚蹼 　　　　　　（b）带扣式脚蹼

图 8-29　脚蹼

（八）潜水鞋

潜水鞋（图 8-30）是配合湿式潜水服使用的。在穿湿式潜水服而不便使用脚蹼进行水域潜水作业，或使用带扣式脚蹼时，均可根据需要穿着潜水鞋。

（九）潜水袜

潜水袜（图 8-31）通常是在水温较低时配合潜水鞋使用。潜水袜外层采用 3 mm 双面尼龙，内层由特殊材质制成，底部呈六角蜂窝状，增加防滑效果，颜色一般为黑色。

图 8-30　潜水鞋 　　　　　　　　　图 8-31　潜水袜

（十）潜水手表

潜水手表必须防水防压，表盘外应装有可旋转的计时圈，用来记录潜水时间。夜光表盘和大数字非常重要，便于潜水员在混浊的水下观察潜水时间。

（十一）潜水用表

潜水用表（图 8-32）主要有单表、两联表和三联表等，主要集合高压表（测量气瓶内压力）、指北针及水深表等功能。水深表能显示潜水员所处深度的静水压，可换算成海水深度的直接读数。水深表必须能用于可见度低的水下环境条件。水深的精确测量对潜水员安全很重要，水深表灵敏度的要求很高，需要小心操作。使用前应按照保养系统的要求检查水深表的准确性，可将水深表放到已知水深处检查其准确性，也可放进加压舱或压力测试舱做深度对照检查。

(a) 单表　　　　　　　(b) 两联表　　　　　　　(c) 三联表

图 8-32　潜水用表

（十二）潜水刀

潜水刀的种类很多。执行爆炸物处置等特殊任务，或在磁性引爆装置的爆炸物附近潜水时应使用消磁潜水刀。潜水刀片应该防腐，并采用塑料、硬橡胶或木质刀柄。不能使用软木或骨质刀柄，因为这些材料很容易被海水浸蚀，而且软木刀柄浮力大，会使潜水刀浮出水面。潜水刀分单刃、双刃两种，最常用的是一边有锐刃、另一边有锯齿的双刃刀。刀刃必须保持锐利。潜水刀必须放于刀鞘内，刀鞘可佩戴在潜水员的逃生背心、臀部、大腿或小腿等部位，必须易于拿取，不妨碍身体活动，不能佩戴在容易缠结的部位。

（十三）呼吸管

使用呼吸管，潜水员不需要 SCUBA 供气就可在水面上进行较浅深度的水下搜索。

（十四）信号绳

信号绳（图 8-33）是潜水员与水面保障人员相互联系的纽带，也是轻潜水作业中水下潜水员的安全保障绳索。另外，在激流或能见度差的水域作业时，为防止潜水员彼此之间走失，失去联系，可在结伴潜水员之间系上一根联络绳（没有特备的，可用信号绳截取一小段，长度为 3～5 m，也可根据实际作业情况自定绳索类型和长度）。作业中使用的信号绳必须牢固，浮力为中性或具有负浮力。

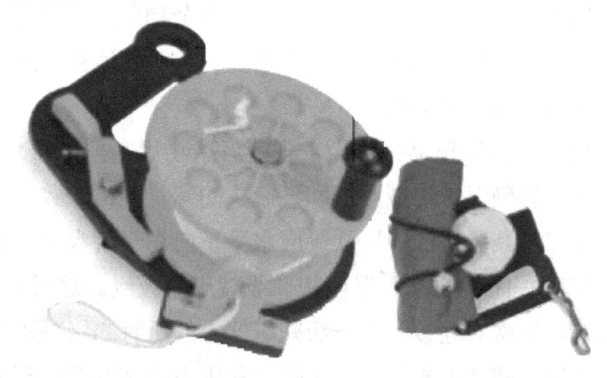

图 8-33　信号绳及浮标

（十五）指南针

指南针通常用于水下导向。这种指南针不一定非常精确，但是在能见度很差的水下非常有价值。

三、使用方法

SCUBA 的使用方法与 69-4 型潜水装具大致相同，本节重点介绍操作使用中与 69-4 型潜水装具不同之处，其他未介绍部分请参照"69-4 型潜水装具的使用方法"执行。

（一）装具准备与检查

1. 气瓶

气瓶的准备和检查过程与 69-4 型潜水装具气瓶方法基本相同，区别是 SCUBA 气瓶采用三联表检测气瓶内剩余气体，无信号阀报警装置的气瓶无须对信号阀进行检查。

2. 浮力背心

浮力背心的检查包括气瓶固定检查和气密性检查。将背架上的固定带从气瓶阀上端套入，背架与气瓶上端高度接近时收紧固定带，并利用固定带上的压扣将气瓶锁紧，使气瓶与浮力背心非常牢固地连接成一体。将浮力背心与充气管连接。潜水员可通过充排气阀上的咬嘴向气囊内吹气，或通过气瓶向背心内供气检查有无漏气。由于气囊内存在大量 CO_2 气体，排出背心气囊内残余气体时，禁止采用嘴吸的方式。

根据作业区域水流大小、任务性质、个人体型和潜水习惯，可在浮力背心两侧压铅袋内携带适量压铅。

3. 供气调节器

检查供气调节器有无锈蚀、碰撞和损坏，检查所有橡胶部件有无老化或破损，并清洗呼吸咬嘴。根据 SCUBA 供气调节器不同的连接方式与气瓶阀进行连接检测。

（1）卡箍接头。确认一级减压器接口部位无灰尘或杂物后，将其连接到气瓶头上，确保接触面位置正确，然后拧紧轭环固定螺丝。为舒适起见，一般连接一级减压器和二级减压器的中压软管应水平正向靠于潜水员的右肩。

（2）螺纹接头。确认一级减压器接口无灰尘或者杂物后，把一级减压器拧到气瓶头上。用手轮拧一级减压器时，要确保一级减压器和气瓶头的螺纹规格一致并且不要使螺纹错扣。一般连接一级减压器和二级减压器的中压软管应水平正向靠于潜水员的右肩。

进行真空漏气测试。关闭气瓶阀，慢慢从二级减压器吸气。这时应该产生一个小负压，没有任何气体进入系统。依次对连接到该一级减压器上的所有二级减压器进行漏气测试。

完全打开瓶阀，然后回转 1/4 圈，使中压软管和压力表接通并达到平衡。根据空气流出的声音判断供气调节器是否漏气。现场杂音较多时，可把瓶阀和供气调节器打开浸入水中，在水中进行气密检查。常见的漏气是因为供气调节器的密封不好，纠正方法是关闭阀门，排出供气调节器内气体，将供气调节器拆下，重新安装，如果"O"形垫圈漏气，重新安装仍无法排除，应更换"O"形垫圈，并重新检查气密性。

确认气密良好后，用手按压二级减压器手动供气按钮，通过手动供气检查供气调节器的供气情况，也可采用咬嘴直接呼吸，体会供气是否顺畅。

（二）着装

装具检查准备完毕后，根据潜水作业和训练情况准备相关附属器材，潜水员在信号员的配合下进行着装。着装顺序如下。

（1）潜水员穿好潜水服（视水温选择干式潜水服或湿式潜水服）。

（2）信号员帮助潜水员系信号绳（用单套结系于潜水员腰部）。

（3）根据现场水流大小及任务性质预估浮力。背心内压铅不够时，适情增加压铅，并使压铅带处于快速卸脱状态。

（4）穿上脚蹼，佩带潜水刀。

（5）穿戴 SCUBA。再次确认气瓶阀完全打开。在信号员的帮助下，将固定好气瓶的浮力背心穿在潜水员背部中央，位置尽可能高些，但不能超过头部，以免影响头部转动。拉紧所有背带，使气瓶紧紧贴于身上。

（6）按压浮力背心上充气阀（或用嘴吹气）为浮力背心少量充气，检测气囊供排气情况。

（7）潜水员戴上咬嘴或全面罩进行呼吸，检测供气调节器工作是否正常。

（8）潜水员着装完毕，信号员检查确认无误后，向现场指挥员请示入水下潜。

（9）现场指挥员应对着装情况进行一次全面检查，确认无误后方可指挥潜水员下潜。

（三）其他事项

潜水员在入水、水面停留、下潜、水底停留过程中，应注意通过浮力背心控制好自身的浮力和下潜上升的速度，防止潜水事故发生。如果采用前跨步方式入水，浮力背心的充气量不宜太大，防止下跌深度大导致浮力袋受损。下潜时，将浮力背心的控制器举起，按压排气阀排出气囊内气体缓缓下潜。当水没入至控制器下沿时，松开控制器，拉动浮力背心上的微调排气阀排气下潜，水下的充气和排气采用"点动"方式，防止用力过猛，误使浮力背心快速充气或排气，导致潜水员发生放漂或坠落事故。

第三节 潜水装具使用方法

潜水员在进行潜水作业和潜水训练时，应严格按照着装前的准备和检查、着装、入水和潜水等步骤进行，以确保潜水作业的顺利进行和潜水员的生命安全。

一、着装前的准备和检查

为使装具经常处于良好备便状态，应对装具主要部件性能进行检测调试和全面检查，为着装做好准备，这是保证潜水员水下安全的重要前提。

（一）压缩空气瓶

（1）空气瓶应符合使用年限。
（2）检查有无铁锈、裂缝、凹凸或其他缺陷或故障。
（3）检查气瓶出口是否有"O"形垫圈，如没有则及时装上，如发现有损坏现象则及时更换，以免密封性能不好。
（4）检查气瓶背架与气瓶连接的位置是否合适，连接是否牢固稳定。
（5）根据个人体形调整好背带、裆带长度。
（6）检查信号阀拉杆是否灵活，并将信号阀拉杆置于"工作"位置。
（7）使用专用压强表测量气瓶压强。将专用压强表连接在气瓶的出口处，关闭压强表上的泄压阀，打开气瓶阀，观察压强表上的指示压强即为所测得气瓶压强。压力测量结束后，应关闭气瓶阀，打开泄压阀，卸下压强表。

潜水作业时，气瓶压强不应低于 15 MPa。气瓶压强不够时，应及时对气瓶进行充气，气源必须用纯净标准的压缩空气。给气瓶充气的常用方法有两种：一种是阶式充气法，即从大型气瓶组给自携式气瓶充气，特点是快速高效；另一种是高压空压机充气法，使用高压空压机直接对气瓶进行充气，不经大型气瓶组冷却过滤。

充气时应将高压气源（高压空压机）输出软管连接在气瓶的出口处，将信号阀处于解除位置（信号杆下拉），关闭高压气源管路上的泄压阀，打开气瓶阀和高压气源输出阀，此时应能听到十分清晰的气体流动声音，待声音停止时，说明气瓶气体已经充满。充气结束后，关闭气瓶阀和高压气源输出阀，打开高压气源管路上的泄压阀，卸下高压气源（高压空压机）输出软管。

（二）水下工作时间估算

（1）潜水员常压下用气量。人在正常情况下安静地呼吸时，每次吸入或呼出的气量约为 0.5 L，每分钟呼吸次数约为 16 次，每分钟吸入气量约为 8 L。正常人慢速行走时的肺通气量（单位时间内出入肺的气体量）约为 14 L/min，中速行走时的肺通气量约为 28 L/min，跑步时肺通气量约为 100 L/min。人体根据体力负荷的不同而不断调节肺气量，以便使机体组织获得足够的氧。

自携式潜水供气量实际上是计算气瓶内一定气体所能维持潜水员在水下某一深度的"水下工作时间"。

（2）确定常压用气量。常压用气量指穿戴该类装具的潜水员在常压下每分钟消耗的空气量，这是用于估算水下可用时间的基本参数。每个潜水员因身高、体重不同，常压用气量也有所差别。因此，每个潜水员都应总结出自己常压用气量的经验值。通常，潜水员的每分钟常压用气量为 16~36 L。在水下的用气量会比常压下大些，还会随潜水深度波动、作业熟练程度、劳动强度及水温等因素而有较大变化。

测定方法：测定所用装具瓶内气压，被测潜水员穿上装具步行 10 min，卸下装具，再次测定瓶内气压；测定前后压差与气瓶容积的乘积除以 10 即为该潜水员的常压用气量（L/min）。

$$常压用气量（L/min）= \frac{气瓶容积（12\,L）\times 着装前后瓶内压差（MPa）}{10\,min}$$

（3）计算水下可用时间。水下可用时间是指使用空气自携式装具潜水时，气瓶气压从入水时的压强下降到规定储备压所经过的时间：

$$水下可用时间（min）= \frac{气瓶容积（12\,L）\times（瓶压-规定储备压）}{常压用气量（L/min）\times 水深绝对压}$$

以常用的 12 L、工作压力 20.0 MPa（201 atm）的自携式气瓶为例，信号阀指示压（即规定储备压）为 3.5 MPa（36 atm），根据公式计算出 18 L、24 L、30 L 常压用气量时 40 m 以浅的停留时间，见表 8-1。

[例] 采用自携式潜水装具潜水，下水前测得气体压力为 15 MPa，常压用气量为 25 L/min 的潜水员计划在 20 m 水深潜水训练，该潜水员在水下可潜水的时间为多少？

解：

$$水下可用时间（min）= \frac{气瓶容积（12\,L）\times（瓶压-规定储备压）}{常压用气量（L/min）\times 水深绝对压}$$

代入公式：
$$t = \frac{12\times(15-3.5)}{25\times(0.1+20/100)} = 18.4\,min$$

答：该潜水员水下可潜时间为 18.4 min。

表 8-1　不同深度自携式潜水不减压时间及气瓶允许的最长停留时间

潜水深度/m	水下停留时间/min			不减压时间/min
	用气量 30 L	用气量 24 L	用气量 18 L	
12	30	37	50	200
15	26	33	44	100
18	23	29	39	60
21	21	26	35	50
24	19	24	32	40
27	17	22	<u>29</u>	30
30	16	20	<u>27</u>	25
33	15	<u>19</u>	25	20
36	<u>14</u>	17	23	15
39	13	16	22	10
42	12	15	20	10

（三）供气调节器

（1）卸下一级减压器上的防尘罩，检查有无锈蚀和碰撞损坏，查看中压软管有无变质和破裂。

（2）检查二级减压器橡胶膜片有无老化或破损，并清洗呼吸咬嘴。

（3）将供气调节器连接在气瓶阀上，打开气瓶阀，检查各连接部位的气密性。

（4）检查供气情况。用手按压橡胶外罩上的按钮，检查供气情况是否畅通，也可戴上咬嘴呼吸体会供气情况。

（四）面罩

（1）检查面罩面窗玻璃有无破裂，固定环是否锁紧，调压装置是否水密灵活。

（2）检查头带是否完好，收紧和放松是否灵活。

（3）检查橡胶部分有无老化变质，与面部接触的软边唇是否变形。

表 8-1 中所列数值提示，用气量少的潜水员或当潜水深度较大时，都容易超过不减压极限（表中带下划线数值）。因为，通常情况下轻潜水都应采用不减压潜水方式进行，在实践中需要引起重视。

（五）潜水服

检查潜水服有无破损、粘边、老化、脱胶，拉链是否灵活。

（六）脚蹼

检查脚蹼橡胶是否老化变质及断裂，并试穿检查长度、大小及舒适度。

（七）潜水刀

检查潜水刀刃是否锋利，刀鞘固定带是否完好；潜水刀固定于刀鞘里，确保取放潜水刀无障碍、不脱鞘。

（八）压铅

检查压铅卡扣是否完好，压铅数量是否适宜，检查快速解脱扣是否灵活。

（九）信号绳

检查信号绳及其他绳索是否霉烂变质，试验拉力是否符合要求，掌握信号绳的系法。

（十）潜水手表

检查潜水手表有无损坏，时间是否准确。表带是否良好，旋转刻度表圈是否灵活。

（十一）水深表和指南针

检查指南针是否良好，如有可能，对照其他指南针校正；水深表必须经过严格校准。

（十二）其他器材

潜水作业和训练中必需的器材也要进行认真的准备和检查，如工具、备件、充气装置、绳索、闪光信号弹和其他器材等。

二、着装

装具检查准备完毕后，将供气调节器与气瓶连接，打开气瓶阀（气瓶阀拧开到底后回拧半圈），确保供气正常且气密良好，根据潜水作业和训练情况，准备相关附属器材，潜水员在信号员的配合下进行着装。

(1) 穿潜水服（视水温而定）。
(2) 用单套将信号绳结系于腰部）。
(3) 佩戴适量压铅，注意系带时应系活扣。
(4) 背上已连接好供气调节器的气瓶，固定好肩带、胸带、腰带及裆带。
(5) 戴面罩。
(6) 根据需要佩带潜水刀，穿着脚蹼或潜水鞋等。
(7) 着装结束后，信号员应再次进行认真的检查，并请示入水。

三、入水

自携式潜水中潜水员的入水方法有多种，新潜水员或在不熟悉的水域潜水时，可顺潜水梯下潜。经验丰富的潜水员在保证自身安全的前提下，可按作业现场的特点来选择。下面介绍自携式潜水的常用入水方法。

（一）前跨步入水法

前跨步入水法也叫前跳法或迈入法（图 8-34），是最常见的入水法之一。采用这种方法的潜水员应面朝入水方向，站立在离水面不太高的平台、船舷或入水梯上，离水面高度最高不能超过 3 m。观察水面环境后，头略低，左手抓住气瓶，以免气瓶与后脑相撞，右手托住面罩和二级减压器。入水时，潜水员不应"跳"入水中，而是向前跨出一大步，使双腿分开。入水瞬间，潜水员应使上身稍向前倾，以防水的冲力使气瓶撞到潜水员的后脑。

（二）后滚入水法

图 8-34　前跨步入水法

后滚入水法（图 8-35）条件和动作方法与前滚入水法相似，只是潜水员背对着入水方向，后滚翻入水中。从冲锋舟、快艇上入水时多采用这种方式。冲锋舟和快艇上的潜水员应相对而坐。听到指挥员的口令后，戴上面罩，相对的两名潜水员一手托住面罩，另一手护后脑（防止气瓶接触水面时减压器碰撞头部），上体后仰，背部着水，顺势翻滚，两脚朝下入水。

图 8-35　后滚入水法

（三）后跳入水法

后跳入水法也叫退入法。一般是在潜水梯伸不到水中时使用，潜水员面对潜水梯，后退几级然后双脚蹬梯入水。

（四）前滚入水法

前滚入水法使用较少。潜水员面对入水方向，坐在离水面不高的（不超过 1 m）平台或小艇边上，手的动作与前跨步入水法相同，身体尽量向外，保持重心平衡，身前倾收腹，头低下使下颚贴到胸部，然后前滚翻入水。

（五）侧滚入水法

侧滚入水法条件和动作方法与前滚入水法相似，只是潜水员侧坐在平台或小艇舷边侧身沉入水中。

（六）后退入水法

如果从海滩上入水，潜水员可根据海面情况和海底的坡底选择入水方法。例如，海面平静、坡度平缓，潜水员可以后退步入水中，直到可以游泳的深度再穿上脚蹼。如果海面波浪较大，潜水员应事先穿好脚蹼背向海浪退入波浪中，直到水深可以游泳时为止。

（七）机降入水法

潜水员在登机前，应充分准备好所需器材。到达潜水区域上空，指挥员组织佩戴装具。

（1）水面悬停入水。飞机接近水面悬停时，潜水员双手护住面罩，双腿微弯并拢，从机舱侧门口或尾门按脚、体、头的顺序垂直跳入。悬停高度不应超过 2.5 m。

（2）高空悬停入水。当飞机距水面较高悬停时，潜水员应借助软梯或绳结慢慢接近水面。为防止软梯或绳结摆动过大，应抓紧软梯或绳结缓慢下降。当接近水面 1.5～2 m 时，双手协同护住面罩和头部垂直下水，视情况使用后滚入水法、后跳入水法入水（图 8-36）。

图 8-36　机降入水法

四、潜水

潜水员按规定程序着装入水后，应按水面停留、下潜、水底停留、上升出水 4 个步骤进行潜水训练或作业。

（一）水面停留

潜水员入水后，当水刚刚淹没头部时，停止下潜，由信号员进一步检查潜水员所用装具的气密情况，同时，潜水员在水面认真体会呼吸及供气情况，尽快适应水下环境。

（1）水下检查呼吸器呼吸情况，呼吸应轻松无阻力，无漏水迹象。

（2）协助潜水员检查装具有无漏气，特别注意各接头处（瓶阀与供气调节器、供气调节器和咬嘴连接处）气密性是否良好。

（3）检查背带有无松动或绞缠。

（4）检查面罩封口。

（5）校正浮力，使用自携式水下呼吸器的潜水员应尽量调整好浮力，使其保持中性。如果携带装具过多或过重，会出现负浮力，这时应适当减少压铅。

（6）如果潜水员穿干式潜水服，应检查气密性，按所需浮力调节潜水服的充气程度。

（7）潜水员应利用指南针或其他参照物确定方位。

（8）所有装具检查合格后，潜水员感觉呼吸及装具供气情况良好时举手示意，信号员确认装具气密性良好时，向潜水员发下潜信号（拉一下），提示潜水员可以下潜，潜水员在回复信号以后沿潜水梯或入水绳继续下潜。信号员开始记录潜水员的下潜时间。

（二）下潜

在初次进行潜水训练时，应沿潜水梯或入水绳下潜，在潜水员能够及时平衡中耳、鼻窦等压力的前提下，下潜速度通常控制在 8~10 m/min，因此，潜水员在下潜过程中要掌握好调压时机和调压方法，正确的调压方法应该是边下潜边调压。可采用鼓鼻子或吞咽动作进行调压，保持均匀深长呼吸，禁止屏气。

下潜时，潜水员如感到耳痛或鼻旁窦痛应停止下潜，做吞咽、鼓鼻等调压动作。待疼痛消失后继续下潜。若无效果可上升 1~2 m，继续做调压动作，否则应出水。潜水员在下潜过程中，还应注意面罩内调压，防止面部挤压伤发生。如果供气调节器有微量进水，潜水员应低头使供气调节器处于最低位置，然后用力呼气，水即从调节器排气孔排出。水下能见度较差时，潜水员下潜过程中一只手应伸向前方，以躲避障碍物。

（三）水底停留

潜水员到达水底后，应及时向水面发到底信号，即拉一下，信号员应及时回信号。潜水员保持均匀深长的呼吸，一般水下呼吸频率为 18 次/min。

1. 面罩进水的处理

在潜水过程中，面罩进水是随时可能发生的。适量进水属于正常现象，它有助于面罩玻璃面窗除雾。当面罩进水超过一定量时，应将积水排出。具体方法如下。

（1）安装排水阀的面罩排水。在进行面罩排水时，潜水员低头将面罩里的积水集中到单向阀附近，双手扶住面罩两侧，用鼻子往面罩里吹气，水就能从排气阀排出。

图 8-37 未安装排水阀的面罩排水方法

（2）未安装排水阀的面罩排水（图 8-37）。潜水员头部应向后仰起，使水集中在面罩的下部。潜水员用手紧紧按住面罩的上侧或用双手扶住面罩两侧，并用鼻子稳定地向面罩内吹气，水便从面罩的下方排出。如果一次不能将水全部排尽，可以多排几次，直至水完全排尽。

2. 呼吸器（咬嘴）的找寻与排水

潜水员在水下会因为一些意外而导致呼吸器咬嘴从口腔脱落进水，这是一件很正常的事情。只要经过正确的训练，对于自携式潜水员而言，寻找脱落的呼吸器并进行呼吸器排水是一件很容易的事情。

（1）呼吸器找寻。呼吸器找寻通常采用横扫找寻法和后抓寻回法。横扫找寻法的动作要领是潜水员将自己的身体略向右倾斜，右手臂从后向前画一弧线，将中压软管收拢在臂弯里，然后顺着软管就可以找到呼吸器咬嘴。后抓寻回法的动作要领是潜水员将自己的身体略后倾，用左手托住气瓶底部，右手抓住气瓶阀上一级减压器，顺着连接一级减压器的中压软管向下一捋，就可以找到另一头的减压器咬嘴。

（2）呼吸器排水。呼吸器脱落后，二级减压器将会进水，潜水员找寻到呼吸器后应及时排水再使用，一般采取吹除法和按压法排水。吹除法排水动作要领是潜水员含住呼吸器咬嘴，头略向下低，用嘴持续向外吹气，可将呼吸器内的积水吹出，然后再呼吸。按压法排水的动作要领是当潜水员在呼气结束后突然脱落时，潜水员应用口含住呼吸器，并按压呼吸器上的手动供气按钮，直至呼吸器内积水排出，然后再呼吸。

潜水员在水下注意收发信号，若感到头昏、头痛、出虚汗、四肢无力、恶心等症状，应通过信号报告水面并立即出水，初学者禁止随意摘掉面罩或解脱信号绳。

（四）上升出水

潜水员完成水下作业任务或接到出水信号（拉三下）后，潜水员应即时回复信号，清理作业现场和工具，整理信号绳，沿潜水梯或入水绳离底上升出水，上升速度一般控制在 10 m/min 左右。在上升过程中保持均匀深长呼吸，严禁屏气，以免发生肺气压伤。上升时应观察四周环境，在接近水面 1～2 m 时，潜水员应将一只手举过头顶，以防头部被碰撞（图 8-38）。

潜水员浮在水面时，信号员和其他工作人员必须不断注视潜水员，特别要警惕有无事故信号和征兆。将一名潜水员拉上支援船时，不得忽视其他尚在水中的潜水员，只有所有潜水员安全登上船后，潜水才告结束。

潜水员解下压铅带和呼吸器后，上船比较容易。如果船边有舷梯，潜水员可以脱掉脚蹼上船；如果没有舷梯，潜水员可用脚蹼踩水产生较大推力，有助于潜水员上船；如果船很小，可根据船型和水面气候条件从船舷或船艉上船；当潜水员攀登小艇或冲锋舟时，

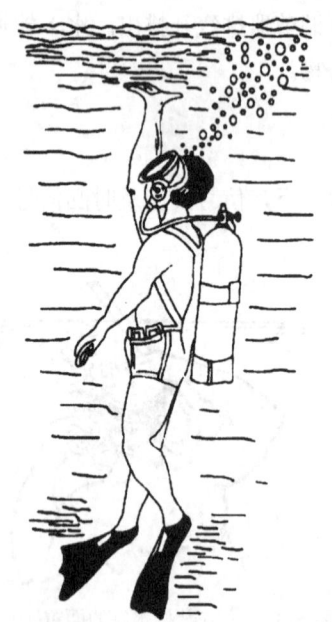

图 8-38 正确的上升出水姿势

艇上其他人员应坐下以免落水。

当供气系统突然失灵或自携式水下呼吸器被纠缠,潜水员无法得到结伴潜水员的援救时,该潜水员必须采用应急自由上升,具体步骤如下。

(1) 丢掉手中的工具和装备。

(2) 快速解脱压铅带。

(3) 上升过程中呼吸器内剩余气体仍可利用,因此不到万不得已,不可轻易丢弃呼吸器。如果呼吸器被缠无法摆脱,必须丢弃时,丢弃呼吸器的方法是拉开腰带、胸带、肩带和裆带的快速解脱扣,先从一条肩带中脱出一只胳膊,然后将呼吸器从另一只胳膊上脱下。也可将自携式水下呼吸器从背部拖至头部,从下面脱出。丢弃呼吸器时应防止软管套在颈部。

(4) 如果因空气剩余不足需要应急上升,可通过解脱所有器材和压铅立即上升出水。

(5) 如果潜水员失去知觉不能自行出水,结伴潜水员直接带他上升很困难时,结伴潜水员可通过解脱遇险潜水员的压铅带以减轻负荷。结伴潜水员无论如何不得离开遇险潜水员。

(6) 上升时严禁屏气,保持正常呼吸,使肺内膨胀的气体自由排出。

潜水员出水(离开水面)后,在安全位置解开信号绳,卸下气瓶,关闭气瓶阀,并将供气调节器内的气体排出干净。潜水员应注意身体保暖,在 $1\sim 2\,h$ 内不得远离加压舱,并接受潜水军医的观察。

第四节 潜水装具维护保养

潜水员负责对潜水装具的保养和维护。装具在每次使用后都必须清洗、晾干,单独存放于专用箱内,存放时橡胶制件不应置于受压位置。在运输和储存过程中应避免碰撞和激烈振动。

配发到舰艇上的装具应指定专人负责保管,并放在各舱室的指定位置,禁止装具接近油渍、酒精。潜水后的首项工作是检查和清洗装具,入库保存前,应将装具全部分解、擦洗、消毒、晾干,重新组装测试后,入库保存。潜水装具长期存放时,应放在干燥、空气流通的房间里,室内温度以 $5\sim 25\,℃$ 为宜,空气相对湿度应在 $40\%\sim 60\%$。存放在仓库里的装具每年至少应抽出 $10\%\sim 30\%$ 检查。分管人员应熟悉装具的维护保养。

一、空气瓶

(1) 按国家对高压容器管理与使用的各项规定,定期进行维护保养,一般每两年检验一次。

(2) 空气瓶必须专用,只允许充装压缩空气,禁止充填其他气体。

(3) 严禁擅自更改气瓶的各种标识。

(4) 高压气瓶禁止在烈日下曝晒和接近火源、高温,并防止碰撞。

(5) 每次使用后,应及时用干净淡水冲洗、晾干,油漆脱落应及时涂补,以防瓶壁生锈。

· 243 ·

（6）发现瓶口、阀门有故障时应及时修复或更换。拆卸瓶阀必须解除气瓶压力后方可进行。

（7）空气瓶不使用期间，气瓶内应保留 3 MPa 左右余压。

二、供气调节器

（1）供气调节器各重要部件主要技术指标出厂前均已按标准要求调试好，使用时应小心轻放，不可粗暴乱扔，不得随意拧动各调节螺丝。

（2）供气调节器使用结束后，应及时用淡水冲洗，如有泥沙、脏物进入调节器内，应用清水洗净吹干。

（3）应用纱布块或塑料布将二级减压器包扎好，防止异物进入导致使用时进水。

（4）供气调节器长期不使用时，应将供气调节器从装具上卸下，将防尘盖装好，防止杂物进入一级减压器高压输入端，造成气路堵塞。

（5）供气调节器内的橡胶弹性膜长期不用时应涂抹滑石粉，防止橡胶老化变质影响性能。

三、面罩

（1）面罩使用后，应用清水洗净、晾干。

（2）面罩放置时，不要受挤压，应防止橡胶部分变形，影响使用时的水密性。

（3）长期不使用的面罩，应在橡胶部分涂抹滑石粉，防止橡胶老化变质。

四、潜水服

（1）长期不使用的潜水服应折叠放在规定位置，不应受挤压而变形，并定期展开查看。

（2）潜水服在海水中使用后应用淡水洗净晾干。

五、脚蹼

脚蹼长期不用时应涂抹滑石粉，在海水中使用后要用淡水冲洗晾干。

六、常见故障及排除方法

自携式空气潜水装具常见故障现象为漏气、呼吸阻力增大、供气压力值改变。潜水员应该了解这些故障产生的原因及排除故障的方法。现将自携式空气潜水装具易发生的故障现象、原因及排除方法归类如下（表 8-2）。

表 8-2 装具可能发生的故障及排除方法

故障现象	故障原因	排除方法
气瓶阀打开时漏气	1. 手轮未旋至尽头 2. 手轮轴密封圈密封不良或损坏 3. 出口"O"形圈损坏或脱落	1. 将手轮旋至尽头 2. 拆下重新装配或更换新的密封圈 3. 更换或装配"O"形圈
气瓶阀关闭后仍然漏气	阀头损坏	更换阀头
部件之间接头漏气	1. 接头螺丝未上紧 2. 密封圈失落或密封脂干枯	1. 上紧接头 2. 装配相应的密封圈或在"O"形圈上涂密封脂
二级减压器不能自动关闭或漏气	1. 二级减压器调节螺杆失调 2. 一级减压器输出压力过高	1. 重新调节螺杆，使其停止供气并吸气阻力最小 2. 调节一级减压器使其达到规定的输出压力
清洗二级减压器时，二级减压器自动供气不止	壳体内产生负压，使弹性膜不能复位	用手堵住二级减压器的所有出气口供气即可停止
一级减压器输出压力无限制缓慢上升	1. 一级减压器的高压阀不能自动关闭 2. 阀杆填料损坏 3. 有杂质颗粒混入高压阀门处	1. 更换新的阀杆 2. 清洗高压阀门 3. 返厂维修
呼吸器供气不足	1. 气瓶压力过低 2. 气瓶阀没有全部打开 3. 供气调节器失灵	1. 充气再用 2. 打开气瓶阀 3. 分别检查一级减压器和二级减压器，必要时应进行更换
吸气阻力过大	1. 二级减压器调节螺杆失调 2. 一级减压器输出压力过低 3. 二级减压器弹性膜与弹性罩粘连	1. 调节二级减压器调节螺杆，使其处于最佳工作位置 2. 调节一级减压器输出压力达到规定值 3. 将二级减压器浸泡在水中，并不断按压手动供气按钮
二级减压器自动供气	1. 二级减压器自动供气 2. 排气膜片与壳体间黏连	1. 调节二级减压器调节螺杆停止自动供气 2. 将二级减压器浸泡在水中片刻

思考题

1. 69-4 型潜水装具的组成和工作原理是什么？
2. SCUBA 的组成和工作原理是什么？
3. 自携式潜水装具的操作使用方法和注意事项有哪些？
4. 自携式潜水装具的主要故障及排除故障的方法有哪些？

第九章　舰艇潜水作业的组织实施

舰艇受到损害后，在舱内或水面无法正常完成损管时，必须进入水面以下恢复舰艇生命力和战斗力。舰艇范围潜水作业通常情况环境复杂、时间紧迫、劳动强度大、安全隐患多。因此在平时，应有针对性地组织潜水训练，熟练掌握作业流程和作业方法，提高潜水技能。在实施潜水作业时，必须严密组织、精心指挥，熟悉各种情况下潜水作业安全注意事项，严格遵守《潜水基本规则》及各项操作规程，确保潜水作业任务安全顺利完成。

第一节　潜水技术基础训练

潜水员佩戴自携式潜水装具潜水时，气体容积有限，水下停留时间短暂，必须力争尽快完成任务。因此，潜水员必须掌握自己的任务进度，保存体力逐一完成各项任务，并安全返回水面。同时潜水员也应机动灵活，当感到体力不支或水下条件危及安全时，应随时准备中断潜水，同时警惕可能发生的危险。因此，为保证安全潜水，应有计划地组织潜水员进行潜水技术基础训练，循序渐进地提高水下技能。

一、中耳腔室调压训练

随着潜水深度的增加，机体受到静水压力作用的影响逐渐增大，中耳腔室（图 9-1）反应最为明显。中耳腔室调压方法较多，潜水员应通过加压训练熟练掌握一种适合自己的调压方法。

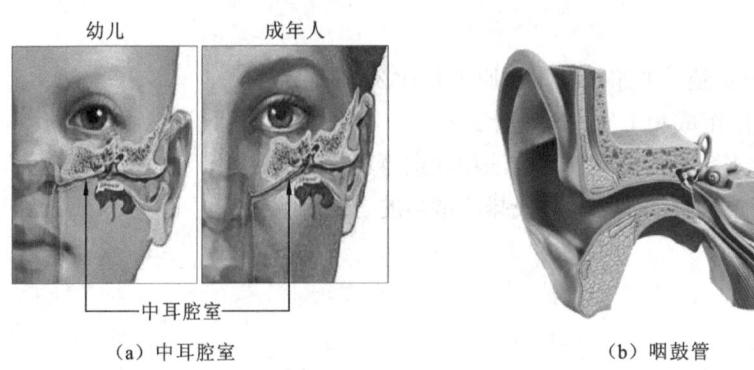

（a）中耳腔室　　　　（b）咽鼓管

图 9-1　中耳腔室及咽鼓管解剖图

（1）鼓鼻调压法操作方式：捏住鼻子，轻轻地把胸腔中的气压鼓进鼻子，这会对咽喉加压，刺激咽鼓管张开，达到中耳腔室压力平衡目的。

（2）吞咽调压法操作方式：捏住鼻子做吞咽动作，肌肉拉开耳咽管，靠耳咽管的张开度和软腭提肌的拉动实现。这种方法的优点是简单易于掌握，适合上升水时出现反向挤压时使用；缺点是不能连续使用。

（3）随意咽鼓管张开（打哈欠调压法）操作方式：收缩软腭和喉头上部肌肉，保持咽鼓管张开同时，做吐烟圈或打哈欠动作。这种方法的优点是不用捏鼻子做平衡动作，不需用肺部空气，随时随地，适合大深度自由潜水；缺点是难度比较大，需长期练习。

通常潜水员掌握了正确的调压方法后能够克服高压环境对机体的影响，但如果调压时机不对同样会影响中耳调压平衡，因此，还应把握好调压时机。

（1）下潜或加压过程中感觉受压就要及时进行调压，直至中耳腔室内外两侧压力平衡。

（2）下潜深度或加压压力较大，中耳受压严重时不可用力调压，应上升一段距离或降低部分压力后再继续调压直至平衡。

（3）上升出水时禁止加压，保持正常呼吸即可。

二、加压锻炼

加压锻炼（compression exercise）是指为了巩固和提高机体对高气压环境的适应性和耐受力而组织潜水员进行的高气压暴露活动。潜水员进入加压舱后，外界向舱内注入压缩气体使舱内压强逐渐升高，形成一定的高气压环境，潜水员在舱内体会压强升高、稳压、降压的过程，达到模拟潜水训练效果。

加压锻炼的对象主要包括新潜水员、长时间不潜水的潜水员、有大深度潜水作业计划的潜水员。一般新潜水员在潜水作业前应有计划地组织2~3次加压锻炼，使新潜水员熟练掌握正确的调压方法和调压时机，适应高气压环境。

加压锻炼的原则：不经常潜水的潜水人员及潜水医生，每周加压锻炼不少于一次；加压锻炼的压强一般不低于 3 atm，也不宜高于实际工作需要的压强；加压锻炼时，压强的提升要循序渐进，使潜水员有一个逐渐适应的过程；在高气压下工作的科研人员也应根据科研任务的需要适当地进行加压锻炼；当日潜水者不再进行加压锻炼。

进入加压舱进行加压锻炼的人员应注意下列事项。

（1）火柴、打火机等易燃易爆物品严禁带入舱内。

（2）手机、非耐压电子手表等电子产品严禁带入舱内。

（3）进舱前排出大小便。

（4）在舱内禁止大声喧哗、打闹。

（5）在舱内皮肤切忌与金属或舱壁接触，以免机体局部脱饱和形成障碍。

（6）在舱内禁止乱动阀门，特别是减压时不要堵塞气阀。

（7）进入加压舱锻炼的人员应穿着不易产生静电的服装。

三、呼吸管潜水训练

呼吸管潜水是指潜水员不使用水下呼吸器，只佩戴呼吸管在浅水中进行的潜水活动，一般还佩戴半面罩、脚蹼等器具。水温较低时，可着湿式潜水服，但应佩戴适量的压铅。呼吸管潜水主要用于新潜水员训练，通过训练使新潜水员正确使用半面罩和脚蹼，养成潜水时用嘴呼吸的习惯，提高潜泳技术，增强耐力，为使用水下呼吸器潜水打基础。

呼吸管应和面罩配合使用，使用时将呼吸管用橡胶环套在面罩的头带上，或者用小绳扎在头带上，也可以插在头带里，潜水员咬住咬嘴后调整其安装位置。潜水员可以使用呼吸管呼吸，前提是呼吸管有咬嘴的一端在水下，由潜水员咬在嘴里，另一端必须露出水面。因受呼吸管长度所限，潜水员不可能潜得很深。简装潜水时，潜水员头应略微抬起以观察前进方向，但不要露出水面。呼吸管应与水面垂直或稍向后倾以获得最大的潜水深度，也可避免呼吸管进水。

呼吸管潜水在游泳过程中会因深度的变化而使呼吸管内进水，因此必须掌握熟练的排水动作。排水时首先要确认呼吸管的上端已经露出水面。然后，短促而有力地吹气，把呼吸管内的水吹出。潜水员吹气时应注意不要把肺里的气全部呼出，当潜水员感觉水已经排出时，应先呼气然后再吸气。这是因为排水时，呼吸管的上端开口有可能还未露出水面，虽然已做了排水动作，但吸气时水又重新进入呼吸管。

潜水员使用脚蹼潜水时可增加双腿的推力，这样既省力，又有利于水下活动。打水动作要领类似于自由泳腿部动作，通过踝关节带动脚蹼上、下交替击水，打水动作比自由泳幅度大，动作要自然，脚蹼不得露出水面。潜水员在水下作业或潜水时，手臂一般不能帮助划水。因此，在训练中尽量不用手臂划水，前进时应将双手或一只手伸向前方，防止头部碰撞到障碍物上。

四、水下呼吸训练

首次使用自携式潜水装具时，潜水员呼吸常比在水面上快而深。因此，潜水员需要练习呼吸方法，学会从容、节奏平缓和速度稳定的呼吸动作。潜水员的劳动强度应与呼吸频率相适应，不要通过改变呼吸频率来提高效率。如果潜水员发现呼吸过于吃力，应立即停止工作，直至呼吸恢复正常。如果不能立即恢复正常呼吸，必须将此视为要发生"危险"的征兆，应立即中断潜水返回水面。

有些潜水员为节省用气，采用屏气方法来保留空气。常用跳跃式呼吸，即在每次呼吸之间插入一个不自然的长时间间断。跳跃式呼吸非常危险，容易引起潜水黑视，禁止采用。在潜水中禁止屏气，特别是在上升阶段屏气，容易导致一系列潜水疾病发生。由于潜水装具的设计问题和呼吸介质密度的增加，使用呼吸器时会有一点呼吸阻力。正常潜水时气瓶内可用气量未完全用尽前，呼吸阻力不会有太多的改变。如果呼吸阻力明显增加，潜水员应开始用呼吸备用气并立即上升。

在水下如感觉吸气阻力增大，信号阀发出指示信号时，应将信号阀拉杆向下拉，使信号阀处于解除位置，停止工作立即出水；如使用的气瓶没有信号阀，则必须连接气瓶压力表，放置在潜水员身体前面，每隔一定时间（5 min 左右）查看一下气瓶压力，一旦压强下降到红色警告线（3.5 MPa 左右），必须终止潜水，立即上升出水。

五、信号传递训练

自携式潜水员的通讯方法包括水声电话通信系统、手势信号和拉绳信号。水面和潜水员之间最好的通信方式为水声电话。目前，部队未配备水声电话通信系统，普遍采用信号绳传递信号，也可采用手势信号联系。

（一）拉绳信号

拉绳信号是使用自携式潜水装具潜水员与水面联系通信的重要方式，主要由信号员通过信号绳与潜水员取得联系并保障其安全，潜水员与信号员必须熟练掌握基本的潜水信号意义及使用方法（表9-1），其他潜水信号意义参见"附表一 潜水员水下信号表"。

表 9-1 潜水信号表

编号	信号名称	使用方法	信号代表的意义	
			信号员发出的信号	潜水员发出的信号
1	感觉信号	分拉一下 （一）	你感觉怎样	我感觉很好
2	重复信号		请重复一次信号	请重复一次信号
3	下潜信号		可以下潜	我可以下潜吗
4	到底信号		明白你到底	我已到底
5	出水信号	分拉三下 （一）（一）（一）	上升出水、继续上升	我要上升出水、继续上升
6	紧急信号	分拉四下以上 （一）（一）（一）……	你立即上升（紧急信号）	快拉我上升（紧急信号）

使用信号绳时，应注意以下几点。
（1）信号绳应始终拉紧，并保持松紧度适中。
（2）按规定程序拉信号绳。
（3）收到信号绳信号后应立即回复对方。
（4）每隔2~3 min向潜水员发一次感觉信号（拉一下），询问潜水员"你感觉怎样"，潜水员的回答信号也是"拉一下"信号绳，表示"我感觉很好"。
（5）通过信号绳连续询问未得到潜水员回答时，应当及时将其拉出水面，但上升速度不宜过快，同时向指挥员报告。
（6）水下潜水员要特别小心，防止信号绳被缠绕或牵拉。

（二）手势信号

利用自携式潜水装具结伴进行潜水时，潜水员之间水下联络可以采用手势信号（表9-2）。特殊情况下，潜水指挥员也可根据现场需要临时约定适合具体情况的手势信号，便于队员之间联系。

表 9-2　潜水手势信号表

手势				
动作	大拇指与食指作一环状	单手指向头顶	双手指向头顶（远距离用）	
意义	感觉好吗？感觉好！		感觉好吗？感觉好！	
手势				
动作	手握拳头轻敲胸部		手作刀状在颈部左右拉动	
意义	呼吸困难		供气中断	
手势				
动作	用手指向耳朵		双手放在胸前交叉	
意义	中耳受压（好痛）		感觉好冷	
手势				
动作	上下或左右快速挥手		快速挥手	
意义	感觉不对、有问题、注意！		求救！	
手势				
动作	用手指向供气调节器		用手指向自己	
意义	分享呼吸（给我气体）		看我、注意我	

续表

手势				
动作	手指向某一方向摆动		单手在胸从伸直到弯曲,反复3~5次	
意义	往那边走		过来、到我这边来	
手势				
动作	手掌在某一水平面轻微晃动		双手一前一后指向同一方向	
意义	稳住这个深度		跟随过去	
手势				
动作	大拇指向上竖起上下摆动	大拇指向倒竖上下摆动	点头	摇头
意义	上升	下潜	是	不是
手势				
动作	手张开向前伸出	指向手腕(表)处	手肘弯曲手指张开	双手做拍照姿势
意义	停止	询问时间(深度)	不明白 什么意思	拍照

六、结伴潜水技术训练

结伴潜水(图 9-2)又叫成对潜水。这一特殊的潜水技术只有使用自携式潜水装具才能得以实现。结伴潜水的潜水员除能完成规定的潜水作业任务外,还能有效地照料对方的安全。这是因为使用自携式潜水装具潜水时,不能在极短的时间内得到水面保障人员的支援,通信联系比较困难,而结伴潜水十分有利于潜水员之间展开互救。因此,在使用自携式潜水装具

· 251 ·

进行训练和作业时应建立结伴潜水制度。

结伴潜水员交替呼吸技术又叫成对呼吸，它是空气自携式潜水应急技术之一。结伴潜水时，当其中一名潜水员的气体用完或者呼吸器失灵时，根据结伴交替呼吸的原则，他可以呼吸结伴潜水员的自携气源。交替呼吸完全是一种应急措施，必须事先加以训练，使每一个潜水员均能熟练掌握这一技术。结伴潜水呼吸方法主要有以下两种。

（1）使用一个呼吸器。交替呼吸时应保持平静，指着自己的二级减压器，向结伴潜水员发出事故信号。不得抓住对方的二级减压器，而应由对方潜水员拿着，自己的手可以放到对方抓住二级减压器的手上，而另一只手应互相拉住对方的腰带或气瓶。提供气源的潜水员做一次呼吸后取下咬嘴，主动交给结伴潜水员供同伴呼吸使用。两人始终用手直接传递咬嘴，在交换咬嘴过程中二级减压器进水，潜水员把咬嘴含入口中后，先呼气把水排出，然后再吸气。每个潜水员在接到对方递过来的二级减压器后，应做两次充分呼吸，然后交给对方。潜水员在交替呼吸过程中，两人的浮力不一致时必须警惕，并迅速调整，防止彼此漂离。潜水员交替呼吸应先在原地进行，待确立了一个平稳的呼吸频率及交换相应的信号后方可一起出水。上升过程中，未使用呼吸器的潜水员严禁屏气，必须缓慢地排气，以减轻肺部压力升高的影响，但不可排气过量。

图9-2 结伴潜水

（2）使用装配有主、副呼吸器。使用这种装具进行交替呼吸时比较简单。结伴潜水员接到遇险潜水员的信号后立即回复信号并靠近同伴，同时将呼吸器递送给同伴，让其排水后使用。两名潜水员不需要身体接触（抓住彼此的手臂和手腕），但必须面对面注视对方，保持相同的速度上浮出水。上升过程中一定要控制好彼此的速度，如有一方上升过快，同行的潜水员可抓住同伴的气瓶或脚蹼，阻止同伴继续上升。

交替呼吸训练先应在游泳池或平静清澈的浅海中进行。初学者应首先自我练习，即着装后在浅水中静坐或直立，平静呼吸后有意识地在水下取下咬嘴，稍停一会再重新将咬嘴含入口中，做一两次呼吸后，再取下咬嘴。反复练习这一动作直至熟练为止。

进行结伴潜水时，要遵循下列各项基本原则。

（1）始终保持与同伴的联系，在能见度良好时能够互相看到对方，在能见度差的情况下应使用成对联系绳。

（2）熟悉手势和拉绳信号的含意。

（3）收到对方的信号时要立即作出反应，必须将此视为一种紧急情况。

（4）时刻关注同伴的活动情况，熟悉有关潜水疾病的症状。一方发生问题或行动异常应立即找出原因，并迅速采取适当措施。

（5）除同伴被障碍物绞缠或其他原因被困而无法脱身，不得不求助于水面支援外，结伴潜水员不得随意离开对方或中断联系。非离开不可时，必须在离开前用绳、浮标或其他方式标出受困潜水员的位置。

（6）每次潜水时，均应制定处理"潜水员失踪"的方案，如果与同伴失去了联系，应立即按方案展开救援行动。

（7）在任何情况下，只要结伴任何一方中断潜水，另一方必须中断潜水，两人均应返回水面。

七、自救互救技术训练

（一）自救技术训练

潜水员自救是潜水技术和医学的综合应用，主要包括紧急上浮、呼吸控制、绞缠解脱、止血去毒等，需要专门训练。潜水员在水下作业期间，肌肉可能受到强烈的刺激而突然发生强直性收缩，造成局部肌肉内部环境的改变，提高了肌肉的兴奋性，引起肌肉痉挛（抽筋）。潜水员应学会痉挛后的自解技术，通过自身的解救化险为夷。

（1）手指肌肉痉挛自解技术。手指肌肉痉挛时，先用力握拳，然后迅速用力张开伸直，并向后压，如此进行反复动作至消除痉挛为止。

（2）手掌肌肉痉挛自解技术。手掌肌肉痉挛时，先稳住身体，然后双掌相结合手指交叉，反转掌心向外用力按压，如此进行反复动作至消除痉挛为止。

（3）前臂及上臂肌肉痉挛自解技术。前臂及上臂肌肉痉挛时，先稳住身体，双手握拳曲肘使前臂尽量贴紧上臂，然后用力伸直，如此进行反复动作至消除痉挛为止。单手肌肉痉挛时还可以配合局部按摩。

（4）脚趾肌肉痉挛自解技术。脚趾肌肉痉挛时，先放松下肢同时稳住身体，然后用手握住痉挛脚指向痉挛的反方向拉长，如此进行反复动作至消除痉挛为止。

（5）小腿肌肉痉挛自解技术。小腿肌肉痉挛时，可运用肌肉拉长和穴位按压进行自解。先放松下肢同时用双臂用力压水稳住身体，一手握住脚趾，另一手捏住膝关节后部，用力拉长腓肠肌至消除痉挛为止。小腿肌肉抽筋还可以用穴位按压法，用指或指关节按压小腿肌肉下端正中处、膝关节后正中的横纹。消除痉挛后还应继续揉捏痉挛肌肉防止反复。

（二）互救技术训练

潜水员互救是指由救护员或结伴潜水员为受伤或出现紧急情况的潜水员提供救助。互救技术包括接近与控制、救援拖带、水面抢救等步骤，这里重点介绍潜水员在水下如何快速有效地接近与控制被救人员。接近与控制技术是指救护员或结伴潜水员及时靠近并有效地控制被救人员的一项专门技术。接近过程要快，途中要注意保持方向并观察被救者的位置，距被救潜水员1～3 m（安全距离）时急停，根据观察情况迅速做出判断，采取最有效方法控制被救人员。

（1）背面接近与控制。背面接近与控制是指救护员从被救人员背面靠近并控制被救人员。救护员在距被救人员1 m处急停，用手托其腋部，然后拖带施救。

（2）正面接近与控制。正面接近与控制是指救护员从被救人员正面靠近并控制被救人员。救护员在距被救人员3 m处急停，从正面腰部以下靠近，迅速用手托其腰部，旋转180°后，一手上移托其腋部拖带施救。

八、水下着卸装训练

水下着卸装训练可以很好地提高潜水员对装具的操作水平，增强潜水员水下稳性，培养良好的心理素质，也是潜水员在复杂环境下应急处置重要的自救措施。

水下卸装训练应在浅水区按以下程序进行。

（1）潜水员坐在水底，双腿前伸，快速解脱压铅带。取下压铅带后，双手将压铅带搭在自己的大腿上以保持水下稳性。

（2）快速解脱浮力背心（气瓶）腰带，抽出裆带。一只手伸向脑后，抓住气瓶阀；另一只手伸向背后抬起气瓶底座，将气瓶从头顶上翻至胸前。取下两肩带，把浮力背心（气瓶）摆在两腿之间。上述动作过程中，呼吸仍按正常进行。清理背带，使其与身体全部脱离。

（3）将压铅带从大腿上抽出搭在气瓶上，以防漂离。这时，身体可能会因失去压铅而漂起，所以潜水员的一只手仍要抓住压铅带。

（4）再做一次呼吸后，将咬嘴从口中取出。

（5）放下二级减压器，保持咬嘴朝下，防止二级减压器自动供气。松开压铅带，上升出水。特别应注意的是，上升过程中严禁屏气。

水下卸装一般只是卸掉浮力背心（含连接一体的气瓶、水下呼吸器）和压铅，面罩和脚蹼一般不卸。但在日常训练中为了增加水下训练的难度，提高潜水员的稳性控制和呼吸控制能力，可训练将面罩和脚蹼卸掉。

水下着装训练可与水下卸装训练结合进行。卸装后的潜水员到达水面后，稍做休息，然后深吸一口气，潜游到原来卸装的地方，按以下程序进行着装训练。

（1）首先迅速找到二级减压器，同时抓住压铅带使身体保持稳定。然后手压供气按钮，检查气瓶内是否有气、供气调节器供气是否正常。

（2）咬好二级减压器上的咬嘴，做呼气动作排出二级减压器内积水，确保积水排出后才能开始正常呼吸。

（3）保持正常呼吸后，身体缓慢坐下，双腿伸到浮力背心（气瓶）两侧，将压铅带搭在大腿上。

（4）将浮力背心（气瓶）从头顶翻到背后，穿上双肩带（不系扣带），将压铅系到腰部。

（5）系紧浮力背心（气瓶）腰带、气瓶裆带及其他扣带，检查装具着装情况。

九、水下行动训练

潜水员水下行动时主要依靠脚蹼推动前进，在有水流或固定点等不便使用脚蹼的情况下潜水作业时应穿好潜水鞋，采用半蹲的姿势前行。

（一）沿行动绳行动

行动绳一般选用便于海底观察、耐海水侵蚀的白色绳索，长度为 30～40 m，并用入水砣将其固定于水底。潜水员可沿绳索来回运行，锻炼水下四肢协调、快速运行、把握方向的行动技能。

（二）水面引导行动

将信号绳的一端系在潜水员的腰部，另一端由水面信号员跟随引导。当潜水员偏离方向或超出潜水区域时，信号员通过信号绳及时提示转向或出水，潜水员依照引导进行行动。

（三）依据海底特征行动

在熟练掌握水下行动技能的基础上，潜水员可根据海底特征进行有方向的行动训练，例如水质清澈、天气晴朗的情况下，在深 15 m 以内的海底观察 2～3 m 距离的物体。潜水员也可根据海底岩石、礁盘等固定物的方向或沙流底质的纹印大致判别行动的路线。

第二节　不同环境条件下的潜水作业

面对错综复杂的水下作业环境条件，潜水员必须熟悉不同环境条件下的作业特点，掌握不同类型作业任务的操作程序和安全事项，才能顺利完成水下作业任务。

一、舰船水下装置检查和故障排除

（一）舰船水下装置的检查

为全面了解水下装置状况，舰船出航前应进行预防性检查，特别是对将要执行战斗任务的舰船检查更为重要。因此，要求潜水员必须认真细致。检查内容主要包括推进器、舵、海底门、声呐、导流罩及船体部分水下装置。

检查前应做好准备。首先与被检查舰船负责人取得联系，严禁在作业期间转动螺旋桨、舵，禁止开启海底门、通海阀，必要时应派人看守，在港口或航道内潜水作业时应悬挂潜水信号旗。根据任务需要布设船底索，复杂作业时应布设吊架、绳网或工作台等，并根据被检查舰船提出的要求和检查内容准备好专用工具。

潜水员沿潜水梯、入水绳或船底索下潜进行各部位的检查。舵（包括水平舵与方向舵）应查看其表面的完好性及是否变形，舵、轴承磨损的情况等。推进器装置应查看其螺旋桨叶的完好性、外露推进轴上是否有绞缠物、护罩及导流罩的固定螺丝等是否完好。海底门、通海阀应查看其外形是否完好及有无堵塞。其他水下装置如声呐、导流罩及船体等，应查看其外部是否完好。

检查发现的问题应及时报告，并将检查的结果记入潜水日志。

（二）舰船水下装置故障的排除

1. 解除推进器上的绞缠物

当推进器被绳索、钢丝绳或渔网等绞缠时，轻者影响舰船航行速度和造成机械磨损，重者则造成舰船停航。这种情况就需要潜水员进行解除绞缠物。解除前，潜水员先查看绞缠的情况和顺序，以确定能解除绞缠物的方法和工具。如绞缠缆索一端没有绞紧，可先解除另一端，并用另一端在被绞缠物上按绞缠的反方向绕一圈，在端头系上一根导缆，用水面的机械力一圈一圈地进行解除。如绞缠物太紧无法解脱，可用凿子、手锯、专用剪刀及电割来解除，但要以不损伤其他部件为原则。

2. 清理海底门

海底门一般由水生物、杂草、漂浮物造成堵塞。清理的方法很简单，用刮刀、铁笔刮除即可。如果防护罩内堵塞，潜水人员可卸掉防护罩清理；一旦防护罩锈蚀卸不下来，可采用堵漏办法，从机舱卸下防护罩进行清理，然后潜水员将堵漏的器材卸掉。

二、搜索打捞作业

（一）水下搜索

物体落水沉没后，进行水下打捞作业前，应清楚搜索的起点、范围及搜索的终点。如能准确定位落水点，应在落水点处设一个浮标。潜水员根据船位和浮标的指示范围进行寻找，确定最有可能寻找到沉物的基准点，根据物体本身的大小、比重、水流、阻力等因素，围绕基准点按照直线搜索法、扇形搜索法或圆周搜索法进行搜索作业。

（1）直线搜索法（图9-3）。潜水员在两个浮标或定点的两个位置之间按照水下绳索引导，直线前进进行搜索。

图 9-3　直线搜索法

（2）扇形搜索法（图9-4）。潜水员在水面信号员的引导下，以信号员为圆心，在潜水员和信号员之间半径距离进行扇形水域搜索。潜水员在水下应拉紧信号绳，使潜水员与信号员之间始终保持同一距离，一边前进一边搜索，当潜水员到达扇面一侧终点仍未搜索到目标时，信号员根据水下能见度，将信号绳放出一定长度（一般为 1～2 m），潜水员再次拉紧信号绳反向前进搜索。

(a) 海流中搜索　　　　(b) 近海搜索

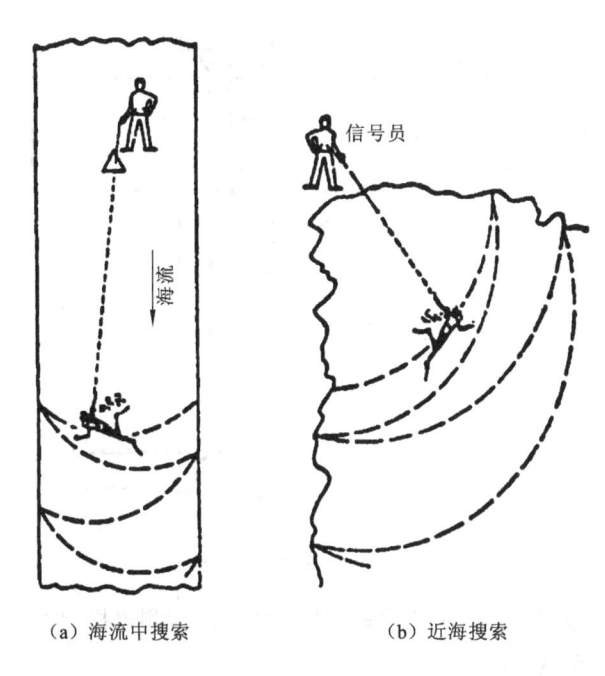

图 9-4　扇形搜索法

（3）圆周搜索法（图 9-5）。潜水员在作业工作船上信号员的引导下，以信号员为圆心、在潜水员和信号员之间半径距离按圆周方式进行搜索。潜水员在水下应拉紧信号绳，使潜水员与信号员之间始终保持同一距离，一边前进一边搜索。信号员在水面应牢记潜水员开始搜索时的起点位置，当潜水员到达搜索起点仍未搜索到目标时，信号员根据水下能见度，将信号绳放出一定长度（一般为 1～2 m），潜水员再次拉紧信号绳反向前进搜索。

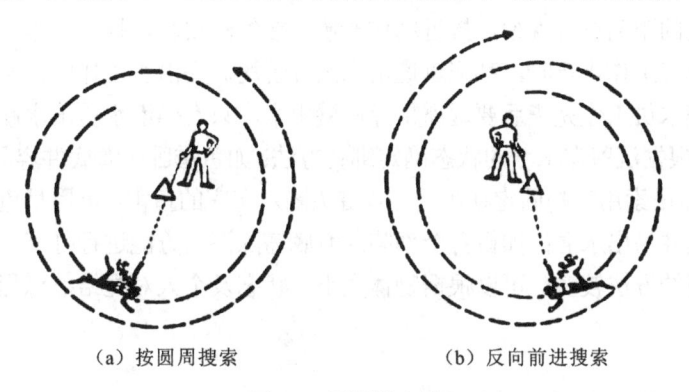

(a) 按圆周搜索　　　　(b) 反向前进搜索

图 9-5　圆周搜索法

当搜索目标有比较准确的位置时，可在目标位置处布设浮标，在浮标下方布设入水砣，入水砣上系一根每隔 1 m 做个记号的行动绳。潜水员沿浮标下水，找到入水砣，拉紧入水砣上行动绳第一个记号处，围绕入水砣周围转一圈，如果未找到，再拉紧行动绳第二个记号处，以相反的方向转第二圈。依此方法，如一个点没有找到，可再换一点进行寻找，直至找到为止（图 9-6）。

· 257 ·

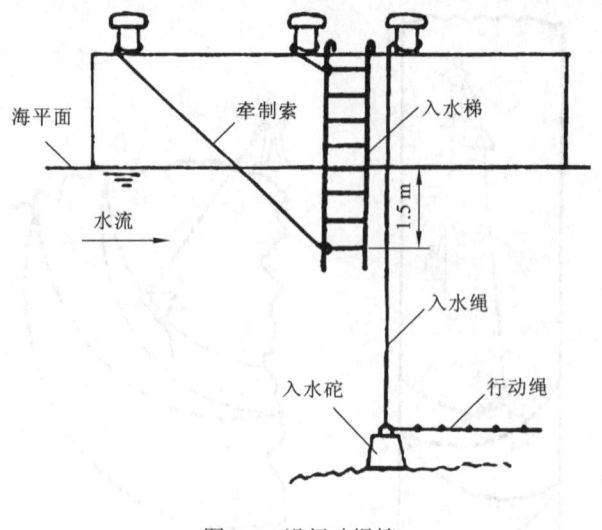

图 9-6　沿行动绳搜

潜水员还可根据搜索水域面积和搜索工具采用手持探测器材搜索、水面引导搜索及多人拖扫搜索等方式进行搜索作业。

（二）水下打捞

潜水员打捞沉物时应充分掌握被打捞物体的相关信息，如果是危险物品必须谨慎处理。尤其是打捞鱼水雷、炮弹及其他易爆物品时，首先要熟悉雷弹的性能和构造。如打捞雷弹时，现场必须有专业技术人员指挥，并交待所打捞雷弹的具体性能和注意事项。潜水员的装具必须不会引起磁性引信、水声引信，以及音、电、光引信工作。当潜水员发现雷弹后，应非常小心地保持一定的距离进行观察，接近动作要慢，接触时要轻，捆绑要牢。任何情况下如发现雷弹的引爆装置工作声音时，都应迅速出水离开现场。在潜水工作中信号绳、软管和索具应禁止绞缠。潜水员工作完毕后要远离雷弹慢慢出水，只有当潜水员出水卸装以后方可引爆和捞起雷弹。可根据沉留在水下的状态确定绑扎方法：如鱼雷卧于海底并容易接触到吊环（操雷），潜水员应将吊索用卸扣固定在吊环上；雷头陷入海底的鱼雷，可用吊鱼雷的专用结在鱼雷身上捆上吊索并吊出水面；如雷身全部陷入海底需除泥后方能进行打捞。

水下打捞绳结方法较多，可以根据物体大小、状态及个人对绳结熟练程度进行选择。

1. 平结

（1）用途：连接规格相同而又不常解的绳索。

（2）系法：将两绳先系一个半结，接着再反方向系一个半即成（图9-7）。

图 9-7　平结

2. 缩短结

（1）用途：暂时缩短绳索。

（2）系法：将绳索中段按照缩短要求盘成"Z"形，在两个半圈处各用绳干系一个半结，然后用小绳将两端的绳圈和绳干系牢（图9-8）。

3. 单（双）花结

（1）用途：绳与绳、绳与眼环的连接。

（2）系法：将绳端由下而上穿过另一绳的绳圈（眼环）然后绕该绳干系一个半结。双花结比单花结多绕一道，较牢固、不易脱滑（图9-9）。

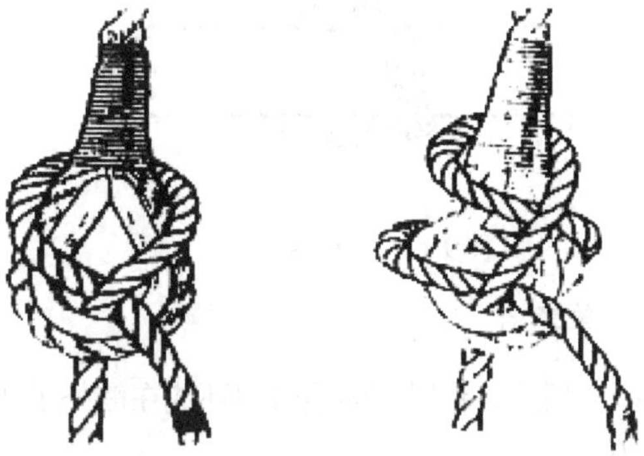

（a）单花结　　　（b）双花结

图9-8 缩短结　　　图9-9 单（双）花结

4. 丁香结

（1）用途：丁香结用途很广，需要将绳索系于柱子、栏杆、粗绳或圆环上时都可用此系法。它的特点是系法简便，不易松脱，且越拉越紧。如需迅速打开，可留个活头。

（2）系法：连续绕圆木打两个半结后收紧即可，也可将两个不同方向的半结堆叠后套在圆柱上（图9-10）。

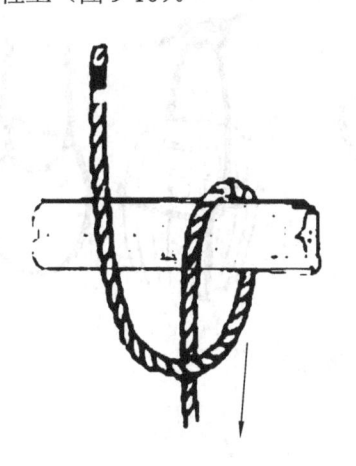

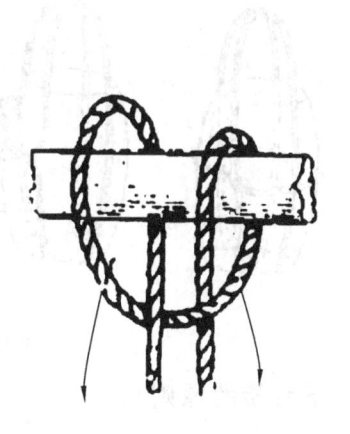

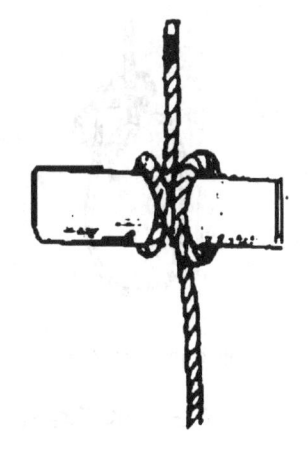

图9-10 丁香结

5. 圆材结

（1）用途：捆绑圆材用。

（2）系法：先绕圆木上打一个半结，然后将绳端绕过绳干，在绳圈上绕数道（图9-11）。

6. 拖木结

（1）用途：用来拖拽较长的圆材。

（2）系法：先在圆木的适当位置系一个半结，间隔一定距离，再用绳端在圆木上系一个圆材结（图9-12）。必要时可以系两个圆材结。

图9-11　圆材结　　　　　　　图9-12　拖木结

7. 单套结

（1）用途：作绳缆的临时眼环或在舷外工作时的保险索，也可用来临时固定物体、连接绳缆等。

（2）系法：先做一个小圈，短端位于圈上，然后将绳端穿过绳圈，绕过绳干，再穿于绳圈即可（图9-13）。

8. 吊桶结

（1）用途：吊运或提持无耳环的圆形而又较短的物体。

（2）系法：先系一个简单结抻开打结处，桶底坐于绳环上，桶身箍于绳结抻开处，然后适当调整、收紧即可（图9-14）。

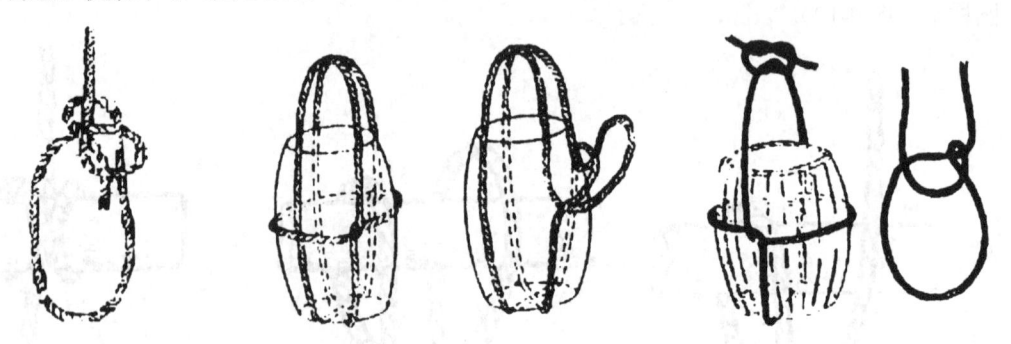

图9-13　单套结　　　　　　　图9-14　吊桶结

（三）水下搜索、水下打捞的原则

（1）只有在不能用其他方法处置沉雷时，方可由潜水员寻找与打捞沉雷。

(2）寻找与打捞沉雷应严密组织，并在鱼雷、水雷专业人员指导下实施。

(3）只有经过鱼雷、水雷知识训练的潜水员才允许进行寻找与打捞沉雷作业。

(4）严禁潜水员敲击和触动沉雷上的无关部件，并注意勿使信号绳挂住沉雷。

(5）如发现可疑的或没有标记的沉雷，均必须认为是战雷，不得盲动，应报告指挥员，并按其指示进行处置。

(6）寻找与打捞磁性雷时，必须使用无磁潜水装具，并在鱼雷、水雷专业技术人员指导下方可实施打捞。

三、舰底或船舷作业

为使潜水员入水、出水方便，保证潜水员安全，在舰底或船舷作业前，应根据现场实际情况布置船底索、绳网、吊架（图9-15），便于潜水作业。

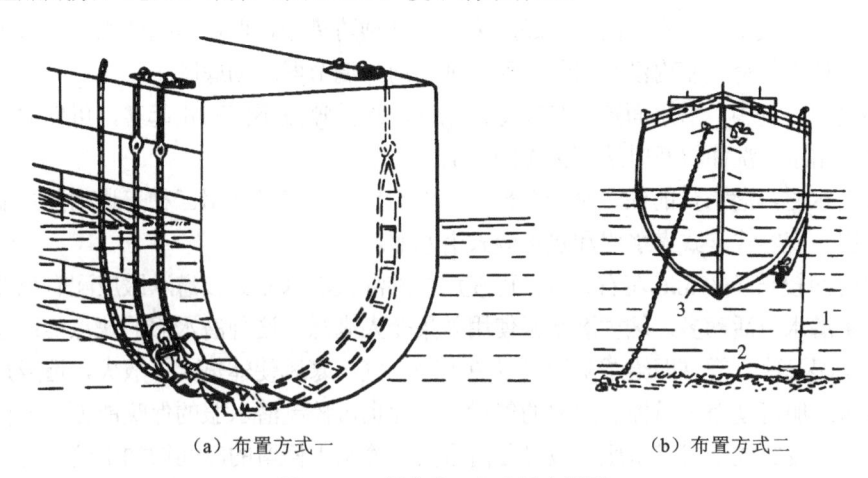

（a）布置方式一　　　　（b）布置方式二

图9-15　船底索、入水绳布置图

1. 入水绳；2. 行动绳；3. 船底索

下水前潜水母船和受检船严禁转动轴、舵，开启海底门和通海阀，同时派专人看管。潜水员在轴、舵、桨叶等周围工作时应防止绞缠和跌落。所用的工具应放置于工具包内，由潜水员携带入水，安装和拆卸的零件应放在专用工具袋内。潜水员行进时应避免穿越轴、舵、桨等上方到达工作位置，防止发生绞缠。解脱被绞缠的锚链时，潜水员不要停留在锚链的下方，防止锚链松脱时将潜水员压倒至海底。

绝不可在船体下给浮力背心充气，这样容易导致潜水员放漂或使潜水员撞击船底而受伤。

潜水员在水下作业期间，尤其是在航道或船只通行较多区域潜水时，信号员应密切关注周围情况，必要时安排专人瞭望，确定支援船、受检船和附近水面船只的位置，引导其他船只离开潜水员作业区域200 m外。船底作业结束后，上升出水接近水面时，不可从支援船或水面上任何物体下面出水，潜水员出水前应与信号员联络，信号员发出同意出水信号后，在确保不会发生危险时，方可沿信号绳或入水绳上升到水面。如果潜水员出水后没有被支援船上人员发现，为引起注意，潜水员可引燃发光信号、打手势或吹口哨，以引起支援船上人员的注意。潜水员等待协助出水上船时，可在水面休息片刻，采用嘴吹气的方式给浮力背心充气，以利于水面漂浮，也可以用呼吸管呼吸。潜水员浮在水面时，支援船上的信号员和其他工作人员必须不断注视潜水员，特别要警惕有无事故信号和征兆。信号员和其他工作人员将一名潜水员拉上支援船时，不得忽视其他尚在水中的潜水员，只有所有潜水员安全登上船后，潜水才告结束。

四、低温潜水

在低温水域潜水，应保证潜水员充分休息，摄入碳水化合物和蛋白质含量高的食物。不得饮酒，因为酒会使皮肤血管扩张，增加体热损耗。低温潜水还会带来装具方面的某些问题，这些问题则是常温潜水所不具备的。另外，由于低温可能使调节器失灵，应该提前采取防冻措施。

低温潜水前，对调节器进行几次试验性呼吸，潜水过程中或各次潜水之间，都应注意不要让水进入二级减压器气室。同时，还应采取额外预防措施，保证自携式水下呼吸器气瓶内完全干燥，使用的空气瓶内没有水气，而且使用前，调节器应彻底晾干。

低温潜水过程中，潜水面罩容易起雾或结冰。涂抹唾液不能防止起雾，可向面罩内注入少量的水，用水冲洗面罩暂时达到去雾的目的。

低温潜水时，潜水员的保暖是一个最重要的问题，一般可使用三种普通的防护服：标准湿式潜水服、变容式干式潜水服和热水湿式潜水服。

潜水时间较长（60 min 左右）时，可使用标准湿式潜水服。该潜水服应配有尼龙头罩式背心。如果潜水员活动多，这种潜水服使用效果令人满意。这种潜水服的缺点是：潜水结束后潜水员又湿又冷，需立即给予防护，以免因冷空气、寒风使体热大量散失，造成危险。变容式干式潜水服可使潜水员控制服内的气量，因此也可控制潜水服的保暖能力。与标准湿式潜水服相比，变容式干式潜水服一般可使潜水员在冷水中停留的时间增加 1 倍。使用热水湿式潜水服也可达到保暖，这种保暖服要求水面不断输注预热热水。由于潜水员被系于供水管上，因此，这种保暖方法使潜水员活动大为受限。

着湿式或干式潜水服时可穿上厚实的保暖袜，更有助于保护脚温。双手应戴手套或连指手套进行保暖，戴上手套或连指手套后，虽然手指活动不便，但是由于手指温暖，活动反而灵便些，同时，也可在潜水前向手套或连指手套注入热水。在普通潜水服头罩外可再戴上一只刚好合适的氯丁橡胶头罩，可减少头部的热散失。针织绒帽可戴在干式潜水服头罩内，对保持体热特别有效。帽子应戴得偏后一些，这样可保持潜水服面部的水密性、使头部相对干燥并感到舒服。只要潜水服着装合身，水密性良好，那么在短时间内即使在最冷的水中潜水员一般也可保持温暖和干燥。

湿式潜水服应给以妥善保养，使其处于最佳工作状态，减少潜水服内水的流动。同时，潜水员在潜水过程中应尽可能多活动以产生体热。当潜水员发生寒战或手工操作十分迟缓时应停止潜水。

离开冷水后，潜水员可能会感到疲劳，而此时最容易进一步受寒。出水后，可立即用温水冲洗潜水员的湿式潜水服、手套、潜水靴等，可使潜水员感到舒适、温暖。为了恢复散失的体热，水面应有一些保暖设施使潜水员能在舒适、干燥和较温暖的环境中擦干身体。潜水员应尽快脱下湿的衣服，擦干身体并穿上保暖服。如果需要进行反复潜水，体热的保持和潜水服的选择则更为重要。

五、夜间潜水

夜间潜水时，潜水员将处在一个截然不同的水下世界。与白天相比，夜间的海洋生物总要多一些，而且光怪陆离，色彩不一。潜水员白天潜水熟悉的地区，在夜间似乎都变了，甚至用人造灯照明也很难定向和找到熟悉的陆标。因此，夜间潜水需要特殊的措施和周密的计划。

夜间潜水时抛锚特别重要。潜水支援船应在潜水员入水前抛锚定位，除非潜水员进行的是活动船拖曳潜水。在这种情况下，应采取其他相应措施。同时，使用正确的标灯使其他船只看得清楚，也是很重要的。

夜间潜水入水前检查装备是特别重要的。因为入水后，能见度有限，无法对装具再进行检查。应避免在雾天和下大雨时开展夜间潜水，因为潜水员很容易看不见潜水支援船和其他潜水员的灯光。

夜间潜水时，每名潜水员应携带一盏电量充足的潜水手电筒，条件允许可带一盏备用手电筒。固定手电筒位置时，应以既能为潜水表、深度表照明，又能给潜水员引路为宜，应尽量避免用潜水手电筒直接照射眼睛。入水后，在夜间很容易跟踪结伴潜水员的灯光。但是，当其中一名潜水员携带的灯光太耀眼时，可能会看不见另一名潜水员。在这种情况下，该潜水员应熄灯或者暂时遮住灯光，使双眼适应黑暗环境，然后找寻结伴潜水员的灯光，再打开灯。当一个潜水小组只剩下一部潜水手电筒有电时，应立即终止潜水，一同上升出水。

在水面上也可用灯光发射信号。用灯在头上方划一道大弧光，这是"将我救捞上船"的标准信号。夜间也应带哨子或化学闪光信号装置，以便在灯失灵的情况下使用。夜间，在岸边入水比较危险，因为潜水员不容易看清岩石、海藻、洞穴、海浪及离岸流等环境特征。从小船、码头和其他水面平台入水时要特别小心，避免潜水员与水面上或水下的物体相撞。夜间减压潜水时，需要用灯标示出减压绳，以保证潜水员在潜水支援船或其他平台附近实施水中减压。减压潜水员不得游离减压绳或潜水平台灯标。

六、污染水域潜水

潜水员有时可能需要在污染水域潜水，在这种情况下应采取措施，尽可能避免潜水员直接接触污染物。挥发性油、重金属和有毒、有腐蚀性化学物品都可刺激皮肤、锈蚀装具，有时还会引起中毒。重油可污染装具，影响潜水活动。病原体（如细菌、病毒）是各种各样呼吸道和肠道疾患的病因。在水污染区，例如在下水道出口和海洋垃圾场周围，存在许多致病的微生物，甚至在经过二次废物处理的排污物中仍然存在着这些微生物。制定潜水计划时，应询问地方当局，了解排废量，同时应向公共卫生部门了解流行病情况。在有这类污染物质的地方开展潜水作业时须格外小心。

在污染水域中应该使用能够使潜水员最大限度地避免与污染水直接接触的潜水服和潜水装具。防污染潜水装具是一种比较理想的防护装具，可以有效地防止污染水接触潜水员的皮肤、口腔和耳。开式回路自携式水下呼吸器、干式潜水服和全面罩不能有效地防止头与水接触，但是，如果作业时无法使用水面供气系统，也可使用上述潜水装具，但应小心谨慎。此外，潜水后也应采取某些卫生措施，并对装具进行简单的消毒。用杀菌洗涤剂对皮肤、头皮进行彻底的清洗有助于防止皮肤病。卸装前，潜水服应进行彻底的去污清洗和淡水冲洗。卸装后，潜水服应进行消毒清洗，然后用淡水冲洗干净并晾晒。呼吸器应按标准保养程序彻底清洗和保养。

七、急流条件下作业

急流条件下作业应注意以下几点。

（1）水流速度超过 1.0 m/s 以上称为急流，在急流中潜水作业应选派有经验的潜水员下潜。

（2）信号绳、入水绳等要加粗，质量必须良好，压铅、入水砣等压重物要加重。

（3）面窗应设有保护罩，使用自携式装具应保护呼吸器不受水流冲击和防止咬嘴及面罩脱落。

（4）潜水员下潜、上升必须沿入水绳，必要时应使用安全带。信号绳不可放出过多，剩余部分不可少于 20 m。

（5）必要时应采取阻流措施，潜水员水下行动不可离入水处太远，水面应急救援艇应随时配合。

（6）潜水员下潜时，可用双手和两腿盘夹住入水绳，以免被冲走。到达作业地点后可采用行动绳，应顶流而上，匍匐前进，以减小水的冲击。

八、水下钳工

舰艇范围的潜水作业需要大量的钳工完成，潜水员日常必须学习和掌握手持工具对金属和设备进行加工和修理的基本操作技能，如划线、錾削、锯切、挫削、钻孔、攻丝、修理、装配等。

布置船底索、潜水软梯、潜水平台等，可使潜水员在水下钳工时有依托和保持较好稳性。为使潜水员在水下能稳定地工作，潜水员水下负浮力保持在 5～10 kg 为宜。

水下环境对潜水员钳工的影响，主要表现在以下几点。

（1）受水下能见度的影响，精细加工难以完成。对于精细加工件应采取水下照明或其他措施。

（2）受水下阻力的影响，使用手锤和凿刀凿切金属效率较低，要适当加大手锤重量，缩短手臂抡动距离，防止手锤打到手臂或面罩。

（3）对水下物件长度的量取，可能看不清尺寸，再加上水中物件的放大作用，目测容易失真。采用铁线比量并做好标记，可在水面量出准确尺寸。

水下钳工劳动强度大，要注意自己的呼吸情况、供气情况。着干式服时不能呼吸潜水服中的气体，也不可过度疲劳。

水下钳工时，工具零件易掉落海底，影响任务的完成。要将工具用绳索固定在腰带上，将零件装在专用工具包内。

第三节　潜水作业实施

潜水作业实施主要包括明确作业条件、潜水前的准备、潜水作业及潜水后的恢复整理。

一、作业条件

潜水作业条件是影响潜水员安全、决定顺利完成作业任务的基础。实施潜水作业前应对潜水作业条件进行仔细察看，认真分析研究，进一步完善作业计划和应急预案，确保作业安全顺利。

（一）水面保障条件

潜水作业区的保障条件为不同地点、季节和天气的水面条件，包括风、浪、潮汐、海流、云量、温度、能见度及潜水现场的其他舰船等，将影响潜水员、潜水作业队、水面指挥及其他保障人员的工作。

潜水作业区的保障条件可以根据公布的潮汐和海浪表、航海命令、航海通告，以及其他温度、风、海流等季节变化的特殊图表信息来确定。

在潜水作业进行过程中，必须连续收听天气预报。如果出现风暴、海面波涛汹涌、不寻常的潮汐，或指挥员认为有影响锚泊安全的其他情况时，应停止潜水作业。

最重要的天气因素是海况。波浪对潜水作业的影响很大，不仅影响锚泊的稳定性，而且还会使船员和潜水员晕船或受伤。若锚泊不当，船舶就会围绕锚漂移或摇摆，大大增加了缆绳绞缠的可能性。船舶漂移会将潜水员拖走，因此，任何水面支援船或潜水工作船至少采用两点锚泊系泊。如果锚泊十分困难，最好采用四点锚泊法。

拍岸浪对潜水员的入水、上升、停留、减压及在浅水中作业影响很大。因此，水面波浪的问题必须引起注意。

在制定潜水作业计划时必须考虑气温对潜水作业人员和水面人员的影响。要注意低温对潜水员的影响，同时也要注意温度对水面保障人员的影响，防止发生日晒伤、中暑、冻裂、冻伤等。

（二）水下作业条件

预先了解水下作业条件对制定潜水作业方案，选择潜水技术、器材，防止可能发生的危险是很重要的。这些条件主要是潜水深度、海底类型、潮汐和海流、能见度、水温、污染、障碍物或危险物等。

潜水深度是选择潜水员和装具的主要因素，影响减压方法和减压方案的选择。深水或浑水作业还需要使用水下照明及其他特殊的辅助器材。

影响潜水作业的海流主要有大的海流、拍岸浪回流引起的离岸流和涨潮、落潮引起的海流三种基本类型。正常情况下，海底的海流比水面小得多，所以，尽管有时水面的潮流很大，但是，海底状况却可能很适合潜水作业。也有的时候水面风平浪静，水面以下却暗流涌动。这些情况都必须现场察看了解清楚。

水下能见度会影响潜水技术的选择，还会大大影响潜水员完成任务所需的时间。

水下各种障碍物，如残骸或丢弃的军火弹药等对潜水员水下作业非常不利，应引起重视。

在陌生水域进行潜水作业时，应当对水下进行探查，掌握第一手资料，了解水下工作面的情况，以便制定合理、科学的作业方案，顺利完成水下作业任务。

（1）水底情况的探查。进行水下作业前首先要了解、摸清水下、海底的情况，如海底是否平坦、凹凸不平等。其次，了解底质是泥底、沙底、礁盘、岩石等，以便分析影响作业的有关因素。

（2）水下作业面的探查。掌握水下作业面情况，摸清作业面附近是否有较陡的岩石、渔网或其他障碍物，以便进行必要的清理。打捞沉船时，还要了解沉船甲板上是否有影响作业的建筑物或其他影响作业的物品等。

（3）水下测量。在探摸的基础上测量有关的数据，尤其是在打捞沉船及大型沉物的作业中，必须要测量沉船、沉物在水下的状态，如纵倾、横倾的数据，泥沙的淤积和掩盖情况等。

（三）作业条件要求

根据《潜水基本规则》有关规定，潜水作业时必须有工作船（支援船、母船）或工作平台，并应根据当时的水文气象情况，尤其是风向、风速、流向、潮汐等，选择合适的锚位和抛锚方式。潜水作业基本条件还应达到下列相关要求。

（1）禁止无关人员在现场指挥，禁止打闹喧哗。

（2）潜水员尚未出水时，200 m半径内禁止船只通过。应布设水鼓和抛锚。

（3）一海里（1.852 km）半径内禁止水下爆破作业。

（4）禁止在潜水员作业上方移吊重物。

（5）禁止用机动船只拖带潜水员。在水面上或水底移动应使用缆车拉潜水员出水。

（6）禁止随意转换储气瓶使用，只有在确保不影响对潜水员供气的条件下方可转换。

（7）水深超过20 m作业，现场须备有加压舱。

（8）水深超过20 m、急流、恶劣气象、夜间、援救打捞、水下爆破等其他复杂情况下作业时，都必须有潜水指挥员和潜水军医在场。

（9）潜水作业时，工作船应悬挂"IR"或"A"国际信号旗（图9-16）；夜间挂红绿灯各一盏，红灯在上。也可根据各港口规定悬挂信号号灯，表示"正在潜水，你应慢速航行"。

（10）潜水员呼吸气体应符合有关潜水员呼吸气体标准的规定。

IN "我需要一名潜水员"

IN1 "我需要一名潜水员清理我的推进器"

IN2 "我需要一名潜水员检查船底"

IN3 "我需要一名潜水员安放堵漏垫"

IN4 "我需要一名潜水员清理我的锚"

代号旗

IO "我没有潜水员"

IP "将尽快派去一名潜水员"

IQ "潜水员已发生减压病，需要加压舱治疗"

IR "我正在进行潜艇调查工作，避开我，慢慢走"

A "我有一名潜水员在水下，以缓慢的速度避开"

运动潜水员

图 9-16　国际信号旗

作国际信号时，所有信号前面必须加上代号旗

（11）除执行紧急援救任务或援救遇险的下潜人员外，一般情况下，着自携式潜水装具潜水作业，海面不超过 3 级风浪时，流速不超过 1 节（1.852 km/h）。

（12）潜水前后应给下潜人员适当休息时间。潜水间隔时间规定，一般在一次潜水（减压）完毕后的 12 h 内，不允许再进行第二次下潜。如果因执行紧急援救任务需要，可允许再次下潜，但是，两次潜水的间隔时间不应少于 2 h，并应按重复潜水减压方案进行减压。

一般情况下的潜水作业均应按照潜水作业原则组织实施，特定的潜水作业由上级组织实施。对紧急和特殊情况的潜水作业、战斗中和污染条件下的潜水作业要慎重考虑，权衡利弊，原则上是不因潜水作业而遭受更大的损失，反对盲目或擅自进行潜水作业行动。

二、潜水前的准备

潜水前的准备是指在各种条件均具备的情况下，进行水下作业之前的准备工作。

（一）明确任务

根据指挥组下达给潜作业组的水下作业任务，使每个潜水员都了解任务的情况，明确此次水下的具体工作，并且根据任务的情况，对下潜执行任务的潜水员交代好有关事项及作业方法等。

（二）潜水组人员分工

在明确任务的基础上，对潜水组内的人员按《潜水基本规则》规定和要求进行明确的分工，明确各级人员职责，以便相互配合，完成水下作业任务。

舰艇潜水采用自携式潜水装具进行作业，作业小组不得少于3人，条件允许的情况下作业小组应确保5人，包括潜水指挥员、潜水员、潜水信号员、预备潜水员、潜水医学保障人员。

1. 潜水指挥员

潜水指挥员负责指挥组承担的所有潜水工作和训练，保障全体潜水员安全和潜水作业的顺利实施。潜水指导员必须向全体参加潜水作业的人员全面、详细地下达潜水作业任务，并使全体人员了解安全规则和紧急措施。潜水指导员的工作包括以下几点。

（1）潜水指挥员组织领导潜水训练和潜水作业，应是合格的潜水员。

（2）熟悉潜水装备、器材的性能、构造、使用要求等。

（3）熟知所属潜水员的思想、心理和技术状态，教育、督促其遵守潜水规则和相关规章制度。

（4）拟订潜水作业计划和应急处置预案，合理安排下潜人员，必要时亲自下潜执行复杂任务。

（5）组织落实潜水作业前的各项准备工作，保证潜水作业安全有序展开。

（6）组织实施潜水作业过程中的管理工作，维护现场良好的工作秩序。

（7）检查下潜人员的供气及配套装备工作情况。

（8）严格执行减压方案，正确处置紧急情况。

（9）督促、检查其他人员认真履行职责。

（10）潜水作业结束后，安排潜水员休整，组织人员对设备器材进行维护保养，使人员和设备器材保持良好的状态。督促完成工作总结，填写记录、报表，及时向上级报告潜水训练或潜水作业情况。

2. 潜水员

潜水员应符合体格标准要求，并在体质、智力、心理等方面达到合格标准的人才能从事潜水工作。潜水员必须能够掌握潜水作业所采用的潜水技术，负责整理准备自己使用的潜水装具，确保装具完备，随时可以使用。对潜水员的要求和潜水员的工作包括以下几点。

（1）潜水员应经过系统的专业理论学习，受过严格的潜水训练，经考核合格。

（2）能够掌握相应的潜水技术，熟悉所使用的潜水装具，并能下潜到要求的水深。

（3）严格遵守潜水规则，服从水面指挥。

（4）熟悉潜水信号并能准确地收发信号。

（5）急救潜水员应随时做好下潜前的准备，在接到紧急救助任务时，可以立即入水施救。

（6）日常负责潜水装具的检查、修理、维护保养及检测调试，使装具、器材处于良好备便状态。

3. 潜水信号员

潜水信号员可由一名合格的潜水员担任,是潜水作业队中与水下作业潜水员联系最密切的水面人员,是潜水员水下安全的重要责任人。对潜水信号员的要求和潜水信号员的工作包括以下几点。

(1) 潜水信号员应从潜水员中指派,是潜水员的安全保证人,必须严格履行职责,不得擅离岗位,玩忽职守。

(2) 准备和检查潜水装具,协助潜水员着装、卸装。潜水员入水时,检查潜水装具的气密性能。随时报告下潜(上升)速度、深度。

(3) 潜水员入水后,潜水信号员控制好信号绳,根据潜水员的要求,适当收紧或者放松信号绳,一旦发生绞缠,立即报告指挥员。

(4) 工作时精力集中,随时观察潜水员排出的气泡及其行动方向,与潜水员保持经常联系,收发信号时要及时、准确,通常每隔 2～3 min 询问一次。

(5) 潜水信号员和潜水员收到信号都必须重复一遍。如果用信号绳连续询问未得到潜水员回答时,应当及时将其拉出水面,但不宜过快,同时向指挥员报告。必要时,安排救护潜水员下水援救。

(6) 准确掌握潜水员水下停留时间。潜水员需要在水下减压时,协助潜水员掌握在各停留站减压时间。

(7) 及时向现场指挥员报告潜水员在水下的情况,潜水结束后认真进行现场整理和各项登记。

(8) 交接班应当经潜水指挥员同意,并与潜水员进行一次联系。

4. 预备潜水员

潜水作业或训练时都必须配备一名合格的潜水员作为预备潜水员。预备潜水员的工作包括以下几点。

(1) 在潜水作业中,预备潜水员担负支援和救护任务。

(2) 准备和检查备用潜水装具、器材。

(3) 预备潜水员和作业潜水员一样,需要听取工作介绍和接受命令,并监督水底潜水员报告的工作进展。这样一旦需要援助,即可做出反应。

(4) 根据作业现场要求和规定,着装备便随时准备执行下潜任务。

5. 潜水医学保障人员

潜水军医主要负责潜水现场和日常医务保障工作。潜水军医的工作包括以下几点。

(1) 掌握潜水员的身体状况,并对身体健康状态是否适合潜水提出建议。

(2) 正确选择潜水减压方案,实施现场医学保障工作。

(3) 监督、配制潜水呼吸气体。

(4) 按照要求备便潜水加压舱和医疗保障器材。

(5) 及时救治出现的潜水疾病,必要时进入加压舱高压环境进行治疗或者守护病员。

(6) 做好潜水作业后潜水员的医学观察工作。

(三)器材准备

按照人员的分工各自认真进行准备和调试自己负责的器材、设备，使其处于良好的使用状态。如果发现问题及时报告，待这些问题解决后再进行潜水作业。

(四)场地准备

为了保证水下工作的顺利进行，在作业初期，必须对水下作业场进行清理和布设。如果水下作业环境比较复杂，不进行必要的清理可能会影响潜水员在水下的行动和作业。因此，清理、布设水下作业场是一项不可忽视的重要工作。

1. 索具的布设

潜水作业前要布设好所需的索具，如潜水员下潜用的入水绳，必要时，将入水绳与水下作业点连接好，以保证潜水员顺利到达作业点，减少潜水员的体力消耗。工作时传递工具的索具、水下滑车等都要事先根据工作需要布设好。

2. 清除水下障碍物

清除水下障碍物是完成水下任务和保证潜水员水下安全的关键工作。尤其应清理水下装置(渔网、索具等)，防止潜水员水下发生绞缠。清除水下障碍物时应选派水下工作经验丰富的潜水员来完成。

三、潜水作业

按《潜水基本规则》规定和要求的规范动作进行潜水作业。在信号员的帮助下，潜水员进行着装，着装时必须认真、细致，杜绝安全隐患。潜水员按照水面停留、下潜、水底停留(水下工作)、上升、减压、出水几个阶段完成水下作业任务。

四、潜水后的恢复整理

潜水作业结束以后，应对潜水装备、器材要进行清洗和整理，恢复其性能，使其处于备便状态，并做好文书资料登记和归档工作。

第四节 潜水作业安全管理

潜水作业中，除做好计划和安全措施外，还应在潜水过程的各个阶段积极做好预防和处理工作，杜绝潜水事故发生。潜水事故是指在潜水过程中因为操作不当或者意外原因造成的潜水员受伤害、影响潜水作业顺利进行等不利事件。

一、潜水事故发生原因

潜水事故的发生有各种各样的原因。某些事故可能是潜水员不当心或缺乏知识所致,而有些事故则完全超出了潜水员的控制能力。大部分事故是潜水准备工作的某些阶段出现失误所致,其中较常见的有因经验不足或过分自信而选择了不适当的操作程序。

(一)自身因素

1. 健康情况

潜水员拥有健康的身体是安全潜水的基础条件。每12个月,潜水员应进行一次是否适于潜水的体检。潜水员不仅要保持健康状态,而且也不应存在其他医学问题,因为在压力或重体力劳动作用下,这些问题有可能加重。尽管在运动潜水和职业潜水间适于进行潜水所要求的标准不同,但基本原则却是相同的。

潜水作业下潜或上升过程中,压力对含气空腔的直接作用可能引起气压伤,要求每个潜水员的健康状况能够避免气压伤的直接后果,例如中耳压力不平衡引起的眩晕,以及减压时肺泡内气体排出不彻底引起的气体栓塞。所以,根据检查发现潜水员不能平衡中耳压力时,应不准其进行潜水。未经手术矫正的鼻中隔偏曲或鼻息肉、过敏性鼻炎及中耳感染,都属于不合格条件。压力作用于鼻旁窦牙髓腔也会引起疼痛,从而使潜水员放弃潜水计划。

减压时可能容易引起胸内气体滞留的肺部情况也属不合格。这类情况包括肺囊肿、胸膜疱疹、肺纤维变性、哮喘,以及患过气胸、接受过穿透胸膜的手术或胸膜受过创伤。潜水员身体检查中大范围的胸部X光平片应是正常的。

潜水员必须无心脏病或高血压,无抽搐或黑视,无严重头部创伤或偏头疼痛史,无精神病,不滥用药物,无消化道溃疡或其他胃肠道病,无疝气。同样,患有糖尿病、内分泌病、生殖泌尿系统疾病、镰状细胞性质和部分重要的疾病也都是不合格的。

除每年一度的体检外,潜水员应在自己有任何疾病症状时保证不进行潜水。同时潜水员的某些习惯或晕船也足以危及他在水中的安全,哪怕仅仅有恶心的感觉也可能导致对紧急情况作出不适当的反应,佩戴水下呼吸器时呕吐也有可能造成死亡。

2. 训练和经验

潜水员拥有熟练的潜水技术是安全潜水的重要条件。潜水员必须在将要进行的潜水深度开展针对性训练,积累水下工作经验,视熟练程度进入特定环境条件下进行专业训练,掌握紧急情况下的处理方法。

(二)环境因素

大多数环境因素都是非生物学方面的,由于这些环境因素的存在,就有可能促发事故。

水流和潮汐可对潜水员造成危险,势不可挡的海水会裹挟潜水员使其失去重心,潜水作业船的潜水梯旁、岸边栈桥旁和礁石处波涛起伏,都可能给潜水员造成伤亡。水中的漂浮物容易对潜水员造成伤害,尤其在近海潜水时,常有渔网悬浮于海中,随流四处漂浮,从水面不易察觉，潜水员在水下作业时视野也较窄，容易被漂浮物绞缠。

因为水对压力波的传导和对声波的传导一样是非常容易的，所以潜水员在比较远的地点也会因水下爆炸而受伤。水下爆炸受伤的部位通常是人体的含气部分，因为人体的其他部分和液体一样是相对不可压缩的，肺、肠破裂和出血可能是最严重的后果。

（三）装具故障

潜水员装具发生故障常有发生，其中危害最大、影响最直接的是呼吸器发生故障，会导致潜水员发生呛水、溺水、供气中断，甚至死亡。使用自携式水下呼吸器进行潜水，应通过一个按需供气阀将气瓶供给的高压空气减压至与环境压力相同。在每次吸气或呼气后，有意屏气以图延长潜水持续时间的做法会导致某种程度的 CO_2 潴留，这类潜在的问题应通过训练予以解决。另外，潜水员比预期要快地用尽呼吸气从而被迫紧急出水，将会有发生减压病的危险。值得注意的是，呼吸器失灵及装具的其他部件发生故障也有可能导致水下事故。

（四）违反规则

《潜水基本规则》对安全潜水有诸多明确规定，这些规定都是从潜水经验中总结得来，有的甚至是用生命换来的。在实际潜水作业中，由于水面保障人员的疏忽、失职或其他种种原因而违反相关规定，往往就会导致潜水事故的发生。

水面保障人员对潜水员所在区域的安全分析不够往往也会造成潜水事故的发生。例如：观察瞭望不及时，快速行驶的船只驶入潜水区从潜水员上方经过，潜水员会被高速旋转的螺旋桨严重碰伤；信号员不认真履行职责，对潜水员水下情况观察不仔细，以致潜水员在昏迷后未及时发觉而错失救援时机；甲板上人员较多，现场管理混乱，潜水员还有可能被从船甲板上掉入水中的重物击中。从接受任务到安全出水，通过各级组织指挥机构的通力合作和反复检查，能够预防事故的发生。在整个潜水过程，严格的现场管理和组织指挥对安全潜水至关重要。

二、安全潜水措施

（一）安全措施

在潜水作业过程中，除严格遵守《潜水基本规则》外，还应制订相应的安全措施，包括各种仪器、设备检查、操作措施等，以保证潜水作业中的安全，防止事故发生。

潜水作业深度较大时，不经常潜水的潜水员或从事浅水作业的潜水员在潜水作业前要组织其进行加压锻炼和氧敏感试验，并进行适应性潜水训练。当潜水人员感到过度疲倦、主诉身体不适时，经潜水军医检查、潜水作业现场领导批准，应禁止潜水作业。潜水现场不具有潜水医务保障设施或没有潜水军医的条件而又要进行潜水作业时，潜水作业前应有严密的应急程序和措施，使潜水作业现场能够得到后方的潜水医务保障支援。此外，还应备有应急转运工具，必要时可请求直升机支援。

（二）潜水医务保障

潜水医务保障的任务是根据水下作业的特点和水下环境因素对人体的影响，应用潜水医学的原理和技术，在平时采取各种有效措施增强潜水员体质，在潜水作业（训练）时，保障潜水全过程的安全，积极防治可能发生的潜水疾病和潜水意外伤害。

潜水员作业时，一般情况下潜水军医必须在场备便加压舱和急救药品器材，同时要制订详细的潜水医务保障方案及各种抢救预案和各种安全措施。

潜水医务保障实施方案主要包括医务保障组织、医务保障岗位职责及分工、潜水减压方案、应急潜水减压方案、可能发生的潜水疾病的治疗方案及抢救预案等内容。

三、应急情况处理

自携式潜水装具有轻便、灵活、易学、水下活动范围广等优点，又不容易产生放漂、气体中毒等潜水事故，因此获得广泛的应用。但是自携式潜水装具也有自身的缺陷：潜水员与水环境之间仅一道极微弱的防线，自携式潜水员在水下较易受到伤害，一旦发生意外，难以从容处理。自携式潜水装具通常无通信装置，水面人员无法了解水下的动态，只能依靠潜水员本人去处理。因此，在日常训练中加大应急情况处置训练，杜绝事故发生。

（一）水下绞缠

当潜水员在水下发生绞缠时，首先应冷静地分析情况，这是十分重要的。拼命地挣扎可能会造成更严重的绞缠，甚至会损坏或失落潜水装具。与使用其他类型的潜水装具相比，使用自携式潜水装具对发生绞缠情况更复杂，因为气瓶的气源有限，而且一般与水面无通信联络，只能靠信号绳与水面人员取得一些简单的联络。此时，只要有冷静的头脑，懂得一般的应急常识，平时训练有素，一般是可以摆脱困境的。如果是结伴潜水，可用手势信号通知伙伴前来帮助。如果是单人潜水，可利用信号绳向岸上人员求救，还可根据具体情况使用潜水刀等工具切断绞缠绳索，设法摆脱绞缠。紧急自由上升只能在迫不得已的情况下作为最后一种逃生手段来使用。

（二）供气中断

如果供气逐渐减弱，潜水员的呼吸阻力明显增大，这时只要将信号阀打开，立即上升出水即可避免事故的发生。供气出乎意料地突然中断时，若是单人潜水，潜水员可自行控制上升出水，在进行自由上升的同时，用拉绳信号通知水面信号员，尽可能得到水面人员的援助。如果是结伴潜水，发生供气中断后，可用手势信号或拉动联系绳通知成对伙伴，也可尽快游到对方面前，打手势信号要求进行成对呼吸。进行结伴潜水，当一名潜水员的气体用完时，另一名潜水员的气体存量一般也很少。此时，由于成对呼吸使得耗气量加倍，可供呼吸用的气体在数分钟或更少时间内即可耗尽，因此，结伴潜水员应立即上升出水。

潜水员单人潜水时，除非呼吸器被绞缠而无法解脱或确认呼吸器无法再使用了，否则潜水员一般不要将其抛弃。当潜水员在水底处吸不到气体后马上开始上升，随着潜水员的上升，气瓶外界环境压力下降，内外压差开始增加，当潜水员上升到一定的高度时，就会发现气瓶内剩余的气体可供潜水员呼吸。

应将抛弃自携式装具进行自由上升视作可采取的应急措施中最后一个步骤,当不得不采用这一步骤的时候,在上升至水面的过程中应不断呼气。

(三)紧急上升

紧急上升只能作为解除紧急情况时所采取的最后一个步骤。在紧急情况下,这种方法是危险的,而且很难保证安全。如果潜水员感觉上升太困难时,根据具体情况,必要时可解脱压铅带。

潜水员在上升过程中应将手臂伸过头顶,防止在上升出水时头部与船只或其他物体碰撞。

紧急上升到达水面时,或者正常上升后在水面遇到困难时(如水面波涛汹涌,潜水员筋疲力尽等),潜水员应充胀救生背心并发出求救信号。如果潜水员远离支援,可能需要发出信号引起岸上人员注意。遇到困难时,潜水员应游向潜水平台或岸边。在潜水装具妨碍游泳而潜水员又需要长距离游泳时,为安全起见,可将潜水装具抛弃。

四、抢救技术训练

立即救治常常是为了抢救生命,为了打好这方面的基础,基本心肺复苏训练应是所有潜水训练中必不可少的一部分。

(一)胸外心脏按压法

在病人心搏骤停时,用人工的方法在病人的胸骨下段有节奏地进行心脏按压,以代替和激发心脏的自然收缩,从而达到心脏复苏的目的,这种方法称为胸外心脏按压。胸外心脏按压必须先于人工呼吸,除非心搏骤停的促发因素为急性缺氧或窒息。

胸外心脏按压法的操作步骤如下:将病人仰卧放在急救床或板上(切记不要放在有弹性的物体上);救生员站在或跪在病人的一侧,以食指、中指沿病人的肋最下面一根肋骨向上移动,至胸骨与肋骨连接处;用左手大拇指根紧贴右手食指,左手掌根压在病人的胸骨部位下端三分之一处,右手五指与左手五指交叉,右手掌根压在左手手背上,两臂垂直并伸直,上体稍前倾;腰部发力并控制上体垂直下压,下压约 4 cm,注意回收松压时左手掌根不能离开贴住的部位;不断重复下压帮助病人建立血液循环,成人 100 次/min 以上。

心搏骤停与呼吸停止几乎同时发生,因此,病人往往既无呼吸又无脉搏,此时病人皮肤苍白、瞳孔散大,且无对光反射。若出现这种情况,要进行成功的心肺复苏,其时间比抢救单纯呼吸停止的病人更加紧迫了。这时应使病人仰卧在硬垫上,立即同时进行人工呼吸和胸外心脏按压(图 9-17)。此工作可由一名救护者进行,若有两人同时施救则更好(图 9-18)。

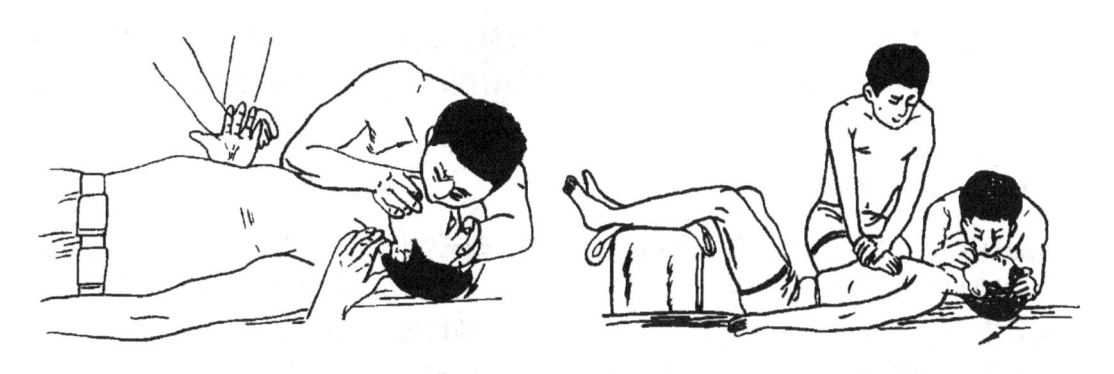

图 9-17 人工呼吸和胸外心脏按压　　　　　　　图 9-18 两人同时施救

在进行胸外心脏按压时，高抬患者双腿有助于血液集中到生命的重要器官。

心脏按压的有效指征包括：①口唇、指甲渐渐转红；②可扪及颈动脉或股动脉的搏动；③可测得血压；④瞳孔由扩大逐渐缩小；⑤逐渐恢复自主呼吸；⑥出现自主心搏。

对老年人进行胸外心脏按压时，有引起肋骨骨折的危险。折断的肋骨会损伤肺脏并可引起气胸。如方法正确，无须担心肋骨骨折，也不用担心肺脏、肝脏、心脏和脾脏被压伤和撕裂，因此应特别注意以下几点。

（1）只能用一只手掌严格地放在胸骨的下半部中央位置施力，救护者的手边缘大约与病人乳头的高度平齐，另一只手放在这只手的手背上帮助施力（图 9-19）。只须对胸骨加压，不得压迫邻近的肋骨。如果部位过低，可能损伤腹部脏器；如果部位过高，可能伤害大血管；如果按压部位不在中线，可能引起肋骨骨折。

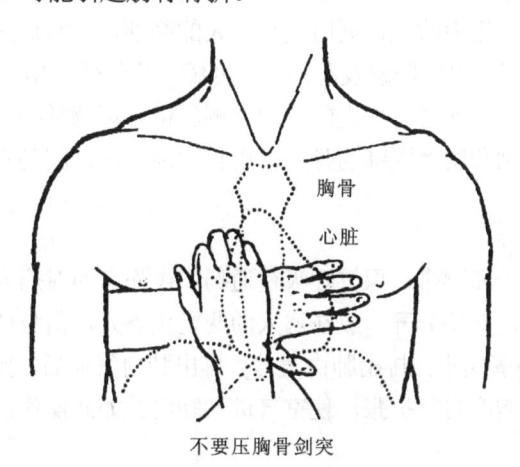

图 9-19 胸外心脏按压时手的正确位置

（2）按压心脏时，救护者的胳膊要伸直，借躯体前倾位急撞式地施加必要的压力，手指不要接触胸壁。松弛时掌根不应离开胸壁但完全不用力，让胸骨恢复到正常静止位置。

（3）为了防止突然发生呕吐，应使病人侧卧并继续监护观察。如果在潜水时发生重型减压病，病人在呼吸、循环复苏成功后应立即送进加压舱进行加压治疗。

（二）人工呼吸法

在病人呼吸停止或衰竭时，使用人工的方法维持呼吸并激发其恢复呼吸功能，称为人工呼吸。这是以人工方法维持机体的气体交换，以改善缺氧状态，并排出 CO_2。人工呼吸的方法种类很多，其中口对鼻或口对口人工呼吸法是最有效、不需设备的人工呼吸方法，适合在胸外按压的同时进行。

1. 口对鼻人工呼吸法

如果病人已失去了知觉但还有脉搏跳动，呼吸又确已停止，应立即进行口对鼻人工呼吸。患者取仰卧位，操作者一只手将患者下颚推向上颚，另一只手按住病人的头顶，并使头从颈部向后仰，把下齿置于上齿列之前，常常无须采取其他措施便可恢复自主呼吸。

若仍无明显的呼吸，操作者可在患者脸上盖一层纱布（手帕），约 4 s 深吸一口气，对着病人的鼻向肺吹一次气（14～16 次/min）。若还不见效，可能是头在颈部后仰和下颚抬得还不够，或吸入了异物阻塞了呼吸道的缘故。如果确认呼吸道已被阻塞不能进行人工呼吸，就得着手将其清除。可将病人的头转向侧面，把口腔擦净，上述过程应在几秒钟内完成，不要因不必要的清洁过程而浪费宝贵的时间，应立即进行口对鼻人工呼吸。有假牙、牙关紧闭或操作者的口过小时，口对鼻人工呼吸法更适宜。

一般只有在病人的鼻道阻塞、广泛性鼻损伤或鼻出血，或用口对鼻呼吸不能将空气吹到肺内时，才能进行口对口人工呼吸。

2. 口对口人工呼吸法

口对口人工呼吸法与口对鼻人工呼吸法基本相同。操作者一手托起病人的下颚，尽量使其头部后仰，并使其口张开，以另一只手捏紧病人的鼻孔，以防气体由鼻孔逸出。操作者深吸一口气，对准病人的口用力吹气，同时观察病人的胸部，此时他的胸部应抬高。吹气完毕后，立即放下捏鼻孔的手，以便胸廓及肺能自行回缩，将气体排出。吹气 14～16 次/min。当给病人深吹完一口气后，操作者将病人的头放在侧斜位，可感觉到空气从面颊部被动地向外流出，同时可看到，胸廓和腹壁因肺的弹性作用自动地下落，回到呼吸的静息位置。

3. 仰卧压胸法

病人仰卧，松开衣领和腰带，保持呼吸道通畅。操作者面对病人两腿分开，骑跨在病人的大腿两侧。两臂伸直，双手分开，放在病人的两乳头下方，借身体重力向前下方压病人的胸廓，持续约 2 s，使胸廓缩小，排出肺内气体。排出肺内气体后，操作者双手松开，上身挺起，暂停片刻，待病人胸廓自行扩张，使空气进入肺内。如此操作，18～20 次/min。

4. 俯卧压背法

病人俯卧，一臂向外伸开，以使胸廓扩张，一臂曲垫于脸下，头偏向一侧。操作者跨跪于病人大腿两侧，面向病人头部，把手平放在患者的背部肩胛骨下角（第七对肋骨处）脊柱两侧，拇指靠近脊柱，其余四指向外微弯。操作者俯身向前，慢慢用力向下压，用力的方向是向下、稍向前。当操作者的肩膀与患者肩膀将成一直线时，不再用力。在向下、向前推压的过程中，即可将肺内的空气压出，形成呼气。然后慢慢放松回身，使空气进入肺内，形成吸气。如此反复有节奏地进行，18～20 次/min。

第五节 潜水作业计划制订

在组织进行潜水作业或训练前，应根据潜水作业原则、作业实施要求和安全管理规定，制订科学合理、周密细致的作业训练计划，确定潜水作业任务目的、组织机构、人员组成、装备器材，制订物资所需和供应保障计划，明确任务分工，认真分析和评估潜水作业中可能遇到的困难和问题，完善安全预案和应急措施，建立工作目标和岗位责任制，在确保安全的前提下保证任务的顺利完成。

一、任务目的明确

组织潜水训练的主要目的是训练潜水员的潜水技术，提高水下作业能力。制订潜水计划时应充分考虑训练对象，分析参加人员的潜水技术和专业素质，拟定训练形式。根据全舰工作重点分批次、分阶段按照由易到难、由浅入深、循序渐进的原则制订训练目标。

潜水作业任务一般是上级领导机关下达，任务目标相对明确。制订潜水作业计划时，应在领受上级领导机关下达的命令后着手规划准备，根据初步得到的任务信息，按照日常训练程序，结合装具、人员现状，制订初步的作业计划。待调查了解现场后，进一步明确目的要求。

二、现场资料收集

组织潜水训练前一般要熟悉水域情况，对作业现场情况比较了解，制定计划时才会相对容易。如果到达陌生水域进行训练或是执行潜水作业任务，必须认真查看现场情况，并收集、分析、研究适用于每次特定潜水作业的有关资料，这样有助于选择潜水技术、装具，预判可能发生的危险和各种潜水意外事故，从而制订潜水应急处置预案。

进行潜水作业前，应收集和分析的资料范围为水面条件、水下条件、人力物力、援助和应急措施等方面，重点是现场水下条件，包括水文气象、作业水域深度、水温、流速、底质、水下能见度及周围环境等。

三、组织机构成立

应根据潜水作业任务的性质、水深条件、潜水工作量和技术要求，组成现场指挥组、潜水作业组、医务保障组、后勤保障组等机构。现场指挥组由领导机关组成，全面负责组织、指挥所有工作的实施，协调作业和训练中的保障工作，带领全体人员安全、顺利地完成预定的作业或训练任务。潜水作业组主要由潜水员组成，在指挥组的领导下开展潜水作业和训练，全力以赴完成水下所有任务。医务保障组由潜水医生和护理人员组成，负责潜水作业和训练中的医疗保障工作。后勤保障组由舰艇其他部门人员组成，负责潜水作业和训练所需的装备物资、辅助器材和生活必需品等保障工作。

在作业任务或训练要求简单、现场条件允许的情况下，经领导机关审批同意，组织机构可由潜水作业组人员组成，一般包括潜水指挥员、潜水员、信号员、医务员、救护员及水面保障人员。

四、装备器材确定

舰艇潜水作业装具主要是自携式潜水装具。在选择潜水技术前，要考虑该次潜水作业的潜水深度和水下停留时间，根据任务目的性质、人员技术水平、潜水作业深度和水下停留时间等因素确定装备器材型号、数量及后续保障条件。如果是长时间的潜水作业，则劳动强度大、作业复杂；即使是浅水作业，也应当选择管供式潜水技术。

五、安全风险评估

潜水作业和训练时最大的风险是水下潜水员的人身安全受到威胁。应从潜水员自身健康状况、技术水平、装具性能、呼吸气体、热量散失、水下环境、周围条件、危险生物等多方面、全方位考虑安全问题，合理分析可能需要预防的风险。

在港口、河流和航道进行潜水作业时，要特别注意其他船舶、快艇等水面航行器通行问题。另外，需要关注一些影响作业地点和水面条件的因素，包括其他国家的领海要求、外国情报船的出现，以及可能的敌对行动等。

六、应急预案制订

在充分考虑安全风险的前提下，必须有针对性地制订应急处置方案，以确保发生风险时能有条不紊地处置各种应急情况，保障潜水员的安全。重点从三方面进行考虑：一是在发生潜水事故或严重疾病时的紧急援助；二是潜水周期内增加设备、人员、生活用品或勤务；三是上级指挥部发来的其他指示和决定。

在潜水作业开始前，如果潜水现场没有加压舱，应和附近的加压舱单位联系好，使加压舱处于备便状态；应确定负责紧急运输的军队和地方单位，使其待命；同附近的潜水医生取得联系。另外，还应做好保证 24 h 内获得这种紧急援助的安排。水面能见度对于潜水作业影响很大，能见度较差可能会严重阻碍或迫使潜水作业推迟。潜水员在雾区进行潜水作业时，因能见度差，潜水方案允许适当推迟。在决定水面能见度是否适合于潜水作业时，潜水员和水面保障人员的安全是应考虑的主要问题。

思考题

1. 潜水员潜水过程中可利用的信号绳信号和水下手势信号有哪些？
2. 舰艇潜水作业的特点和注意事项有哪些？
3. 潜水组中人员的分工和职责是什么？
4. 潜水员水下事故应急处理措施有哪些？
5. 制订潜水计划应考虑哪些因素？
6. 应从哪些方面加强潜水作业安全管理？

参考文献

侯岳, 任凯, 2016. 舰船火灾基础(海军工程大学内部教材).

季春华, 刘文武, 鲜林峰, 等, 2015. 潜水减压模型发展简介. 中国职业医学, 42(5): 582-585.

李志辉, 李其修, 吴向君, 等, 2016. 舰艇潜水技术(海军工程大学内部教材).

刘辉, 2019. 海军水面舰艇损管基本行动规范. 武汉：海军工程大学: 45-118.

刘辉, 李志辉, 吴向君, 等, 2016. 损管训练实作指导书(海军工程大学内部教材).

浦金云, 金涛, 邱金水, 等, 2008. 舰船生命力. 北京：国防工业出版社.

任凯, 浦金云, 2017. 水面舰艇损害管制战术基础(海军统编内部教材).

陶恒沂, 2005. 潜水医学(修订第七版). 北京：高等教育出版社.

吴向君, 李其修, 李志辉, 等, 2015. 舰艇潜水与损管(海军工程大学内部教材).

徐伟刚, 2016. 潜水医学. 北京：科学出版社.

徐伟刚, 2016. 新型潜水装备的维护和使用. 上海：第二军医大学出版社.

张光辉, 刘辉, 2017. 舰艇损管训练实作指导书(海军工程大学内部教材).

Calabrese F, Corallo A, Margherita A, et al, 2012. A knowledge-based decision support system for shipboard damage control. Expert Systems with Applications, 39: 8204-8211.

Georgios V, 2011. Evaluation of modern Navies' damage control and firefighting training using simulator platforms. monterey. Naval Postgraduate School: 103-117.

Vincent V, 2009. Analysis of the Arliegh Burke destroyer class damage control shipboard phased-replacement Process. Monterey. Naval Postgraduate School: 79-86.

附录

附录一　潜水员水下信号表

附表-1　潜水员水下信号表

编号	信号	信号代表的意义	
		发给潜水员的信号	潜水员发出的信号
1	(—)	你感觉怎样、重复一次信号，拉紧信号绳，你可以下潜	我感觉很好，我已到底，重复一次信号，拉紧信号绳
2	(—)(—)(—)	上升出水、继续上升	我要上升出水、继续上升
3	(......)	停止（停止上升、下潜、前进）	停止（停止上升、下潜、前进）
4	(......)(......)	继续下潜，继续前进	继续下潜，继续前进，信号绳放松
5	(......)(......)(......)	第二名潜水员已经下潜	请求援助
6	(—)(......)	面对信号绳向右走	可以向右走吗
7	(—)(—)(......)	面对信号绳向左走	可以向左走吗
8	(—)(—)(—)(......)	往回走或往后走	可以往回走或往后走吗
9	(——)	给你绳索或工具	给我绳索或工具
10	(—)(—)(—)......分拉四下以上	你立即上升（紧急信号）	快拉我上升（紧急信号）
11	(—)(......)(—)	备用信号	备用信号

说明：

①基本的传递信号分为三种：(—) 表示分拉信号；(......) 表示速拉信号；(——) 表示连拉信号。两个信号之间的间隔时间约为 1 s；拉一下以后每间隔约 0.5 s 再拉即为连拉信号；拉一下以后每间隔约 0.5 s 再拉一下，共拉 4 下即为速拉信号。

②明白或者同意对方信号时，均重复一次对方信号。

③凡收到对方信号后应当间隔 2～3 s 再回答信号。

④"左""右"方向以潜水员面对信号绳为准，即与水面信号员的方向相反。

⑤潜水员连续三次信号未答复时，应当立即将其拉出水面，但应防止速度过快，以免由于过速上升引起潜水疾病。上拉过程中设法与潜水员沟通联络。

⑥本表规定的信号为基本信号，潜水时可根据需要在不重复本表信号的原则下临时增添新的信号，水面工作人员和潜水员应当熟知其信号含义。

附录二 自携式空气潜水减压表

附表-2 自携式空气潜水减压表

方案	潜水深度/m	水下工作时间/min	由水底到3 m停留站时间/s	3 m处停留时间/min	由水底到水面减压总时间 min	由水底到水面减压总时间 s
1	10～12	200以内				40
2	12～15	100以内				10
3		101～120	40	5	5	10
4		121～140	40	10	10	20
5	15～18	60以内			1	
6		61～70	50	2	3	
7		71～80	50	7	8	
8	18～21	50以内			1	10
9		51～60	60	8	9	10
10		61～70	60	14	15	10
11	21～24	40以内			1	20
12		41～50	70	10	11	20
13		51～60	70	17	18	20
14	24～27	30以内			1	30
15		31～40	80	7	8	30
16	27～30	25以内			1	40
17		26～30	90	3	4	40
18		31～40	90	15	16	40
19	30～33	20以内			1	50
20		21～25	90	3	4	50
21		26～30	90	7	8	50
22	33～36	15以内			2	
23		16～20	110	2	4	
24		21～25	110	6	8	
25		26～30	110	14	16	
26	36～39	10以内			2	10
27		11～15	120	1	3	10
28		16～20	120	4	6	10
29		21～25	120	10	12	10
30	39～42	10以内			2	20
31		11～15	130	2	4	20
32		16～20	130	6	8	20

注：①本表适用于自携式潜水减压。在12 h内多次反复潜水，按最大深度与几次水下工作时间总和粗略计算；②水下工作时间指潜水员自头部没入水中起，到离底上升止的这段时间；③由水底到3 m停留时间按每10 s上升3 m的速度上升；④3 m停留站上升到出水亦用10 s；⑤上升过程中严禁屏气

附录三 我国 60 m 空气潜水水下阶段减压表及其使用说明

一、使用说明

（一）结构特点使用说明

（1）本表供 60 m 以浅空气潜水使用，采用水下阶段减压法。共有 14 个深度档（深度间距为 4 m）和 140 个减压方案。

（2）表中有 6 大纵栏，分别为潜水深度、水下工作时间、上升到第一停留站时间、各停留站停留时间、各停留站停留总时间、减压总时间。

（3）"潜水深度"指潜水员下潜的实际深度，在水下工作期间如有潮汐变化或作业深度变化，应以最大深度为准。

（4）"水下工作时间"指潜水员自头部没入水中起，到离底上升时止的这段时间。

（5）"上升到第一停留站时间"指潜水员从离底上升到第一停留站所用的时间。

（6）"各停留站停留时间"指潜水员到达该站起直至离开该站时止的这段时间，它不包括各停留站间的移行时间。

（7）"减压总时间"指潜水员离底上升时起，直至潜水员减压完毕时止这段时间。它包括"上升到第一停留站时间""各停留站停留时间""各站间移行时间"（均为 1 min）等。

（8）在每个深度级内的"※"表示该深度级内潜水适宜时间的极限。在一般情况下，水下工作时间不宜超过此极限。

（二）减压方案选择原则

（1）减压方案的概念：根据潜水深度及水下工作时间，在减压表的相应深度档内找到相应的水下工作时间，据此即能查到"上升到第一停留站时间"与"各停留站停留时间"等一整套实施减压的依据，称为减压方案。具体的减压方案习惯上以深度（m）/时间（min）来表示。例如潜水深度 25 m、水下工作时间 35 min，即可在 24～28 m 深度档的 35 min 一栏内找出减压方案，即称"24～28 m/35min"方案。

（2）减压方案的选择：若实际潜水深度超过减压表上某个深度，或水下工作时间超过表上某一规定时间，应选择深度较大、水下工作时间较长的相应方案，如潜水深度 22 m、水下工作时间 30 min，应按"22～24 m/35min"方案减压。

（3）基本减压方案（基本方案）：凡根据潜水员实际潜水深度和水下工作时间这两项基本参数选择的减压方案，称为基本减压方案，简称基本方案。

（4）在下列情况下，通常按基本方案减压：潜水员经过适当的加压锻炼或经常潜水，潜水员潜水技术及水下作业技能良好，无易发减压病史，劳动强度较轻或中等，水温 10 ℃ 以上、流速 0.5 m/s 以内、硬底质。

（5）修正（延长）方案：当某些因素影响潜水员安全减压时，减压方案必须在基本方案的基础上进行修正延长。这些因素包括：潜水员在水下进行繁重的体力劳动，潜水员技术不熟练，较长时间（2周以上）未参加潜水或未经过充分的加压锻炼，以致对高气环境的适应性较差，有易患减压病史，水温低于10℃、流速1 m/s以上、软泥底质等。

采用延长方案时应考虑影响因素的多少及程度，一般选择基本方案下一时间档的减压方案，必要时可以从水下工作时间及潜水深度两个方面同时间进行修正延长。

（三）注意事项

（1）下潜速度应以水面供气及潜水员中耳平衡等情况而定，通常为10~15 m/min，下潜时间全部计入水下工作时。

（2）从水底上升到第一站的速度为6~8 m/min。若上升稍快，应将剩余的时间合并到第一站停留时间。若上升过快，应重新下潜到深于第一停留站3 m处停留，停留时间应相当于上升时因过快而剩余的时间，然后再上升到第一站，继续按原方案减压。

（3）站间距为3 m，用1 min移行；若移行过快不足1 min，剩余时间则应加到停留站的停留时间。

（4）未经停留减压直接上升到水面时，必须在3 min内重新下潜到比原计划的第一站深3 m处停留5 min，然后重新选择方案减压。深度为原作业深度，水下工作时间按5段时间之和计算：①原作业水下工作时间；②直接上升所花时间；③水面耽搁时间；④重新下潜所用时间；⑤在规定深度的停留时间。若还有其他不利因素，应进一步修正延长。若水面耽搁超过5 min，必须重新下潜到水底（原作业深度），停留5 min，选择减压方案的原则同上。

（5）按照霍尔丹（Haldane）的减压理论计算出的每个减压方案，其较浅深度停留站的停留时间肯定比较大深度停留站的停留时间长。然而，本表中有一部分减压方案并非如此，原因可能是理论计算时确定领先组织有误，在使用到此类方案时请注意。

二、60 m空气潜水水下阶段减压表

附表-3　60 m空气潜水水下阶段减压表

潜水深度/m	水下工作时间/min	上升到第一停留站时间/min	各停留站深度/m										各停留站停留总时间		减压总时间	
			33	30	27	24	21	18	15	12	9	6	3	h	min	h	min
			停留时间/min													
0~12	※240	2																2
	300	2											5		5		8
12~16	90	2											3		3		6
	120	2											5		5		8
	※180	2											8		8		11
	240	2											19		19		22
16~20	30	2										2	3		5		9
	60	2										2	7		9		13
	90	2										3	16		19		23
	※120	2										4	21		25		29
	150	2										13	18		31		35
	180	2										16	25		41		45

续附表-3

潜水深度/m	水下工作时间/min	上升到第一停留站时间/min	各停留站深度/m									各停留站停留总时间		减压总时间	
			33	30	27	24	21	18	15	12	9	6	3	h	min	h	min
		|停留时间/min													
20~24	20	3									2	3		5		10
	35	3									4	4		8		13
	50	3									5	9		14		19
	70	3									8	16		24		29
	※90	3									10	22		32		37
	120	2								3	21	20		44		49
	150	2								3	25	29		57	1	2
	180	2								4	29	35	1	8	1	13
24~28	15	3									3	3		6		11
	25	3									5	5		10		15
	35	3								2	5	8		15		21
	45	3								2	8	9		19		25
	55	3								2	11	13		26		32
	65	3								2	12	19		33		39
	75	3								2	13	24		39		45
	※90	3								4	16	26		46		52
	105	3								9	26	20		55	1	1
	120	3								10	27	30	1	7	1	13
28~32	10	4									3	2		5		11
	20	3								2	5	4		11		17
	30	3								3	6	8		17		23
	45	3								4	10	12		26		32
	50	3								5	12	17		34		40
	※60	3								6	13	22		41		47
	75	3							2	11	17	18		48		55
	90	3							3	11	26	22	1	2	1	9
	105	3							4	16	27	30	1	17	1	24
	120	3							5	18	32	33	1	28	1	35
32~36	10	4									4	3		7		13
	20	4								3	6	5		14		21
	30	3							2	4	7	9		22		29
	40	3							2	5	12	14		33		40
	50	3							2	7	13	22		44		51
	※60	3							5	11	20	19		55	1	2
	75	3							7	11	20	28	1	6	1	13
	90	3							9	16	27	30	1	22	1	29
	105	3							10	20	30	35	1	35	1	42
	120	3							10	23	39	35	1	47	1	54

· 284 ·

续附表-3

潜水深度/m	水下工作时间/min	上升到第一停留站时间/min	各停留站深度/m											各停留站停留总时间		减压总时间	
			33	30	27	24	21	18	15	12	9	6	3	h	min	h	min
			停留时间/min													
36~40	10	4								2	3	3		8		15
	15	4							2	2	5	5		14		22
	20	4							2	3	6	7		18		26
	25	4							2	5	7	12		26		34
	30	4							2	6	10	9		27		35
	35	4							3	5	13	9		30		38
	40	4							4	6	13	12		35		43
	45	4							4	8	13	15		40		48
	50	4							4	9	13	17		43		51
	55	4							5	10	16	16		47		55
	※60	4							5	11	18	25		59	1	7
	75	4							3	10	16	27	33	1	29	1	38
	90	4							5	9	20	31	36	1	41	1	50
	105	4							5	12	22	41	35	1	55	2	4
	120	4							6	15	22	49	35	2	7	2	16
40~44	10	4									3	4	6		13		20
	15	4							2	3	6	9		20		28
	20	4							2	5	6	17		30		38
	25	4								3	5	9	18		35		43
	30	4						2	3	5	12	24		46		55
	35	4						2	4	7	12	28		53	1	2
	40	4						2	4	9	13	30		58	1	7
	45	4						4	6	11	20	26	1	7	1	16
	※50	4						4	8	11	24	33	1	20	1	29
	55	4					2	3	9	12	24	36	1	26	1	36
	60	4					2	4	9	12	28	39	1	34	1	44
	75	4					2	6	9	20	29	50	1	56	2	6
	90	4					2	7	12	22	38	48	2	9	2	19
	105	4					2	8	17	22	48	49	2	26	2	36
	120	4					3	9	18	26	51	48	2	36	2	46
44~48	5	6										4	4		8		16
	10	5							2	2	5	5		14		23
	15	5							2	4	7	10		23		32
	20	5						2	2	5	8	17		34		44
	25	5						2	3	5	12	23		45		55
	30	5						2	4	7	13	27		53	1	3
	※35	5					3	4	9	13	32	1	1	1	11
	40	5					3	5	10	15	33	1	6	1	16
	50	4					2	5	10	11	27	38	1	33	1	43
	60	4					3	7	9	17	27	47	1	50	2	0
	75	4					3	8	12	22	40	50	2	15	2	25
	90	4					6	8	17	22	48	48	2	29	2	39

续附表-3

潜水深度/m	水下工作时间/min	上升到第一停留站时间/min	33	30	27	24	21	18	15	12	9	6	3	h	min	h	min
								各停留站深度/m 停留时间/min							各停留站停留总时间		减压总时间	
48~52	5	6									3	4	4		10		19
	10	5							2	2	3	7	6		20		30
	15	5							2	3	6	9	9		29		39
	20	5						2	2	4	6	13	16		43		54
	25	5						2	3	5	8	14	24		56	1	7
	※30	5						2	4	5	11	16	26	1	4	1	15
	35	4					2	4	4	10	12	26	20	1	18	1	29
	40	4						3	4	6	10	12	18	36	1	29	1	40
	50	4						3	5	8	11	21	34	36	1	58	2	9
	60	4						4	7	8	14	24	45	36	2	18	2	29
	75	4					2	4	8	9	20	26	54	36	2	39	2	51
	90	4					2	6	7	16	20	37	56	35	2	59	3	11
52~56	5	6									4	4	5		13		22
	10	6							2	2	5	7	8		24		35
	15	5							2	3	6	10	13		36		47
	20	5						2	3	5	7	14	19		50	1	1
	25	5					2	2	3	5	10	14	26	1	2	1	14
	30	5					2	2	4	7	11	20	26	1	12	1	24
	35	4				2	2	4	6	10	12	30	21	1	27	1	39
	40	4				2	2	4	8	10	18	29	27	1	40	1	52
	50	4				2	4	5	9	11	25	39	36	2	12	2	24
	60	4				2	5	8	9	17	24	49	36	2	30	2	42
	75	4				3	7	7	14	20	30	56	36	2	53	3	5
	90	4				5	7	9	18	20	45	56	36	3	16	3	28
56~60	5	6								3	2	5	5		15		25
	10	6							3	3	4	7	9		26		37
	15	6						2	2	5	5	12	13		39		51
	※20	5					2	2	3	5	7	13	23		55	1	7
	25	5					2	3	4	5	11	18	26	1	9	1	21
	30	5					2	4	4	8	11	24	27	1	20	1	32
	35	5				2	4	4	8	10	18	30	30	1	46	1	59
	40	5				3	3	6	8	10	22	33	36	2	1	2	14
	50	5			2	3	4	8	9	14	24	44	36	2	23	2	37
	60	5			2	2	7	7	10	20	24	54	36	2	42	2	59
	75	5			2	5	6	8	17	20	36	56	36	3	6	3	20
	90	5			2	6	7	14	18	22	45	56	36	3	26	3	40
60~64	5	6								3	3	5	5		16		26
	10	6						2	2	3	5	8	10		30		42
	15	6						3	2	5	6	13	18		47		59
	※20	6					2	2	4	5	10	14	25	1	2	1	15
	25	6					2	4	4	7	11	19	28	1	15	1	28
	30	5				3	3	4	7	10	14	30	25	1	36	1	49
	35	5				4	3	5	9	10	19	30	32	1	52	2	5
	40	5			2	3	3	7	9	10	23	35	36	2	8	2	22
	50	5			2	3	6	8	9	17	24	50	34	2	33	2	47
	60	5			3	5	6	8	12	20	28	56	36	2	54	3	8
	75	5			4	6	6	12	17	20	41	55	36	3	17	3	31
	90	5			5	6	9	14	18	27	45	56	36	3	36	3	50

附录四　我国水面减压潜水减压表及其使用说明

一、使用说明

水面减压法适用于下列情况。

（1）工作现场水文气象条件恶劣（水量较低、天气寒冷、风速过大、流速偏快）或有敌情顾虑，无法在水中逐站依次减压时。

（2）发生意外情况（如潜水衣进水、软管断裂等）不可能继续在水中工作，而又不能在水中慢慢减压上升时。

（3）放漂出水而又不可能下潜时。

采用水面减压法进行工作时，现场必须具备如下条件。

（1）加压舱（工作压强不低于 0.5～0.7 MPa）。

（2）足够的储气设备，满足舱内升压速度要求，从常压升至 0.09～0.12 MPa，应在 0.5～1 min 完成。

（3）有潜水军医在场。

潜水减压表，既适用于实际潜水作业，也适用于加压锻炼（最高舱压为 0.45 MPa），各减压方案按表中规定可相应采用下列几种减压方法。

（1）采用水面减压法，吸用压缩空气。

（2）采用水面减压法，舱内减压阶段吸用氧气。

（3）采用水下阶段减压法，吸用压缩空气。

（一）本表结构

（1）深度：自 12 m 起到 45 m 止，每 3 m 一级，共 12 个深度级，包括 12～45 m 深度。

（2）方案：每一深度根据水下工作时间设有不同减压方案，全部共 82 个方案，可分 3 类：①不减压潜水方案，每一深度中水下工作时间最短的一个方案，潜水人员在水中工作结束后，可按表直接出水，出水后亦不必进加压舱作水面减压，共 12 个方案；②常用方案，每一深度有若干个方案，是本表的主体；③延长减压备用方案，每一深度均有一个水下工作时间最长的方案，共 11 个。系供实际潜水中，由于各种条件变化，作为常用方案延长修订时使用。在一般条件下，不宜采用。此方案均标以"*"符号。

（3）各方案中，水面减压法出水深度有两种表示形式：①水中最后一个停留站。②水中无停留站者，在表中用"☆"符号表示。

（4）舱内减压阶段必须呼吸医用纯氧，吸氧时间不得换算成吸压缩空气的时间。

（二）选择减压方法及减压方案的原则

（1）领导潜水作业的潜水干部及潜水军医应根据每次下潜的水下作业任务、人员体质情况、物质条件以及客观环境选择适当的减压方法及减压方案进行减压。减压方法及减压方案于下潜前应大致选定，以使各项工作有计划、有步骤地安排。

（2）潜水员将要上升出水时，应根据实际潜水深度和水下工作时间，同时结合水下作业劳动强度、外界环境条件、前一次潜水时间、潜水人员体质状况和当时的主观感觉等因素综合考虑，最后确定减压方法和选择减压方案，并据此进行减压。

（3）下潜的实际深度必须正确测定。一次潜水中遇有几种不同深度时，应按最大深度计算，遇到潮汐涨落，应以最高潮面的深度为准。若实际深度在减压表上无相应方案时，应选择深度稍大的方案进行减压。

（4）实际水下工作时间是从潜水人员的头部淹没水中开始下潜时算起，直到离底上升时为止。在减压表上如无相应方案时，应选择较实际水下工作时间稍长的方案进行减压。

（5）凡根据实际潜水深度及水下工作时间两个主要因素所选定的减压方案，称为基本方案。在正常条件下，采用基本方案进行减压可基本保证安全。

（6）潜水作业中，潜水人员本身体质情况、劳动强度及外界环境条件，将在一定程度上影响氮气在体内饱和及脱饱和的过程。如果潜水人员在潜水中受到一些不良因素的影响，则在减压前必须根据具体情况对基本方案做适当修订，按照延长方案减压。下列情况可按基本方案减压：①潜水人员在水下进行轻度至中等强度的作业；②外界环境条件良好，例如：水温10℃以上，流速1 m/s以内，硬质水底，能见度好等；③潜水人员身体健康、精神状态好，平时经常进行加压锻炼无减压病史；④潜水服内通风良好，二氧化碳浓度不高。

若潜水人员在水下进行作业的劳动强度较大，水温较低、流速较快、软质泥底、水下能见度差，潜水人员身体素质较差、较长时间未下潜、有减压病史，以及潜水服内通风不足时，须采用"延长方案"。此方案是指在减压表上各相应深度中，水下工作时间较"基本方案"稍长一级的减压方案。

（7）潜水员水下工作结束时，只有主观感觉良好，方可采用水面减压法上升出水。若潜水员在离底前已有某些不适感觉，为确保安全，应选用水下阶段减压法。当按水面减压法上升，在水中停留站停留减压过程中出现某些不适时，应先根据情况做出正确判断，若有减压病症状，应考虑不用原定的水面减压法而改用水下阶段减压法。

（8）若工作现场具备吸用纯氧的条件，在加压舱内减压阶段应尽可能地采用吸氧减压法。

（9）确定减压方法及减压方案后必须严格按表进行操作。如无特殊理由，不得轻易超越规定的上升速度及随意缩短应予停留的时间。

（10）潜水人员在一次潜水减压完毕后的12 h内，原则上不允许再作第二次下潜。执行紧急援救任务时，可在前一次潜水减压结束至少2 h以后允许该潜水人员再次潜水。凡两次潜水之间相隔时间不超过12 h者，均称为"反复潜水"。

采用水面减压法进行反复潜水，深度应限于45 m以内，其减压方法可按如下规定进行：①在第一次潜水减压完毕后，潜水人员应立即戴上吸氧面罩。在常压下，吸用纯氧1 h接着再休息1 h，准备进行反复潜水。②反复潜水时仍可采用水面减压法。选择减压方案时，可按第二次潜水实际情况为准，不需特殊延长。在加压舱内减压阶段仍可吸用氧气。

（11）方案选择举例。①水深度 22 m，水下工作时间 60 min，潜水环境条件及潜水人员身体因素均良好，应选用"24 m/ 60 min"方案，即基本方案。②水深 23 m，水下工作时间 100 min，潜水人员在水下进行重体力劳动，按基本方案应选"24 m/105 min"方案，因劳动强度大，需对基本方案修订延长，故采用"24 m/145 min"这一修订的延长方案。

（三）实施水面减压法的基本步骤

（1）潜水人员在水底工作结束后，应按所选择减压方案规定的上升速度第一停留站，不宜过快。

（2）潜水人员到达水中第一停留站后，如果该第一停留站深度在 6 m 以内（包括 6 m），可不在该站停留，而接着再按原上升速度继续上升出水。第一停留站深度超过 9 m（包括 9 m），必须按表规定在该站停留减压。如尚有第二、第三停留站，均应依次停留完毕后，才能上升出水，上升速度为 6～8 m/min。

（3）潜水员出水，上潜水梯，登甲板，脱卸全套潜水装具。进舱加压到规定深度，全过程活动应在 6 min 内完成。凡在第一停留站未做停留就上升出水者，一律将舱压加到该次潜水第一停留站深度对应的压力，按表上规定的停留时间在该压力下停留。停留完毕按方案规定逐站减压，直至出舱。凡在水中已于若干停留站进行停留减压再进行水面减压者，舱压一律加到水中已停留完毕最后一个停留站的前一站深度对应的压力，在该压力下停留 10 min，然后按方案规定逐站减压，直至出舱。

（4）从离开水中各规定的停留站上升起，直至出水、进舱、又加到该深度的压力时止，这段时间必须控制好。提高卸装速度是争取缩短这段时间的主要途径。

（5）在水中和舱内减压过程中，各停留站之间的移行时间均规定为 1 min。这段时间不计入各站应停留的时间，应计入减压总时间。

（四）特殊情况的处理

（1）潜水人员在减压过程中如出现减压病初步症状，处理原则如下：①减压中如出现皮肤发痒，无其他不适，可延长在该停留站的停留时间，直至症状消失。在该停留站按表上时间重复停留一次，方能继续减压。②减压中如重复出现皮肤发痒或肢体疼痛，应立即下潜一个停留站，停留到症状消失，继续减压应改为水下阶段减压进行。③如皮肤发痒或肢体疼痛出现于卸装过程中，潜水人员进舱后应改用延长方案减压，如减压病症状不减轻，应按治疗原则处理。

（2）在水底工作过程中或在水中停留减压时，若放漂出水，同时又不可能再次下潜，可按水面减压法要求迅速将其拉上甲板，卸除装具，立即送进加压舱进行加压。所加压力的大小应视放漂开始的深度、水面耽误时间及有无减压病症状等情况而定。为防止减压病的发生，可将舱压加到该次潜水的水底压力，处理放漂所用的时间一并计入水下工作时间，选择相应减压方案进行减压。如已出现减压病症状，应按治疗原则处理。

二、我国水面减压潜水减压表

附表-4 我国水面减压潜水减压表

方案编号	潜水深度/m	水下工作时间/min	上升到第一停留站或水面 时间/min	上升到第一停留站或水面 速度/(m/min)	减压方法	各停留站的深度/m 及其停留站时间/min（每站间减压移行时间均为1 min） 水中停留站 15	12	9	6	3	0	间隔时间/min	水面舱内停留站 12	9	6	3	减压总时间 h	min
1	12	240	2	6	水下 水面 水面吸氧													2
2	15	100	2	7.5	水下 水面 水面吸氧													2
3		145	2	6	水下 水面 水面吸氧					10 ☆		6 6				10 (5)	13	19 14
4		*180	2	6	水下 水面 水面吸氧					14 ☆ ☆		6 6				14 (7)	17	23 16
5		240	2	6	水下 水面 水面吸氧					18 ☆ ☆		6 6				18 (9)	21	27 18
6		45	2	6	水下 水面 水面吸氧							6 6					3
7		60	2	7.5	水下 水面 水面吸氧					5 ☆ ☆		6 6				5 (3)	18	14 12
8		80	2	7.5	水下 水面 水面吸氧					14 ☆ ☆		6 6				14 (7)	17	23 16
9	18	105	2	7.5	水下 水面 水面吸氧					19 ☆ ☆		6 6				19 (10)	22	28 19
10		145	2	7.5	水下 水面 水面吸氧					28 ☆ ☆		6 6				28 (14)	31	37 23
11		*180	2	7.5	水下 水面 水面吸氧					34 ☆ ☆		6 6				34 (17)	37	43 26
12		240	2	7.5	水下 水面 水面吸氧					46 ☆ ☆		6 6				46 (23)	49	55 32
13		35	3	7	水下 水面 水面吸氧												3
14	21	45	3	6	水下 水面 水面吸氧					5 ☆		6 6				5 (3)	9	15 13
15		60	3	6	水下 水面 水面吸氧					17 ☆		6 6				17 (9)	21	27 19
16		80	3	6	水下 水面 水面吸氧					24 ☆						24 (12)	28	34 22

续附表-4

方案编号	潜水深度/m	水下工作时间/min	上升到第一停留站或水面 时间/min	上升到第一停留站或水面 速度/(m/min)	减压方法	各停留站的深度/m 及其停留站时间/min（每站间减压移行时间均为1 min） 水中停留站 15	12	9	6	3	0	间隔时间/min	水面舱内停留站 12	9	6	3	减压总时间 h	min
17	21	105	2	7.5	水下 水面 水面吸氧				11 ☆ ☆	28		6 6			11 (6)	28 (14)		43 49 30
18		145	2	7.5	水下 水面 水面吸氧				16 ☆ ☆	35		6 6			16 (8)	35 (18)		55 01 36
19		*180	2	7.5	水下 水面 水面吸氧				19 ☆ ☆	46		6 6			19 (10)	46 (23)		09 15 43
20		240	2	7.5	水下 水面 水面吸氧				26 ☆ ☆	62		6 6			26 (13)	19 (10)		32 38 54
21	24	25	2	8	水下 水面 水面吸氧							6 6						3
22		35	3	7	水下 水面 水面吸氧				6 ☆ ☆			6 6				6 (3)		10 16 13
23		45	3	7	水下 水面 水面吸氧				26 ☆ ☆			6 6				26 (13)		30 26 23
24		60	3	7	水下 水面 水面吸氧				34 ☆ ☆			6 6				34 (17)		38 44 27
25		80	3	6	水下 水面 水面吸氧				16 ☆ ☆	25		6 6			16 (8)	25 (13)		46 52 32
26		105	3	6	水下 水面 水面吸氧				22 ☆ ☆	32		6 6			22 (11)	32 (16)		59 05 38
27		*145	3	6	水下 水面 水面吸氧				34 ☆ ☆	43		6 6			34 (17)	43 (22)		22 28 50
28		180	2	7.5	水下 水面 水面吸氧			9 9 9	34	59		6 6		10 (5)	34 (17)	59 (30)		47 03 12
29	27	20	4	6.8	水下 水面 水面吸氧							6 6						4
30		25	3	8	水下 水面 水面吸氧				3 ☆ ☆			6 6				3 (2)		7 13 12
31		35	3	8	水下 水面 水面吸氧				12 ☆ ☆			6 6				12 (6)		16 22 16
32		45	3	8	水下 水面 水面吸氧				34 ☆ ☆			6 6				34 (17)		38 44 27

· 291 ·

续附表-4

方案编号	潜水深度/m	水下工作时间/min	上升到第一停留站或水面 时间/min	上升到第一停留站或水面 速度/(m/min)	减压方法	水中停留站 15	水中停留站 12	水中停留站 9	水中停留站 6	水中停留站 3	水中停留站 0	间隔时间/min	水面舱内停留站 12	水面舱内停留站 9	水面舱内停留站 6	水面舱内停留站 3	减压总时间 h	减压总时间 min
33	27	60	3	7	水下 水面 水面吸氧				16 ☆	26		6 6			16 (8)	26 (13)		47 53 32
34	27	80	3	7	水下 水面 水面吸氧				25 ☆	28		6 6			25 (13)	28 (14)	1	58 04 38
35	27	*105	3	6	水下 水面 水面吸氧			15 15 15	23	40		6 6		10 (5)	23 (12)	40 (20)	1 1 1	24 40 04
36	27	145	3	6	水下 水面 水面吸氧			21 21 21	33	58		6 6		10 (5)	33 (17)	58 (29)	1 2 1	58 14 24
37	30	15	4	7.5	水下 水面 水面吸氧													4
38	30	20	4	6.8	水下 水面 水面吸氧				3 ☆			6 6				3 (2)		8 14 13
39	30	25	4	6.8	水下 水面 水面吸氧				5 ☆			6 6				5 (3)		10 16 14
40	30	35	4	6.8	水下 水面 水面吸氧				19 ☆			6 6				19 (10)		24 30 21
41	30	45	3	8	水下 水面 水面吸氧				14 ☆	24		6 6			14 (7)	24 (12)		43 49 30
42	30	60	3	8	水下 水面 水面吸氧				25 ☆	26		6 6			25 (13)	26 (13)	1	56 02 37
43	30	*80	3	7	水下 水面 水面吸氧			13 13 13	26	36		6 6		10 (5)	26 (13)	36 (18)	1 1 1	21 37 01
44	30	105	3	7	水下 水面 水面吸氧			25 25 25	28	48		6 6		10 (5)	28 (14)	48 (24)	1 2 1	47 03 20
45	33	15	5	6.6	水下 水面 水面吸氧													5
46	33	20	4	7.5	水下 水面 水面吸氧				4 8 ☆			6 6				4 (2)		9 15 13
47	33	25	4	7.5	水下 水面 水面吸氧				10 8 ☆			6 6				10 (5)		15 21 16
48	33	35	4	6.8	水下 水面 水面吸氧				9 ☆	22					9 (5)	22 (11)		37 43 28

续附表-4

方案编号	潜水深度/m	水下工作时间/min	上升到第一停留站或水面 时间/min	上升到第一停留站或水面 速度/(m/min)	减压方法	各停留站的深度/m 及其停留站时间/min（每站间减压移行时间均为1 min）水中停留站 15	12	9	6	3	0	间隔时间/min	水面舱内停留站 12	9	6	3	减压总时间 h	min
49	33	45	4	6.8	水下 水面 水面吸氧				21 ☆ ☆	24		6 6			21 (11)	24 (12)		51 57 35
50	33	60	3	8	水下 水面 水面吸氧			18 18 18	21	30		6 6		10 (5)	21 (11)	30 (15)	1 1 1	15 31 01
51	33	*80	3	8	水下 水面 水面吸氧			24 24 24	27	40		6 6		10 (5)	27 (14)	40 (20)	1 1 1	37 53 15
52	33	105	3	7	水下 水面 水面吸氧		19 19 19	21 21 21	34	58		6 6		10 (5)	34 (17)	58 (29)	2 2 1	19 35 44
53	36	10	5	7.2	水下 水面 水面吸氧							6 6						5
54	36	15	5	6.6	水下 水面 水面吸氧				3 ☆ ☆			6 6				3 (2)		9 15 14
55	36	20	5	6.6	水下 水面 水面吸氧				7 ☆ ☆			6 6				7 (4)		13 19 16
56	36	25	4	7.5	水下 水面 水面吸氧				3 ☆ ☆	17		6 6			3 (2)	17 (9)		26 32 23
57	36	35	4	7.5	水下 水面 水面吸氧				16 ☆ ☆	23		6 6			16 (8)	23 (12)		45 51 32
58	36	45	4	6.8	水下 水面 水面吸氧			14 14 14	19	25		6 6		10 (5)	19 (10)	25 (13)	1 1	05 21 55
59	36	*60	4	6	水下 水面 水面吸氧		5 5 5	20 20 20	22	34		6 6		10 (5)	22 (11)	34 (17)	1 1 1	29 45 12
60	36	80	3	8	水下 水面 水面吸氧		18 18 18	21 21 21	29	47		6 6		10 (5)	29 (15)	47 (24)	2 2 1	02 18 36
61	39	10	6	6.5	水下 水面 水面吸氧							6 6						6
62	39	15	5	7.2	水下 水面 水面吸氧				6 ☆ ☆			6 6				6 (3)		12 18 15
63	39	20	5	7.2	水下 水面 水面吸氧				9 ☆ ☆			6 6				9 (5)		15 21 17
64	39	25	5	6.6	水下 水面 水面吸氧				6 ☆ ☆	23		6 6			6 (3)	23 (12)		36 42 28

· 293 ·

续附表-4

方案编号	潜水深度/m	水下工作时间/min	上升到第一停留站或水面 时间/min	上升到第一停留站或水面 速度/(m/min)	减压方法	水中停留站 15	水中停留站 12	水中停留站 9	水中停留站 6	水中停留站 3	水中停留站 0	间隔时间/min	水面舱内停留站 12	水面舱内停留站 9	水面舱内停留站 6	水面舱内停留站 3	减压总时间 h	减压总时间 min
65		35	4	7.5	水下 水面 水面吸氧			8 8 8	17	24		6 6		10 (5)	17 (9)	24 (12)	1	56 12 47
66		45	4	7.5	水下 水面 水面吸氧			21 21 21	20	28		6 6		10 (5)	20 (10)	28 (14)	1 1 1	16 32 03
67		*60	4	6.8	水下 水面 水面吸氧		20 20 20	21 21 21	25	41		6 6		10 (5)	25 (13)	41 (21)	1 2 1	55 11 34
68		80	3	8	水下 水面 水面吸氧	10 10 10	20 20 20	23	23	51		6 6	10 (5)	23 (12)	33 (17)	51 (26)	2 2 1	25 41 44
69		10	6	7	水下 水面 水面吸氧													6
70		15	6	6.5	水下 水面 水面吸氧				9 ☆ ☆			6 6				9 (5)		16 22 18
71		20	5	7.8	水下 水面 水面吸氧				19 ☆ ☆			6 6				19 (10)		25 31 22
72	42	25	5	7.2	水下 水面 水面吸氧			16 ☆ ☆	23			6 6			16 (8)	23 (12)		46 52 33
73		35	5	6.6	水下 水面 水面吸氧			17 17 17	18	26		6 6		10 (5)	18 (9)	26 (13)	1 1	36 42 28
74		*45	5	6	水下 水面 水面吸氧		4 4 4	21 21 21	24	32		6 6		10 (5)	24 (12)	32 (16)	1 1 1	30 46 13
75		60	4	6.8	水下 水面 水面吸氧	7 7 7	20 20 20	23	29	48		6 6	10 (5)	23 (12)	29 (15)	48 (24)	2 2 1	16 32 38
76		10	6	7.5	水下 水面 水面吸氧													6
77		15	6	7	水下 水面 水面吸氧				12 ☆ ☆			6 6				12 (6)		19 25 19
78		20	6	7	水下 水面 水面吸氧				22 ☆ ☆			6 6				22 (11)		29 35 24
79	45	25	5	7.2	水下 水面 水面吸氧			2 2 2	19	24		6 6		10 (5)	19 (10)	24 (12)	1	53 09 43
80		35	5	7.2	水下 水面 水面吸氧			19 19 19	21	30		6 6		10 (5)	21 (11)	30 (15)	1 1 1	18 34 04
81		*45	5	6.6	水下 水面 水面吸氧		17 17 17	22 22 22	25	38		6 6		10 (5)	25 (13)	38 (19)	1 2 1	51 07 31
82		60	4	5	水下 水面 水面吸氧	17 17 17	18 18 18	26	35	55		6 6	10 (5)	26 (13)	35 (18)	55 (28)	2 2 1	40 56 54

· 294 ·

附录五 度量衡换算表

附表-5 压力换算表

大气压/atm	巴/bar	千克/厘米^2 /(kg/cm^2)	磅/英寸^2 /psi	汞柱（0 ℃）米/m	汞柱（0 ℃）英寸/in	水柱（15 ℃）米（淡水）	水柱（15 ℃）英寸（淡水）	水柱（15 ℃）英寸（淡水）	水柱（15 ℃）英尺（海水）
1	1.013 25	1.033 23	14.696	0.76	29.021 2	10.337	406.966	23.913 9	33.066
0.980 923	1	1.019 72	14.503 3	0.750 062	29.529 9	10.201 8	401.645	33.470 7	32.633 6
0.967 841	0.980 665	1	14.223 4	0.735 559	28.959	10.004 5	393.879	32.823 2	32.002 6
0.680 46	0.068 947	0.070 307	1	0.051 714 7	2.036 001	0.703 386	27.692 3	2.307 69	2.25
1.315 79	1.333 22	1.359 51	19.336 9	1	39.37	13.601 3	535.482	44.623 5	43.507 9
0.033 421 1	0.033 863 9	0.034 531 6	0.491 157	0.025 4	1	0.345 473	13.601 3	1.133 44	1.105 1
0.096 74	0.098 022	0.099 955	1.421 69	0.073 523	2.894 58	1	39.37	3.280 83	3.198 31
2.457 2×10^{-3}	2.489 8×10^{-3}	2.538 9×10^{-3}	0.036 111 1	1.867×10^{-3}	0.073 523	0.025 400	1	0.083 333	0.081 25
0.029 487	0.029 877	0.030 466	0.433 33	0.022 41	0.882 271	0.304 801	12	1	0.975
0.030 243	0.030 643	0.031 247	0.444 4	0.022 984	0.904 893	0.312 616	12.307 7	1.025 64	1

注：淡水=62.4 磅/英尺^3；海水=64.0 磅/英尺^3

附表-6 长度换算表

厘米/cm	英寸/in	英尺/ft	米/m	公里/km	英里/mile	海里/(nautical mile)	毫米/mm
1	0.393 7	0.032 808	0.01	0.000 01	6.213 7×10^{-8}	5.395 9×10^{-3}	10
2.540 01	1	0.083 33	0.025 400	2.540×10^{-5}	1.578 3×10^{-5}	1.370 6×10^{-5}	25.4
30.480 1	12	1	0.304 801	3.048 0×10^{-4}	1.893 9×10^{-4}	1.644 7×10^{-4}	304.8
100	39.37	3.280 83	1	0.001	6.213 7×10^{-4}	5.395 9×10^{-4}	1 000
100 000	39 370	3 280.83	1 000	1	0.621 37	0.539 593	10^6
160 935	63 360	5 280	1 609.35	1.609 35	1	0.868 393	1.60×10^6
185 325	72 962.4	6 080.4	1 853.25	1.850 25	1.151 55	1	—
0.1	3.937×10^{-3}	3.281×10^3	0.001	10^{-6}	6.214×10^{-7}	—	1